EUROPA BAUEN

Eine Reihe der Verlage
C. H. Beck, München · Blackwell, Oxford
Crítica, Barcelona · Laterza, Rom-Bari
Le Seuil, Paris

Herausgegeben von
Jacques Le Goff

EUROPA BAUEN

AARON J. GURJEWITSCH

Das Individuum im europäischen Mittelalter

Aus dem Russischen
von Erhard Glier

VERLAG C.H.BECK
MÜNCHEN

Titel der russischen Originalausgabe

Индивид в Европе (средневековье)

Die Deutsche Bibliothek – CIP-Einheitsaufnahme

Gurevič, Aaron J.:
Das Individuum im europäischen Mittelalter / Aaron
Gurjewitsch. [Aus dem Russ. übers. von Erhard Glier]. –
München: Beck, 1994
(Europa bauen)
ISBN 3-406-37889-7

ISBN 3 406 37889 7

Für die deutsche Übersetzung:
© C. H. Beck'sche Verlagsbuchhandlung (Oscar Beck), München 1994
Satz: Fotosatz Janß, Pfungstadt
Druck- und Bindearbeiten: Franz Spiegel Buch GmbH, Ulm-Jungingen
Gedruckt auf säurefreiem,
aus chlorfrei gebleichtem Zellstoff hergestellten Papier
Printed in Germany

Europa bauen

Europa wird gebaut. Getragen von großen Hoffnungen. Doch erfüllen werden sie sich nur, wenn sie der Geschichte Rechnung tragen. Ein geschichtsloses Europa wäre ohne Herkunft und ohne Zukunft. Denn das Heute entstammt dem Gestern, und das Morgen entsteht aus dem Vergangenen. Dieses Vergangene soll die Gegenwart jedoch nicht lähmen, sondern sie befähigen, bei allem Bewahren eine andere und im Fortschreiten eine neue Gestalt zu gewinnen. Unser zwischen Atlantik, Asien und Afrika gelegenes Europa besteht ja schon seit sehr langer Zeit, so wie die Geographie es gezeichnet, die Geschichte es modelliert hat, seit die Griechen ihm diesen Namen gaben, der stets beibehalten wurde. Auf dieses Erbgut, das seit der Antike, ja seit prähistorischer Zeit dieses Europa befähigt hat, gerade wegen seiner Einheit und Vielfalt einen solchen Reichtum an Kulturgut, eine solch außergewöhnliche Kreativität zu entfalten, muß sich die Zukunft stützen.

Die aus der Initiative von fünf Verlegern unterschiedlicher Sprache und Nationalität entstandene Reihe «Europa bauen» will die Gestaltung Europas und seine nicht zu unterschätzenden Erfolgschancen erhellen, ohne die überkommenen Schwierigkeiten zu vertuschen. Daß dieser Kontinent in seinem Streben nach Einheit so manch internen Zwist, so manchen Konflikt, so manches Trennende und Widersprüchliche erst überwinden mußte, soll in dieser Reihe nicht verschwiegen werden, denn wer sich auf das Unternehmen Europa einlassen will, muß die gesamte Vergangenheit kennen und eine Zukunftsperspektive besitzen. Daraus erklärt sich der «aktive» Titel unserer Reihe. Es scheint uns in der Tat nicht an der Zeit, eine Universalgeschichte Europas zusammenzufügen. Wir wollen das Thema mit Essays umkreisen, die von den besten zeitgenössischen Historikern stammen, wobei es für uns unerheblich ist, ob sie Europäer oder Nicht-Europäer, ob sie schon berühmte oder noch kaum bekannte Autoren sind. Sie werden die entscheidenden Themen europäischer Geschichte aufgreifen – im wirtschaftlichen, politischen, sozialen, religiösen, kulturellen Bereich – und sich dabei auf die lange, von Herodot begründete historiographische Tradition und zugleich auf die in Europa entwickelten neuen Konzeptionen stützen, die die Geschichtswissenschaft im zwanzigsten Jahrhundert und insbesondere in den letzten Jahrzehnten von Grund auf erneuert haben. Durch ihr Bemühen um Klarheit sind all diese Essays für jedermann verständlich.

Wir setzen unseren ganzen Ehrgeiz darein, all denen, die am Aufbau und Ausbau Europas beteiligt sind, aber auch jenen in der Welt, die sich dafür interessieren, Bausteine zur Beantwortung der fundamentalen Frage «Wer sind wir? Woher kommen wir? Wohin gehen wir?» zu liefern.

Jacques Le Goff

Inhalt

Anhang

Erstes Kapitel

Das Individuum ist unfaßbar

Das Individuum des Mittelalters
und der Historiker der Gegenwart

Auf einer Zeichnung zum ‹Hortus deliciarum› («Garten des Vergnügens›) der Äbtissin Herrad von Landsberg (Ende des 12. Jh.) finden wir Abbildungen von den Nonnen ihres Klosters Hohenburg – darunter auch eine von der Äbtissin selbst –, insgesamt mehr als sechzig an der Zahl. Doch nicht die Menge der abgebildeten Personen verblüfft den Betrachter – es ist die beinahe völlige Identität, die diese «Porträts» eint: Nicht nur, daß Körperhaltung und Kleidung nahezu gleich sind, nein, die Gesichter ähneln einander zum Verwechseln, und auch in ihrem Ausdruck unterscheiden sie sich kaum; wenn sich überhaupt kleine Unterschiede entdekken lassen, dann sind sie zweitrangig und nicht etwa dem Streben des Künstlers nach Hervorhebung von Besonderheiten an den Individuen zuzuschreiben. Sogar die Äbtissin ragt aus den andern nur dadurch hervor, daß sie vollständig, als Ganzkörperfigur, und mit einer großen Schriftrolle in der Hand abgebildet ist. Erkennen lassen sich die Schwestern nur an ihren schriftlich wiedergegebenen Namen. Sie sind «Bräute Chrsiti», ohne Alter, ohne Individualität; mit dem Anlegen des Schleiers haben sie sich von ihrem Ich losgesagt, das nun im Gehorsam gegenüber Gott aufgegangen ist. Und dennoch – in Herrads Augen (oder in den Augen des Künstlers, der sie gezeichnet hat) sind sie damit keineswegs zu einer gesichtslosen Masse geworden, sie sind Individuen geblieben. Nur – Herrad und der Künstler erblickten die Individualität einer jeden Nonne nicht in ihrem Äußeren, sondern in irgend etwas anderem.

Natürlich ist diese Zeichnung ein Extremfall von Typisierung, denn bereits in ebendiesem 12. Jahrhundert gab es Darstellungen von Menschen, die keineswegs einander aus dem Gesicht geschnitten waren. Trotzdem war die Betonung des Allgemeinen auf Kosten des Individuellen die in der Kunst herrschende Richtung, und Porträts in ihrem späteren Sinne hat diese Zeit noch nicht gekannt. Die Zeichnung Herrads stellt den Historiker vor ein Problem: Wodurch wurde im Mittelalter Individualität ausgedrückt, wie hat sie sich selbst begriffen, was verstand die Gesellschaft darunter, und woran war sie zu erkennen?

Die Frage nach dem Individuum ist für die heutige Geschichtswissenschaft höchst aktuell. Das hängt mit der anthropologischen Orientierung dieser Disziplin zusammen, die den Menschen mit allem, was ihn betrifft, als historisch konkretes und historisch wandelbares Gesellschaftswesen auffaßt. Die Historiker haben – intensiv und erfolgreich – die Gesellschaft in ökonomischer, sozialer und politischer Hinsicht untersucht. Doch den Menschen, das «Atom» jeder gesellschaftlichen Struktur, haben sie uns damit nicht erschlossen; der Mensch bleibt gleichsam von den Strukturen verschluckt. Zwar liegt umfangreiches Material mit Entdeckungen zu Formen des Alltagsverhaltens des Menschen vor, auch kennen wir die Ideen und Äußerungen vieler unserer Vorfahren. Aus der Mentalitätsgeschichte sind uns vielfältige Aspekte des Weltbildes bekannt geworden, das die Menschen in den verschiedenen Gesellschaften geleitet hat, und damit ist – hypothetisch – das Sinnfeld rekonstruiert, auf dem sich das Fühlen, Denken und Handeln dieser Menschen bewegt hat. Doch Mentalität ist vor allem eine Ausdrucksform der kollektiven, der Gruppenpsychologie, mithin der außerpersönlichen Seite des individuellen Bewußtseins; sie ist das Allgemeine, das den Gliedern kleiner und großer sozialer Gruppen gemeinsam ist. Demgegenüber haben die einmaligen und unwiederholbaren Konstellationen, zu denen sich die Elemente des Weltbildes im Bewußtsein eines bestimmten Einzelwesens zusammenfügen, immer noch viel zu selten die Aufmerksamkeit auf sich gezogen. Das Problem der Individualität in der Geschichte ist also ambivalent. Einerseits besteht es in der Untersuchung der Frage nach der Herausbildung des Ichs des Menschen, nach der Persönlichkeit, die, obzwar im Schoß einer Gemeinschaft geprägt, gleichzeitig jedoch das Bewußtsein ihrer Besonderheit und ihrer Souveränität gegenüber dieser Gemeinschaft erlangt, was es ihr ermöglicht, sich in sich selbst zu versenken. Andererseits sind die Versuche der Historiker, den Wegen nachzugehen, die zur Selbstbestimmung der Persönlichkeit und zu dem ihr eigenen Typus der Selbsterkenntnis – der seinerseits wiederum zugleich für eine bestimmte Gesellschaft charakteristisch ist – geführt haben, eigentlich nichts anderes als eine Suche nach dem Nährboden für die Unverwechselbarkeit der Kultur dieser Gesellschaft, für ihre historische Individualität.

Mit der Frage nach der menschlichen Individualität beschäftigen sich nicht nur Psychologie, Philosophie, Soziologie oder Literaturwissenschaft; sie ist auch ein Problem für die Geschichtswissenschaft. Im Zusammenhang mit der «Werdung Europas» und ihren Aspekten gewinnt die Frage nach dem Individuum besondere Bedeutung. Denn was diesen Kontinent Europa, dieses einstige Sammelsurium lokaler Zivilisationen zu dem gemacht hat, was es heute ist, ein Schauplatz von Prozessen weltgeschichtlicher Tragweite, verdankt sich letzten Endes jener spezifischen Struktur der Persönlichkeit, die sich gerade hier herausgebildet hat. Als Ursachen, die es dem «Westen», Westeuropa, ermöglicht haben, die Grenzen der traditionellen Gesellschaft zu überschreiten und diesen Durchbruch ebenso unausweichlich wie unumkehrbar zu machen, werden vor allem genannt: die Entwicklung der Städte (der Zentren von Produktion und Handel als Ursprung für die Entstehung der Unternehmerinitiative und der sozialen Beziehungen des Bürgertums), die Veränderung der religiös-ethischen Einstellungen (der «Geist des Protestantismus») sowie die spezifische, nur dem Westen eigene Wissensstruktur mit ihrer Konsequenz, dem unaufhaltsamen Fortschritt von Wissenschaft und Technik und dem Kulminationspunkt in der industriellen Revolution. Das ist alles richtig. Doch muß sich darüber hinaus auch der Gedanke aufdrängen, daß die Erfolge im Bereich der materiellen Zivilisation, der neuen Systeme gesellschaftlicher Bindungen und Zusammenhänge, die Entstehung bei-

spielloser ethischer und religiöser Modelle nichts anderes
sind als die Vielfalt von Äußerungen eines spezifischen Typs
menschlicher Persönlichkeit, eines Typs, der sich dazu aufgeschwungen hat, kein «Herdentier», kein «Stammeswesen»
mehr zu sein, sondern die Fesseln seiner kastenartigen Gemeinschaft zu sprengen und sich zu individualisieren.

Diese Überlegungen beziehen sich keineswegs nur auf die
Vergangenheit. Die Verflechtung Europas setzt sich fort – sowohl in Westeuropa mit seiner in den letzten Jahren ungewöhnlich intensiven wirtschaftlichen und politischen (aber
auch kulturellen?) Integration, als auch in der östlichen
Hälfte Europas, die bis vor kurzem am Zutritt zum «gemeinsamen europäischen Haus» gewaltsam gehindert worden war. Als russischer Historiker kann ich feststellen, daß
das Thema «Persönlichkeit und Individualität» in meinem
Land mit neuer Stärke aufgebrochen ist. Das totalitäre Herr-
schaftssystem hat die Persönlichkeit und die Initiative des
Individuums auf Schritt und Tritt unterdrückt, sei es in den
politischen, materiellen, emotionellen oder kulturellen Le-
bensbereichen. Allein schon das Wort «Individualismus»
war nicht bloß ein Schimpfwort, es drückte den Vorwurf, ja
den Makel aus, der einer freien Betätigung menschlicher Fähigkeiten, Neigungen und Interessen anhaftete und konnte
sehr wohl Anlaß für Verfolgungen sein. Um der Rettung unserer Gesellschaft vor der Katastrophe und um ihrer Wiedergeburt willen, im Interesse der Schaffung eines neuen geistigen Klimas in ihr gewinnt das Problem der Persönlichkeit
wahrhaft zentrale Bedeutung. Die Anbindung Rußlands an
die europäische Zivilisation – und einen anderen Weg aus der
Krise sehe ich nicht – muß mit der Aneignung der ihr zugrundeliegenden Werte einhergehen.

Das war ein wichtiger Grund für mich, dem Vorschlag
von Jacques le Goff zu folgen, dieses Buch zu schreiben. Die
Schwierigkeiten dieser Aufgabe sind mir bewußt. Denn einer
allgemeinen Darlegung und der Erörterung von Einzelaspek-
ten, wie ich sie hier vorlege, steht die Forderung nach einer
umfassenden und ausgewogenen Untersuchung des Themas
gegenüber: Die aber ist eine Sache der Zukunft – einer, wie
ich fürchte, weit entfernten.

An dieser Stelle eine Anmerkung: Diese Buchreihe heißt ‹Europa bauen›, und von daher wäre es nur folgerichtig, die Betrachtung des Problems des Individuums im Mittelalter nicht auf Westeuropa allein zu beschränken, sondern hierbei auch Osteuropa, speziell die «Rus», das Alte Rußland, einzubeziehen. Das aber ist nicht möglich, weil dieses Problem in der Geschichtsschreibung über die Rus bisher so gut wie völlig unbearbeitet geblieben ist. Dafür gibt es spezifische Gründe. Nicht nur, daß die entsprechenden Fachleute dem Weltbild und der Mentalität des Menschen dieser Zeit und dieses Raumes subjektiv bisher kaum Aufmerksamkeit geschenkt haben, auch das Quellenmaterial dafür ist einfach unzureichend. Und mit einem Blick auf unseren Untersuchungsgegenstand bleibt lediglich festzustellen, daß die altrussischen Literaturdenkmale ihre Aufmerksamkeit nicht auf das Individuum, sondern auf die Gruppe konzentrieren. Die zentrale Kategorie der in ihnen manifesten religiösen Kultur ist eine – mit dem Terminus «Konziliarität» nur unzulänglich wiedergegebene – Kollektivität aller Erscheinungsformen des religiösen Lebens, die sogenannte «Sobornost», die das Aufgehen des Einzelnen in der Masse der Gläubigen, die Unterordnung seines persönlichen Willens und Bewußtseins unter die Imperative des Ganzen impliziert. Unter den Bedingungen dieser «Sobornost» wird Verantwortung weniger dem Individuum als vielmehr der ganzen Gruppe auferlegt. Und die vorherrschende Form kirchlicher Kunst ist die diese Kollektivität typisierende Ikone; das Porträt, dessen Ursprünge sich in Westeuropa seit dem späten Mittelalter verfolgen lassen, entsteht im Rußland erst in der Neuzeit.

Um diese Besonderheiten in der geschichtlichen Entwicklung Osteuropas verstehen zu können, muß man sich vor Augen halten, daß es in seiner Geschichte weder ein klassisches Altertum, noch eine Renaissance gegeben hat – vielleicht mit Ausnahme Polens. Rußlands Geschichte wird üblicherweise nur in Alte und Neue Zeit unterteilt. Daher ist es so unerhört schwierig, die Kultur des westeuropäischen Mittelalters mit der der Rus direkt zu vergleichen. Mir scheint, man dürfe mit Blick auf Osteuropa noch nicht einmal von einer Feudalepoche dort sprechen. Die Rus kannte weder den

Ritter, noch den freien Bürger, in denen sich die spezifischen Formen eines Persönlichkeitsverhaltens hätten niederschlagen können. Die «Universitas» in Westeuropa war eine Abstraktion aus den verschiedenen Formen, unter denen Individuen zu Gruppen zusammengefaßt wurden. Die «Sobornost» in Rußland jedoch war das genaue Gegenteil davon – sie bedeutete nicht mehr und nicht weniger, als daß sich das Individuum nicht aus dem Kollektiv herausheben durfte.

Schließlich sei daran erinnert, daß sich zu der Zeit, da in Westeuropa die Entwicklung des Bürgertums einsetzte, in Osteuropa eine soziale Erscheinung immer weiter ausbreitete und immer rigorosere Formen annahm – die Leibeigenschaft, die keineswegs mit der in Westeuropa anzutreffenden «Hörigkeit» (engl. «serfdom») gleichzusetzen ist, sondern in der Tat eine Variante der Sklaverei darstellt. Die Bedrückung des Menschen durch diesen Zustand, der in Rußland bis zum Jahre 1861 andauerte, ist die alles entscheidende Tatsache der Geschichte dieses Landes. Ich erwähne diese allgemein bekannten Dinge hier nur deshalb, um zu unterstreichen: In Osteuropa herrschten über Jahrhunderte hinweg Bedingungen, die aus ihrem Wesen heraus die Entwicklung von Individualität und Persönlichkeit unmöglich gemacht haben.

Das Problem des Individuums im europäischen Mittelalter, ich betone es noch einmal, ist als Phänomen ein Produkt der geschichtlichen Einmaligkeit Westeuropas, und nur als ein solches sollte es auch untersucht werden.

Der Blick auf den Problemkreis von Persönlichkeit und Individualität im Mittelalter verlangt eine kurze Betrachtung der Geschichtsschreibung. Es gibt eine ganze Reihe von Arbeiten, die sich auf verschiedene Weise mit diesem Thema befassen. Es genügt, wenn hier ihre unterschiedliche Betrachtungs- bzw. Vorgehensweise dargestellt und wenn gezeigt wird, welche Entwicklung sie bis hin zur neuesten Literatur genommen haben.

Ich beginne mit der ‹Entdeckung des Individuums 1050–1200›[1] von Colin Morris. Während viele Autoren im Kielwasser von Jacob Burckhardt und der ‹Entdeckung der Welt und des Menschen› – seiner berühmten «Formel der Renais-

sance» – schwimmen und daher dazu neigen, für die Herausbildung der Individualität[5] eher die Epoche der Renaissance
in Italien, genauer: das 15. Jahrhundert, anzusetzen, konzentriert Morris seine Aufmerksamkeit auf einen früheren Zeitraum. In seinen Augen ist um das Jahr 1500 kein plötzlicher
Umschwung eingetreten; vielmehr war schon seit der zweiten Hälfte des 11. bis in die Mitte des 12. Jh. eine allmähliche
«Entdeckung der Persönlichkeit» vor sich gegangen. Morris
hat umfangreiches Material zusammengetragen, das die Veränderungen in der Selbstreflexion der Persönlichkeit während dieses Zeitraums in Westeuropa, und zwar im Milieu
der Intellektuellen, widerspiegelt. Die Quellen für die Herausbildung der Persönlichkeitserkenntnis liegen für ihn in
der Spätantike, im Erbe der Klassik, das erst von der Begeg-
nung mit dem Christentum beeinflußt und dann, in so ge-
wandelter Form, von der geistigen Bewegung des Mittelalters angeeignet wurde.

Die Idee von der intellektuellen Erneuerung und dem Aufschwung des Westens im 12. Jh. (die «Renaissance des
12. Jh.») findet sich freilich lange vor Morris (bei Charles
Homer Haskins). In der Literatur sind bereits viele Aspekte
des Individualismus in Rechtswesen und Politik zur Sprache
gekommen, so die Entwicklung vom Untertanen zum
Citoyen (bei Walter Ullmann), die Autorenindividualität (bei
Peter Dronke und Robert W. Hanning), die Natur der Persönlichkeit in der Religiosität von Denkern und Kirchenschriftstellern des 12. und 13. Jh. oder eindringlicher Psycho-
logismus und «Humanismus» (bei R. W. Southern). Doch es
dürfte Morris sein, der mit größerem Nachdruck als andere
unterstreicht, daß die wichtigste Frucht der «Renaissance des
12. Jahrhunderts» in der Entstehung eines Individuums mit
neuen psychologischen Orientierungspunkten und mit einem Blick für die tieferliegenden Schichten der Natur des
Menschen besteht.

Die einschneidenden sozialen, religiösen und intellektuellen Veränderungen im Gefolge dieses kulturellen Auf-
schwungs fanden ihren Ausdruck in einer größeren Bedeutung der persönlichen Haltung, der persönlichen Einstellung
im Verhältnis zu Gott wie auch in den Beziehungen der Men-

schen untereinander. Die Beichte – dieses Mittel zur Analyse und Selbstanalyse der Innenwelt eines Individuums –, der Mystizismus, die Experimente auf dem Gebiet der Beschreibung des eigenen Lebens, die Versuche, der Ikone porträthafte Züge zu verleihen, die Umdeutung der Gestalt Christi (seine «Vermenschlichung»), das Aufblühen der Liebeslyrik und die Entstehung der psychologischen Selbstbetrachtung – all das sind Marksteine auf dem Wege zur Selbstversenkung, die damals für viele Geistliche, in einzelnen Fällen auch für gebildete Laien möglich wurde. Morris nimmt an, daß zu keiner anderen Zeit derart viele Formen der Persönlichkeitsbildung entstanden sind, die die charakterlichen Besonderheiten des abendländischen Menschen bis auf den heutigen Tag kennzeichnen.

Möglicherweise, so Morris, wäre diese Kontinuität des Erbes deutlicher zu erkennen, wenn man das Jahr 1100 mit dem Jahr 1900 vergliche und nicht mit dem Jahr 1972 (in dem er seine Untersuchung beendete), denn der Erste Weltkrieg bedeutete die Abkehr von jahrhundertealten Traditionen;[2] doch abgesehen von dieser Randbemerkung hält er die betrachtete Zeit für einen «historischen Wendepunkt» in der Entwicklung der westlichen Kultur. Dabei räumt er allerdings ein, daß der Inhalt des Begriffes «Persönlichkeit» in jener fernen Zeit ein anderer war als heute, und er erkennt auch an, daß der Terminus «persona» im Wortschatz des 11. und 12. Jh. keine Entsprechung aufweist. Trotzdem hält er es für vertretbar, dieses Wort in seiner Untersuchung genau so zu verwenden wie die Begriffe «individuality» und «individualism».

Die Arbeit von Morris markiert gewissermaßen einen Einschnitt in den Untersuchungen zur Persönlichkeit des Mittelalters. Aber es darf doch nicht außer acht gelassen werden, daß er unter einem eingeengten Blickwinkel vorgeht. Immerhin hat er seine Aufmerksamkeit den herausragenden Vertretern der «Renaissance des 12. Jahrhunderts», dem Wirken und den Äußerungen der Theologen und Mystiker, Troubadoure und Chronisten, kurz, der Geisteswelt der Intellektuellen zugewandt, die schriftliche Zeugnisse ihrer Lebensansichten, ihrer Bestrebungen und Ideen hinterlassen haben. Daher ist es durchaus verständlich, ja geradezu unausweichlich, daß die Kronzeugen seiner Untersuchungen Peter Abälard und Bernhard von Clairvaux, Johann von Salisbury und Bernhard von Ventadour, Guibert von Nogent und Hildebert von Lavardin, Walter von Châtillon und Othlo von St. Emmeran sind.

In dieser Beziehung tritt Morris in die Fußstapfen von Georg Misch, dem Verfasser der monumentalen «Geschichte der Autobiographie»[3], deren behandelter Zeitraum sich von der Antike bis zur Neuzeit erstreckt. Besonders eingehend befaßt sich Misch jedoch mit dem Mittelalter – nicht nur mit dem westeuropäischen, sondern auch mit dem byzantinischen und arabischen. Natürlich konzentriert er sich auf diejenigen Literaturgattungen, die mehr oder weniger zu Recht als autobiographisch bezeichnet werden können. Morris dagegen beschränkt sich zwar nicht auf Autobiographien, aber seine bewußte Einengung auf ein bestimmtes soziales Feld[4] begründet er mit der Quellenlage: Sie ließ ihm keine andere Wahl, als breite Kreise der Gesellschaft – Städter, Bauern, große Teile der weltlichen Aristokratie sowie den niederen Adel – mit Schweigen zu übergehen, weil sie keine Möglichkeit zur literarischen Selbstdarstellung hatten; folglich konnte er auch nichts über sie sagen. Damit beweist er nicht gerade Originalität, denn wie die meisten anderen Forscher, die sich dem Problem der Persönlichkeit und der Individualität gewidmet haben, überschreitet auch er seinen Untersuchungsbereich nicht, und dieser Bereich ist die intellektuelle Elite, da nach weit verbreiteter – wenn auch nicht immer explizit geäußerter – Ansicht ausschließlich diese Elite der Betrachtung wert ist.

Doch selbst diese Einräumungen konnten nicht verhindern, daß die Kritik an Morris' Positionen einiges auszusetzen hatte. Sein Hauptaugenmerk galt zwar dem Prozeß der Individualisierung, der psychologischen Abnabelung der Persönlichkeit von der Gemeinschaft, doch er unterließ es, jene Gruppen eingehender zu betrachten, die in der fraglichen Zeit das soziale Umfeld der Individuen bildeten. Aber es waren, wie Caroline Walker Bynum herausgearbeitet hat, bereits im 12. Jh. Formen von Gemeinschaften entstanden, oder zumindest im Entstehen begriffen, die sich um neue Wertevorstellungen geschart hatten; selbst für deren Anhänger, die sich als emanzipierte Persönlichkeiten empfanden, stand eine individuelle Opposition gegen die von allen Mitgliedern dieser Gemeinschaften als Leitbilder akzeptierten neuen Werte überhaupt nicht zur Debatte – schon gar nicht die Frage eines Bruchs mit ihnen.

Caroline Walker Bynum beschränkt sich auf die Untersuchung der kirchlichen und klösterlichen Gemeinschaften, in denen die Beschäftigung mit dem «homo interior», dem «inneren Menschen», gepflegt wurde. Ihrer Auffassung nach entdeckt der Mensch zu dieser Zeit in sich die menschliche Natur, sein «self» («seipsum, anima, ego» «das Sichselbst, die Seele, das Ich») als die in allen Menschen gleichermaßen angelegte «imago Dei» («Bild Gottes»), nicht aber das Individuum in dem der heutigen Bedeutung näher stehenden Sinne, der sich erst am Ausgang des Mittelalters herauskristallisiert hat. Daher ist es unzulässig, «the discovery of Self» (die «Suche nach der inneren Landschaft des Menschen und nach dem Kern der menschlichen Natur») mit «the discovery of the individual» (der «Entdeckung der Individualität»)[5] zu vermengen. Abälard und andere Autoren des 12. Jh. haben, bei aller Betonung der guten Absichten in ihren Erörterungen ethischer Probleme, zugleich immer auch die bis in Einzelheiten hinein schriftgetreue Nachahmung des Lebens Christi als unabdingbar gefordert. Es ist doch kein Zufall, daß manche Autoren dieser Zeit, wie Gerhoh von Reichersberg und Herrad von Landsberg, ein dringendes Bedürfnis nach Definitionen und Klassifikationen der verschiedenen «ordines» und «vocationes» («Stände» und «Berufungen») empfanden. Über die Individuen schreiben sie, als schrieben sie über Typen oder Muster. Ailred von Rievaulx beklagt den Tod eines Freundes, der nach seinen Worten das «exemplar vitae meae» (das «Ebenbild meines Lebens»), die «compositio morum meorum» («der, mit dem ich sittlich übereinstimmen wollte») gewesen ist. Das «Ebenbild» ist eine grundlegende theologische Kategorie des 12. Jh., und die Wandlung des Individuums aus sich selbst heraus orientierte sich stets an Leitbildern; diese Leitbilder waren Christus, die Apostel, die Kirchenväter, die Heiligen und die Kirche.[6]

Caroline Walker Bynum zitiert Worte Norberts von Xanten, eines Wanderpredigers aus dem 12. Jh., die knapp und bildhaft die widersprüchliche Situation des Individuums im Spannungsfeld zwischen den Polen des «Absolutums» und des «Individuums» widerspiegeln:

> Priester, du bist nicht du, denn du bist Gott.
> Du bist nicht dein, denn du bist Christi,
> sein Knecht und Diener.
> Du bist nicht um deinetwillen, denn du bist nichts.
> Was also bist du, o Priester? Nichts und alles.[7]

Der Mensch suchte und fand sich selbst, doch dabei kam er nicht ohne das Vorbild von Mustern aus, und er paßte sich in bereits vorhandene Formen ein. Doch mit der Zunahme der sozialen Gruppen – und der Rivalität zwischen ihnen, etwa alten und neuen Mönchsorden – entwickelte sich die Erkenntnis von der Vielfalt der sozialen Rollen und die Einsicht in die Bedeutung der Wahl der richtigen Lebensweise. Daher, so folgert Caroline Walker Bynum, ist es unangebracht, den einzelnen Menschen mit seinen inneren Beweggründen und Empfindungen als Angelpunkt des religiösen Lebens im 12. Jh. zu betrachten. Denn die Vorstellung, daß jede Persönlichkeit einmalig ist und deshalb ihren individuellen Ausdruck sucht, ist eine Erfindung der Neuzeit; dem Mittelalter war sie fremd. Damals flossen die Suche des Menschen nach seinen inneren Beweggründen und die Empfindung seiner Gruppenzugehörigkeit ineinander. Von einem persönlichen Lebensstil konnte keine Rede sein. Das Auseianderdriften von Individuum und Gruppe setzte erst im 13. Jh. ein.[8]

Über die Ansicht von der «Entdeckung» der Individualität hat sich unlängst wohl noch kritischer Jean-Claude Schmitt geäußert: Er bezeichnet sie rundheraus als «Fiktion»[9] und vertritt den Standpunkt, daß die Geschichte der Individualität alles andere sei als ein geradliniger und eingleisiger Prozeß. Wenn es in der Geschichte einen roten Faden der Überlieferung gibt, so Schmitt, dann läßt er sich nur schwer verfolgen, denn ein großer Teil seines Verlaufs entzieht sich unserem Blick. Das eigentliche Problem, das Problem der Persönlichkeit, das Ethnologen und Psychologen[10] diskutieren, wird von den Historikern ignoriert, denn sie ersetzen es durch die Geschichte des Individualismus.

Seit dem Erscheinen des Buches von Morris sind über zwei Jahrzehnte ins Land gegangen, und man kann mit Fug und Recht behaupten, daß dieses Werk ein Meilenstein auf dem Wege war, auf dem die Forschung weitergeschritten ist. Zumal in den 70er und 80er Jahren haben sich viele Verfahrensweisen der Historiker in bezug auf die Untersuchung der Kultur und der Gesellschaft – folglich auch des Menschen – gewandelt. Heute scheint es zweifelhafter denn je, ob die Verschiebungen in den geistigen Orientierungen der intellektuellen Leitgestalten des 11. und 12. Jh. auch tatsächlich die Veränderungen widerspiegeln, die sich in den Niederungen des Lebens in Westeuropa vollzogen haben. Man darf nämlich nicht außer acht lassen, daß die «Renaissance des 12. Jahrhunderts», ungeachtet ihrer sonstigen Bedeutung, eine Erscheinung ist, die in erster Linie die gebildeten «Spitzen der Gesellschaft» erfaßt hatte, und auch die nur zum Teil. Die Zeugnisse der Intellektuellen, der Träger vor allem der schriftlichen Kultur, der «Kultur des Buches», dürften wohl kaum als hinreichend repräsentativ für eine Gesellschaft anzusehen sein, in der die mündliche Überlieferung noch vorherrschte. Die Worte der Theologen und der Dichter dürfen nicht isoliert verstanden, sondern müssen in den allgemeineren Zusammenhang der Mentalität ihrer Zeit gestellt werden, für die diese Mentalität die Universal-«Sprache» bildete.

Aber das Problem liegt nicht nur darin. Der Ansatz von Morris – und auch mancher anderer Forscher – orientiert sich an unserer Gegenwart.[11] Die Vertreter dieser Richtung formulieren ihre Frage so: «Zu welchem Zeitpunkt des Mittelalters schälen sich zum erstenmal die Umrisse des heutigen Menschen heraus?».[12] Mit anderen Worten, ihre Aufmerksamkeit richtet sich auf den Menschen des Mittelalters nicht als solchen – nicht darauf, was er in seiner Gesellschaft und in seiner Epoche dargestellt hat –, sondern auf den Vorläufer des Menschen der Neuzeit und die Voraussetzungen

für seine Entstehung. Die gleiche Fragestellung liegt auch
den Vorlesungen des bekannten Fachmannes für Geschichte
der Theologie und Mystik des Mittelalters Pater M.-D.
Chenu zugrunde, der die Überzeugung äußerte, daß die «Erweckung des individuellen Bewußtseins» in Westeuropa im
12. Jh. stattfand, als dem Individuum das Bewußtsein von
sich als von einem «neuen» Menschen zuwuchs und er
«sich» als *Gegenstand* des Nachdenkens und Erforschens zu
«entdecken» begann.[13] Für Chenu ist Abälard «der erste
Mensch der Neuzeit», denn dieser Denker hat als erster den
Menschen als Persönlichkeit von unwiederholbarer und unauslöschlicher Originalität aufgefaßt.[14]

Wäre es aber nicht doch an der Zeit, von derartigem «Te-
leologismus» abzulassen und – ohne dabei die Individualität
und Einmaligkeit der Persönlichkeit Abälards und seiner
Zeitgenossen in kollektiver Mentalität aufgehen zu lassen –
diese Menschen in jenes geistige Universum «zurückzubrin-
gen», in das sie gehören? Mir scheint es erfolgversprechender
zu sein, wenn Persönlichkeit und Individualität dort untersucht würden, wo sie ihre Kreise gezogen haben – inmitten
der sozialen und kulturellen Bedingungen ihrer eigenen Gegenwart. Unbestritten ist, daß diese Art von Gegenwartsbe-
zogenheit den Historiker vor gewisse Probleme stellt, aber
ihre Lösung darf er nicht so angehen, daß er eine Erbschafts-
folge bis in ferne Vergangenheiten herstellt; er muß vielmehr
ihre Wechselverhältnisse mit den tieferliegenden Prozessen
aufspüren, die *damals* abgelaufen sind, in dem System der
Beziehungen zwischen den Menschen der Epoche, die Gegenwart seiner Untersuchung ist.

Was aber bedeutet das? Offensichtlich doch wohl vor
allem, die Individualisierung des Menschen nicht aus den sozialen Wandlungen herauszulösen, die sich im europäischen
Mittelalter abgespielt haben. Das Erwachen des Selbst-Be-
wußtseins spielte sich in Wechselbeziehung mit den gesellschaftlichen Gruppen ab, denen diese Individuen angehör-
ten, und in ebendiesem Zusammenhang muß es auch untersucht werden.[15] Das «mittelalterliche Individuum» ist doch
nichts anderes als eine unzulässige Abstraktion. Der reale
Sinngehalt dieses Begriffes erschließt sich erst nach einer

solchen Analyse, die mit aller Umsicht den Platz und die
Rolle des gegebenen Individuums in seinem sozialen Orga-
nismus auslotet. Natürlich haben Religion und Kultur eine
allgemeine Atmosphäre geschaffen, die die Grenzen ab-
steckte, innerhalb derer die Individualität, «der Grundtyp
der Persönlichkeit», die «Konfiguration der Persönlichkeit»
mit ihrer Orientierung an den zentralen Werten ihrer Gesellschaft[16] zu sich selbst kommen durfte; ihre konkrete Ausprä-
gung jedoch erfuhr diese Individualität in der Gruppe.

In ebendiesem Sinne wird dieses Problem in der Gemein-
schaftsveröffentlichung «Der Mensch des Mittelalters»[17]
erörtert. Dieses von Jacques Le Goff initiierte Vorhaben
hatte sich die Aufgabe gestellt, den Menschen des Mittelalters im Lichte der ökonomischen, sozialen und mentalen
Realien sowie der in seiner Vorstellung existierenden Phanta-
siewelt seiner Zeit zu beschreiben und zu deuten. Die zehn
an diesem Werk beteiligten Historiker zeichnen in ständigem
Austausch zwischen den Typologien des Mittelalters und denen der Neuzeit verschiedene Profile von Menschen jener
Tage. Sie betrachten den Menschen des Mittelalters in seinen
vielfältigen sozialen Rollen und Erscheinungsformen: den
Mönch, den Ritter, den Bauern, den Städter, den Intellektuellen, den Künstler, den Kaufmann, den Heiligen, die Rand-
gruppen und die Frauen. Auf diese Weise wird die Abstraktion «Mensch des Mittelalters», die auf den ersten Blick allzu
hoch angesetzt scheinen mag, mit faßbarem Inhalt gefüllt.
Erst nachdem dieser Mensch in seinen verschiedenen Kon-
kretisierungen definiert worden war – sozial und intellektuell, dazu in seiner Entwicklung vom 11. bis zum 15. Jh.
(wobei die Verfasser unter dem Zwang der Dinge auch in
frühere Perioden ausschweifen) –, konnte man versuchen,
einige Verallgemeinerungen zu formulieren, die den «Menschen des Mittelalters» als solchen charakterisieren.

Diese Verallgemeinerungen trifft Jacques Le Goff in der
Einleitung. Er legt dar, daß es in der Geschichte nicht we-
nige Epochen gegeben hat, die eine umfassendere und inten-
sivere Erkenntnis von der Universalität und Ewigkeit der
Existenz des «Modells Mensch» besaßen als sie das westeu-
ropäische – d. h. römisch-katholisch geprägte – Mittelalter

hatte. Dieses «Modell» war aus dem Boden der Religion er-
wachsen und fand seinen höchsten Ausdruck und seine
größte Verallgemeinerung in der Theologie. Folglich muß
die Frage geklärt werden, wie der Mensch in der Anthropologie des Mittelalters dargestellt wird, wie er in dieser Anthropologie ausgesehen hat. Le Goff schildert, wie die pessi-
mistische Einstellung gegenüber der Natur des Menschen in
Anbetracht seiner Erbsünde und seiner Nichtigkeit vor
Gott, die im frühen Mittelalter überwog, allmählich einer
positiveren Haltung Platz machte, die ihren Optimismus aus
dem Verständnis von der Gottesebenbildlichkeit des Menschen bezog, der über die Fähigkeit verfügt, sowohl den
Schöpfungsprozeß auf der Erde fortzusetzen als auch seine
Seele zu retten.

Le Goff hebt diesen Prozeß zu Recht hervor, diesen das
ganze Mittelalter durchziehenden Wandel in der Auffassung
vom Menschen, der letzten Endes durch die Veränderungen
in seinem sozialen Leben bewirkt worden ist. Als Bestandteile des allgemeinen Menschenbildes existierten aber auch
Vorstellungen von Menschen eines bestimmten Profils: Es
gab den «homo viator» (den «Menschen als Pilger»), Pilger
in buchstäblichem und in übertragenem (geistlichem) Sinne,
oder den Menschen als Büßer, der eine seelische Erschütte-
rung durchlebt hatte. Das irdische Leben wurde als Pilgerfahrt verstanden, die am Ende zu Gott führt; die konkrete
Umsetzung dieser Vorstellung waren die Wallfahrten und die
Kreuzzugsbewegung.[18] Die Idee von Reue und Buße führte
zu dem Ergebnis, daß die Erfahrungen mit dem menschlichen Inneren und seine Erforschung in eine organisierende
Ordnung gebracht wurden; das geschah dank einer Selbstanalyse – und diese Selbstanalyse war die Beichte. Hier aber
stoßen wir zum eigentlichen Wesen des Problems der Persönlichkeit des Mittelalters vor.

Die Veränderungen der Persönlichkeitsstruktur während
des Mittelalters können an zwei Beispielen sichtbar gemacht
werden: Zum einen am Übergang von der anonymen zur na-
mentlichen Urheberschaft in Literatur und Kunst,[19] zum anderen an der Entwicklung der Gestalt des Heiligen, der spiri-
tualisiert und individualisiert wurde – Wunder zu tun bleibt

zwar seine soziale Rolle, aber sein Leben als «imitatio Christi» («Nachahmung Christi») wird zum Allerwichtigsten.[20] Der Mensch veränderte sich in jener Zeit, weil sich die Gesellschaftsordnung änderte: Bei den sozialen Funktionen kam es zu einer zunehmenden Spezialisierung, und die sittlichen Werte «fielen (im 13. Jh.) vom Himmel».[21]

Le Goff hebt einige charakteristische Züge in der Psychologie der Menschen des Mittelalters hervor, einige Merkmale ihrer «Besessenheit» und nennt hierfür vor allem: das Bewußtsein von der Sündhaftigkeit des Menschen, die Eigentümlichkeiten, die Absonderlichkeiten bei der Erfassung des Sichtbaren und des Unsichtbaren in deren Einheit und Verflechtung, den Jenseitsglauben, den Wunderglauben und den Glauben an Gottesurteile, die Spezifik ihres von den Bedingungen der vorherrschenden mündlichen Kultur geprägten Gedächtnisses, die symbolisierungssüchtige Denkweise («der Mensch des Mittelalters ist ein unermüdlicher ‹Dechiffrierer›»),[22] den «Zauberkult» mit den noch bis lange ins 13. Jh. hinein als Symbol aufgefaßten Zahlen sowie mit den ebenfalls symbolisch gedeuteten Farben und Formen, den Glauben an Träume, Gesichte und Vorahnungen sowie schließlich das Bewußtsein für Hierarchie, Autorität und Macht – dies Hand in Hand mit Aufsässigkeit und Lust an der Rebellion. Als die zentralen Begriffe im Gefüge der sozialen Werte galten Ungebundenheit, Freiheit und Privilegien.

Bei der Beschäftigung mit der Literatur[23] stößt man also auf zwei Forschungsrichtungen, die auf unterschiedliche Aspekte des Problems, mehr noch, auf unterschiedliche Gegenstände abzielen. Sie hängen zwar aufs engste miteinander zusammen, sind sich aber nicht gleich, weil sie auf verschiedenen Ebenen angesiedelt sind. Die eine Richtung ist auf der Suche nach der *Individualität*. Historiker und Philologen streben nach der Entdeckung ihrer Züge in den Werken der Autoren aus Mittelalter und Renaissance.[24] Im Mittelpunkt ihrer Aufmerksamkeit stehen daher Texte, in denen die Einmaligkeit und Ganzheitlichkeit der Persönlichkeit zum Vorschein kommt, ihre Selbstversenkung und ihre Fähigkeit zur

Selbstanalyse, denn die Autoren jener Zeit versuchten sich an der Schaffung von Autobiographien und Lebensbeichten, in denen sie ihr eigenes unwiederholbares Ich enthüllten. Diese Untersuchungen sind werteorientiert, und die Vertreter dieser Forschungsrichtung werden nolens volens von der Vorstellung einer Individualität geleitet, wie sie sich im Europa der Neuzeit herausgebildet hat. Dementsprechend heben sie in der Anthropologie des Mittelalters diejenigen Aspekte hervor, über die diese beiden Zeitalter miteinander in Verbindung stehen. Eine der Kernfragen hierbei ist für diese Richtung die nach dem Zeitraum, in dem der Mensch des Mittelalters zu der Fähigkeit gelangte, seine Individualität in sich zu «entdecken».

Dabei legen sich die Historiker nicht immer in gebotener Weise Rechenschaft darüber ab, daß sie es nicht (wie der Psychologe) mit lebendigen Menschen zu tun haben, sondern mit Texten, mit dokumentarischen Zeugnissen; daß sie von daher also kaum in der Lage sind, Termini und Begriffe aus der Psychologie genau zweckentsprechend zu handhaben. Folglich wäre es korrekter, nicht von «Individualität», sondern von sozialen, kulturellen und semiotischen «Mechanismen der Individualisierung», von einem «mentalen Instrumentarium» (bei Fèbvre)[25] zu sprechen.

Auf der anderen Untersuchungsebene des Problems konzentriert sich die Aufmerksamkeit nicht auf die Individualität, sondern auf die *Persönlichkeit*. Die Voraussetzungen für diese Fragestellung sind: Die Individualität bildet sich unter bestimmten kulturellen und historischen Bedingungen. Wir kennen die eine Art Gesellschaften, in denen sie sich als solche begreift und von sich Zeugnis ablegt. Wir kennen aber auch die andere Art, in denen sich die Individualität im Gruppen-, Sippen- oder Stammesprinzip verliert. Demgegenüber ist die Persönlichkeit eine unverzichtbare Eigenschaft der in einer Gesellschaft lebenden menschlichen Wesen. Nur, in unterschiedlichen sozialen und kulturellen Systemen nimmt die Persönlichkeit spezifische Eigenschaften an. Sie ist ein menschliches Individuum, das in fest umrissene soziale und historische Zusammenhänge gestellt ist. Ganz gleich, wie originell diese Persönlichkeit auch sein mag, sie ist in die Kultur ihrer Zeit eingebunden und nimmt die Weltsicht, das Weltbild und das Wertesystem der Gesellschaft oder sozialen Gruppe in sich auf, der sie angehört. Wir könnten uns darauf einigen, die Persönlichkeit als eine Art «Zwischenglied» zwischen Kultur und Gesellschaft zu definieren. Die Erforschung der Persönlichkeit setzt die Untersuchung ihrer Mentalität voraus, d. h. desjenigen Bewußtseinselements des Individuums, das sie mit anderen Individuen und Gruppen teilt.

Seine Individualität erkennen kann der Mensch nur in der Gesellschaft. Daher sollten bei der Betrachtung des Mittelalters in Westeuropa beide Vorgehensweisen herangezogen werden, denn schließlich sind ja auch die zu untersuchenden Prozesse verschieden: In dem einen wird sich der Mensch seiner Würde bewußt (Selbstbestätigung der Persönlichkeit), in dem anderen gelangt er zur Erkenntnis seiner Besonderheit, seiner Exklusivität. Trotzdem aber sind diese Entwicklungen eng verflochten, ja untrennbar verbunden, und in einem bestimmten Stadium der europäischen Geschichte geht die eine in die andere über. Doch es wäre ein großer Fehler, die Persönlichkeit allein auf die Individualität zu reduzieren. Das würde nämlich bedeuten, das Bild von der Persönlichkeit, das in Europa erst am Ende des Mittelalters oder noch später seine endgültige Gestalt angenommen hat, auf das Mittelalter zurückzuübertragen; das hieße mit anderen Worten, auf diese Epoche Begriffe und Kriterien anzuwenden, die ihr nicht gemäß sind.[26]

Deshalb sollte der Historiker, der sich eine Untersuchung des Problems «Persönlichkeit und Individualität in der Geschichte des westeuropäischen Mittelalters» vornimmt, die Grenzsteine auf dem Feld, das er bestellen will, nach außen verrücken. Eine Begrenzung seiner Studien ausschließlich auf die in jeder Anthologie anzutreffenden großen Gestalten jener Epoche wäre schon eine Auslese und hätte a priori die gedankliche Einengung auf die Betrachtung des Einmaligen, also offensichtlich wenig Typischen, zur Folge. Natürlich kommen in einer hervorragenden, ja schöpferischen Persönlichkeit die Ideen, Geisteshaltungen und psychischen Einstellungen ihrer Epoche zum Ausdruck, aber – ein großer

Mensch ist kein Sprachrohr, das diese Erscheinungen einfach nur verstärkt. In seinem Bewußtsein und in seinem Schaffen erfahren sie eine subjektive Deutung, mithin eine individuelle Nuancierung. Man braucht doch nur die «Visionen» aus dem Jenseits, die über das ganze Mittelalter hinweg verfaßt wurden, mit Dantes ‹Göttlicher Komödie› zu vergleichen, um sich von dem kolossalen Unterschied zwischen beidem zu überzeugen: Da ist zum einen der einfache Visionär, der eine Trance durchlebt hat und arglos und schlicht seinem Geistlichen davon einen Bericht erstattet, so daß der ihn aufzeichnen kann; zum anderen haben wir es mit einem bis in die feinsten Einzelheiten ausgefeilten Werk eines großen Dichters zu tun, der souverän einen ganzen Kosmos errichtet.

Außerdem sollte bei der Betrachtung des Mittelalters nicht vergessen werden, daß die Worte und die Ideale eines Genies zu jener Zeit bei den Zeitgenossen durchaus nicht immer ein lebhaftes Echo ausgelöst haben müssen, zumal sie nur in einem relativ kleinen geschlossenen Kreis von Eingeweihten, von Gebildeten umliefen. Abälards ‹Geschichte meiner Mißgeschicke› und sein Briefwechsel mit Heloise wurden erst ein Jahrhundert nach seinem Tode bekannt.[27] Wer aber kannte diese Werke zu Lebzeiten ihrer Verfasser oder unmittelbar nach deren Tod? Könnte dieser Umstand nicht auch der Grund für die Hypothesen über eine spätere Entstehung mancher Werke aus dieser Zeit sein, die erst im nachhinein diesem oder jenem Verfasser zugeschrieben worden sind? Die Möglichkeiten für eine «Rückkopplung» zwischen einer individuellen schöpferischen Leistung und ihrem Milieu waren damals grundsätzlich andere als heute.

Wenn ich davon spreche, der Persönlichkeits- und Individualitäthistoriker müsse seinen Untersuchungsbereich ausdehnen, dann verstehe ich darunter etwas anderes. Die Kultur des Mittelalters erwuchs aus der Synthese des Erbes aus der Antike – das seinerseits eine Verschmelzung von heidnischer griechisch-römischer Wissenschaftstradition und Christentum darstellt – und jenes der Barbaren, vorwiegend der Germanen. Die Wirklichkeit der mentalen Einstellungen und Verhaltensstereotype der Menschen des Mittelalters läßt sich kaum erhellen, wenn dabei das Substrat der barbarischen

Glaubensüberzeugungen und Wertvorstellungen unberücksichtigt bleibt. Und gerade das geschieht bei den Forschern,
die über das Individuum des Mittelalters schreiben, in aller
Regel; sie gehen von der stillschweigenden Voraussetzung
aus, daß die Frage nach der Persönlichkeit und der Individualität im Hinblick auf die Barbaren müßig ist. Aber das ist ein
großer Irrtum.

Die Untersuchung germanischer – und hier in erster Linie
skandinavischer – Quellen zeugt vom Gegenteil. Das Individuum im heidnischen Nordeuropa wurde von seiner Gemeinschaft keineswegs aufgesogen, es besaß vielmehr ziemlich umfangreiche Möglichkeiten der Erkennung und Bestätigung seines Selbst. Ich meine, daß die überaus reichen
Quellen, die sich im skandinavischen Norden erhalten haben, herangezogen werden müssen, um ein ebenso umfassendes wie ausgewogenes Bild von der Entwicklung und der
Wandlung der Persönlichkeit im Europa des Mittelalters
zeichnen zu können. Die Beschränkung der Untersuchung
auf zwei oder drei Länder, wie sie in der Wissenschaft bedau-
erlicherweise immer noch vorherrscht, läßt sich nicht rechtfertigen. [28]

An dieser Stelle muß der Standpunkt von Alfons Dopsch
zur Sprache kommen, den er schon im ersten Drittel unseres
Jahrhunderts formuliert hat. Dieser österreichische Historiker gelangte für zahlreiche Erscheinungen in der Sozial- und
Wirtschaftsgeschichte Europas zur Zeit des beginnenden
Mittelalters zu einer Reihe ganz neuer Fragestellungen. Seine
Theorie der Entstehung des Kapitalismus im Frankenreich,
die eine lebhafte Diskussion ausgelöst hat, mußte allerdings
berechtigte Kritik über sich ergehen lassen. Doch nicht sie
soll uns in diesem Zusammenhang interessieren, sondern
sein Vorgehen bei ihrer Begründung. Er unterstreicht nämlich die Rolle des individualistischen Substrats im Leben
Westeuropas zur Zeit des frühen Mittelalters und beschränkt
sich nicht auf die Untersuchung der wirtschaftlichen Grundlagen der Gesellschaft. Vielmehr verweist er auf zahlreiche
Veröffentlichungen, die seiner Überzeugung nach von der
Einseitigkeit der herrschenden Betrachtungsweise im Hinblick auf den Menschen jener Zeit zeugen, der dort als ge-

sichtsloses und völlig von seiner Gemeinschaft absorbiertes Wesen geschildert wird, als Typ, der sowohl in seinem Verhalten als auch in seinen Ansichten über die Welt jeder Selbständigkeit beraubt war. In seiner Entgegnung auf Karl Lamprecht, der das Frühmittelalter als Periode des «Typismus» im geistigen Leben charakterisiert hat, verteidigt Dopsch seine Meinung, daß schon zu Beginn des Mittelalters von «Individualimus» gesprochen werden kann (den Lamprecht und viele andere Wissenschaftler in die Zeit der Renaissance oder gar erst ins 16. bis 18. Jh. verlegen). Nach Dopsch verhält es sich vielmehr umgekehrt: Es war gerade das Hochmittelalter, das die Beschneidung der individuellen Freiheiten im Wirtschaftsleben zur Regel gemacht hat, z. B. mit dem Aufkommen des Genossenschaftswesens, der wirtschaftlichen Regelmechanismen, der Monopolisierung der Kontrolle über den Handel durch das Stapelrecht, des Zunftrechts und des «Zunftszwanges» mit seinem unfreiwilligen Zusammenschluß aller Meister eines bestimmten Handwerks in einer Zunft unter Aufnötigung ihrer Statuten, der umfassenden Entrechtung der Bauern usw. – all das gab es am Beginn des Mittelalters nicht.[29]

Dopsch verweist auf die Individualformen des Wirtschaftsgefüges und die Einzelbauweise der Siedlungen bei den Germanen, die bereits den Römern besonders aufgefallen waren. Archäologische Funde bestätigen diese Sachlage: Die besonders seit der Mitte unseres Jahrhunderts von Archäologie, Paläobotanik, historischer Kartographie, Bodenkunde, Klimatologie, Radiokohlenstoffanalyse und Luftaufnahme, vor allem aber von der Siedlungsarchäologie angestellten Untersuchungen lassen keinen Zweifel mehr daran, daß die Dorfgemeinschaftsstrukturen im alten Germanien und Skandinavien bei weitem nicht die Bedeutung hatten, die ihnen von den Verfechtern der Markgenossenschaftstheorie des 19. Jh. beigelegt worden ist. Vorstellungen von den Germanen als nomadisierenden Viehzüchtern haben sich ebenfalls als unhaltbar herausgestellt. Die Germanen waren seßhafte Ackerbauern. In ihren Siedlungen überwog die Weilerform, und jeder Hofbesitzer führte von anderen unangefochten und unbeeinträchtigt seine eigene Wirtschaft. Erst

mit dem Wachstum der Bevölkerung verwandelten sich die
Weiler in Gruppensiedlungen. Nach den Beobachtungen
von Tacitus «bauen die Germanen ihre Siedlungen nicht so
wie wir» (die Römer), und «sie können es nicht leiden, wenn
sich ihre Behausungen berühren; sie siedeln in großer Ent-
fernung voneinander und überall verstreut, jeder dort, wo er
einen Bach, eine Flur oder einen Wald für sich entdeckt hat»
(‹Germania›, 16). Die Archäologen haben Spuren von «oldtidsagre» (von «Altfeldern») entdeckt, die durch Raine und
Steinwälle gegeneinander abgegrenzt sind.[30]

Die Annahmen von Dopsch zur Wirtschaftsordnung der
Germanen sind also in vieler Hinsicht bestätigt worden. Ihre
Lebensweise trug den Stempel der persönlichen Initiative.
Das tritt aus der ‹Historia Francorum› («Geschichte der Franken») Gregors von Tours ebenso hervor wie später aus den
Rechtsdenkmalen zu Beginn des Mittelalters, etwa in der
‹Lex Salica› (im ‹Salischen Gesetz›) oder in den noch später
abgefaßten Rechtsschriften der Skandinavier, die jedoch
etwa dasselbe Stadium der gesellschaftlichen Entwicklung
widerspiegeln. Und was erfahren wir aus den Epen der Germanen und der Skandinavier? Welche Verhaltensmodelle
überliefern uns die ‹Ältere Edda›, die Dichtungen der Skalden oder die Sagas aus dem isländischen Sagenkreis?

Allerdings landet man in einer Sackgasse, wenn man
Dopsch folgt und diese Modelle zu dem Individualismus der
Menschen der Renaissance in Beziehung setzt (Dopsch sieht
z. B. keine Unterschiede zwischen Liudprand von Cremona
aus dem 10. Jh. und den Humanisten[31] oder wenn man den
«Geist des Kapitalismus» mit der ökonomischen Ethik zur
Zeit der Karolinger vergleicht. Allein schon der Terminus
«Individualismus» in seinem heutigen Bedeutungsumfang
mit vielen Nebenbedeutungen ist kaum geeignet, die Le-
benseinstellungen der Menschen des frühen Mittelalters
adäquat wiederzugeben. Aber es bleibt eine Frage: Gab es
nicht vielleicht vor dem «klassischen» Mittelalter mit seinen
erzwungenen Zusammenschlüssen und seiner Typisierung
einen Zeitabschnitt, in dem ein anderes Persönlichkeitsbewußtsein mit weniger Einschränkungen für seine Entfaltung
herrschte? Ist es wirklich gerechtfertigt, eine gerade Ent-

wicklungslinie für den Fortschritt des Individualismus zu ziehen, so, als habe sich der Individualismus von Jahrhundert zu Jahrhundert immer weiter entwickelt, je näher wir ihn an die Neuzeit heranrücken sehen?

Es ist doch nicht von der Hand zu weisen, daß wir uns nach dem Überschreiten der Grenzen der christlichen Welt in Richtung auf die heidnische – oder im Übergang vom Heidentum zum nur oberflächlich angenommenen Christentum begriffene – Peripherie veranlaßt sehen könnten, die Fragestellung nach der «Entdeckung der Individualität» neu zu überdenken und diejenigen Möglichkeiten unter anderem Blickwinkel zu betrachten, die das Christentum für die Entfaltung der Individualität eröffnet hat. Wie wir noch sehen werden, stieß ein Autor im Mittelalter, sobald er direkt oder indirekt sein eigenes Ich auszudrücken versuchte, an die von religiöser Ethik, literarischer Rhetorik und rhetorischer Topik gezogenen engen Grenzen. Daher beschleicht einen Historiker bei der Untersuchung von «Autobiographien» oder «Lebensbeichten» aus dem Mittelalter immer wieder ein Gefühl der Ohnmacht angesichts der Unmöglichkeit, die Individualität zu «fassen zu bekommen». «Individuum est ineffabile» ⟨«Das Individuum ist unfaßbar»⟩ – diese Formel der mittelalterlichen Philosophen kommt ihm unwillkürlich in den Sinn, wenn er über den Zeugnissen brütet, die die Autoren jener Zeit von sich selbst hinterlassen haben.

Zweites Kapitel

Das Individuum und die Epische Tradition

Die Suche nach dem Individuum in den Literaturdenkmalen des Mittelalters stößt auf mancherlei Schwierigkeiten, die sich nicht immer völlig überwinden lassen, denn das Bestreben ihrer Verfasser, das Individuelle dem Allgemeinen unterzuordnen und das Besondere dadurch zu erfassen, daß sie es in typisierende Modelle einpaßten, hat zu Klischees geführt, die mit der Zeit völlig erstarrten und von diesen Autoritäten der Form geradezu kanonisiert wurden. Daher ist es im allgemeinen so gut wie unmöglich, durch diese strengen Regeln und die Topik des Textes hindurch zu einer lebendigen und unwiederholbaren Persönlichkeit vorzudringen. Das in der Literatur des Mittelalters jahrhundertelang herrschende Latein tat oft ein übriges, um das Individuelle zu verschleiern.

Deshalb ist es durchaus gerechtfertigt, sich auch in der so überaus reichen und farbigen altskandinavischen Literatur umzutun. Dank der ihr eigenen Weltsicht, die mit einer außergewöhnlichen Bildhaftigkeit bei der Schilderung ihrer Gestalten einhergeht, räumt sie dem Individuum – und dabei nicht nur den Großen der Gesellschaft, sondern auch dem einfachen Isländer oder Norweger – so viel Platz ein wie keine andere Literatur dieser Epoche, eine Erscheinung, die mit Fug und Recht das Epitheton «einzigartig» verdient. Außerdem ist die Sprache dieser Literatur – der ‹Edda›, der anderen Sagas und der Skaldendichtung – die Muttersprache der in ihr auftretenden Menschen.

Natürlich sind die Schlußfolgerungen, die sich aus einer Analyse der skandinavischen Literaturdenkmale ziehen lassen, nur cum grano salis – und manchmal auch gar nicht – auf das gesamte mittelalterliche Europa übertragbar, denn Skandinavien hatte in seinem sozialen wie in seinem geistigen Leben manche Eigentümlichkeit bewahrt. Ungeachtet dessen stand es auch in jener Zeit keineswegs außerhalb der europäischen Entwicklung, sondern war ein Teil von ihr. In den Persönlichkeitszügen dieser Literatur kommen nicht nur die nordischen Spezifika zum Vorschein, die schon für sich genommen höchster Aufmerksamkeit wert wären, sondern auch jene Grundzüge, die dem europäischen Mittelalter insgesamt gemeinsam waren. Könnten also nicht auch die skandinavischen Literaturdenkmale angesichts ihres bewundernswerten Reichtums wertvolles Material für den Mediävisten abgeben, ein Material, das es ihm auf dem langen Weg zu den Quellen der Persönlichkeit im Mittelalter gestattet, jenes Substrat zu entdecken, das auch den anderen Regionen des damaligen Europa nicht fremd war?

War Sigurd ein Held?

Beginnen wir unsere Analyse mit dem Begriff des «Heldischen», einer der zentralen Bewußtseinskategorien der Skandinavier. In diesem Begriff konzentriert sich in übersteigerter Form die Idee der Persönlichkeit, ihrer Freiheit und Gebundenheit. Die in einer Handschrift aus dem 13. Jh. auf uns gekommenen Gesänge oder Lieder der ‹Edda› – tatsächlich sind sie viel älter – eröffnen uns die Möglichkeit, eine Reihe von Aspekten der Idee des Helden kennenzulernen.

Heldentaten zu vollbringen ist der Sinn der Existenz eines Helden, und allein das Gedenken an den Ruhm seiner Taten ist alles, was in den kommenden Generationen von ihm bleibt. Der Mensch, der in einer Welt lebt, die vom Mythos getränkt ist und voll von Erinnerungen an eine legendäre Vergangenheit, eben dieser Mensch, der sein Verhalten an den Archetypen mißt, die ihm seine Kultur vermittelt hat, ist doch gleichzeitig, und das in nicht geringerem Maße, zukunftsorientiert, d. h. sein Denken richtet sich auch auf die Zeit, da er nicht mehr sein wird, wohl aber sein ruhmbedeckter Name im Gedächtnis der Nachkommen. Die anthropomorph, als Aufeinanderfolge der Generationen von Menschen, aufgefaßte Zeit ist für ihn gerade deshalb ein Wert an sich, weil sie sich von der Gegenwart aus in beide

Richtungen erstreckt: dorthin, wo die Vorfahren gelebt haben, und dorthin, wo die Nachfahren leben werden. Ihrem eigentlichen Wesen nach ist dies eine Geschlechterzeit, und der Held selber ist ein Glied in der Kette der einander ablösenden Geschlechter. Der Blick in die Zukunft, in die Zeit, da der Mensch und seine Taten erst ihre wahre Würdigung erfahren werden, ist nicht nur für den Helden kennzeichnend, sondern auch für den Durchschnittsmenschen.

Die Kategorie des Heldischen hängt aufs engste mit der Beziehung zur Zeit zusammen, denn in ihr, erst in der Zukunft erstrahlt der Ruhm des Helden in vollem Glanz. Aber gleichzeitig starren die Heldensänger und seine Zuhörerschaft wie gebannt auf den Tod des Helden. Denn der Held, das ist unverrückbares Gesetz, fällt; sein Leben währt nicht lang, aber in dieser kurzen Frist vollbringt er eine Tat, die das Andenken an ihn verewigt. Das Verhältnis des Helden zum Tode erklärt sich aus seinem Verhältnis zur Zukunft: Erst der Tod bahnt ihm ja den Weg zu unsterblichem Ruhm. Daher sind alle diese drei Kategorien – Heldentum, Tod und Zeit – äußerst wichtige Aspekte in der Ethik der Völker Nordeuropas während des gesamten Mittelalters.

Zu den genannten Kategorien tritt noch eine weitere hinzu, die sie gewissermaßen umschließt und in sich aufsaugt – das Schicksal. Denn die Unerschrockenheit des Helden und sein Untergang gelten in der Dichtung der ‹Edda› nicht als Ergebnis seiner persönlichen Initiative, seines eigenen Verhaltens oder des Zusammentreffens seiner Lebensumstände, nein, in den Gestalten der ‹Edda› ist das heldische Prinzip, dem sie folgen, bereits substantiell angelegt. Ihre Helden sind in der Wahl des Weges, auf dem sie ihre Heldentaten vollbringen und ihrem Untergang entgegengehen, nicht frei; ihr Lebensweg ist sozusagen «vorprogrammiert», er ist vorherbestimmt, mitunter auch wird er von Sehern oder Seherinnen dank ihrer Fähigkeit zur Durchdringung des über der Zukunft liegenden Dunkels vorhergesagt.

Ein solcher weiser Seher war Grípir, der Onkel Sigurds, ein Bruder seiner Mutter. Er weissagte dem jungen Sigurd seine Zukunft, seine Heldentaten, und schließlich enthüllte er seinem Neffen auch das Geheimnis seines Todes. Die ‹Weissagung Grípirs› («Grípisspá») ist ein Lied, das den gesamten Zyklus der Sigurdlieder gewissermaßen zusammenfaßt. Doch das Wissen um das künftige Schicksal ist nicht nur Grípir eigen, auch Sigurd erlangt es: Am Schluß des Gesanges stellt sich heraus, daß Sigurd von seinem Untergang weiß. In Form einer Weissagung wird das Verhältnis des Helden zu seinem Schicksal enthüllt: So und nicht anders verläuft sein Lebensweg, der kein Abweichen von dem Vorherbestimmten kennt, und der Held akzeptiert diesen Weg als seine Pflicht und Schuldigkeit.

Doch das Schicksal in den Vorstellungen der germanischen Völker ist nicht das unpersönliche, überirdische Fatum und auch nicht das Glücksrad einer blinden Fortuna. Auch wenn das Schicksal des Helden in ihm «angelegt» ist, ergreift und begreift er es doch ganz bewußt als seine ihm eigene Lebensposition; er gehorcht den Weisungen seines Schicksals nicht blindlings, er gestaltet und verwirklicht es aktiv. Demnach ist das Schicksal für den Helden der Ausdruck seines eigentlichen, seines innersten Wesens, das er frei und in eigener Verantwortung entfaltet, nicht selten zur Verwunderung seiner Umgebung, die den Sinn dessen, was er tut, nicht versteht. Das Schicksal des Helden ist mit seinem Ich verwachsen, genauer, sein Ich ist die Verkörperung seines Schicksals. Die Begriffe «persönlich», «personengebunden» und «individuell», die wir in Ermangelung besserer verwenden müssen, geben die ethische Situation des Helden der ‹Edda› nur unvollkommen wieder. In der «Geschlechterpersönlichkeit» sind das Individuelle und das über dem Persönlichen Stehende nicht voneinander zu trennen. Normalerweise steht der Held bei seinem Handeln nie vor einer Alternative. Vielmehr ordnet er sich der allgemein üblichen Verhaltens- und Vorgehensweise unter, doch er begreift sie nicht als etwas ihm von außen Aufgezwungenes, nicht als unausweichliches Joch, das er nicht abwerfen kann. Im Gegenteil, er betrachtet seine Handlungsweise als die einzig denkbare und daher einzig mögliche; es handelt sich immer um *seine* Verhaltensweise – die und keine andere ist sein als ureigen verinnerlichtes Schicksal.

Somit äußert sich in der Zeichnung des Helden die latente Konzeption der menschlichen Persönlichkeit, wie sie für die germanisch-skandinavische Kultur charakteristisch ist. Gleichzeitig aber bleibt das Phänomen des Heldischen in der heute üblichen Interpretation der Denkmale jener Epoche äußerst widersprüchlich und verschwommen. Dabei sind mindestens zwei Extreme zu beobachten.

Das eine tritt bei Wissenschaftlern zutage, die den germanischen Heldenmythos überbewerten und ihm Züge heutiger Auffassung vom Heldischen verleihen, wobei sie die persönliche Natur des Helden in tragisch-romantischen Farben malen. Sie sprechen von einem «heldischen Humanismus» in der epischen Dichtung der Germanen,[32] von einem «Glauben an den Menschen und an seine Freiheit», der die Heldengesänge durchziehe, von der «Tragik seiner Freiheit», die das «Lebensgesetz» des Helden sei und sich in seiner «unerzwungenen Treue zu seinem Ich und seinem Gesetz» in der bewußten Annahme seines eigenen Schicksals niederschlage. Darin sehen sie einen der wesentlichen Züge des «germanischen Geistes», der sich im deutschen Volk aus grauer Vorzeit bis in die Zeit der Staufer erhalten habe.[33] Derartige Deutungen sind jedoch kaum hilfreich, weder für die Erkenntnis des Wesens des Heldischen bei den Germanen noch für die Erfassung der Natur der Persönlichkeit im Gesamtzusammenhang ihrer Kultur. Infolgedessen harren der Charakter und die Spezifik der Selbsterkenntnis des Individuums in dieser fernen Epoche noch immer ihrer geistigen Durchdringung.

Das andere Extrem äußert sich bei Forschern, die den Begriff des Heldischen bei Germanen und Skandinaviern überhaupt in Zweifel ziehen. So hat Michail Steblin-Kamenski den Versuch unternommen, die Gestalten aus den Liedern der ‹Edda› ihres Nimbus zu entkleiden. Bei der Herausarbeitung der Unterschiede, die die ‹Edda› in der Zeichnung ihrer Heldinnen und Helden macht, unterstreicht er, das allerdings zu Recht, die Ambivalenz, die «Doppelnatur» ihrer Heldinnen. Zum einen sind sie dort Frauen in tragischer Situation, die vom Verlust ihres Mannes, ihres Bruders oder ihrer Kinder betroffen sind, die ihren Toten die Totenklage singen und nach Rache für ihren Tod dürsten. Zum anderen aber treten sie gleichzeitig als überirdische Wesen mit einem Wissen und mit Eigenschaften hervor, wie sie gewöhnlichen Menschen versagt sind; sie erinnern vielmehr an Walküren, oder sie sind sogar welche. Gegenüber diesen Frauen fallen nach Steblin-Kamenski die männlichen Helden merklich ab. Ihre geistigen Kräfte erschöpfen sich in der klaren Vorahnung ihres Todes. Was aber ihre Gefühle betrifft, so ziemen sie sich ganz offensichtlich nicht für Helden; für sie ist eine Art «seelischer Impotenz» charakteristisch.[34]

Steblin-Kamenski verweilt besonders bei Sigurd, dem ruhmvollsten Helden der ‹Edda›. Ihm ist ein ganzer Zyklus von Gesängen gewidmet, ihn besingt unter dem Namen Siegfried das deutsche ‹Nibelungenlied›,[35] er ist auch der Held skandinavischer und deutscher Literaturdenkmale in Prosa.

«Was hat Sigurd denn eigentlich Heldisches vollbracht?» fragt Steblin-Kamenski. Sigurds Beiname lautet zwar «Fafnirtöter» (dt. «Siegfried der Drachentöter»), aber Sigurd, so stellt der Interpret fest, hat bei dieser Tat nur seine körperlichen Kräfte eingesetzt, «ohne den geringsten Einsatz von Kräften des Geistes»: Er ist in eine Höhle gekrochen, hat dem nichtsahnenden Drachen den Weg verlegt und ihn dann mit seinem Schwert durchbohrt. Das war kein offener, kein ehrlicher Kampf, sondern Mord aus dem Hinterhalt! Steblin-Kamenski sieht den Anlaß für die Tat Sigurds in dessen purer Gier nach dem Gold, das der Drache bewachte. Nicht genug damit: Nachdem er den Drachen getötet hatte, wurde Sigurd gleich darauf erneut zum Mörder; weil er die Beute nicht mit Reginn, dem Bruder Fafnirs, teilen wollte, tötete er ihn, obwohl dieser Mann, von Beruf Schmied, Sigurd das siegbringende Schwert geschmiedet und ihm obendrein auch noch verraten hatte, wie dem Drachen am besten beizukommen sei.

Die anderen Abenteuer Sigurds zeugen, so Steblin-Kamenski, von noch weniger Geistesgröße. Die Werbung Gunnars um Brynhildr (Brünhilde), bei der Sigurd die Gestalt Gunnars annimmt, ist schlichtweg Betrug. Doch der Betrug wird offenbar, als sich Sigurd damit brüstet, von Brynhildr einen Ring zur Verlobung bekommen zu haben. Dafür hat er mit seinem Leben bezahlt! Nach Steblin-Kamenski empfand Sigurd weder für Brynhildr noch für seine Frau Guðrún die geringste Gefühlsregung. Sogar noch im Tode bleibt er sich in seiner Geistesschwäche treu, denn als ihn selber der Tod aus dem Hinterhalt ereilte, schafft er es gerade noch, seinen Mörder in Stücke zu hauen, doch «das war auch eher nur Körperkraft als Geistesstärke».

Nicht anders interpretiert Steblin-Kamenski auch andere Gestalten der ‹Edda› – Helgi, Hamðir oder Sörli. Mit ihren kriegerischen Heldentaten legen sie nur physische Stärke an den Tag. Dabei begehen diese Helden ihre Taten unter Umständen, die dem Ruhmesglanz, der sie umgibt, Hohn sprechen. Und so gibt es für Steblin-Kamenski nur eine Schlußfolgerung: Die «Helden» der ‹Edda› sind das krasse Gegenteil von Helden. Während Otto Höfler die Helden des germanisch-skandinavischen Epos über die Maßen erhebt und sie dabei idealisiert und modernisiert, entheroisiert Steblin-Kamenski sie unbarmherzig.

Spätestens jetzt drängt sich aber doch folgende Frage auf: Was mag die Skandinavier und die anderen germanischen Völker jahrhundertelang veranlaßt haben, das Andenken an Sigurd-Siegfried und die anderen Helden so hochzuhalten und immer wieder in ihren Liedern zu besingen? Denn diese Menschen müssen sich doch sehr wohl im klaren darüber gewesen sein, daß es Betrug und Verrat war, wenn Sigurd sich als falscher Bräutigam zu Brynhildr schleicht, die ihren Gunnar erwartete; daß der Drache Fafnir hinterrücks getötet wurde; daß es Sigurd nur um den Goldschatz ging und daß der Mord an seinem Ziehvater und Lehrer Reginn den Schandtaten Sigurds die Krone aufsetzte . . . Offenbar haben alle diese Begleitumstände von Sigurds Taten, die den heutigen Forscher aufmerken lassen, weder die Schöpfer und Sänger der ‹Edda› noch ihre Zuhörer im geringsten gestört, im Gegenteil, die einen sprachen nur aus, was die anderen von ihnen erwarteten. Hier gilt es, etwas zu bedenken.

Die Deutung der Taten Sigurds ist nämlich keineswegs so einfach, wie es auf den ersten Blick scheinen mag. Schon der Wunsch nach dem Besitz des Goldes läßt sich nicht auf elementare Habgier reduzieren. Dieses Gold – Gegenstand des

Zerwürfnisses zwischen den Asen, den Alben sowie den Brüdern Reginn und Fafnir – verfügte nämlich über Zauberkräfte und materialisierte das «Heil», die «Glückhaftigkeit des Schicksals» dessen, der es besaß: Es verkörperte Wohlergehen und Macht. Diese symbolische Funktion sollte nicht außer acht gelassen werden. Überdies ist Sigurd zu seinem Kampf mit dem Drachen Fafnir erst von Reginn aufgestachelt worden, und erschlagen hat er Reginn, nachdem er erfahren hatte, daß der ihm nach dem Leben trachtete. Und in seinem Kampf mit dem das Gold bewachende Ungeheuer, in das sich Fafnir verwandelt hatte – der übrigens seinerseits auch nur auf dem Wege des Vatermordes in den Besitz dieses Goldes gelangt war –, brauchte sich Sigurd überhaupt nicht an die Anstandsregeln gebunden zu fühlen, von denen sich die handelnden Personen der isländischen Sagas sonst leiten ließen, wenn sie an ihren Beleidigern Rache übten. Aus den Volksmärchen wissen wir, daß auf eine Welt, in der Magie und Zauberei herrschen, die üblichen ethischen Normen nicht anwendbar sind. Gerade die Legenden über Sigurd aber sind voll von Märchenmotiven. Der Kampf des Helden mit einem Ungetüm gleich welcher Art ist ein gemeinsames Motiv von Mythos, Epos und Folklore.

Vergleichen wir doch einmal die Tendenz zur Herabsetzung der Tötung Fafnirs bei Steblin-Kamenski mit den Worten, die zwischen Sigurd und Grípir fallen: Sigurd bittet Grípir: «Sag mir, Oheim, / edler König, / ohne Umschweif, / da wir offen reden: / Schaust du Sigurds / schnelle Taten / hoch sich heben / zum Himmelsdach», und Grípir antwortet: «Allein erschlägst du / den schillernden Wurm, / der gierig liegt / auf der Gnitaheide; / gar bald bringst du / beiden den Tod, / Reginn und Fafnir – », worauf Sigurd ausruft: «Reich ist die Beute, / erring ich nun, / so wie du sagst, / den Sieg über beide.» («Grípisspá», 10–12 ⟨dt. nach: Die Edda. München 1992⟩).

Die Behauptung, daß die Gestalten der ‹Edda› eigentlich gar keine Helden sind, geht auf die Vorstellung zurück, daß die Auffassungen vom Heldischen in grauer Vorzeit dieselben gewesen seien wie heute. Vom Standpunkt der Gegenwart aus betrachtet muß der Mensch, der eine Heldentat

vollbringt, vor allem Geistesstärke besitzen; übermäßige
Körperkräfte können ihm sogar fehlen, auf jeden Fall sind sie
nicht unbedingt erforderlich. Im Gegensatz dazu zeichnen
den Helden der alten Skandinavier sowohl Geistesstärke als
auch Körperkräfte aus, ihrem Wesen nach bilden sie eine Einheit und sind nicht voneinander zu trennen. Daher hat auch
niemand in dieser Zeit einen Widerspruch zwischen ihnen
realisiert. Es waren ja gerade seine Furchtlosigkeit, die Sigurd die Türen von Brynhildrs Gemächern öffnete, und sein
unbezähmbarer Kampfesmut, der ihm die Kräfte verlieh,
mit denen er seinen Mörder sogar dann noch mit einem
Schwertstreich («von Kopf bis Fuß») spalten konnte, als er
selbst schon den Todesstoß ins Herz empfangen hatte; und es
war seine Treue gegenüber dem Blutsbruder, die verhinderte,
daß er dessen Braut die Jungfräulichkeit raubte, obwohl er
drei Nächte bei ihr verbracht hatte.

Geist und Materie, der moralische Zustand des Helden
und seine physischen Eigenschaften, waren in der Auffassung dieser Epoche keine nebeneinanderherlaufenden Phänomene. Eine derartige Dichotomie war ihrem Wertesystem
fremd. Äußere Stärke des Helden war nur ein Zeichen seiner
inneren Stärke, ein Ausdruck für die Größe seines Geistes.
Mut und Treue, Gewandheit und Körperkraft waren die Säu-
len, auf denen die Wertschätzung für einen Menschen ruhte.
Nicht von ungefähr wird in den Liedern das «fabelhafte Aussehen» Sigurds besonders erwähnt; dabei handelt es sich
nicht einfach um Schönheit und kriegerische Kraft an sich,
in Sigurd erblickten die Menschen jener Zeit vielmehr die
Verkörperung von Vollkommenheit. Natürlich sind Ruhmestaten für einen Helden der ‹Edda› die Hauptsache, der
gegenüber alle anderen Dinge in den Hintergrund treten.
Doch für die alten Skandinavier stand außer jedem Zweifel,
daß dieser Held auch noch andere rühmenswerte Eigenschaften besaß, nicht nur kriegerische. So erfährt Sigurd von Grípir die Verheißung: «Unterm Himmel / wirst du der hehrste,
/ ob allen Herrschern / hochgeboren, / ein Goldvergeuder, /
geizend mit Flucht, / edel zu schaun, / gescheit in Worten»
(‹Grípisspá›, 7). Ein großer Held ist eben in allem groß: in
seinen körperlichen und in seinen geistigen Gaben.

Mit der «psychischen Impotenz» bei den Helden der
‹Edda› verhält es sich demnach so, daß in ihre Texte einfach
Inhalte «hineininterpretiert» werden, die ihnen wesensfremd
sind. Heldenhaftes Verhalten hatte eo ipso bestimmte Gefühle zur Voraussetzung, und von hier aus gesehen lag für
die Menschen jener Zeit auf der Hand, daß Sigurd tiefe
Freundschaft für Gunnar empfand und ihn aus diesem Gefühl heraus die Treue hielt, als er für ihn die Heldentat der
Werbung um die Braut vollbringt. Die ganze Schändlich-
keit des gegen Sigurd eingefädelten Komplotts wird ja erst
vor dem Hintergrund der Tatsache deutlich, daß Sigurd bis
an sein Ende Gunnar ein wahrer Freund gewesen ist, dem
Menschen, der seine Ermordung plante und befahl. Noch
auf dem Sterbelager tröstet Sigurd seine Frau Guðrún und
empfiehlt sie seinen Brüdern an, eben denen, die an seinem
Tode schuld sind, aber, daran glaubt er fest, ihr als seiner
Witwe Schutz und Hilfe nicht versagen werden.

Ebenso falsch ist die Ansicht, Sigurd habe Frauen keine
Liebe entgegengebracht. Das Gegenteil stimmt, denn über
seine Gefühle für Brynhildr enthält ‹Grípirs Weissagung›
ganz klare Worte, und die sind von «psychischer Impotenz»
meilenweit entfernt. Der Held kennt sehr wohl Gefühle, und
dazu ganz verschiedene: Freundestreue, Ehrgefühl, auch
Zorn – und Liebe zu den Frauen.

Steblin-Kamenski ist der Meinung, daß die Taten der Helden nicht selten im Widerspruch zu ihrem Ruhm stehen. Als
ob er diese Unterstellung antizipierend entkräften wolle,
fragt Sigurd selber Grípir, ob er nicht in irgendeine Untat
verwickelt werden könne, worauf er die Antwort erhält:
«Kein Tadel wird / dich treffen auf Erden, / das kann ich,
König, / verkünden dir; / solange Menschen / leben, wird
hoch, / Schwertsturms Nährer, / dein Name stehen» (‹Grípisspá›, 23). Das aber bedeutet, daß der von Steblin-Kamenski vermutete Bruch zwischen heldischem Ruhm und
scheinbar unheldischem Verhalten lediglich im Bewußtsein
eines heutigen Forschers besteht, der an die Heldengestalten
der ‹Edda› Maßstäbe anlegt, die den moralischen Vorstellungen des Mittelalters einfach nicht adäquat sind. Vom
Standpunkt der Menschen jener Zeit stehen der Held und

seine Taten mit seiner Würdigung durch die Nachwelt, mit seinem Ruhm, sehr wohl im Einklang. Wenn ein heutiger Wissenschaftler eine Gestalt aus der ‹Edda› nicht als Helden ansehen kann, dann bedeutet das doch nur, daß sich die Ideale seither gewandelt haben. Mit demselben Recht könnte man nämlich diesen Helden dann auch bezichtigen, daß er gemordet und geraubt habe, als er befahl, zu seinem Begräbnis Sklaven zu töten, sein Haus in Flammen aufgehen zu lassen und die Verbrennung seines Leichnams als allgemeine Hekatombe zu feiern. Die Taten eines Helden stehen niemals im Widerspruch zu seinem Ruhm, sie entsprechen vielmehr den Würdigkeitskriterien, die in seiner Gesellschaft als Norm galten. Die Gesellschaft, die die Heldendichtung hervorgebracht hat, betrachtete solche Handlungen als selbstverständlich für das Verhalten eines legendären Helden.

Wenn man dem Verständnis für das heldische Grundprinzip in den Liedern der ‹Edda› näherkommen will, darf man nicht vergessen, daß alles, was sie beschreiben und berichten, ja auch für ihre Schöpfer schon in grauester Vorzeit, vor undenklichen Zeiten geschehen ist. Im ‹Alten Hamðirslied› (‹Hamðismál›) heißt es: «Kein Ding war eher: / Es ist doppelt so alt», (‹Hamðismál›, 1). Die Zeit des Heldenliedes ist eine absolut epische Zeit. Sie ist unwiederbringlich vorbei und unnachahmlich erhaben, diese gute alte Zeit, in der so grandiose Gestalten lebten, wie sie die Heldenlieder besingen. Alles, was sich in diesen früheren Zeiten zugetragen hat, ist ganz und gar vollendet. Zwischen der Zeit der Helden und der Zeit, in der das Heldenlied gesungen wird, liegt – nach einer Formulierung von Michail Bachtin – «die absolute epische Distanz».

Daher dürfen die Helden der Epen nicht nur nicht mit der Elle heutiger Kriterien gemessen werden, sondern auch nicht mit der, die seinerzeit an die Gestalten aus den Sagas angelegt wurde. Die Sagas sagen von Menschen aus der profanen, gewöhnlichen Zeit, die Gesänge der ‹Edda› dagegen singen von Helden aus ganz anderen Regionen und Dimensionen. Die Taten der Sagagestalten konnten zwar durch Beispiele der Helden aus der ‹Edda› inspiriert worden sein, aber ein Riß zwischen der Ethik zur Zeit der Sagas und jener der heldischen Vergangenheit ist unübersehbar.

Die ‹Sprüche des Hohen›: Aphorismen der Alltagsweisheit

Die ‹Sprüche des Hohen› (‹Hávamál›) sind das umfangreichste Lied aus der ‹Lieder-Edda›, und sie nehmen in diesem Zyklus auch eine gewisse Sonderstellung ein. Während in den anderen Liedern heidnische Götter oder altskandinavische Helden auftreten, enthalten die ‹Sprüche des Hohen› zum überwiegenden Teil Belehrungen in Gestalt von Alltagsweisheiten, außerdem nicht zuletzt Sprichwörter, Redewendungen und Aphorismen. Daher auch scheint diesen Sprüchen die innere Einheit zu fehlen, sie machen eher den Eindruck einer Sammlung aus mehreren verschiedenartigen Liedern. Neben ihrem ersten Teil, der Verhaltensmaßregeln enthält, und den ‹Sprüchen an Loddfáfnir› (‹Loddfáfnismál›), deren Inhalt mitunter Ähnlichkeiten mit ersteren aufweist, sind in diesem Lied noch Strophen enthalten, die sich auf Odin beziehen – und zwar auf sein Verhältnis zu Frauen und auf seine Selbstverzauberung, kraft derer er die Kenntnis der Runen erlangte. Schließlich gehört auch noch eine Aufzählung von verschiedenen Zaubersprüchen dazu, die Odin in den Mund gelegt werden. Alles zusammen bildet ein Konglomerat heterogener Lieder, die möglicherweise aus verschiedenen Zeiten stammen. Doch uns interessiert nicht die Frage, welchen Aufbau die ‹Sprüche des Hohen› ursprünglich einmal aufgewiesen haben. Uns genügt es zu wissen, daß ein Text vor uns liegt, der in der altskandinavischen Gesellschaft umlief – wobei nicht ganz klar ist, ob das in Island war, wo die ‹Edda› entstanden ist, oder in Norwegen, dem Land, aus dem die meisten Menschen kamen, die Island kolonisiert haben.

In den ‹Sprüche des Hohen› begegnen wir dem Verhalten eines Individuums in den verschiedensten Lebenssituationen. Was ist das für ein Mensch, an den die Ratschläge und Belehrungen gerichtet sind; welche Moral schlägt sich in ihnen nieder? Einige Wissenschaftler sind der Ansicht, daß es

die Moral eines Wikingers ist, der sich ausschließlich auf sich
selbst und auf seine eigenen Kräfte verläßt, denn in diesem
Lied ist kein Einfluß seitens des Christentums zu erkennen –
übrigens auch kein Glaube an heidnische Götter. Nun
stammt aber der erhalten gebliebene Text der ‹Edda› paläo-
graphischen Untersuchungen zufolge aus der zweiten Hälfte
des 13. Jh., die Wikingerzüge jedoch haben im 11. Jh. aufge-
hört. Andere Wissenschaftler meinen, Lobpreisungen eines
bescheidenen Auskommens in Anspruchslosigkeit und Ver-
dammungen der Eitelkeit des Reichtums in den Texten seien
Hinweise darauf, daß wir es hier mit der Moral eines einfachen Menschen zu tun haben, denn der Horizont seiner Interessen reicht nicht über das Alltagsdasein hinaus. So wird
in zwei Sprüchen die «ehrliche Armut» gepriesen:

«Gut ist ein Hof	Gut ist ein Hof,
ist er groß auch nicht:	ist er groß auch nicht:
Daheim ist man Herr;	Daheim ist man Herr;
hat man zwei Ziegen	dem blutet das Herz,
und aus Zweigen ein Dach,	der erbitten die Kost
das ist besser als betteln	zu jeder Mahlzeit sich
gehn.	muß»

(‹Hávamál› 36, 37. Übersetzung aus: Die Edda. München
1992, 127. Sprüche 28, 29.)

In diesem Zusammenhang aber stellt sich die Frage, ob überhaupt – und wenn ja, inwieweit – die im Mittelalter gängigen Ansichten der einfachen Bauern («bonder») mit der
Moral des Adels oder der Reichen aus solchen Ländern wie
Norwegen – und mehr noch Island – miteinander verglichen
werden dürfen. Die Geringschätzung materieller Wohlha-
benheit, die uns in den ‹Sprüchen des Hohen› wiederholt
entgegentritt, kann nämlich auch als moralisches Räsonieren
gedeutet werden und nicht als Widerspiegelung der Auffassungen einer bestimmten sozialen Schicht. Hier kann man
Andreas Heusler nur zustimmen, der darauf aufmerksam gemacht hat, daß in den ‹Sprüchen des Hohen› die pathetische
Grundstimmung und die heldischen Haltungen fehlen, wie
sie für die besten Sagas der Isländer so kennzeichnend sind.[36]
Hier haben wir eher die unter einfachen Menschen verbrei-

tete Moral vor uns. Die von Heusler erwähnte Gegenüberstellung verdient unsere Aufmerksamkeit: Die Sagas heori-
sieren die Wirklichkeit und erheben sich über das «prosai-
sche» Alltagsdasein und seine Kleinlichkeiten. Anders die
‹Sprüche des Hohen›. Ihre «Verbundenheit mit dem Erden-
dasein» ermöglicht dem Historiker das Vordringen in Reali-
tätsschichten, die keiner überhöhenden Stilisierung unterworfen wurden. Wir werden uns allerdings hüten, die vorliegenden Texte einer bestimmten Klasse zuzuordnen, sondern
wollen den Inhalt der Belehrungen unter dem Blickwinkel
der uns ausschließlich interessierenden Frage betrachten,
und die lautet: «Was können uns diese Texte über das Verständnis vom Individuum verraten?»

Welche Ratschläge erteilen also die ‹Sprüche des Hohen›?

Der erste Eindruck, der sich dem Leser aufdrängt, ist der,
daß ihre vielen Belehrungen einen Menschen ansprechen,
der einsam ist.[37] Dieser Mensch schlägt sich allein gegen alle
durch eine Welt, die ihm feindlich gesonnen ist und auf
Schritt und Tritt Gefahren für ihn bereithält. In diesem
Kampf ums Dasein verläßt er sich einzig und allein auf seinen Mut und auf seine Kraft. Daher lautet die Botschaft, die
fast das ganze Lied in mannigfachen Variationen durchzieht:
Der Mensch muß äußerst vorsichtig sein und höchst umsichtig handeln, denn die Welt ist voller Hinterlist und Heim-
tücke; deshalb muß er ständig auf der Hut sein – innerhalb
und außerhalb des Hauses, in Gesellschaft, beim Gelage, auf
Reisen, vor Gericht, selbst in den Armen einer Frau; keinen
einzigen Augenblick darf sich ein Mann von seiner Waffe
trennen, denn «nicht weiß man gewiß, / wann des Wurfspießes / draußen man bedarf» (‹Hávamál›, 38 [130. 56]). Diese
Ratschläge stehen keineswegs in Widerspruch zu dem, was
wir in den isländischen Sagas lesen, die statt solcher Belehrungen konkrete Lebenssituationen enthalten. Der Held der
Saga ist bereit, jede Beleidigung mit einem Schwertstreich
und jeden Überfall mit einem Speerwurf zu beantworten.
Möglicherweise springen ihm später seine Stammesgenossen oder Freunde zur Seite, doch in dem Augenblick, da der
Konflikt mit einem anderen Menschen ausbricht, hängt alles
von den persönlichen Eigenschaften des Helden ab.

Der Verfasser der ‹Sprüche des Hohen› geht von der stillschweigenden Voraussetzung aus, daß ein Mensch nicht
untätig zu Hause herumsitzt, sondern andere Menschen auf-
sucht und besucht. Angesichts der Tatsache, daß diese Menschen über ihre weit voneinander entfernten Einzelgehöfte
verstreut lebten, ist es nur zu begreiflich, daß das Problem
der sozialen Kommunikation – denn darum handelt es sich –
für sie eine überaus große Rolle spielte. Daher steht im Mittelpunkt der Aufmerksamkeit dieses Liedes ein einzelner
Mensch, der in ein fremdes Haus kommt. Hier können alle
möglichen Gefahren über ihn hereinbrechen. Daher beginnt
das Lied mit der Maxime: «Nach allen Türen, / eh ein man
tritt, / soll sorglich man sehen, / soll scharf man schaun: /
Nicht weißt du gewiß, / ob nicht weilt ein Feind / auf der
Diele vor dir» (‹Hávamál› 1 [125. 1]). Selbst wenn sich diese
Befürchtungen nicht bewahrheiten, bleibt Wachsamkeit der
Imperativ des Verhaltens: «Der Achtsame, / der zum Essen
kommt, / horcht scharf und schweigt; / die Ohren spitzt
er, / mit den Augen späht er: / Der Besonnene sichert sich»
(‹Hávamál›, 7 [125. 7]). Wenn sich der Gast am Gespräch beteiligt, soll er zwar danach trachten, Wohlgefallen und Zuneigung der Anwesenden zu gewinnen, auch soll er sich ihre
Ratschläge zu Herzen nehmen, doch niemals jemandem aufs
Wort vertrauen: «Fröhlich sei der Mann / und freundlich
zum Gast, / auf seine Dinge bedacht, / beredt und beraten, /
sucht er rechte Weisheit, / oft erlangt man dann Lohn» (‹Hávamál›, 103, 132–135 [146. B. 1]).

Weisheit und Überlegenheit in den Dingen des alltäglichen Umganges sind teurer als Schätze: «Wertere Last / trägt
auf dem Weg man nie / als starken Verstand: / Er frommt dir
mehr / in der Fremde als Gold; er ist des Hilflosen Hort»
(‹Hávamál›, 10 [125. 9]). Dabei verdient hervorgehoben zu
werden, daß unter Verstand und Weisheit, die dieses Lied immer wieder als Voraussetzungen für richtiges und erfolg-
reiches Verhalten des Individuums nennt, in erster Linie Umsicht und Schläue zu verstehen sind, nicht aber Wissen im
heutigen Sinne. Der Verfasser der ‹Sprüche des Hohen› betont wiederholt, daß ein mittelmäßiger Verstand schon ge-
nüge, «denn nicht ebenbegabt / sind alle Menschen: / Beide

Gruppen sind gleich» (141. 13), d. h. Dumme und Kluge gibt
es gleich viele auf der Welt, und ganz und gar überflüssig ist
es, mit Wissen zu prahlen. Überhaupt lebt es sich besser,
wenn das Wissen nicht allzu groß ist: «Wer weise schwei-
gend / zur Wohnstätte kommt – / nicht trifft Unglück den
Achtsamen» (125. 6), und «heiter wird selten / das Herz des
Grüblers» (129. 46); «sein Geschick schaue man nie, / dann
bleibt sorglos der Sinn» (‹Hávamál›, 53–56 [129. 47]).

Der «Held» des Liedes ist von der Furcht, daß andere
Menschen ihn für einen Dummkopf halten könnten, buchstäblich zerfressen. Dagegen wappnet er sich mit Zurückhaltung und Wortkargheit als Merkmalen seines Verstandes.
Seine Taktik ist es, andere so viel wie möglich reden zu lassen und dabei so wenig wie möglich von sich, seinen Gedanken und Absichten preiszugeben. Dem Lächeln seiner Gesprächspartner traut er nicht, denn es könnte sein, daß es
falsch ist und der Dummheit des Schwätzers gilt. Ein Unklu-
ger wartet auf Hilfe und Unterstützung anderer Menschen
dann vergeblich, wenn er sie am nötigsten bräuchte, etwa
bei einer Gerichtsverhandlung (‹Hávamál›, 24–29 [126. 19]).
Geschwätzigkeit kann andere beleidigen, und so macht man
sich völlig überflüssigerweise Feinde. Wie leicht kann bei
Gelagen Streit ausbrechen, doch wie schwer ist er dann zu
schlichten. Oft erblickt man einen Freund in einem Menschen, der sich, wenn es darauf ankommt, als Feind ent-
puppt; Mißtrauen und Heuchelei zahlen sich also aus. Böse
Absichten gegenüber einem Feinde verbirgt man am besten
hinter einem Lächeln und einer wohlgesetzten Rede:
«Freundlich magst du sprechen, / aber Falsches sinnen, /
zahlen Täuschung für Trug (‹Hávamál›, 73 [129. 4]). Mißtrauen gegenüber allem und jedem ist das Leitmotiv dieses
Liedes, und die Aufzählung der Menschen, Tiere, anderen
Lebewesen und Dinge, die dem Menschen verdächtig vorkommen müssen, umfaßt mehrere Strophen. Hier sind sie
alle versammelt: die untreue Frau mit ihren Rechtfertigungen, der Sohn des Fürsten, der aufsässige Sklave, der nieder-
geworfene Feind, der Brudermörder, der eigene kleine
Sohn, der hungrige Wolf, das unzuverlässige Schwert und
der fehlbare Pfeil, das feurige Roß und die lahme Mähre, die

zusammengerollte Schlange, das dünne Eis – und vieles, vieles andere – «so arglos sei keiner, / daß dem allem er traue!» (‹Hávamál›, 85–91 [143. 2]).

Daher muß die Selbstkontrolle stets hellwach sein, und für einen Gast bei Gelagen, wenn Trinken die Zunge löst, ist das Risiko, die Selbstbeherrschung zu verlieren, besonders groß. Wohl ist Trinken erlaubt, doch in Maßen, denn das oberste Gebot für einen klugen und erfahrenen Menschen ist es, herauszufinden, was andere Menschen im Schilde führen. Aber ebenso wichtig ist Mäßigung beim Essen, denn «dem törichten Mann / wird sein Magen zum Spott, / wenn er zu Klugen kommt» (‹Hávamál›, 20 [126. 13]). Am besten ist es, sich zu Hause ordentlich sattzuessen, ehe man zu einem Gelage aufbricht, und dann ist es auch angebracht, nicht zu lange dabeizubleiben. Wie leicht kann man sich sonst einen Freund zum Feinde machen.

Der Mittelpunkt, um den sich alle Belehrungen in den ‹Sprüchen des Hohen› drehen, ist ein Individuum, das sich mit potentiellen Gefahrenmomenten auseinandersetzt; es ist der Einzelgänger, der, von Menschen umgeben, in ihrer Mitte mit Vorsicht und Schläue seinen eigenen Weg finden muß. An uns zieht eine Gesellschaft vorüber, in der es nicht leicht ist, auf Wohlwollen und Hilfsbereitschaft zu vertrauen. Offenheit und Rückhaltlosigkeit bei der Äußerung von Gefühlen sind kein Zeichen für Tapferkeit und Heldenmut, gerade den Tapferen zeichnen ständiger Argwohn und nie ermüdende Wachsamkeit aus.

Ein ähnliches Bild finden wir in den Sagas. Ihre Gestalten sind im allgemeinen ebenfalls recht wortkarg. Weit ausholenden Reden ziehen sie kurze Aussagen und lapidare Einwürfe vor. Ihre Stimmungen und ihre Absichten lassen sich eher aus ihren Handlungen erkennen. Diese Methode, die bei der Schilderung der Innenwelt der Sagahelden angewendet wurde, bezeichnen Wissenschaftler als «Symptommethode»: Anhand äußerer Anzeichen kann man auf den inneren, den Seelenzustand der Helden schließen. Der Verfasser einer Saga hat nichts mit den allwissenden Romanschreibern unserer Gegenwart gemein, ihn verbindet nicht einmal etwas mit seinen eigenen Zeitgenossen, den Schöpfern der

Ritterepen, die sich des langen und breiten über die Gedanken und Gefühle ihrer Gestalten ergehen. Der Sagaschreiber
berichtet nur von dem, was auch abseitsstehende Beobachter
erblicken konnten – vom Verhalten eines Menschen. Diese
Besonderheit in der Darstellung der Innenwelt ihrer Gestalten ließe sich leicht als bloßes Stilmittel dieser Literatur interpretieren. Doch dem ist nicht so. Hier haben wir es eher mit
dem Ausdruck einer allgemeinen Lebenseinstellung zu tun.
Ein Mensch in der Gesellschaft, wie sie in der altisländischen
Literatur beschrieben wird, kann einfach gar nicht anders als
äußerlich beherrscht und innerlich zum Zerreißen gespannt
sein; seine Vorsicht darf ihn auch nicht einen Augenblick
lang verlassen. Selbst höchste Erregung läßt ihn kühl und gelassen erscheinen: Er kann Rachegefühle gegenüber einem
Beleidiger tief in seinem Herzen vergraben und sich Zeit lassen mit ihrer Verwirklichung, bis die Umstände dafür günstig sind; er geht mit Beschwerden und Zornesreden nicht
hausieren; sogar wenn er innerlich straff gespannt ist wie
eine Saite, bewahrt er äußerlich Gleichmut. Äußere Leiden-
schaftslosigkeit ist das herrschende Normativ seines Sozialverhaltens, und das findet seinen Ausdruck in der spezifischen
Sagapoetik, die es einem Verfasser untersagt, diejenigen Gedanken und Gefühle ihrer Gestalten zu kennen, die diese
nicht selbst explizit äußern.

Doch kehren wir zu den ‹Sprüchen des Hohen› zurück.
Ein Einzelgänger ist außerstande, sich in einer Gesellschaft
zu behaupten, in der potentielle Feindschaft und Wachsamkeit herrschen. Daher muß er sich des Beistandes anderer
Menschen versichern. Der Verfasser dieses Liedes besingt
nun aber nicht die Empfindungen, die Freunde miteinander
verbinden; für ihn ist Freundschaft mehr ein Bündnis, das
auf Berechnung und gegenseitigen Interessen beruht, und
weniger eine uneigennützige Zuneigung: «Zwei zwingen einen» (‹Hávamál›, 73 [141. 11]). Ist es da nicht aufschlußreich,
wenn unmittelbar nach der Aufforderung zu ständiger Ver-
teidigungsbereitschaft des Mannes («nicht weiß man gewiß, /
wann des Wurfspießes / draußen man bedarf», (‹Hávamál›,
38 [130. 56]) das Thema des Geschenkaustausches in die
‹Sprüchen des Hohen› eingeführt wird? Unter den Bedin-

gungen dieser dauernden Anspannung braucht der Einzelmensch Freunde, und die verschafft und hält er sich, indem
er ihnen Geschenke macht; dabei darf er auch nicht knause-
rig sein, um so weniger, wenn die Gefahr droht, daß der
Feind dem vermeintlichen Freunde reichere Geschenke verspricht, denn dann kommt es schlimmer als gedacht.

Das Motiv gegenseitigen Beschenkens wird in den ‹Sprüchen des Hohen› von allen Seiten beleuchtet. Bekanntlich
war Schenken und Beschenktwerden eine ganz wichtige Institution der traditionellen Gesellschaft, ein «universelles soziales Faktum» (Marcel Mauss). Der Austausch von Geschenken besaß in dieser Gesellschaft so gut wie keinen wirtschaftlichen, sondern einen mehr zeichenhaften Charakter:
Er symbolisierte einen zwischen Einzelpersonen oder Familien geschlossenen «Gesellschaftsvertrag» und stellte auf
Wechselseitigkeit gegründete Beziehungen her, die in die Erwartung auf Hilfe und Loyalität mündeten. «Geber und Ver-
gelter / bleiben gute Freunde, / ihnen ist günstig das Glück»
(‹Hávamál›, 145 [128. 33]), dieser Grundsatz wurde von den
alten Skandinaviern eisern befolgt. Andernfalls geriet ein
Mensch, der ein Geschenk empfangen, es aber nicht erwi-
dert hatte, in eine für ihn unerträgliche Lage – in eine Abhängigkeit vom Spender.

In den Beziehungen zwischen Adligen und nichtadligen
galten andere Gesetze. Der Gefolgsmann legte es geradezu
darauf an, von seinem Fürsten beschenkt zu werden. Aber
dieses Trachten läßt sich nicht auf primitive Bereicherungs-
sucht reduzieren, obgleich Wohlstandserwerb natürlich eine
Folge dieser Schenkungen war. In dem Vorstellungssy-
stem jener Zeit war der Fürst die Personifizierung des «Ge-
lingens», des «Erfolges», er gebot über «das Glück» als Teil
des «Heils», dessen er teilhaftig werden lassen konnte, wen
er mit Geschenken auszeichnete. In einem Ring, Schwert,
Mantel oder anderen wertvollen Gegenstand, den der Fürst
seinem Gefolgsmann überreichte, war ein Quentchen seiner
Fähigkeit zum «Heilbringen» enthalten. Diese magische
Fähigkeit übertrug sich auf den Beschenkten und konnte
ihm wiederum bei dem, was er tat, von Nutzen sein. Folglich war das, was uns Heutigen bei den Gefolgsmannen eines

Fürsten als Habsucht erscheinen mag, nichts anderes als ein Symptom eigener Art für ihr Streben nach Selbstbestätigung, nach ein wenig «Heil».

Daraus folgt, daß wir uns auch bei der Beurteilung des Geschenkewesens Zurückhaltung auferlegen sollten. Kleidung und Waffen, die Freunde einander schenken, festigen ihren Bund und sind ein Unterpfand ihrer gegenseitigen Treue. Daher darf man bei Geschenken an einen Freund auch nicht kleinlich sein. Doch nicht in allen Fällen ist ein großes Geschenk vonnöten: «Nicht Großes nur / gebe man andern, / damit man Dank verdient: / Durch Brotes Bissen / und Bechers Neige / den Gefährten ich fand» (‹Hávamál›, 52 [128. 34]). Knauserigkeit aber ist gefährlich: Wer keine Geschenke gibt, setzt sich den unheilvollen Verwünschungen der beleidigten Übergangenen aus.

In der strengen Welt der ‹Sprüche des Hohen›, die von allen möglichen Fährnissen überquillt, kann man sich nur auf seine nahen Freunde und auf die Verwandten verlassen. In dem Teil dieses Liedes, der den Titel ‹Sprüche für Loddfáfnir› trägt, werden ebenfalls wieder gute Ratschläge zur Bewältigung des Alltages erteilt. Doch im Unterschied zum voraufgehenden Teil gibt sich die Moral hier weniger egoistisch. Die verallgemeinerte und emotionsfrei pragmatische Weisheit des ersten Teils der ‹Sprüche des Hohen› wird in den ‹Sprüche für Loddfáfnir› um emotionale Aspekte bereichert. In den Strophen dieses Liedes wird die Freundschaft zum erstenmal besungen; man muß den Freund besuchen, um die Freundschaft zu pflegen, und darf sie durch nichts beflecken: «Das ist echte Freundschaft, / kann man dem andern sagen / all sein Inneres; / kein wahrer Freund ist, / wer nur Erwünschtes sagt, / am gefährlichsten Falschheit ist» (‹Hávamál›, 124 [135. 16]). Aus diesem Teil der Belehrungen spüren wir etwas mehr menschliche Wärme. Die Freundschaft tritt uns als positiver Wert entgegen. Doch sogar auch hier vergißt der Verfasser nicht, die praktische Vorteilhaftigkeit freundschaftlicher Beziehungen zu unterstreichen.

Als Quellen für Glück und Wohlergehen werden in diesen Texten außer Gesundheit und Reichtum auch die Söhne und die nahe Verwandtschaft genannt. Reichtümer allein aber sind unstet und wandelbar, mitunter sogar schädlich: «Nicht weiß der Mann, / der wenig weiß: / Oft macht Reichtum verrückt» ‹Hávamál›, 75 [141. 6]). Es ist ein Glück, einen Sohn zu haben, selbst dann, wenn bei seiner Geburt sein Vater nicht mehr unter den Lebenden weilt. Der Sohn errichtet einen Gedenkstein, auf dem Runen den Namen des toten Vaters weitertragen. Solche Steine mit Runenaufschriften, die von den Kindern und Familienangehörigen gestorbener oder gefallener Wikinger aufgestellt wurden, sind über ganz Skandinavien verstreut.

Interessanterweise werden die Kinder – eigentlich die Söhne – als diejenigen Menschen erwähnt, die die Erinnerung an den Vater verewigen können. Dabei geht es aber nicht um die Erinnerung als emotionalen Eigenwert und schon gar nicht um die Liebe zwischen Vater und Sohn. Nach Ansicht des Verfassers der ‹Sprüche des Hohen› sind es weder der Besitz, noch die Verwandten, noch auch das eigene Leben, was sich einem Toten an Rühmenswertem nachsagen läßt. Es sind vielmehr die «Ruhmestaten» des einzelnen Menschen als Individuum, was die Erinnerung an ihn wachhält. Für den Skandinavier stand sein Ansehen an oberster Stelle auf der Werteskala. Davon zeugen die folgenden Strophen dieses Liedes:

«Besitz stirbt,   doch Nachruhm
Sippen sterben,   stirbt nimmermehr,
du selbst stirbst wie sie;   den der Wackre gewinnt.

Besitz stirbt,   eins weiß ich,
Sippen sterben,   das ewig lebt:
du selbst stirbst wie sie;   des Toten Tatenruhm»
                                   ‹Hávamál›, 76 [131. 68, 69])

Das «Ewiglebende», von dem hier gesprochen wird, ist das Andenken, das der Tote im Gedächtnis der nachfolgenden Generationen hinterläßt. Seine Darstellung als Individuum, seine Taten in ihrer Bewertung durch seine Umgebung – das ist es, was über Generationen hinweg weitergegeben wird und damit von ihm erhalten bleibt. Die Vorsorge für den

Nachruhm durchzieht die gesamte germanische Dichtung. Mit den Worten der ‹Sprüche des Hohen› korrespondieren die folgenden Sentenzen aus dem angelsächsischen ‹Beowulf›: «Jeden Sterblichen / erwartet das Ende! / Möge, wer kann, / zu Lebzeiten erwerben / ewigen Ruhm! / Denn eines Kriegers / höchster Lohn / ist würdiges Andenken!»; «So in den Kampf Mann gegen Mann / schreite der Kämpfer, um Ruhm / allewig aufzupflanzen, / nicht achtend des eigenen Lebens!» (‹Beowulf›, 1386ff., 1534ff. [eigene Übers.]).

Wie sehr die alten Skandinavier um die Bewahrung ihres Ruhmes, d. h. in erster Linie um das Weiterleben ihres Namens, besorgt waren, läßt sich auch aus der ‹Bósi-Saga› (‹Bósa saga›) herauslesen. Der Sagaheld weist das Ansinnen, er solle zaubern lernen, weit von sich, doch besonders aufschlußreich ist seine Begründung dafür: Er «wünscht nicht, daß in seiner Saga berichtet wird, er habe etwas dank Zauberei erreicht, statt sich auf seinen eigenen Mut zu verlassen».[38] Dieser Mensch betrachtet sein Verhalten in der Gegenwart vom Standpunkt der Zukunft aus, unter dem Blickwinkel des Verfassers der Saga, die, wie er hofft, dereinst geschrieben wird, um von ihm zu künden. Die alten Skandinavier kannten den Begriff «Sünde» noch nicht, ihr Sinnen und Trachten war der irdischen Welt zugewandt, und niemand wäre auf den Gedanken gekommen, seinen guten Ruf zu schädigen. Ihre Sorge kreiste nicht um ihren seelischen Zustand, nicht um die Errettung ihrer Seele, sondern einzig und allein um die Meinung, die sich ihr soziales Umfeld von ihnen bildete.

Das in den ‹Sprüchen des Hohen› festgehaltene Bewußtsein des Einzelgängers, der gezwungen ist, sich vor allem anderen erst einmal auf seine eigene Stärke zu verlassen, wenn er sich den Weg durchs Leben mit seinen mancherlei Gefahren bahnt – dieses Bewußtsein ist dessenungeachtet voll und ganz auf die Gesellschaft orientiert. Die «öffentliche Meinung» übt einen beispiellosen Druck auf ihn aus; er ist von ihr emotional wie intellektuell völlig abhängig, denn sie ist es, die seine Taten – und damit in letzter Konsequenz sein eigenes Ich – wägt und wertet. Wie schon Heusler bemerkte, beabsichtigt der Verfasser der ‹Sprüche des Hohen› nicht,

«sich in die Geheimkammern des menschlichen Herzens zu
vertiefen; seine Aufmerksamkeit ist hauptsächlich darauf gerichtet, was vor aller Augen steht».[39] Nicht sittliche Imperative, sondern allgemeinakzeptierte Moralvorstellungen, die
dem Individuum seine Verhaltensmuster diktieren, stehen
im Mittelpunkt der Aufmerksamkeit dieses Dichters und seines Werkes.

Die ‹Sprüche des Hohen› werfen anhand der Gegenüberstellung von Klugen, Weisen und Wissenden einerseits und
Unklugen, Unweisen und Unwissenden andererseits ein sitt-
liches Problem auf, dies jedoch in der spezifischen Gestalt,
wie sie für das heidnische Bewußtsein eigentümlich ist: Verstand beweist, wer die Verhaltensregeln beherrscht und in
der Gesellschaft dementsprechend auftritt; unverständig ist,
wer gegen die sozialen Normen verstößt, sie gar ignoriert.
Nur dem Kundigen, dem Weisen ist der Erfolg hold. Der
Mensch bewertet seine Taten anhand allgemeinanerkannter
und allgemeinverbindlicher Prinzipien, deren bedingungs-
lose Befolgung für ihn außerhalb jeden Zweifels steht. Als
Ursprung dieses Verhaltens kommt der Begriff «Gewissen»
wohl kaum in Betracht, denn das bedeutete, für die Persönlichkeit eine sittliche Selbstkontrolle vorauszusetzen, die moralische Vorschriften aus sich selbst heraus formuliert und
wertet. In einer Gesellschaft, in der Sippentraditionen
herrschten und in der die Persönlichkeit selber nur als «Sip-
penpersönlichkeit» auftrat, konnten sittliche Probleme des
Persönlichkeitscharakters noch kein wesentliches Gewicht
erlangen. Hier auch liegen die Ursachen für die gewisse
«ethische Neutralität» der ‹Sprüche des Hohen›, die bei einem Vergleich mit den christlichen Belehrungsschriften des
Mittelalters besonders ins Auge fällt.

In den ‹Sprüchen des Hohen› geht es dem Kern nach
also nicht darum, daß sich der Einzelmensch seines Verhaltens subjektiv bewußt wird in dem Sinne, daß er es als in
Übereinstimmung mit höheren sittlichen Werten befindlich –
oder nicht befindlich – einschätzen kann; es geht auch nicht
darum, ob die Kenntnis dieser Werte und ihre Akzeptanz für
dieses Individuum vorausgesetzt werden dürfen. Es geht
einzig und allein darum, daß es für das Individuum zweck-

mäßig und vorteilhaft ist, wenn es die allgemeingültigen Normen seiner Gemeinschaft befolgt.

Die Persönlichkeit in der Saga

Die ‹Sprüche des Hohen› enthalten Belehrungen darüber, wie sich das Individuum unter den verschiedensten und nicht immer einfachen Lebensumständen verhalten soll. Es liegt auf der Hand, daß diese Belehrungen normativen Charakter haben, und der Historiker ist sich dessen auch durchaus bewußt. Im Anschluß daran aber stellt sich für ihn die Frage, wie sich die Menschen tatsächlich verhalten haben, ob sie diesen Belehrungen gefolgt sind. Die Antwort auf diese Frage suchen wir in der erzählenden Prosa der Skandinavier – in ihren Sagas.

Die Saga ist eine für das Mittelalter einzigartige Literaturgattung und eine historische Quelle zugleich. Den über die kontinentalen Literaturdenkmale arbeitenden Wissenschaftlern fehlt, von seltenen Ausnahmen abgesehen, die Möglichkeit, das Individuum aufzuspüren, denn zu spärlich und zu wenig aussagekräftig sind die Zeugnisse dafür. Im Vergleich dazu empfinden die Historiker bei ihrer Untersuchung der Sagas eher so etwas wie Ratlosigkeit gegenüber Reichtümern, so umfangreich und ergiebig ist das Material, das sich jenen darbietet, die bereit und in der Lage sind, ihm die richtigen Fragen zu stellen. Das Latein vieler Gattungen der in Kontinentaleuropa entstandenen Literaturdenkmale ist außerstande, die Gedankenstruktur der Menschen jener Zeit adäquat wiederzugeben. Die Sprache der Sagas dagegen führt uns auf direktem Wege in die Innenwelt ihrer Schöpfer, und dank dieser Tatsache steht die Saga dem Leben näher als jede andere Gattung der Literatur des Mittelalters. Die Saga zeichnet reale Situationen und Konflikte nach, wie sie in der skandinavischen Gesellschaft abgelaufen sind – oder zumindest abgelaufen sein könnten. Die Gestalten der Sagas sind Menschen, die im allgemeinen tatsächlich gelebt haben. Bei alledem ist die Saga kein Roman; ihre Verfasser, wie auch ihre Zuhörer, sind über-

zeugt, daß die Schilderungen der Saga echte Wirklichkeit
wiedergeben und die reine Wahrheit sind.

Natürlich darf man in diesem Zusammenhang nicht vergessen, daß die Sagas erst Ende des 12. und im 13. Jh. aufgezeichnet worden sind, die in ihnen dargestellten Personen
und Ereignisse aber ins 9. bis 11. Jh. zurückreichen, und –
ihre Verfasser modeln die Vergangenheit nach eigenem
Gusto um: Das eine Mal wird sie modernisiert, ein anderes
Mal episch heroisiert und idealisiert. Doch einen Wissenschaftler, der bestimmte Züge der Persönlichkeit des Mittelalters rekonstruieren will, bringen diese Stilisierungen nicht
allzu sehr in Verlegenheit, denn in diesem Fall interesssieren
ihn als Historiker ja nicht die Fakten, sondern die Charaktere; als Ethiker untersucht er die sozialen Verhaltensweisen
der Menschen der Zeit, in der die Sagas niedergeschrieben
wurden.

Aber die Realität des Mittelalters ist bei weitem nicht dasselbe wie die Realität im Verständnis unserer Gegenwart,
sondern mit Phantastischem und Wunderbarem durchsetzt.
Seite an Seite mit lebenden Menschen treten in der Saga
übernatürliche Wesen auf, Werwölfe und «lebende Leich-
name»; unter den Faktoren, die den Gang der Ereignisse beeinflussen, spielen Weissagungen und prophetische Träume –
die alle unbedingt in Erfüllung gehen – sowie alle möglichen Zauber und andere magische Geschehnisse eine wichtige Rolle . . . Und all das wird in gleicher Manier und mit
gleicher Überzeugtheit von der Wahrhaftigkeit des Berich-
tenden beschrieben wie die Handlungen oder Gespräche der
gewöhnlichen Sterblichen.

Der «Realismus» oder «Naturalismus» der Sagas schließt
keineswegs aus, daß ihre Helden gelegentlich auch mit Un-
geheuern kämpfen müssen; daß seelenlose Gegenstände
plötzlich magische Kräfte annehmen können – bis hin zur Fähigkeit, von ihnen verfaßte Verse aufzusagen; daß abgeschla-
gene Köpfe, noch während sie durch die Luft fliegen, emsig
weiter Geld zählen usw. usf. Das Tun und Treiben der Sagahelden, das man für Akte freier Willensentscheidung halten
könnte, erweist sich als Ergebnis von Zauberei.

So taten nach der ‹Eyrbryygja-Saga› die Geister Verstorbener den Bewohnern eines Hofes allerlei Schabernack und spielten ihnen dabei auch sehr üble Streiche. Sie trieben es so lange, bis ein Gerichtsverfahren eingeleitet und ihnen im Hause des Hofbesitzers nach allen Regeln der Kunst ein Prozeß gemacht wurde, wie er auch gegen lebende Gesetzesbrecher hätte stattfinden können. Die aus ihren Gräbern Entstiegenen wurden des Hausfriedensbruchs und der Körperverletzung angeklagt, hatten sie doch die Hofbewohner an der Gesundheit, ja am Leben geschädigt. Es wurden Zeugen der Anklage gehört und auch sonst alle juristischen Formalien eingehalten. Nachdem den Gespenstern das Urteil gesprochen worden war, mußten sie unverzüglich das Anwesen verlassen mit der strengen Maßgabe, sich dort nie wieder blicken zu lassen. Aber schon beim Hinausgehen drückten sie in wohlgesetzten Stabreimen ihren Einspruch gegen das Urteil aus!

Die Erzählungen über wirkliche Ereignisse und über Menschen, die einst tatsächlich gelebt haben, einerseits und andererseits die in diese Schilderungen eingesickerte freie Erfindung – die möglicherweise überhaupt nicht als solche betrachtet wurde – sind in den Sagas zu einem einheitlichen Ganzen verschmolzen. Aller Wahrscheinlichkeit nach fühlten sich die Sagaschreiber gar nicht als uneingeschränkte, als mit dem Material völlig frei operierende Schöpfer ihrer Werke. Das begann schon damit, daß sie die handelnden Personen nicht erfunden haben, denn diese waren ja fast alles Menschen, die einmal gelebt hatten; und sie haben sich auch die Ereignisse nicht ausgedacht, sondern die hatten zum größten Teil einmal stattgefunden und waren der Gemeinschaft bis in die Zeit der Niederschrift der Saga im Gedächtnis haften geblieben. Auch in bezug auf die Form, in der die Sagas abgefaßt wurden, dürften die Sagaschreiber kein Urheberschaftsbewußtsein gehabt haben; im Gegensatz zu den Skalden – die es sowohl in der Metrik, als auch in der Handhabung der «Kenninge» («kenninger» [bildhafte Umschreibungen]) zur Vollkommenheit gebracht hatten – strebten sie danach, «die Saga so zu erzählen, wie sie sich zugetragen hat», d. h. die Geschichte in ihrem Verlauf zu schildern. In den Sagas finden sich nicht selten Hinweise darauf, daß sie

schon vor ihrer Aufzeichnung existiert haben, und auch
Verweise auf weitere Sagas, in denen dieselben Gestalten auf-
getreten sein müssen, obwohl sich das mangels überkomme-
ner Niederschriften nicht belegen läßt.

Offensichtlich hat kein Verfasser der Sagas die geringste
Absicht gehabt, sich gegenüber dieser Tradition abzusetzen.
Es gibt nämlich eine ganze Sammlung von ‹Isländerge-
schichten›, Berichten über die Geschichte der Isländer, und
jeder Sagaschreiber gab sich damit zufrieden, zu diesen Berichten den seinen beigesteuert zu haben; er betrachtete seine
Saga nur als Bestandteil der größeren Saga von den Islän-
dern, in die seine kleine Saga eingeht, sie ergänzt oder um
Einzelheiten bereichert. In diesen Schöpfungen haben wir
einen ebenso einzigartigen wie einheitlichen Text der altisländischen Prosa vor uns, aus der sich nur hin und wieder
Werke individueller Verfasser herausheben, denn im allgemeinen sind die Verfasser der Isländersagas bzw. -geschich-
ten unbekannt. Anders als die Skalden empfanden die Sagaschreiber kein Bedürfnis, ihren Namen in ihren Schöpfungen zu verewigen, und ihre Zeitgenossen sahen das auch
nicht anders.

Bei allen Verfassern des Mittelalters, nicht nur bei den is-
ländischen, findet sich ein stark ausgeprägtes Gefühl der
Ehrfurcht vor dem existierenden, dem vorgegebenen Text.
Da ihnen der Wunsch nach Neuerungen, etwa gar nach einem
Bruch mit der Tradition, völlig fremd war, besaßen sie natürlich auch ein ganz anderes Urheberbewußtsein, als es
Autoren der Neuzeit haben. Betrachtet man die neuzeitliche
Auffassung von Urheberschaft als Norm, dann ist das Urheberbewußtsein im Vergleich dazu bei den Autoren des Mittelalters, vor allem denen der Sagas, «unterentwickelt»,
«selbstwertunbewußt». Trennt man sich jedoch von unseren
heutigen Maßstäben, dann wäre es doch wohl angebrachter,
von einer Urheberschaft zu sprechen, in der individuelle
und kollektive Grundströmungen zusammenfließen, allerdings in den einzelnen Gattungen der mittelalterlichen
Wortkunst in unterschiedlichen Proportionen. Während
der Skalde, der Schöpfer einer wundersam-komplizierten
Form, sich seiner Rolle als Individualautor wohl bewußt

war, gehört der Sagaschreiber eher zum kollektiven Typ des Literaturschöpfers.

In der Saga gibt es nicht nur keine freien Erfindungen, es gibt auch keine klaren Stellungnahmen und keine Wertungen ihres Verfassers. In dieser Hinsicht steht die Saga dem Epos sehr nahe. Eine Wertung kann in die Form eines Verweises auf die Meinung von Personen aus der Umgebung gekleidet sein, die das Vorgegangene entweder gutheißen oder verurteilen. Das aber ist eigentlich keine individuelle Autorenmeinung, denn der Verfasser gibt ja lediglich die Meinung der Gruppe wieder, und genau so verfährt er auch, wenn er Informationen vermittelt, die ihm aus der Vergangenheit überkommen sind. So darf er z. B. nicht sagen: «Diese Tat ist ungehörig», die angemessene Formulierung dafür lautet: «Die Leute meinten, daß diese Tat ungehörig sei». Ein weiteres Spezifikum der Wertungsweise in der Saga ist das Fehlen mehrerer oder verschiedener Ansichten über ein und dieselbe Sache. In der ‹Njáll-Saga› (‹Njáls saga›) finden wir dafür folgendes Beispiel: Njáll und seine Söhne waren bei dem Brand umgekommen, den Flosi und seine Mannen in das Haus von Njáll geschleudert hatten. Unter den Leuten, die vor den rauchenden Trümmern standen, befand sich auch ein Gast Flosis, und der sagte zu ihm: «Ein großes Werk habt ihr da vollbracht», worauf Flosi entgegnete: «Die Menschen werden es sowohl ein großes Werk, als auch ein ruchloses Werk nennen» (‹Njáls saga›, 130). Der Mörder spricht seiner Tat selber das Urteil, indem er ihre Beurteilung anderen in den Mund legt; gleichzeitig gibt er zu erkennen, wie bewußt er sich dessen ist, daß die einer Verurteilung gleichkommt.

Die «Kunstlosigkeit» und «Nüchternheit» der Sagas, die Einfachheit ihrer Sprache und die Alltäglichkeit der Redeweise ihrer Gestalten sind aber eine ebensolche Illusion wie die Vorstellung, die Sagas gäben banale Ereignisse aus dem Leben wieder; sie schildern vielmehr stets Krisensituationen und beschreiben entscheidende, nicht selten verhängnisvolle Augenblicke eines Menschenlebens. Die Sagas ranken sich immer um Konflikte zwischen Individuen und Familien, um Zwistigkeiten, die gewöhnlich mit Mord und Totschlag enden, der lange und blutige Rache nach sich zieht.

Gespeist aus den Quellen der mündlichen Volksüberlieferung und über viele genetische Fäden mit dem Epos verbunden, sind die Sagas zugleich eigenständige und überaus
kunstvolle Schöpfungen; sie folgen einer spezifischen Poetik
und nur ihnen eigenen Existenzgesetzen. Die Aktivität ihrer
Verfasser kann wohl kaum «unbewußt» gewesen sein, wie
Steblin-Kamenski das behauptet,[40] denn sie richtete sich ziel-
sicher auf das Material, sie bearbeitete es jedesmal neu und
auf eigene Weise. Freilich bewegten sich die Sagaschreiber
dabei in den Grenzen, die ihnen von der Epischen Tradition
gezogen waren. Offensichtlich aber bedeutete ihre Einwir-
kung auf den Text und die Schaffung eines neuen Textes
noch lange nicht, daß sich die Sagaschreiber der Natur, der
Wertigkeit und der Grenzen ihrer Aktivität bewußt geworden wären. Ihre schöpferische Tätigkeit entwickelte bei diesen Verfassern nicht das Selbstbewutßsein, Schöpfer zu sein.
Sie sahen sich eher als Fortsetzer der langen Traditionskette
ihrer Gemeinschaft und erblickten ihre Aufgabe nur darin,
bereits existierende Texte aufzuzeichnen. Daher bietet die
Urheberschaft in bezug auf die Saga unserem heutigen Blick
auch ein so diffuses Bild. Doch das kann uns immerhin eine
klarere Vorstellung von jenem Persönlichkeitstyp vermitteln, der in der Gesellschaft möglich war, in der die Sagas
niedergeschrieben wurden.

Die Objektivität der Sagas äußert sich auch darin, wie sie
die Innenwelt des Menschen, seine Gefühle und Erlebnisse
nachzeichnen. Es gibt eine Auffassung – sie wird ebenfalls
von Steblin-Kamenski vertreten –, nach der solche Beschreibungen in den isländischen Sagas vollständig fehlen, da sich
diese Sagas eine solche Aufgabe überhaupt nicht gestellt haben, und das aus dem Grunde, weil die menschliche Persönlichkeit die Aufmerksamkeit der Sagaschreiber noch nicht in
dem Maße auf sich zog, daß sie zum Gegenstand literarischen Gestaltungswillens hätte werden können. Folglich
werden in den Sagas nicht Menschen an sich, sondern Ereignisse beschrieben – Fehde, Mord, Rache.[41] Nun fällt es allerdings schwer, literarische Werke zu finden, in denen die
menschliche Persönlichkeit *nicht* Gegenstand der Darstellung wäre. Natürlich kann die Art und Weise, in der die lite-

rarische Kunst der menschlichen Persönlichkeit nachspürt, ganz verschieden sein – der Bogen spannt sich vom Heldenepos bis zum psychologischen Roman, von Hiob bis zu Faust – und damit ebenso mannigfaltig sein wie die Persönlichkeitstypen, die von den verschiedenen Kulturen hervorgebracht wurden. Etwas anderes ist es zweifellos, zu sagen, die in den Sagas abgebildete Persönlichkeit sei eine andere als in der Literatur unserer Gegenwart. So gesehen, ist es meiner Ansicht nach ebenso unbestreitbar, daß die Sagas dem Menschen und seiner Innenwelt ein geradezu neugieriges Interesse entgegenbringen.

Erstens sind doch die Zwistigkeiten, die im Mittelpunkt der Aufmerksamkeit der Sagaschreiber stehen, Konflikte, in die Menschen von ihren Interessen und Leidenschaften hineingetrieben werden, Ereignisse also, die ihre Ursachen in den Menschen selbst haben, deren Eigenschaften und Charaktere dabei immer deutlich zutage treten. Und so werden die Sagahelden an ihren Fehden gemessen, daran werden die Würde, der Wert und das Wesen eines Menschen getestet. Diese Auseinandersetzungen wiederum sind stets durch die menschlichen Charaktere motiviert, und wenn diese Motive nicht immer ausschließlich persönlich, individuell bestimmt sind, dann nicht etwa, weil die Persönlichkeit in den Augen der Gesellschaft keinen Eigenwert besessen hätte, sondern deshalb, weil diese Persönlichkeit im Schoße der Gruppe, der Gemeinschaft kein völlig von ihr isoliertes Dasein führte, sich vielmehr in ihren Gedanken und Handlungen von denjenigen Einstellungen leiten ließ, die dort herrschten.

Unter den Motiven, die einen Menschen auf den Weg des Zusammenstoßes mit anderen Menschen treiben, rangiert die Sorge um Ruhm und Ehre, um den eigenen guten Ruf und den seiner Familie, der Freunde und Stammesgenossen immer an erster Stelle.

Bei der Schilderung von Racheakten oder bewaffneten Konflikten steht ebenfalls der Mensch im Mittelpunkt. Der Autor konzentriert sich darauf, den Mut des Helden, seine Stärke und Gewandtheit im Kampf zu veranschaulichen. In den zahllosen Kampfesszenen der Sagas begegnen wir immer wieder dem einen Gedanken: Jetzt erlebt der Held den Gipfelpunkt seines Daseins, dies ist der höchste Augenblick seines Lebens, dessen eigentliche Mitte. Folgerichtig entwickelt sich jede isländische Saga um derartige Episoden herum.

Zweitens fällt die Zustimmung zu der Behauptung, in den Sagas spielten die Gefühle und seelischen Erlebnisse ihrer Gestalten keine Rolle, auch deshalb schwer, weil diese emotionalen Zustände dort sehr wohl dargestellt werden, allerdings nicht auf dieselbe Weise wie in der mittelalterlichen Literatur Kontinentaleuropas oder wie in der Literatur der Gegenwart, nicht mit den Mitteln analytischer Beschreibung der Innenwelt und der Seelenzustände bei den Helden, sondern anhand ihrer «Symptome», die aus den Handlungen und Worten der Menschen, aus Hinweisen auf Veränderungen ihres Gesichtsausdrucks, aus ihrem Gelächter usw. erschlossen werden müssen – und können. Aus diesen Symptomen wird das, was die Helden durchleben, sonnenklar.

Auch dafür Beispiele: Als Bergþóra, die Frau von Njáll, ihren Söhnen erzählte, daß man sie «mistbärtig» und ihren Vater «bartlos» genannt habe, antwortete ihr Sohn Skarpheðinn kurz: «Unserer Alten gefällt es, uns aufzuhetzen» und lächelte erst noch spöttisch, doch dann «trat ihm der Schweiß auf die Stirn, und seine Wangen bedeckten sich mit roten Flecken. Das war ungewöhnlich«. Nachts wurde Njáll durch ein Klirren wach wie von Streitäxten, wenn sie von der Wand genommen werden, und als er nachsah, waren auch die Schilde nicht an ihrem Platz (‹Njáls saga›, 44). Was braucht es da noch Worte, um deutlich zu machen, daß Njálls Söhne außer sich waren vor Zorn und nach Rache dürsteten.

Ein Hirt berichtete Gunnar, daß sein Feind Schmähungen über ihn verbreitet und behauptet, Gunnar habe geweint, als er auf ihn losging. «Es lohnt nicht, beleidigt zu sein, Worte können nicht beleidigen», sagte Gunnar zu dem Hirten, «doch von jetzt an wirst du nur noch die Arbeit machen, die dir gefällt». Daraus wird klar, daß Gunnar sich diese Worte sehr zu Herzen genommen hat. Und tatsächlich: Er sattelte sein Pferd, nahm Schwert und Schild, auch den Speer, und

setzte seinen Helm auf. Der Speer gab einen lauten Klang
von sich, den hörte Gunnars Mutter und sagte zu ihm:
«Sohn, dich hat so wilder Zorn erfaßt, wie ich das noch nie
an dir gesehen habe», und «Gunnar ging hinaus, rammte
den Speer in die Erde, schwang sich in den Sattel und
sprengte davon» (‹Njáls saga›, 54). Damit ist das, was Gunnar umtreibt, vollkommen klar und wird dann auch durch
den Kampf mit seinen Feinden bestätigt, der später geschildert wird.

Als Beispiel für äußerste Zurückhaltung bei der Beschreibung der tiefen Erschütterungen der Helden und zugleich
für die «symptomatische Vorgehensweise» dabei mag folgende Szene aus der ‹Saga von den Söhnen der Droplaug›
(‹Droplaugarsona saga›) dienen: Nach dem Mord an Helgi,
Sohn Droplaugs, versagte sich sein jüngerer Bruder Grímr
jahrelang jedes Lachen. Doch eines Nachts gelang es ihm,
seinen Hauptfeind zu stellen und wohlbehalten heimzukehren. Man fragte ihn nach seinen nächtlichen Erlebnissen,
doch er entgegnete, daß gar nichts vorgefallen sei (die für die
Sagagestalten typische heldische Verschlossenheit!). Am
nächsten Tage, als Grímr mit einem Gast Schach [?] spielte,
stürzte der Sohn der Jorinn in den Raum und stieß aus Versehen die Figuren um, erschrak darob fürchterlich und ließ
vor Schreck laut einen fahren, doch – Grímr begann, dröh-
nend zu lachen. Jorinn eilte herbei und fragte: »Was ist denn
nun bei deinem Ausritt letzte Nacht wirklich passiert? Was
hast du für Neuigkeiten?», und Grímr antwortete in mehreren Versen, aus denen deutlich wird, daß es ihm gelungen
war, an dem Mörder seines Bruders Rache zu nehmen. Dem
heutigen Leser mag der Zusammenhang zwischen dem Hinweis auf das Verstummen von Grímrs Lachen nach dem Tod
des Bruders und dem Anlaß zu seinem jetzigen Gelächter
entgehen, doch die Frau in seinem Hause reagierte mit
traumwandlerischer Sicherheit auf dieses so überraschende
Gelächter. Das Schachspiel, die Verwirrung des Kindes nach
seinem Ungeschick mit den Figuren und seinem Mißgeschick mit dem Furz spielen nur die Rolle der «Spannfeder»
– die Entladung der Spannung, unter der Grímr solange gestanden hatte, bis sein Feind zur Strecke gebracht war, ge-

schieht mit einem Lachen. Der künstlerische Effekt ist genau
berechnet – und wirkt zuverlässig.

Es läßt sich beobachten, daß die Saga die größte Knapp-
heit im Ausdruck immer dann an den Tag legt, wenn ihr
Held seine höchste Anspannung durchlebt. In dem Augenblick, da er vom Tode eines Verwandten oder Freundes
erfährt, schweigt ein Mann und gibt keine Anzeichen von
Schmerz zu erkennen. Das ist keine Gefühlsarmut, kein
mangelndes Interesse an der Persönlichkeit des Toten und
auch kein Zweifel an der Trauerfähigkeit des Hinterbliebe-
nen, was die Saga hier zum Ausdruck bringt. Im Gegenteil,
dieses Schweigen und Insichzurückziehen sind Symptome
dafür, daß tief im Innern dieses Mannes die Gedanken und
Gefühle einander jagen: Er brütet über der Hauptsache, und
das ist nicht die Klage über, sondern die Rache für den Tod
des nahen Menschen. Daher stoßen wir in den Sagas immer
wieder auf die Szene, in der die Frau, der greise Vater oder
der kleine Sohn auf die Nachricht vom Tode ihres Mannes,
Sohnes oder Vaters tränen- und wortlos zur Waffe greifen,
sobald der Schuldige in der Nähe ist. Diese äußerste Verhal-
tensbeherrschtheit bei größtem Gefühlsaufruhr in den Sagas
ist eine Art «Minus-Methode», bereits eine Art «Understate-
ment».

In den Sagas finden wir auch oft Kollisionen von Charakteren – des ausgeglichenen edlen Helden und seines tücki-
schen Feindes, wie das Beispiel von Gísli und Þorkell zeigt:
Gísli ist ein Mann, dem die traditionellen Werte der Familie
über alles gehen, seinem Verwandten Þorkell dagegen bedeuten sie nichts. Auch in bezug auf die Charaktere der Sagahelden gilt, was schon in anderem Zusammenhang hervorgehoben worden ist: Es sind andere als in der realistischen
Literatur des 19. und des 20. Jh. Die epischen Charaktere
sind «aus einem Guß», sie leiden nicht unter Bewußtseins-
spaltung und kennen keine inneren Widersprüche und Zweifel. Allerdings – das auch nicht immer: Gunnar, ein mutiger
Mann, gesteht, daß ihm das Töten schwerfällt, und als Bolli
Kjartan erschlagen hatte, bereute er seine Tat noch an Ort
und Stelle bitter («Laxdœla saga», 49). Doch diese seelischen
Schwankungen des epischen Helden lähmen seinen Willen in

keiner Weise. Beide, Gunnar und Bolli, vollbringen die Taten, die gemäß der damaligen Ethik von ihnen einfach erwartet wurden. Bedauern und Selbstverurteilung kommen, wenn überhaupt, nach den Taten, so daß die innere Widersprüchlichkeit des Helden sozusagen in «Zeitzonen» zerfällt: Erst erfüllt der Held seine Pflicht, und dann gibt er sich seinen individuellen Gefühlen hin.

Der Charakter des epischen Helden macht keine Entwicklung durch. Der Held ist entweder von hochherziger oder von schurkischer Gesinnung, und das von Anfang bis Ende. Daher werden bei der ersten Erwähnung seines Namens in der Saga immer auch gleich seine Eigenschaften aufgezählt; sie sind ebenso unveränderlich wie seine Herkunft. So ist Grettir von Kind auf unberechenbar und launisch und ein streitsüchtiger Raufbold; der schwerfällige Charakter von Egill ist eher ein Markenzeichen seiner Sippe als seine persönliche Eigenschaft; die Hallgerd ist nicht erst durch ein schweres Leben bösartig geworden, sie ist es vom Augenblick ihres ersten Auftretens im ersten Kapitel der ‹Njáll-Saga› an, wo bereits ihre «diebischen Augen» erwähnt werden.

Einen gewissen inneren Bruch lassen die Sagas jedoch in den Fällen erkennen, da der Sagaheld den neuen Glauben annimmt. Aber auch dieser Bruch wird nicht als Ergebnis einer längeren psychischen Entwicklung beschrieben, sondern im Stil der mittelalterlichen Hagiographie als plötzliche Wiedergeburt mit Merkmalen eines Wunders. Doch ob davor oder danach, in jedem Stadium seines Lebens ist der Held eine in sich geschlossene Persönlichkeit ohne innere Widersprüche. Seine Seele, und die der übrigen Gestalten, wird nicht zum Kampfplatz für die einander widerstreitenden metaphysischen Kräfte des Guten und des Bösen, wie das in der geistlichen Literatur jener Zeit der Fall ist.

Die Charaktere der Sagahelden offenbaren sich in Konflikten, die die verschiedensten Ursachen und Anlässe haben können. Nicht selten sind das z. B. Anschläge auf das Eigentum, wie Flurschäden, Diebstähle oder Streitigkeiten um das Erbe oder die Herrschaftsnachfolge; Liebeskonflikte spielen ebenfalls eine wesentliche Rolle, etwa Rivalitäten um weibliche Gunst, unglückliche Ehen oder Eifersüchteleien der Frauen; und natürlich gehören Angriffe auf Leib und Leben sowie immer wieder Beleidigungen zu den Konfliktauslösern. Denn alle Konflikte, oder doch die meisten, lassen sich letzten Endes auf Handlungs- oder Verhaltensweisen zurückführen, die von einer der streitenden Seiten als Beleidigungen, als Anschläge auf die Würde ihrer Persönlichkeit aufgefaßt werden. Und daher ist es eigentlich nie so sehr die Tatsache der Wegnahme von Eigentum an sich, es ist der damit verbundene moralische Makel, der die Konflikte in Gang setzt. Das Individuum, das der Saga vor Augen steht, reagiert außerordentlich sensibel auf die geringsten Nuancen in der ihm entgegengebrachten Achtung: Schon eine geringfügige Handlung, ein unbedachtes Wort können eine Beleidigung sein, und die fordert ihre Genugtuung. Der epische Held sieht sich mit den Augen seiner Umgebung, er braucht ihre Billigung für seine Taten und ihre Achtung; ihre Geringschätzung oder Mißachtung ist für ihn unerträglich. Er bestätigt sich selbst ununterbrochen in der öffentlichen Meinung und über deren Rückwirkung auch in seinen eigenen Augen.

In diesem Sinne führt z. B. das Liebesthema in den Sagas kein Eigendasein. Auch dieses Thema hat die Funktion, die Selbstbestätigung des Helden zu stützen. Das ist keine Herabsetzung der Rolle, die die Liebesproblematik in den Sagas spielt. Steblin-Kamenski meint, daß die «romantischen Erlebnisse» kaum etwas darstellen, was der Beschreibung wert wäre. Allein, in der ‹Saga von den Bewohnern des Laxárdal› (‹Laxdœla saga›) hat das Liebesthema ein ganz besonderes Gewicht, denn die unerfüllte Liebe zwischen Guðrún und Kjartan bringt den Helden um sein Leben und macht Guðrún für den Rest ihres Lebens unglücklich. Natürlich wird diese Saite nur an wenigen Stellen der Erzählung angeschlagen, doch ist es nicht gerade ihr Klang, der die Handlung vorantreibt?

Eine andere Sache ist es, daß die Liebe in den Sagas nicht als profilierendes Thema in Erscheinung tritt, das den Gang der Ereignisse allein bestimmt; sie ist auch nicht der einzige Beweggrund, der die Helden leitet, wie das z. B. in der Legende von Tristan und Isolde der Fall ist. Die Saga beschreibt

ihre Helden in deren Motiven und Handlungen viel objektiver und lebensnäher als der Ritterroman. Kjartan liebt
Guðrún, aber außerdem dient er am Königshof, zieht umher
und bewirtschaftet seinen Hof. Im Unterschied zu Tristan
lebt er nicht in der künstlichen Welt der «reinen Liebe» – er
ist ein Vollblutmann. Die Liebe wird in den Sagas ganz anders dargestellt als im Roman des Mittelalters, doch das
macht sie in ihrer Lebensnähe nur noch überzeugender. Die
‹Saga von den Bewohnern des Laxárdal› verzichtet auf eine
Schilderung der Liebesqual, doch sie sagt genug, um den
Zuhörern begreiflich werden zu lassen, daß auch Guðrún
Sehnsucht leidet.

Demnach ist es also kaum berechtigt, die den Sagas eigene
epische Beherrschtheit und Zurückhaltung als «mangelnde
Aufmerksamkeit gegenüber der Innenwelt» ihrer Gestalten
zu interpretieren. Wenn der Held eine Heldentat vollbracht
hat und danach über sie «nebenbei und obenhin» berichtet,
dann dürfen wir noch lange nicht denken, daß er dem, was
er getan und geleistet hat, keine Bedeutung beimäße. Betrachten wir die folgenden Beispiele: Grettir mußte mit dem
Geist des toten Kárr in dessen Hügelgrab, das voller Schätze
war, einen Kampf ausfechten. Danach kommt er zu Þorfinn,
und der fragt Grettir, was ihn denn so Aufregendes umtreibe,
warum er sich nicht so betrage wie sonst, und Grettir antwortet nur: «Was nachts doch so alles passieren kann . . .!» –
und breitet die aus dem Grab geholten Schätze aus (‹Grettis
saga›, 18). – Knaben (sie stellen sich später als die Söhne Ve-
steins heraus, eines Freundes von Gísli, der in einen Quellen
von seinem Bruder Þorkell, in anderen von seinem Schwie-
gersohn getötet wurde) bringen Þorkell mit dessen eigenem
Schwert um und fliehen. Jemand fragt sie, was das dort für
ein Lärm sei und warum alle weglaufen, und der jüngere antwortet: «Ich weiß nicht, was dort verhandelt wird. Aber ich
denke, der Streit geht darum, ob Vésteinn nur Töchter hinterlassen hat oder ob er auch noch einen Sohn hatte» (‹Gísla
saga›, 28). Mehr wird darüber nicht gesagt, doch jedem
Isländer war aus dieser Antwort vollkommen klar, welche
Heldentat der Knabe vollbracht hatte, als er den am Tode seines Vaters Schuldigen erschlug.

Ich wiederhole: Die Darstellung der inneren Erlebnisse ihrer Helden ist in der Saga nicht explizit, sondern implizit angelegt. Leidenschaft und innere Erregung werden nicht direkt beschrieben und schon gar nicht analysiert; sie verstehen sich von selbst aus den Handlungen, den Ereignissen, aus kurzen Bemerkungen oder aus Skaldenversen. Darin eben besteht die Poetik der Saga, die auf diese Weise bestimmte Seiten des geistigen Lebens der Skandinavier zum Ausdruck bringt.

Eine häufige Konfliktursache waren «Eigentumsdelikte». Die Bonden – freie Bauern – hüteten achtsam ihren Besitz vor Dieben. Und auch für sie war nicht der Verlust ihres Eigentums die Hauptsache, sondern der Fleck auf dem Schilde ihrer Ehre. Diesen Fleck tilgen konnte ein Hofbesitzer nur dann, wenn es ihm gelang, den oder die Übeltäter zu bestrafen. Natürlich mußte auch der materielle Schaden wiedergutgemacht werden, und um dieses Zieles willen wurden mitunter sogar größere Opfer gebracht, als das Gestohlene wert gewesen war. So versucht eine Gestalt aus der ‹Saga von den Verbündeten› («Bandamanna saga»), mit dem Versprechen großer Reichtümer einflußreiche Thinggenossen zu bestechen, um in einem Besitzstandsprozeß zu gewinnen. In der ‹Eyrbryggja-Saga› zahlt ein Edelmann aus Sorge um sein Sozialprestige eine unverhältnismäßig große Summe Geldes für ein Stück Land. Folglich gilt auch für die Beschreibung der Besitzverhältnisse, was schon über die Liebesbeziehungen gesagt wurde: Sie waren zwar kein besonders herausgehobener Gegenstand der Erzählungen, aber das schmälert ihre Bedeutung in keiner Weise.

Der Lakonismus und die Zurückhaltung, mit denen die Sagas die Innenwelt und die Emotionen ihrer Gestalten schildern, hindern den Leser von heute mitunter daran, das ganze Ausmaß der Tragödie dieser Helden zu begreifen. So ist es für Gísli ein furchtbarer Schock, daß sein Bruder Þorkell ihm nicht zu Hilfe kommen will, doch kein einziges Mal läßt Gísli auch nur das Geringste darüber verlauten, was er wegen dieser Absage durchgemacht hat. Unsere Rezeption der Sagas unterscheidet sich eben grundlegend von der Einstellung, mit der die Skandinavier des Mittelalters an ihre Sagas herangegangen sind. Unsere Sensibilität für Wortnuancen, für beredtes Schweigen oder scheinbar nebensächliche Repliken und für Zeichen, hinter denen sich Leiden und Leidenschaften verbergen (wie etwa die bluttriefende Speerspitze, der vom Blut des Erschlagenen verkrustete Mantel oder das zerfetzte Handtuch im Hause der Witwe) – kurz, unsere Sensibilität für dies alles ist abgestumpft, und zwar durch eine Literatur, die mit ihrer betont expressiven Darstellungsweise für die innere Verarbeitung menschlicher Erlebnisse eine völlig andere emotionale Grundstimmung und -haltung zeigt. Übrigens ist diese wortkarge Beherrschtheit der Saga – die zu der Vermutung Anlaß gegeben hat, sie baue auf so etwas wie einem «Untertext» auf – im Chor der übrigen Literatur des Mittelaters eine einmalige Ausnahmeerscheinung. Um sich davon zu überzeugen, genügt es, die Darstellung des Konfliktes zwischen ihren verwandschaftlichen Gefühlen und ihrer Gattenliebe, den die Þordís in der ‹Gísli-Saga› durchleidet, mit derjenigen zu vergleichen, die das Drama des Markgrafen Rüdiger von Bechlarn im ‹Nibelungenlied› erfährt: In dieser Epopöe nimmt die Schilderung des Konfliktes, in den dieser Mann angesichts der Unvereinbarkeit von Freundestreue auf der einen und Dienstmannentreue auf der anderen Seite zu seiner Herrin gerät, eine ganze Aventüre ein.

Unter diesem Blickwinkel stellt sich der mögliche Eindruck von Gefühlsarmut bei dem Sagahelden als vollkommen irrig heraus. Dieser Held schlägt sich zwar nicht an die Brust, und er hält auch keine langen Reden über seine seelischen Erschütterungen. Aber seinem Ohr entgeht nicht der leiseste Hauch einer Beleidigung oder einer ehrenrührigen Anspielung, und er speichert in seinem Herzen alles, was sein Gefühl für Ehre und Würde berührt. Er überstürzt seine Rache nicht, er kann sich Zeit lassen; in der ‹Grettir-Saga› heißt es dazu: «Nur ein Sklave rächt sich sofort, ein Feigling nie». Für seine Bedächtigkeit kann er sich mitunter sogar Vorwürfe der Frauen einhandeln, die in der Saga überhaupt die Rolle von Hüterinnen der Familienehre und von Anstifterinnen zur Rache spielen – und dabei unduldsamer sind als ihre Männer und Söhne. Doch früher oder später schnellt der Pfeil der Rache mit unaufhaltsamer Kraft von dem zum Zerreißen straff gespannten Bogen, denn, mit den Worten des friedfertigen Njáll: «Wer langsam fährt, kommt auch zum Ziel». Dann aber saust der rächende Schlag hernieder! Der Sagaheld läßt die Pläne zur Abrechnung mit seinem Feinde langsam in sich reifen, doch dann führt er sie ohne Rücksicht auf Gefahr, selbst die des eigenen – oft schon als unausweichlich vorausgeahnten – Unterganges aus.

Die Einsilbigkeit des Sagahelden, die fehlende Bereitschaft, seinen Gefühlen freien Lauf zu lassen und sein Herz auszuschütten, veranlassen ihn nicht selten zu einem Gebaren, das den Eindruck machen kann, als sei es der Situation unangemessen. So kann er in den scheinbar unpassendsten Augenblicken grinsen oder lachen. Doch dahinter verbirgt er nur seine tiefen Empfindungen und seinen unbändigen Tatendrang und Rachedurst.

Das Interesse an der menschlichen Persönlichkeit trug im Mittelalter natürlich einen ganz anderen Charakter als in der Neuzeit. In den Sagas ist die Persönlichkeit verschwommen, ohne klare Konturen gezeichnet. Im Gegensatz zu der «atomisierenden» Behandlung der Persönlichkeit in der uns zeitlich näher stehenden und verständlicheren Kultur ist die Persönlichkeit des Menschen jener Zeit nicht so tief in sich selbst versunken, und sie hebt sich auch nicht in einem so scharfen Gegensatz von allen anderen Menschen ab. In einigermaßen deutlicher Gegenüberstellung befindet sie sich nur zu allen «Fremden», allen Außenstehenden, mit denen sie keine Bluts- oder Freundschaftsbande verbanden. Die Beziehungen des Individuums zu denen, die nicht die «Seinen» waren, beruhten auf Reserviertheit, Wachsamkeit und Mißtrauen, die leicht in Feindschaft umschlagen konnten. Wenn es erst einmal so weit war, half kein Verbot mehr: Es kam zum Kampf, zur Verwundung, gar zur Tötung, von weniger gravierenden Schädigungen der Fremden zu schweigen, denn sie zu hintergehen und zu betrügen war keineswegs unehrenhaft. Die Normen für das eigene Verhalten unter «Fremden» wiederum sind in den ‹Sprüchen des Hohen› in aller Klarheit und Offenheit niedergelegt; die Grenze zwischen den «Seinen» und den «Fremden» ist eindeutig definiert: In den Sagas ist sie durch das Blut markiert, das in zahllosen Fehden und Kämpfen ohne Hemmungen in Strömen vergossen wurde.

Im klaren Gegensatz dazu stehen die Beziehungen des Individuums zu den «Seinen» – den Familienmitgliedern oder Sippengenossen, Blutsverwandten, Verschwägerten und Freunden; sie beruhten auf völlig anderen Grundsätzen. In diesem Kreis von «Seinen» konnten, außer Zieheltern und -kindern, mitunter auch zum Haushalt gehörige Abhängige aufgenommen werden, und damit wurden die Bande zwischen ihnen praktisch unzerreißbar. Die auf diese Weise Verwandten waren einander in allem zu unbedingter Hilfeleistung verpflichtet: Einer hatte den anderen zu schützen und zu verteidigen, und jedem oblag es, Rache zu nehmen für die geringste Unbill, die einem von ihnen zugefügt worden war, für seinen Tod sowieso. Innerhalb dieses Kreises sind die Umrisse der Persönlichkeit diffus, und hier galt auch das Gesetz der Rache nicht; an den Seinen rächte man sich nicht – und ein Germane, der in seinem Ehrgefühl verletzt worden war, empfand das Bewußtsein, keine Rache üben zu können, als etwas, das seiner Natur in unerträglicher Weise zuwiderlief.

Njáll und seine Söhne kommen deshalb in den Flammen um, weil Skarpheðinn und seine Brüder gegen das Verbot des Blutvergießens innerhalb der Gruppe der «Ihren» verstoßen haben, als sie Höskuldr töteten . . . Gísli kann es nicht verwinden, daß sein leiblicher Bruder ihm nicht zu Hilfe geeilt ist, als er es am nötigsten gebraucht hätte . . .

So scharf seine Konfrontation gegenüber den «Fremden» auch immer sein mochte, gegenüber den «Seinen» war der Held der Saga dazu außerstande. Im Gegenteil, er ging geradezu in ihnen auf; das Individuum jener Zeit war ein Glied in der Kette von Generationen. Die Erscheinung, daß die Sagas voll sind von Genealogien, ist bedenkenswert und bedarf der Erläuterung. Der Stammbaum eines Helden sagt uns Heutigen nichts, oder doch sehr wenig. Für den damaligen Skandinavier dagegen war er zweifellos ein Gegenstand lebhaften Interesses, mit dem er sich eingehend vertraut machte, besaß er doch selber einen Stammbaum und kannte ihn gut. Hinter

jedem Namen stand in seinem Bewußtsein eine Geschichte,
und ein Teil davon gelangte in die Sagas. Daher sind die Genealogien in den Sagas auch so außerordentlich inhaltsvoll
und aussagekräftig – nur uns fällt es schwer, ihre ganze Bedeutung zu rekonstruieren. Damals genügte schon der Hinweis auf den Namen eines Menschen und auf die Menschen,
die mit ihm durch Verwandtschaft und Charakterzüge verbunden waren, zur Kennzeichnung dieses Menschen, denn
sein Name ordnete ihn einer bestimmten Gruppe oder einer
bestimmten Landschaft zu und rief Geschehnisse ins Gedächtnis, an denen er oder seine Gemeinschaft beteiligt gewesen war.

Nach altskandinavischem Recht hatte in einem Prozeß
wegen Erbschaftsstreitigkeiten um Grund und Boden der-
jenige die besten Chancen, der vor Gericht in der Lage war,
die Generationen von Verwandten herzusagen, die in ununter-
terbrochener absteigender Linie Besitzer dieses Landes gewesen waren. So bereitet sich Ottar aus dem ‹Lied von
Hyndla› (‹Hyndloljóð›) auf den Prozeß gegen einen gewissen Angantyr vor, indem er die Frau dieses Riesen nach seinen eigenen(!) Vorfahren ausfragt; er bekommt zur Antwort, daß sein Geschlecht gewaltig sei, es gehe bis auf die
alten Helden, ja bis auf die Götter, die Asen, zurück. Mit
dieser Aufzählung wird zugleich auch Ottar selbst charakterisiert, denn wie das Geschlecht, so auch der Mann. «Sage
mir, wer deine Vorfahren sind, und ich sage dir, wer du
bist», hätten die alten Germanen sagen können. In den
Nachfahren wiederholten sich die Eigenschaften der Vorfahren. Von einem Manne, der nicht edler Herkunft war,
konnte man kaum Heldenmut und andere gute Eigenschaften erwarten. Als um so ungewöhnlicher empfand es dann
die öffentliche Meinung, wenn auch in einem edlen Geschlecht einmal ein Taugenichts oder Schurke auftauchte.
Für sie war es der Normalfall, daß die Vorfahren in ihren
Nachfahren wiedergeboren wurden, je ähnlicher, desto
besser. Daher auch wurden den Kindern die Namen der
ruhmreichsten unter ihren Vorfahren verliehen, damit zugleich mit dem Namen des Ahnen auch seine «Fortune» auf
sie übergehe.

Es ersteht also vor uns eine Persönlichkeit, und die Sagas bringen ihr ein lebhaftes und beständiges Interesse entgegen. Doch diese Persönlichkeit ist historisch konkret und hat nur sehr wenig Ähnlichkeit mit der Persönlichkeit, wie sie im Europa der Neuzeit aufgefaßt und bewußt oder unbewußt für den allgemeingültigen Maßstab gehalten wird. Der Skandinavier lebte nicht losgelöst von seiner organischen Gemeinschaft; sein Bewußtsein war nicht individualistisch. Er dachte in den Kategorien des großen Ganzen, seiner Gemeinschaft, und wenn er sich betrachtete, dann stand er sozusagen neben sich und sah sich mit den Augen dieser Gemeinschaft. Eine andere Beurteilung, als sie ihm seine Umgebung zuteil werden ließ, war für ihn undenkbar. In der Literatur begegnet man häufig dem Terminus «Individualismus» im Hinblick auf die Sagagestalten; die bisherigen Darlegungen zeugen davon, wie eng die Grenzen dieses «Individualismus» doch gewesen sind.

Der Mensch betrachtete sich selbst dann noch mit fremden Augen, wenn er in Acht getan war, d. h. außerhalb des Gesetzes und der Gemeinschaft stand. Sogar in dieser Situation war er innerlich nicht bereit, sich seiner Gruppe zu widersetzen, gegen sie zu rebellieren. Die Ächtung war ein großes Unglück, und in den Sagas finden wir Berichte, nach denen sich die Geächteten selbst um den Preis des eigenen Lebens geweigert haben, ins Elend zu ziehen. So kehrt Gunnar, der sich schon damit abgefunden hatte, Island verlassen zu müssen, auf halbem Wege um und nach Hause zurück. Die Saga schildert diese Szene so: «Da stolperte Gunnars Roß, und Gunnar sprang aus dem Sattel. Sein Blick fiel auf den Berghang und auf seinen Hof, der sich an diesen Hang lehnte, und er sagte: ‹Wie schön dieser Hang ist! So schön habe ich ihn noch nie gesehen: gelbe Felder und gemähte Wiesen. Ich kehre um und ziehe nirgendwohin›» (‹Njáls saga›, 75). Das ist keine Naturschwärmerei, die war den Menschen des Mittelalters durch und durch fremd, sondern die Form, in die der Held seinen Seelenzustand kleidet, der es ihm ganz und gar unmöglich machte, von den «Seinen» fortzugehen und sich mit seinen Feinden zu arrangieren; die Betrachtung der Naturschönheiten seiner Heimat ist nur

noch der letzte Anstoß dafür, daß sich sein Entschluß endgültig herauskristallisiert. . . . Oder nehmen wir Gísli: Auch
er ist aus der Gemeinschaft ausgestoßen, und zwar nicht nur
kraft eines Thingspruches, sondern auch infolge von Zauberei, die ihn so «programmiert» hat, daß er es nirgendwo auf
Island aushalten kann. Doch er widersteht diesem Zauber,
indem er sich auf den kleinen Inseln vor Island und in ihren
Schären verbirgt; so in Sichtweite der Heimat geblieben,
kann er sich an sie klammern und in heftigem Ringen den
Zauber mit der Zeit brechen.

Ein Einzelmensch mit einer solchen Seelenstruktur konnte
außerhalb seiner organischen Gemeinschaft nicht als voll-
wertige Persönlichkeit existieren. Doch es genügte nicht, in
der Heimat nur zu wohnen. Zur Bewußtwerdung und Erfahrung seiner Vollwertigkeit brauchte dieser Mensch die
Bewahrung und Vervollkommnung seiner Ganzheitlichkeit
und Insichgeschlossenheit; er bedurfte der Selbstachtung,
und die bestand in der Anerkennung durch die Gemeinschaft. Diese Anerkennung aber durfte nicht nur von den
«Seinen» kommen, sie mußte allgemein sein. Sobald einem
Menschen irgendein Schaden zugefügt worden war – sei es
an Besitz, Leib und Leben oder Tugend – stand die Würde
seiner Persönlichkeit in Frage. Auch diese Situationen – individuelle Beeinträchtigung des inneren Wohlbefindens und
seine Wiedergewinnung mit allen Mitteln bis zur Erreichung
des früheren Gleichgewichts zwischen Individuum und Gemeinschaft – sind Gegenstand der Schilderungen in den Sagas.

Die Behauptung ist berechtigt, daß die Sagas in hohem
Maße Berichte darüber sind, wie ein Leben aus dem Gleichgewicht geraten kann, woraus das unstillbare Verlangen erwächst, dieses Gleichgewicht wiederherzustellen – in erster
Linie das emotionale Gleichgewicht – und das tief verwurzelte seelische Bedürfnis der Persönlichkeit nach Bewahrung
der eigenen Ganzheitlichkeit zu befriedigen und so den Zustand der Zufriedenheit mit sich selbst und mit dem sozialen
Umfeld zu erreichen. Das alles aber konnte nur dann eintreten, wenn das Rachegebot erfüllt wurde und danach wieder
Frieden herrschte. Die Ausführung des Racheaktes geschah
daher nicht aus einem primitivem Blutrausch heraus; sie war

vielmehr der Ausdruck dafür, daß der Rächer sich und die «Seinen» damit in ein vollwertiges soziales Leben zurückführte und die Befreiung von der unerträglichen Last aus Schimpf und Schande vollzog, in die die Familie oder Sippe gestürzt worden war, als einer ihrer Angehörigen getötet wurde und damit die harmonische Beziehung zwischen Individuum und Kollektiv verlorenging.

Der Sagaheld, dessen Interessen und Vermögen durch einen feindlichen Anschlag geschädigt worden waren, verfiel in einen Zustand tiefster Niedergeschlagenheit, von dem er sich auf zwei Wegen frei machen konnte: indem er für seine Verluste einen gerechten Ausgleich erlangte, denn in der Entschädigung sah er den materiellen Ausdruck für die Anerkennung seiner gesellschaftlichen Rolle und Bedeutung; oder indem er die ihm gesetzlich zustehende Rache übte, die ihm in den Augen der Gemeinschaft – und damit in seinen eigenen – Ehre und Würde zurückgab. Der Erfolg einer kühnen und entschlossenen Rache bestand in der Wiederherstellung der Selbstachtung des Individuums. Dafür wieder ein Beispiel: Hávarðr, dessen Sohn erschlagen worden ist, liegt ein ganzes Jahr lang kraftlos auf seinem Lager. Er leidet nicht nur an seinem Schmerz um den Toten, sondern vor allem unter dem Riesengewicht der Schande. Nachdem zwei Versuche fehlgeschlagen sind, Entschädigung für den Tod des Sohnes zu bekommen, ist Hávarðr endgültig davon überzeugt, daß das Glück ihn verlassen hat, und er verbringt insgesamt drei Jahre im Bett. Als sich ihm aber die Gelegenheit bietet, Rache zu nehmen, packt er sie beim Schopfe, und seine Sippe traut ihren Augen nicht: Aus diesem Wrack ist ein kühn entschlossener und hellwacher Jüngling geworden! (‹Hávarðar saga Ísfirðings›)

Guðrún liebt Kjartan, doch das Schicksal verweigert ihr die Vereinigung mit ihm. Verzehrt von Eifersucht, bringt sie ihren Mann Bolli dazu, Kjartan zu erschlagen. Als sie von Kjartans Tode erfährt, geht sie dem heimkehrenden Bolli entgegen und fragt ihn, wie spät es sei. Bolli antwortet: «Es ist schon Mittag», worauf Guðrún entgegnet: »Wir haben Großes vollbracht: Ich habe Garn für zwölf Ellen Tuch gesponnen, und du hast Kjartan getötet» (‹Laxdœla saga›, 49).

Hinter diesen Worten verbirgt sich ein wirres Knäuel widersprüchlichster Gefühle, doch, wie auch immer, der Racheakt wurde stets als «große Tat» oder «großes Werk» bezeichnet.

Daß alle Fehden in letzter Konsequenz die Wiederherstellung verlorenen seelischen Gleichgewichts zum Ziel hatten, ist aus der äußersten Genauigkeit, ja Kleinlichkeit zu erkennen, mit der die Konfliktparteien Rechnung und Gegenrechnung aufmachten: die Anzahl der Toten, die Vornehmheit ihrer Herkunft, die ihnen entgegengebrachte Achtung, die Art der zugefügten Wunden und die Summe der dafür empfangenen Entschädigung. Diese mit geradezu «buchhalterischer Gründlichkeit» aufgestellten Rechnungen sind in erster Linie von der Sorge um den Ersatz des moralischen Schadens diktiert. Diese Rechnungen sind es, die als Gradmesser für das Sozialprestige dienten, denn es ging gar nicht um den materiellen Reichtum als solchen, der dabei vom Mörder und seiner Sippe auf die Sippe des Erschlagenen übertragen wurde. Es sei angemerkt, daß in einer Reihe von ‹Leges Barbarorum› (germanischen Rechtsbüchern) regelrechte Tarifverzeichnisse enthalten sind, die den Schadenersatz für Tötung, Verwundung und andere Schädigungen in Heller und Pfennig festlegten. Dabei wurde die sogenannte «Aktivstufung» angewendet, d. h. die Höhe des Schadenersatzes richtete sich nach Rang und Würden dessen, der das Verbrechen begangen hatte: Je höher der Rang, desto höher auch die Summe der zu zahlenden Entschädigung. Daraus folgt etwas für uns Heutige höchst Bemerkenswertes: Die gesellschaftliche Wertschätzung des Individuums äußerte sich nicht nur für den Schadenersatz Empfangenden in Geld, sondern auch für den ihn Leistenden, denn der Vornehme bestand darauf, die für seinen Rang zutreffende Höchstsumme zu zahlen, um so seinen Adel und die Gewichtigkeit seiner gesellschaftlichen Stellung zu bestätigen.

In den Sagas gibt es noch eine «Gestalt», die bald in den Hintergrund tritt, bald im Vordergrund agiert, doch immer und überall im Bewußtsein der Sagahelden zugegen ist – das «Los», das Schicksal. Wie schon gesagt, betrachteten Germanen und Skandinavier das Schicksal nicht als über der Welt stehendes Fatum, das blind belohnt und bestraft, ganz

gleich, ob der mit diesen Gaben Bedachte das verdient hat
oder nicht. Jeder Mensch hatte sein eigenes Los, d. h. sein eigenes Maß an Erfolg und Mißerfolg, an «Heil» und «Unheil». Schon an seinem Betragen, sogar an seiner äußeren Erscheinung ließ sich ablesen, wieviel er von dem einen oder
dem anderen mitbekommen hatte. Und dem Individuum
selber war das Wissen darum gegeben, welches Los seines
ist, wie dieses Beispiel zeigt: Als einige Männer hintereinan-
der, ohne daß sie sich abgesprochen hätten, Skarpheðinn auf
den Kopf zusagen, daß er seinem Äußeren und seinem merk-
würdigen Gehabe nach nur ein Pechvogel sein könne, den
das Glück allem Anschein nach bald verlassen wird und der
nicht mehr lange zu leben hat, kann Skarpheðinn nichts er-
widern, denn auch er selbst weiß das ja nur zu gut. Zwar verteidigt er sich jedesmal schimpfend gegen den Vorwurf des
«unheilvollen Schicksals», doch nur deshalb, weil diese
Männer ihm unter diesem Vorwand ihre Hilfe versagen. Einmal aber bekennt er selber, daß ihn das Pech verfolgt, als er
die düstere Voraussage von Guðmundr pariert: «Wir leben
beide unter einem Verhängnis, doch jeder auf seine Weise»
(‹Njáls saga›, 119).

Die einen Menschen hatten mit ihren Taten Erfolg und
ernteten deren wohlgeratene Früchte, den anderen, darunter
auch ruhmbedeckten Helden, schlugen ihre Taten zum
Nachteil aus, ja, sie führten sie in den Tod. Wie läßt sich das
erklären? Die Sagas beantworten die Frage nach Geschick
und Mißgeschick des Individuums zurückhaltend und verschwommen. Zum einen ist sein Charakter die Quelle seiner
Taten, und daher hängen Glück und Unglück von ihm selbst
ab. Zum anderen aber erleiden sogar die weisesten und um-
sichtigsten Helden nicht selten Niederlagen und Tod. Und
dann erweist es sich, daß das Schicksal nicht von den Eigenschaften eines Menschen abhängt. «Ruhm ist eine Sache,
Heil eine andere» (‹Grettis saga›, 34). Doch es gibt auch aus-
gesprochene Unglücksmenschen, die allen, mit denen sie in
Berührung kommen, Unheil bringen. Ein solcher Mensch
ist Hühner-Thorir (Hœnsa Þorir), der Held der gleichnamigen
Saga (allerdings ist er nicht nur glücklos, sondern außerdem
auch noch strohdumm). Daneben aber gibt es Glückskinder,

und sie bringen anderen Menschen Heil. Einen solchen Menschen nannte man «gaefumaðr», «der das Heil besitzt und es bringt». Was aber ist nun mit dem Heil? Ist es im Menschen angelegt, oder ist es von ihm unabhängig? Die Antwort muß lauten: Es ist beides. Nur, wesentlich dabei ist folgendes: Der Mensch darf sich auf sein Heil nicht verlassen, sondern muß es immer wieder auf die Probe stellen: «Wir wissen nicht, wie es um unser Heil bestellt ist, ehe wir es nicht versuchen«, und »es ist nicht leicht, das zu ändern, was beschlossen ist», doch eines ist unabdingbar: Man muß den Kampf bis zum Ende ausfechten (‹Hrólfs saga kraka›).

Als Musterbeispiel eines Menschen, dem der Zusammenstoß mit dem Schicksal Unglück, Unheil bringt, und das ungeachtet all seiner hervorragenden Eigenschaften, kann Njáll gelten. Das ist ein weiser und vorausschauender Mann, der Streitereien aus dem Wege geht und sie, wann immer er kann, schlichtet. Bei der ersten Einführung dieses Helden in die Handlung charakterisiert ihn der Sagaschreiber: «Er war ein so guter Kenner der Gesetze, daß niemand ihm gleichkam. Er war weise und weitblickend, und immer waren seine Ratschläge gut» (‹Njáls saga›, 20). Und der weitere Gang der Ereignisse bestätigt das. Njáll erfaßt die Logik der sich entfaltenden Geschehnisse schärfer als die anderen, doch nicht weniger deutlich begreift er, daß er außerstande ist, am Lauf der Dinge etwas zu ändern. Daher besteht seine Weisheit nicht so sehr darin, dank voraussehendem Scharfblick dem Unheil ausweichen, sondern eher darin, dem Unausweichlichen klar ins Auge blicken zu können. Wahrscheinlich richtet er deshalb seine Anstrengungen auch nicht darauf, seine kampfeslüsternen Söhne von der Teilnahme an den Gefechten zurückzuhalten, sondern mehr darauf, die Ereignisse nicht zu forcieren. Nachdem und weil er, ohne zu schwanken, die Rache seiner Söhne und Mannen gebilligt hat, sieht er ganz klar auf sich und die Seinen den tragischen Ausgang dieses furiosen Crescendos von Mord und Totschlag zukommen. Jetzt kann er nur noch alles tun, damit die unausweichliche Rache unter Bedingungen eintritt, die für seine Familie am günstigsten sind. Und er überlegt: Die Feinde, die ihn und seine Söhne verhöhnen, sind beschränkt, also darf er nur dann handeln, wenn die Schuld auf die Feinde fällt, so sagt er zu seinen Söhnen: «Ihr müßt dieses Netz lange durchs Wasser ziehen, ehe ihr den Fisch herausziehen könnt» (‹Njáls saga›, 91).

Man könnte meinen, Njáll selbst gestalte die Umstände und beeinflusse die Entwicklung der Handlung. Doch bei genauerem Hinsehen wird deutlich, daß Njálls Ratschläge, allen Erwartungen zum Trotz, so oder so ins Unglück führen: Er ist nicht in der Lage, den Untergang Gunnars abzuwenden, ebensowenig wie den Tod seines geliebten Ziehsohnes Höskuldr, in dem er ein Unterpfand für die Friedensstiftung zu haben hoffte, und so fällt Höskuldr durch die Hand von Njálls Söhnen . . .

Möglicherweise war die tragische Wendung der Dinge in diesen Fällen so nicht vorauszusehen. Nehmen wir an, das stimmt. Doch da sind die folgenden Szenen aus der ‹Njáll-Saga›, sie sind die Schlüsselszenen, sowohl für die Entwicklung des zentralen Konfliktes, als auch, wie mir scheint, für das Verständnis der Schicksalskonzeption in den Sagas überhaupt.

Hier die erste Episode: Nach dem Tode von Höskuldr gelingt es Njáll unter Aufbietung aller Kräfte noch einmal, auf dem Althing einen Waffenstillstand zu erreichen. Zwar wird er zu einer gewaltigen Summe Geldes als Schadenersatz für den Getöteten verurteilt, doch dieses Geld war schon vorher aufgebracht worden und konnte daher sofort an Flosi und seine Verwandten ausgezahlt werden. Damit, so Njálls Überzeugung, war «die Sache noch einmal gut ausgegangen», und er beschwört seine Söhne, das Erreichte nicht aufs Spiel zu setzen. Zu dem Geld, das er an Flosi zahlen mußte, legt Njáll noch ein langes Seidengewand und Stiefel von jenseits des Meeres obendrauf. Flosi sieht das mit Wohlgefallen. Doch dann nimmt er das Gewand in die Hand und fragt, wer es dorthin gelegt habe. Niemand antwortet, auch Njáll nicht, obwohl der doch unmittelbar daneben steht. Flosi «schwenkt das Gewand noch einmal und fragt, wer es dorthin gelegt habe, und dann beginnt er zu lachen». Dieses Lachen ist böse und verheißt nichts Gutes. Und wieder antwortet niemand. Da aber explodiert Njálls Sohn Skarpheðinn, es kommt zu einem Wortgefecht zwischen ihm und Flosi, und von beiden Seiten hagelt es Beschimpfungen und Beleidigungen: Der Friede war gebrochen! Wie konnte das geschehen? Hallr erklärt das so: «Zu viele Unglücksmenschen sind hier ineinander verknäult». Und Njáll, der bis vor kurzem noch auf Frieden gehofft hatte, sagt zu seinen Söhnen: «So ist also eingetreten, was ich schon lange vorausgesehen habe: Die Sache endet nicht gut für uns . . . Nun erfüllt sich für alle das Schlimmste». Ähnliche Vorahnungen hat auch Snorri Godi (‹Njáls saga›, 123).

Was aber soll hier das Seidengewand, und warum hat sich Njáll, der es doch hingelegt hatte, nicht zu dieser Handlung bekannt? Das ist unlogisch und scheint vom Standpunkt des Handlungsaufbaus unverständlich. Doch der Hauptgedanke ist offensichtlich wohl der: Diese Menschen wollten sich ja überhaupt nicht aussöhnen, so daß die Entschädigung in Geld sie auch nicht besänftigte (in einer anderen Quelle steht: «Für einen Erschlagenen Geld zu nehmen, das ist, als ob man ‹seinen Sohn im Geldbeutel trüge›»). Doch ich könnte diese Episode mit dem Seidengewand und dem Schweigen Njálls auf Flosis Frage nur mit einem erklären: Das Schicksal hat sich eingemischt und alles durcheinandergewirbelt. Was sich erfüllen muß, das ist unabwendbar. In dem Auftauchen dieses Gewandes und in dem Schweigen auf die Frage nach seiner Herkunft waltet nicht die geringste Logik; die Einmischung des Schicksals ist irrational. Es ist die «Logik des Schicksals» und nicht die Logik menschlicher Entscheidungen, mit denen irgendetwas noch abgewendet werden könnte. Das Schicksal greift hier im entscheidenden Moment ein, und danach ist der Untergang Njálls und der Seinen nicht mehr aufzuhalten.

Nun die zweite Episode: Als die Feinde zum Hause Njálls kommen, schlägt Skarpheðinn seinen Mannen vor, den Feinden entgegenzugehen und sich vor dem Haus zum Kampf zu stellen. Doch Njáll besteht darauf, sich im Haus zu verteidigen, und das, obwohl Skarpheðinn davor warnt, weil er weiß, die Feinde werden sie ausräuchern. Aber Njáll ist der Weise, er sieht klarer als sein Sohn . . . Wie nur ist diese Blindheit zu erklären, die sich für ihn und seine Familie so verhängnisvoll auswirkt? Denn sie kommen ja tatsächlich alle in dem Feuer um, das die Feinde an ihr Haus gelegt haben. Eine mögliche Erklärung dafür ist die: In Erkenntnis der Unausweichlichkeit seines Schicksals geht Njáll ihm bewußt entgegen, fordert er es heraus. Schon am Vorabend des Überfalls auf ihr Haus sagt Njálls Frau zu den Hausgenossen, dies sei das letzte Mahl gewesen, daß sie ihnen aufträgt; und Njáll sieht alles ringsum in Blut getaucht. Unheilverkündende Vorgefühle! Doch nichts geschieht, was den Untergang im Hause verhindern könnte. Auch in diesem Fall ist die Entscheidung irrational.

Gibt es nicht vielleicht Anklänge dieser Episoden in den Sagas an ähnliche Szenen in den Liedern der ‹Edda›, in denen der Held ebenfalls offensichtlich irrational handelt? Zwar ist es unzulässig, die Ethik des Heldenepos mit der Ethik der Saga zu verquicken, aber immerhin fällt doch eine gewisse Parallelität zwischen ihnen auf: Die plötzliche, spontane und mit Logik unerklärliche Entscheidung des Helden verleiht sowohl dem Lied als auch der Saga eine neue Dimension. Das Schicksalsthema hängt eng mit der heroisierenden Grundeinstellung zusammen, wie sie beiden Literaturgattungen gemeinsam ist.

In den beiden das Schicksal Njálls und seiner Sippe entscheidenden Episoden, die ich soeben skizziert habe, ist das Schicksal unabänderlich. Das Unheil ist der Grundbegriff dieser Saga, hat einer ihrer Erforscher[42] festgestellt. Das Schicksal bricht sich Bahn; welche Finten und Winkelzüge Menschen auch immer dagegen anwenden mögen, es wirft alle ihre Absichten und Pläne über den Haufen. Daher können nicht einmal die weisesten und weitestblickenden Männer das vom Schicksal Vorherbestimmte abwenden. «Du bist ein Mensch, der zum Mißgeschick verurteilt ist», resümiert König Olaf der Heilige, nachdem er Grettir schon mit anderen Worten gesagt hat, daß er ein Unglücksrabe sei und mit seinem schlimmen Schicksal nicht zurechtkomme. Von dem bitteren Los Grettirs sprechen auch andere Gestalten dieser Saga; Grettir selbst bestreitet es übrigens auch nicht.

Das Schicksal, das in der Saga einen so wichtigen Platz einnimmt, ist das Haupt- und Grundleitmotiv des gesamten germanischen Epos. Es verleiht dem Fluß der Erzählung eine ungeheure Spannung und Dynamik. Die Schicksalsidee erklärt den Sinn der Konflikte zwischen den Menschen und rückt die Unausweichlichkeit der Ereignisse und ihres Ausganges ins Blickfeld. Mitunter schlüpft das Schicksal in die materielle Gestalt von Gegenständen, deren Besitz heilbringend ist und deren Verlust sich als unheilvoll erweist, wie z. B. im Falle von Mantel, Speer und Schwert, die Glúmr von seinem Großvater geschenkt bekommen hat. Diese Dinge genossen in der Sippe von altersher hohes Ansehen als Glücksbringer, doch als Glúmr sie einbüßt, verläßt ihn der Erfolg («Víga-Glúms saga»).

Das Schicksal verkörpert in den Sagas die Aufeinanderbezogenheit, die Logik des Handelns der Menschen, das von sittlicher Notwendigkeit diktiert ist. Doch diese subjektive, individuelle Logik des Verhaltens wird von den Menschen als objektive, von ihrem Willen nicht beeinflußbare Notwendigkeit, der sich unterzuordnen die einzige Alternative ist, realisiert und von den Sagas dementsprechend dargestellt. Dem epischen Bewußtsein ist ein globaler Determinismus eigen; er wird als Idee vom Schicksal begriffen.

Mit dem Schicksalsthema hängen aufs engste Weissagungen, Gesichte (Visionen) und prophetische Träume zusammen. Sie bewirken die strukturelle Einheit des Erzählflusses, wobei sie den inneren Zusammenhang der Geschehnisse und ihre Bedingtheit enthüllen, wie sie von den Menschen damals verstanden wurden. Die Saga liebt keine plötzlichen Überraschungen, sondern die Zuhörer werden schon vorher auf das künftige Schicksal der handelnden Personen eingestimmt. Da aber diese Vorwegnahme als eine Form von Prophetie daherkommt, werden die von der Erzählung ausgehende Spannung und die Neugier des Publikums gehalten, ja noch gesteigert, denn nun wollte jeder genau wissen, wie sich das Vorhergesagte im einzelnen erfüllt.

Es ist das Thema «Schicksal und Zukunftswissen», das in den Liedern der ‹Edda› dominiert. Das Bewußtsein der Isländer war «stereoskopisch», denn, um in diesem Bild zu bleiben, mit dem einen Auge nahmen sie die Heldenlegenden vor dem Hintergrund der Ereignisse aus ihrem eigenen oder

aus dem Leben ihrer Vorfahren in sich auf, und zur selben
Zeit erblickten sie mit dem anderen Auge in ihrem Alltagsleben die heldischen Ideale und Bilder aus der Dichtung der
‹Edda›. Im Bewußtsein des mittelalterlichen Skandinaviers
gab es eine Schicht von Vorstellungen, die bis in das «heroi-
sche Plusquamperfekt» zurückreichten, und die in ihm laten-
ten Anschauungen, Begriffe und Bilder beeinflußten sein
Verhalten im «banalen Präsens».

Egill Skallagrímsson:
Skalde und Werwolf

Egill, Sohn von Skallagrímr, ist der berühtmteste unter den
nordischen Skalden. Daher ist es auch kein Zufall, daß ihm
eine ganze Saga gewidmet ist, in der seine Verse zitiert werden. Dieser Saga verdanken wir die Kenntnis seines Lebens
und die Möglichkeit, zu erfahren, wie die Rezeption von
Persönlichkeit und Schaffen eines Skalden zu Beginn des
13. Jh. aussah, als diese Saga aufgezeichnet wurde. Doch die
Poeme Egills sind viel älter als diese Saga, denn Egill lebte
schon im 10. Jh., etwa zwischen 910 und 990. Ebenso wie die
anderen Skalden verfaßte er seine Dichtungen ausschließlich
mündlich, ihre schriftliche Form erhielten sie erst mehr als
zwei Jahrhunderte später. Dessenungeachtet ist die Annahme begründet, daß Egills Verse, zumindest seine großen
Poeme, dank wortgetreuer Weitergabe durch die mündliche
Tradition ihre Ursprungsform im wesentlichen beibehalten
haben. Den bei Volksdichtung und Epos üblichen Umfor-
mungen durch die Traditoren stand bei der Skaldendichtung
nämlich ein unüberwindliches Hindernis entgegen: ihre
hochgezüchtete Form mit spezifischen Versmaßen und kon-
ventionellen poetischen Umschreibungen – den Kenningen –,
Binnen- und Stabreimen, dichten Wortligaturen und Ver-
flechtungen von ihrerseits ineinander verschachtelten Sät-
zen. Ein weiterer Umstand aber verdient unsere besondere
Aufmerksamkeit: Das Skaldenlied hat einen Individualautor,
dessen Name genannt wird. Hierin unterscheidet es sich
grundlegend vom anonymen Epos und von den Sagas,

deren Verfasser stets bzw. im allgemeinen ungenannt bleiben. Keinem Isländer oder Norweger des Mittelalters wäre es in den Sinn gekommen, eine Saga über jemanden zu schreiben, der Sagas weitererzählt oder niederschreibt, doch über berühmte Skalden sind mehrere Sagas erhalten geblieben.

Die Individualität des Skalden war anerkannt und sein «Urheberrecht» unantastbar, denn offensichtlich galt nur die Skaldendichtung als Kunst. Aber es wäre falsch, sich den Skalden als Berufsdichter vorzustellen, der im Schaffen seiner Lieder aufging.

Zum einen konnten viele Isländer, Männer wie Frauen, Kinder und Erwachsene, zu bestimmten Gelegenheiten in Verse ausbrechen. Eine solche Gelegenheit war z. B. gegeben, wenn sie etwas besonders Wichtiges mitzuteilen hatten oder ein Ereignis sie in große seelische Erregung versetzt hatte. Nach den vielen erhalten gebliebenen Fragmenten von Gedichten in der Manier der Skalden zu urteilen, schätzten und verstanden die Isländer Poesie.

Zum anderen war der Skalde ein Mann, der besonders häufig zum Mittel der Dichtkunst griff und es vollendet beherrschte. Er konnte ein Krieger sein, der bei den Dienstmannen eines norwegischen oder anderen nordischen Konungs stand und aus bestimmten Anlässen von Zeit zu Zeit Gedichte verfaßte. Mit Gesängen auf die Helden- und anderen Großtaten seines Königs erwarb er dessen Geneigtheit und Wohlwollen; der Lohn für seine Mühen waren großzügige Geschenke. Die Loblieder der Skalden erfreuten sich hoher Wertschätzung, denn sie verewigten nicht nur den Ruhm des Herrschers, sondern trugen auch zu einem an Zauberei gemahnenden Anstieg der Macht des Fürsten bei. Und kraft derselben magischen Wirkung konnten Spottlieder verheerende Auswirkungen auf das Ansehen dessen haben, gegen den sie sich richteten; sie konnten ihn sogar um Gesundheit und Wohlstand bringen. Die umtriebige Sorge dieser Menschen um ihren Ruhm zu Lebzeiten – und mehr noch in der Zukunft – war von dem Glauben an Magie und Zauberei nicht zu trennen, und eine Quelle dieser über den Menschen herrschenden Kräfte konnten auch die Verse der Skalden sein.

Die Skaldenlieder besangen aber nicht nur die Taten der Herrschenden, sie konnten auf alle möglichen Anlässe gedichtet werden. Dabei erzählen die Skalden in ihren Liedern auf Schritt und Tritt von ihren eigenen Taten und Empfindungen, und deren Bogen ist sehr weit gespannt: Liebe und Haß, Freud und Leid, Freundschaft und Feindschaft, Offenheit und Mißtrauen, Schmeichelei und Drohung, Ruhmgesänge und Schimpfkanonaden bis hin zu schmutzigen Flüchen haben sie auf ihrer Leier. Und all das war verwoben mit Eigenlob und Selbst(über)schätzung für das, was sie zu leisten vermochten auf dem Felde der Dichtkunst, dieses «Honigs der Riesen», den Odin ihnen einst gestohlen und den Skalden zum Dankgeschenk gemacht hatte. Aus den Liedern der Skalden spürt man deutlich den unmittelbaren Kontakt mit ihren Zuhörern. Diese Lieder sind keine lyrischen Sendschreiben ohne bestimmte Empfänger; mit ihnen wenden sich die Skalden an die Zuhörer, die um sie herum sitzen oder stehen, und das sind immer ganz konkrete Adressaten. Dabei können sie auch sehr nachdrückliche, ja gebieterische Töne anschlagen. Die Skaldenlieder sind Ad-hoc-Dichtung par excellence.

Die Skaldendichtung erweist sich damit als betont, ja demonstrativ personale Dichtung, und das unterscheidet sie radikal von der Ependichtung. Die Skalden rühmen sich nicht selten voll Stolz ihrer schöpferischen Gaben. Ein großer Teil der Skaldenverse widmet sich der Selbstreflexion ihrer Dichter: Sie lobpreisen ihre eigenen dichterischen Fähigkeiten und würdigen, oder kritisieren auch, die Lieder anderer Skalden. «Höre, König, mein Lied», wendet sich der Skalde Sigvat an König Olaf, Sohn Haralds (Olafr Haraldsson), «denn ich habe meine Verse zur Vollendung geführt, und selbst wenn du, Herrscher Norwegens, andere Skalden getadelt hast, mich wirst du loben». Doch zwanzig Jahre später schreibt derselbe Sigvat: «Wer etwas von Dichtung versteht, findet in den Versen Sigvats nicht wenig Ungereimtes, und wer starrköpfig etwas anderes behauptet, ist ein Dummkopf.» In gewisser Hinsicht ist die Skaldendichtung nichts anderes als ein dichterischer Kommentar ihrer selbst.[43]

Die Verwendung der ersten Person in der Skaldendich-

tung ist kein abstraktes oder fiktives Ich, hinter dem sich gar
keine echte, keine lebende Persönlichkeit eines Dichters zu
verbergen brauchte;[44] dieses Ich ist stets ein konkreter Dichter, dessen Verse von dem hohen Bewußtsein seiner selbst als
Dichter durchdrungen sind. «Skalde nenne ich mich», erklärt voll Stolz Bragi der Ältere (bei Snorri Sturluson zugleich der Name des Gottes der Dichtkunst!) aus der ersten
Hälfte des 9. Jh., einer der ältesten uns bekannten Skalden.
Und nachdem er eine Reihe von Kenningen für den Skalden
aufgezählt hat, die mit ihren poetischen Umschreibungen
auf den Ursprung der Dichtung, auf den von Odin bei den
Riesen entwendeten Honig, hinweisen, schließt er mit der
rhetorischen Frage: «Was ist der Skalde, wenn nicht das?»

In diesem Zusammenhang muß noch ein wesentlicher
Umstand erwähnt werden: Die zu Beginn der Entwicklung
der Skaldendichtung so ausgeprägte Tendenz zur Hervorhebung der Persönlichkeit wächst nicht etwa mit der Zeit, wie
das zu vermuten gewesen wäre; im Gegenteil, sie verküm-
mert, und zwar unter dem Einfluß des Christentums, dessen
Forderung nach Demut der Hervorkehrung des Individuums entgegenstand. Ausgerechnet im 12. Jh., das doch nach
weit verbreiteter Ansicht das Jahrhundert der «Entdeckung
der Individualität» in Europa gewesen sein soll, stößt die
Selbstentdeckung des Skalden auf dieses ideologische Hindernis.[45]

In der ‹Saga von Egill› erstehen die Persönlichkeit eines
Skalden und die spezifische Rezeption seines Schaffens mit
erschöpfender Prägnanz vor unseren Augen. Die Saga beginnt damit, daß Egill nicht nur von edler Herkunft ist, sondern sich auch durch etliche spezifische Besonderheiten aus
seiner Umgebung heraushebt. Sein Vater und sein Großvater
waren in den Augen ihrer Sippe eindeutig Werwölfe: Mit
Einbruch der Dämmerung wuchsen ihnen ungewöhnliche
Körperkräfte zu, gleichzeitig wurden sie schläfrig und
menschenscheu. Nicht von ungefähr trug Egills Großvater
Úlfr (Ulf) den Beinamen «Abendwolf» («Kveld-Úlfr»). Im
Kampf fiel er gleich einem Berserker (berserkr)[46] über seine
Feinde her und entfaltete dabei übernatürliche Stärke. Doch
damit nicht genug, auch im Tode noch kamen seine geheim-

nisvollen Fähigkeiten zum Vorschein: Der Tod ereilt Abendwolf auf dem Schiff, auf dem er zusammen mit seiner Familie und den anderen Hausgenossen nach Island segelte, denn
wie viele andere Männer von Adel verließ er seine Heimat zu
der Zeit, da Norwegens König die Vereinigung des Landes
vollzog und den Adel seiner einstigen Unabhängigkeit beraubte. Vor seinem Ende befiehlt Abendwolf, ihn in einen
Sarg zu legen und ihn der See zu übergeben. Der Sarg aber
geht nicht unter, sondern schwimmt vor dem Schiff her und
lotst die Ankömmliche zu der Stelle, wo sie das neue Ufer
betreten und das Land in Besitz nehmen sollen. Über den
Sohn von Abendwolf, Egills Vater Skallagrímr (Grímr der
Kahle), sagte der norwegische König: «Schon das Äußere
dieses glatzköpfigen Riesen zeigt ganz klar, daß er voller
wölfischer Gedanken steckt», und genau dasselbe folgerte ein
anderer Mann, nachdem er Skallagrímr und seine Leute einige
Zeit beobachtet hatte: «Von Wuchs und Aussehen gleichen
sie eher Riesen als gewöhnlichen Menschen.»

Auch Egill zeigte schon in jungen Jahren einen außergewöhnlichen Wuchs und riesige Kräfte, dazu ein ungestümes
und unbezähmbares Wesen: Als er bei einem Spiel auf einen
Mitspieler wütend wird, erschlägt er ihn, ohne zu fackeln.
Gleichzeitig aber besaß er die Gabe, Verse zu dichten, und interessanterweise geht diese Fähigkeit von Anfang an einher
mit der zur Ausführung magischer Handlungen. Dazu folgender Bericht: Egill trägt das erste Lied vor, das er gedichtet hat, und schneidet dabei in das Horn, aus dem er sein Bier
trinkt, Runen, die er mit seinem Blut ausfüllt – und augen-
blicklich zerspringt das Horn in tausend Stücke. Diese Verquickung von Dichtung und Zauberei wiederholte sich noch
mehrmals. Oder ein anderes Beispiel: Als Egill mit dem norwegischen König Eirikr (Eirik) und seiner Frau, der Zauberin Gunnhildr (Gunnhild), in Fehde geriet, spießt er einen
Pferdekopf auf einen Pfahl und spricht einen Fluch, der alles
mögliche Unheil auf das Königspaar herabwünscht. Der
Zauber erwies sich als wirkungsvoll, denn kurz darauf
wurde Eirikr aus Norwegen vertrieben. Allerdings waren die
Zauberkräfte Gunnhildrs offenbar nicht weniger mächtig,
denn sie brachten es dazu, daß Egill in die Hände Eirikrs fiel,

der nach seiner Vertreibung die Herrschaft über Northumbria (den Nordosten Englands) angetreten hatte. Seinen Kopf zu retten gelang ihm nur, weil er in einer einzigen Nacht ein Lied zustande brachte, das seinen Feind lobpreist; so heißt dieses Lied denn auch ‹Haupteslösung› (‹Der Loskauf des Kopfes›). Und obwohl Egill der Tötung naher Verwandter von Eirikr bezichtigt wurde, schenkte ihm der König das Leben, weil das Loblied, das Egill geschaffen hatte, nach den Worten seines Freundes Arinbjörn «ewig bleiben wird».

Die ‹Saga von Egill› zeichnet ihn als einen Menschen von erstaunlicher Körperstärke und Ausdauer bei abstoßender Häßlichkeit.[47] Von ihm und seinem Vater sagten die Leute: «Sie sind riesenhaft wie Trolle.» Egill war im Kampf unüberwindlich und zu seinen Feinden grausam. Dieser Krieger stürzte sich ohne Zögern in einen ungleichen Kampf mit weit überlegenen Gegnern und ging doch als Sieger aus ihm hervor. (Dazu war er habgierig und raffte an Reichtümern zusammen, soviel er nur konnte.) Obwohl er sich einzig und allein auf seine eigenen Kräfte verließ, berief er sich doch immer wieder auf Recht und Gesetz und warf sich sogar zu deren Verteidiger auf. Wenn Schwert und Speer ihm den Dienst versagten, brachte er es fertig, seinen Feind zu Boden zu werfen und ihm die Kehle durchzubeißen.

Doch ungeachtet all dessen war dieser erbarmungslose Unmensch – Schlagetot und raffgieriger wikingischer Beutemacher – zugleich von außergewöhnlichem Gefühlsreichtum und großer Gemütstiefe. Als er sich auf den ersten Blick in eine Jungfrau, die ihm zufällig über den Weg gelaufen war, bis über beide Ohren verliebte, fand er seinen verlorenen Seelenfrieden erst wieder, nachdem er in Versen seine Gefühle vor der in kunstvollen Verschlüsselungen gepriesenen Angebeteten ausgebreitet und bei ihrem Vater um sie gefreit hatte. Von dem tiefen Schmerz, der ihn nach dem Tode seiner Söhne erfaßte, wird weiter unten noch die Rede sein.

Von der Tatsache, daß Egill in den Augen seiner Umgebung als ungewöhnliches Wesen, als Wahlverwandter von Trollen und Werwölfen galt, zeugt die Schlußszene seiner Saga mit besonderer Eindringlichkeit: Bald nach dem Tode

Egills nahmen die Isländer den christlichen Glauben an, und in der Gegend, in der Egill seine letzten Tage verbrachte und gestorben ist, wurde eine Kirche errichtet. Beim Bau stieß man an der Stelle, wo der Altar hinkommen sollte, auf ein Skelett, dessen Knochen viel größer waren «als bei gewöhnlichen Menschen, und alle kamen zu der Überzeugung, daß den Erzählungen der Alten nach dies Egills Knochen sein müßten». Ein Geistlicher, «ein kluger Mann», nahm Egills Schädel, der ungewöhnlich groß und schwer war, und «beschloß, diesen Schädel auf seine Festigkeit zu prüfen»: Er versuchte, ihn mit der Axt zu spalten, doch selbst danach wies der Schädel nicht die geringste Schramme auf. «Das zeigt, daß die Hiebe gewöhnlicher Menschen diesem Schädel erst recht nichts anhaben konnten, als er noch von Fleisch und Blut war.» Nun dürften Axtschläge eines Geistlichen auf den Schädel eines in Frieden Ruhenden zwar einigermaßen unchristlich sein. Aber in dieser Handlung äußert sich nur der Abscheu, den Christen gegenüber solchen riesen- oder wolfsähnlichen Ungetümen empfanden, wie es Egill, sein Vater und dessen Vater gewesen sind.

Ein Skalde, auf jeden Fall aber einer wie Egill, mußte nach dem Verständnis seiner Zeitgenossen über Verbindungen zu Útgardr (Utgard) verfügen, zum Reich der Riesen, Ungeheuer und Unholde, das der Welt der Menschen feindlich gegenüberstand. Hier sei noch einmal daran erinnert, daß die dichterische Gabe der Skalden nach der skandinavischen Mythologie vom Honig der Riesen stammte, den Odin ihnen gestohlen hatte. Egills Dichtungen gelten als die bemerkenswertesten und formvollendetsten unter den Dichtungen der isländischen Skalden. Folglich mußte auch Egills Wesen so Überdurchschnittliches, so Außergewöhnliches an sich haben, daß er selber schon mit Zügen der Dämonie ausgestattet wurde. Dabei darf jedoch nicht außer acht gelassen werden, daß uns die Saga über ihn in christlicher Redaktion überliefert ist, was die Vermutung nahelegt, daß bestimmte Züge seines Charakters überzeichnet worden sind.

Um sich davon ein Bild machen zu können, genügt es nachzulesen, wie die ‹Æthalstan-Saga› (‹Aðalsteinsdrápa›) das Benehmen und das Äußere von Egill nach dem Tode seines

Bruders, der mit ihm im Heer des englischen Königs Æthalstan gedient hatte, bei einem Gelage am Hofe dieses Königs beschreibt. Nebenbei bemerkt, wird Egills äußere Erscheinung nur ein einziges Mal beschrieben und das gerade hier, in Kapitel 55 dieser Saga, wo sie, wie wir noch sehen werden, eine ganz bestimmte Funktion hat.

«Egill hatte ein großes Gesicht, eine breite Stirn und dichte Augenbrauen. Seine Nase war nicht lang, aber sehr dick. Der untere Teil seines Gesichts war bullig, das Kinn und die Backenknochen sprangen hervor. Er hatte einen dikken Hals und breite Schultern. Von anderen Menschen hob er sich ab durch den strengen, drohenden Ausdruck seines Gesichts, im Zorn war er furchterregend ... Wie er dort, im Saal von König Æthalstan, saß, war seine Augenbraue bis auf das Jochbein herabgesunken, die andere war bis an den Haaransatz hochgezogen. Egill hatte schwarze Augen, seine Brauen waren zusammengewachsen. Er trank nicht, wenn ihm etwas angeboten wurde; bald hob, bald senkte er die Brauen. Als König Æthalstan sah, wie schlechtgelaunt Egill war, stand er auf und reichte ihm auf der Spitze seines Schwertes über das brennende Herdfeuer hinweg einen großen goldenen Armreif. Egill trat an das Feuer und nahm das Geschenk von der Schwertspitze. Als er den Reif über sein Handgelenk schob, entspannten sich seine Brauen; er legte Helm und Schwert ab, nahm ein ihm dargereichtes Trinkhorn und leerte es bis auf den Grund.» Danach rezitierte er ein Gedicht, das die Freigebigkeit des Königs pries. Als Schadenersatz für den Tod seines Bruders bekam er zwei Truhen voll Silber.

Es mag scheinen, als seien diese Menschen große Kinder: Sobald sie etwas geschenkt bekommen, bessert sich ihre Laune, und sie vergessen auch den schwersten Verlust. Doch diese oberflächliche Betrachtungsweise wird den tatsächlichen Verhältnissen nicht gerecht. Diese Menschen waren alles andere als Kinder und schon gar keine Primitivlinge. Es ist nicht der materielle Schadenersatz an sich, der ihnen das seelische Gleichgewicht zurückgibt, das sie infolge eines Totschlags an einem Menschen aus ihrer Familie, einer Verletzung ihrer Rechte oder einer Einbuße von Hab und Gut verloren haben – es ist sein Symbolwert: Das ihnen vor der Öffentlichkeit überreichte Geschenk, die erlangte Entschädigung oder Belohnung verkörpert die Wiederherstellung ihrer Ehre und Würde in ihren eigenen Augen und in den Augen ihrer Gemeinschaft. Mit dem Geschenk des Armreifs entspannen sich Egills Gesichtszüge, die Brauen kehren an ihren Platz zurück und damit auch die Stimmung, sich dem allgemeinen Gelage anzuschließen. Mehr noch, auch seine dichterische Ader beginnt von neuem zu pulsieren.

Was aber stellt die dichterische Begabung Egills dar? Bis zu welchem Grade ist sie individuell? Kommen wir über Egills Verse dem Geheimnis seiner Persönlichkeit näher? Das sind keine leichten Fragen.

Die Skaldendichtung entwickelte sich in einer Kultur, die der unseren so fernliegt, daß uns ihre direkte ästhetische Rezeption unmöglich ist. Die Skaldenlieder mit ihren üppig wuchernden Kenningen und symbolischen Kryptonymen oder Beinamen sind für den heutigen Leser richtiggehende «Rebusse», die zu ihrer Lösung einige Anstrengung erfordern. Hinter diesen rätselhaften Sprachschöpfungen lassen sich für ihn nur unter Mühen lebendige Gefühlsregungen und unmittelbare Gemütsbewegungen ausmachen, von der Innenwelt ihres Schöpfers ganz zu schweigen. Ohne jeden Bezug zu ihrer Individualität bekam eine Gestalt in den Skaldenliedern die Bezeichnung «Schlachtspeer, Schwertschwinger, Degen» = «Krieger», selbst wenn sie alles andere war als ein Held; das hatte dann solche uns heute ein Schmunzeln entlockenden Gebilde zur Folge, wie den «hasenherzigen Degen» oder die Kenninge «Spender von Reichtum, Strauch des Reichtums» auch für einen armen Schlucker usw. Für das Schiff stand «Wogenroß», für die Schlacht «Sturm der Speere, Tosen der Pfeile» oder für Blut «Meer des Schwertes, Woge der Schlacht, Bier des Raben, Trank des Wolfes»; die Krähe war eine «Gans des Blutes», Gold das «Feuer des Meeres»; das Meer selbst hieß «Haus der Aale» und «Pfad, Weg oder Straße der Wale»; die Fürsten waren «Ringverschwender» oder «Verteiler des Goldes» und die Frauen «Armreifbirken» oder «Felslinden». In vielen Kenningen tauchen mythologische Getalten und Bilder auf, und dann

hießen der Mann «Helmtyr» oder «Schatznjörðr» und die
Frau «Goldgerd (Gulls Gerðr)». Es gibt eine Unzahl derar-
tiger mythologischer Kenninge für die Frau, doch höchst bemerkenswert in ihnen ist eines: Sie spielen nie auf das Äußere
der Frau an.

Die angeführten Beispiele sind zweigliedrige, also noch
relativ einfache Kenninge. Aber es gab auch kompliziertere:
Von der zweigliedrigen Kenning «Feuer der Hand» für Gold
konnten die dreigliedrigen «Freyjas Feuer der Hand» für die
Frau und «Baldurs Feuer der Hand» für den Mann abgeleitet
werden. Das Schwert hieß auch «Fenrirs Kieferspreize»,
weil man dem gefesselten Fenrirswolf ein Schwert in den
Rachen gestoßen hatte, mit dem er bis zur «Götterdämme-
rung», d. h. bis zum Weltenende, herumlaufen muß.
Schließlich gab es noch viel gestelztere Kenninge, etwa für
den Mann, den Krieger, der in der Dichtung zum «Schwin-
ger der Flammen des Schneesturms der Hexe des Mondes
des Rosses der Schiffshütten» werden konnte. Diese mehr-
gliedrigen Kenninge müssen von ihrem Ende her aufgerollt
werden: Das «Roß der Schiffshütten» ist ein Schiff, der
«Mond des Schiffes» ein Schild, die «Hexe des Schildes» eine
Streitaxt, der «Schneesturm der Streitaxt» eine Schlacht, die
«Flamme der Schlacht» ein Schwert und endlich der
«Schwertschwinger» ein Mann. So lange Kenninge sind allerdings selten, doch mit weniger komplizierten Kenningen
ist die Skaldendichtung randvoll, so daß die Frage bleibt:
Wie schlägt man sich bloß durch das Gestrüpp dieser kon-
ventionellen Benennungen bis zum Individuum durch?

Versuchen wir es dennoch: Außer einzelnen nicht miteinander zusammenhängenden – und zudem noch in ihrer Urheberschaft strittigen – Strophen, die Egill bei bestimmten
Gelegenheiten vorgetragen hat, sind auch zahlreiche Lieder
erhalten geblieben. Er hat sie an Wendepunkten seines Lebens geschaffen. Das erste davon ist die bereits erwähnte
‹Hauptslösung›. Der Saga nach ist dieses Lied im Laufe
einer einzigen Nacht entstanden, und am nächsten Morgen
trug Egill es dem König vor. Angesichts der großen Kunstfertigkeit, mit der schon dieses erste Poem abgefaßt ist – es
enthält zum erstenmal in der Geschichte der altskandinavi-

schen Dichtung den Endreim –, vertreten manche Forscher die Ansicht, er habe sich schon vorher zu Hause in Island mit diesem Werk getragen und es erst im letzten Augenblick für den Vortrag zu Eirikrs Ehren aktualisiert. Das könnte stimmen, denn ihm fehlt der konkrete Inhalt – wie übrigens vielen anderen Skaldenliedern, die die Ruhmestaten des Herrschers, dem sie zugeeignet sind, in einer Weise besingen, daß der Anlaß austauschbar ist. Diese Schwachstelle in der ‹Haupteslösung› ist sogar schon als hintersinnige Ironie gegenüber König Eirikr gedeutet worden.

Nachdem Egill dank seiner Lobeshymne freigekommen ist, kehrt er nach Hause zurück und dichtet ein anderes Poem, diesmal zu Ehren seines Freundes Arinbjörn, dem er seine Rettung vor dem sicheren Tod im Herrschaftsbereich von Eirikr verdankte. In diesem Lied preist er die Ergebenheit, den Mut und die Treue seines Freundes. Doch auch hierbei vergißt Egill ebensowenig wie in seinen anderen Liedern sich selbst, den großen und auf seine dichterische Gabe stolzen Skalden. Das ‹Lied auf Arinbjörn› schließt mit den Worten: «Der Hügel des Ruhms, den ich aufgeschüttet habe, wird lange in den Himmel ragen und nicht zusammensinken im Besitztum der Dichtkunst.» Diese Worte ließen sich als Ausdruck von Egills Stolz auf den Ewigkeitswert seiner schöpferischen Taten auslegen, und Georg Misch verweist in diesem Zusammenhang in einem tiefschürfenden Essay über Egill aus seiner ‹Geschichte der Autobiographie› auf die Verbindung zu Horaz.[48] Doch ebenso vorstellbar ist eine andere Deutung: Der «Hügel des Ruhms» gebührt Arinbjörn und seinem Nachruhm. Und, nebenbei bemerkt, schließt das die stolze Selbstbewertung des Dichters aus?

Als draufgängerischer, rücksichtsloser Wikinger, Totschläger und liebender Vater, als nach Geschenken und Reichtümern gierender Mann und treu ergebener Freund – so tritt uns Egill aus seinen Dichtungen entgegen. Natürlich haben wir damit keine «Autobiographie» vor uns, der Gedanke daran hätte Egill viel zu ferngelegen, und trotzdem kommen die Umrisse seiner Pesönlichkeit mit ihren zahlreichen und oft einander scheinbar widersprechenden Facetten aus seinen eigenen Werken und aus der ihm gewidmeten

Saga doch mit einiger Deutlichkeit zum Vorschein. Allein, die Brüche und Widersprüche in Egills Persönlichkeit erscheinen nur uns Heutigen als solche, er selbst dürfte nichts dergleichen empfunden haben.

Die Krönung von Egills Schaffen und den deutlichsten Ausdruck seiner Innenwelt bildet sein letztes großes Lied, der ‹Söhne-Verlust› (‹Sonatorrek›). Am Ende seiner Tage verliert er Bodvarr, seinen Ältesten, den Lieblingssohn, der in der Blüte seiner Jahre bei einem Schiffbruch ertrinkt. Nachdem Egill den toten Sohn in dem hohen Grabhügel, der letzten Ruhestätte seines Vaters, beigesetzt hat, kehrt er auf seinen Besitz Borg zurück und schließt sich in der Kammer ein, in der er für gewöhnlich schlief. Niemand von seinen Hausgenossen wagt, das Wort an ihn zu richten, aber alle hören, wie Egill so tief aufseufzt, daß es sein Gewand zerreißt. Egill verweigert Essen und Trinken; er will nicht mehr länger leben. Man schickte nach seiner Tochter, die auf einem anderen Hof lebte, und sie kam spornstreichs nach Borg geeilt. Mit der List, sie wolle zusammen mit ihrem Vater sterben, gelingt es ihr, von ihrem Vater eingelassen zu werden und ihn dazu zu bewegen, daß er etwas Milch trinkt. Danach schafft sie es, ihren Vater davon zu überzeugen, daß er weiterleben müsse, um wenigstens noch ein Gedenklied auf seinen toten Sohn, ihren Bruder, zu hinterlassen, und sie macht sich sogleich daran, Runen ins Holz zu graben. Egill gibt ihrem Zureden nach und schreitet an die Abfassung des Liedes. «Und je weiter er vorankam, desto mehr fing er sich.» Schon bald war er wieder der alte, «fröhlich und geistig rüstig». Die Hinwendung zur Dichtung hatte ihm dem Leben wiedergegeben und die Ganzheit seiner Persönlichkeit wiederhergestellt.

In diesem Werk erinnert sich Egill an die Menschen, die der Tod ihm genommen hat – Vater und Mutter, Bruder und Söhne. Er spricht davon, eine wie treue Stütze ihm gerade der älteste Sohn gewesen ist. Doch man kann sich des Eindrucks nicht erwehren, daß das Empfinden des Vaters für seinen Sohn nicht so sehr ein persönliches Gefühl ist als vielmehr eines, das von der ihm übergeordneten allgemeineren Empfindung der Verwandtengemeinschaft als Bindeglied herrührt. Jeden Verlust, der Egill bisher betroffen hat, beschreibt er als unausfüllbare Bresche, die das Schicksal in die feste Mauer um sein Anwesen – mit diesem Bild meint er seine Familie – geschlagen hat. Doch das Lied endet noch nicht auf diesem Ton, diesem Akkord, sondern Egill wendet sich an Odin: An ihn hat er geglaubt, bis Odin ihn preisgegeben und ihm seinen Sohn genommen hat. Wenn Egill noch jung und stark wäre, nähme er für den Verlust des Sohnes am Gott des Meeres Rache, aber nun ist er alt und schwach. Egill will nicht mehr unter die Menschen, nichts freut ihn, und jetzt noch einen Freund zu finden, dem man vertrauen kann, ist sehr schwer. Und dennoch – es gibt ein Geschenk der Götter, das ihn für all sein Unglück entschädigt: die Fähigkeit, makellose Verse zu schaffen und zu sprechen. Sein Selbstbewußtsein als Dichter ist es, was ihm die Kraft verleiht, klaglos sein eigenes Ende zu erwarten. Von den zwei Themen dieses Liedes – der Verlust der Söhne und die seelischen Erschütterungen in ihrem Gefolge – gewinnt das zweite in einem Maße an Gewicht, daß es zu seinem Hauptthema wird. Selbst wenn man als unbestreitbar ansieht, daß Traditionalität und Topik in dieser Dichtung eine große Rolle spielen, läßt sich kaum leugnen, daß für den Dichter Egill er selbst und seine dichterische Gabe, sein künstlerisches Schaffen das Allerwichtigste sind.

Schmerzliche Gedanken über das zu Ende gehende Leben durchziehen auch einige andere über das Werk verstreute Einzelstrophen – sie werden übrigens auch in den letzten Abschnitten der ‹Saga von Egill› zitiert, so daß einige Wissenschaftler Egills Urheberschaft für diese Strophen anzweifeln. Im Alter verlassen Egill die Kräfte, und zu allem Überfluß erblindet er auch noch. Den alten Mann ermüdet die träge dahinfließende Zeit. Seine Verse klagen über die eigene Kraftlosigkeit – und über die Frauen in seinem Hause, die ihn davongejagt haben, als er sich am Herdfeuer die Füße wärmen wollte! «Meine Fersen sind wie zwei Witwen: sie frieren.»[49] In einem anderen Vers hadert er mit dem Schicksal, das ihn vor lauter Schwäche auf ebener Erde stolpern läßt.

Wie aber lassen sich alle diese Anzeichen von Hinfälligkeit mit Egills Absicht vereinbaren, noch kurz vor seinem Tode

zum Althing zu ziehen, um vom «Felsen des Gesetzes» aus
die Silbermünzen, die er einst vom König von England
bekommen hat, unter die Versammelten zu streuen? Egill
freute sich immer wieder, wenn er sich ausmalte, was das
für ein Gerangel um diesen Schatz geben würde! Seinen
Verwandten gelingt es, Egill diesen anscheinend sinnlosen
Spaß auszureden. Doch er verfällt auf eine andere Idee, was
er mit diesem Silber machen könne: Mit Hilfe zweier Sklaven lädt er die beiden Truhen mit Silber auf Pferde und rei-
tet mit ihnen zu einer weit entfernten Schlucht. Von dort
kehrt er ohne die Truhen zurück – und ohne die Sklaven;
allen war klar, daß er das Silber in der Erde vergraben oder
in den heißen Quellen versenkt hatte; und die Sklaven hatte
er umgebracht, damit keine Zeugen dafür zurückbleiben.
Offensichtlich brachen in diesem einsamen Greis immer
wieder geheimnisvolle Kräfte auf, die ihn während seines
ganzen Lebens eines agilen Kriegers und Wikingers nicht
verließen.

Die Verflechtung von Saga und authentischen Versen
Egills erleichtert und erschwert es zugleich, seiner Persönlichkeit näherzukommen. Sie erleichtert es in der Hinsicht,
daß Egills Gestalt dank der Einbeziehung von Fragmenten
aus seinen Dichtungen in der Ereignisabfolge seines Lebens
größere Ausmaße annimmt und zahlreiche Facetten erhält:
Wir können ihn gleichzeitig «von außen» und «von innen»
betrachten. Erschwerend wirkt diese Verknüpfung deshalb,
weil Saga und Verse verschiedenen Epochen zugehören und
daher nicht auszuschließen ist, daß die Saga des bereits
christlichen 13. Jh. den Taten Egills, eines Mannes aus dem
heidnischen 10. Jh., ihre eigene Interpretation unterschiebt.
Wichtig ist aber auf jeden Fall, daß uns Egills Dichtung in
der Saga als untrennbarer Bestandteil seines Lebens in
enger Verbindung zu seinen Taten entgegentritt und von hier
aus gedeutet wird.

Die Töne, die der ‹Söhne-Verlust› anschlägt, klingen etwas
anders, und das ist nur zu verständlich. Egill ist alt, er hat
sein Leben gelebt: Es war angefüllt mit Zügen über See und
Schlachten in Begleitung seiner wikingischen Stammesgenossen, mit Gelagen und Festen und mit Geschenken, die er

gegeben und genommen hat; es war reich an Ehrungen, die er an den Höfen der Könige erfahren hat; und es war voller Gefahren, denen er ruhmvoll die Stirn geboten hat – das alles liegt jetzt hinter ihm. Nun muß man aber wissen, daß es das Ideal des skandinavischen Helden war, jung und im Vollbesitz seiner Kräfte mit dem Schwerte in der Hand zu sterben. Denn der beste Tod war der in der Schlacht, nur er berechtigte zum unverzüglichen Einzug nach Walhall zu Odin, wo die Gelage und die Fehden weitergingen. Egill war ein solches heldisches Ende nicht vergönnt, er mußte sein Leben in hohem Alter und in Gebrechlichkeit beschließen. Er konnte es gar nicht anders denn als Demütigung empfinden, körperlich schwach und für seine Umgebung zu nichts nütze dem Tode entgegenzusiechen, und diese Empfindung verschärfte sich erst recht nach dem unzeitigen Tod seiner Söhne. Der Trost eines Greises besteht in der Freude, sein Geschlecht blühen und zukunftsgewandt weiterleben zu sehen; aber das Schicksal mißgönnte Egill auch diese Freude. Daher dieser Grundton von Müdigkeit und völliger Hoffnungslosigkeit, auf den seine letzte Dichtung gestimmt ist.

Ob es nicht vor allem diese düsteren Stimmungen waren, die Egill auf den Gedanken gebracht haben, auf den Althing zu ziehen und mit dem Verstreuen seiner Silbermünzen eine fürchterliche Prügelei unter den Versammelten zu provozieren? Und warum kommt ihm dann die Idee, auf andere Art über seinen vom englischen König geschenkten Reichtum zu verfügen, nämlich, ihn sicher in einem unbewohnten Teil Islands zu verbergen? Einfach darum, weil dies die Art ist, die den Bedürfnissen und Hoffnungen des Heiden Egill am ehesten entsprach. Erinnern wir uns daran, daß sich nach den Glaubensvorstellungen eines Skandinaviers in den wertvollen Gegenständen, die er von seinem Anführer geschenkt bekam – seien es Münzen, Ringe, Waffen oder anderes –, auf magische Weise «Erfolg», «Wohlergehen» oder «Glück», kurz, das «Heil», materialisierte, über das der Anführer gebot, und daß der Gefolgsmann oder Skalde, dem er von seinem Reichtümern abgab, dieses «Heils» teilhaftig wurde.

Als Egill das von Æthalstan empfangene Silber für jeden Lebenden unerreichbar versteckte, sicherte er sich sein

«Heil» in jener Welt, und solches Handeln war um so notwendiger, als er zum «Tode im Stroh» verdammt war und nicht im Kampf fallen durfte.

So bleibt Egill sogar noch im hohen Alter sich selbst treu, seinen Wikingeridealen und damit dem Wertesystem, das seine Epoche beherrschte. Nachdem er mit seinen Liedern für seinen Nachruhm und mit dem Schatz für einen Platz in Walhall vorgesorgt hatte, konnte er mit Recht sein Ende in Frieden erwarten.

Wir eilen jetzt etwas voraus, wenn wir die Persönlichkeit Egills, Sohns Grímrs des Kahlen, anhand der Zeichnung in seinen Dichtungen und in der ihm gewidmeten Saga vergleichen mit den Selbstbeschreibungen der Persönlichkeit von Menschen aus der bereits vollständig vom Christentum durchdrungenen Epoche und feststellen: Die Persönlichkeit des Skalden wird nicht von dieser inneren Widersprüchlichkeit bestimmt, die für die Verfasser der Beichten, der «Autobiographien», des 12. und 13. Jh. so charakteristisch ist. Diese Menschen – Theologen, einfache Geistliche, Philosophen – stehen vor dem Angesicht des Absoluten, und wenn sie ihre Unzulänglichkeit an seinen sittlichen Forderungen messen, werden sie sich der Unausrottbarkeit ihrer eigenen Sündhaftigkeit bewußt, und daher sind sie zu innerer Zerrissenheit und seelischen Qualen verdammt. Nur im Bekenntnis und in der Buße ihrer Hoffart und ihrer Unfähigkeit, die irdischen Leidenschaften und Triebe zu zügeln und zu überwinden, können sie sich selbst bestätigen. Die christliche Ethik verurteilt das Individuum zu einem inneren Ringen, aus dem es einfach gar nicht als Sieger hervorgehen kann. Die von diesen Autoren hinterlassenen Texte vermitteln weniger ein Bild von dem äußeren Netz ihrer Lebenswege als vielmehr eines von den seelischen Krisen, die sie durchgemacht haben, von den Krisen einsamer Menschen, deren einziges Streben es war, sich mit ihrer sozialen Umwelt oder mit sakralen Vorbildern und Prototypen zu identifizieren.

Egill ist frei von dieser Zwiespältigkeit. Er handelt zwar auf eigene Gefahr, und dennoch ragt seine Pesönlichkeit nicht so weit aus der organischen Sippen- oder Geschlechtergemeinschaft heraus, um ihn das Gefühl verspüren zu lassen, er sei in eine ihm fremde äußere Welt geworfen. Egill grübelt nicht, er handelt. Genauer, er bedenkt seine Schritte erst post factum. Er begibt sich auf einen Wikingerzug oder zu einer Gerichtsverhandlung, er erschlägt einen Menschen oder beraubt einen anderen – und erst jetzt, danach, indem er das Blut von seinem Schwert abstreift oder sich den Bierschaum aus dem Bart wischt, spricht er einen Skaldenvers, mit dem er über das Vorgefallene berichtet, mit dem er es gedanklich durchdringt und in die endlose Kette der unausweichlichen Ereignisse einbettet. Er ist weit entfernt von irgendwelchen Skrupeln, die ihn veranlassen könnten, seine Handlungen zu erklären oder gar zu rechtfertigen; im Gegenteil, er verewigt das Andenken an sie, weil ihre Motiviertheit und Unausweichlichkeit für ihn außer jedem Zweifel stehen. Während bei den christlichen Autoren das Leben und seine literarische Verallgemeinerung auseinanderklaffen, sind sie bei Egill miteinander verschmolzen. Ihn plagt nicht die Qual einer moralischen Wahl, er handelt, geleitet von dem ethischen System, das die Gemeinschaft implizit in ihm angelegt hat, und erfährt tiefe Befriedigung aus der Tatsache, daß er die Anforderungen dieses Systems besser erfüllen kann als andere. Somit realisiert er sich bis ins letzte als Persönlichkeit, freilich innerhalb der Grenzen, die seine Kultur ihm gezogen hat.

König Sverre:
Stereotyp oder Individualität?

Die Sagas über die norwegischen Könige – Werke der Geschichtsschreibung, die in die traditionelle Sagaform gekleidet sind – konzentrieren ihre Aufmerksamkeit auf die Gestalt eines Herrschers. Doch es ist ein beinahe hoffnungsloses Unterfangen, anhand dieser Sagas die individuellen Züge einer Herrscherpersönlichkeit rekonstruieren zu wollen. Die Sagaschreiber skizzieren Typen und keine lebendigen Menschen, und das selbst dann, wenn sie in die Klischees der Porträts einzelner Könige manche differenzierende Einzelheit ein-

fügen. Wie wir bereits wissen, sind die Sagas erst Ende des
12. und im 13. Jh. aufgezeichnet worden, die in ihnen dargestellten norwegischen Könige dagegen regierten schon vom
9. bis ins 12. Jh.; diese zeitliche Distanz war zum Teil auch
eine epische Distanz, und die Könige treten in den Sagas
überwiegend als ideale Helden und Heerführer auf. Ihre Gestaltung wird allerdings in dem Maße weniger standardisiert
und mehr differenziert, je kürzer der zeitliche Abstand zwischen den geschilderten Ereignissen und ihrer Aufzeichnung
ist. Trotzdem gibt es eigentlich nur eine einzige Königssaga,
die uns eine Annäherung an das Individuum ermöglicht – die
‹Saga von Sverre› (‹Sverris saga›) über den Usurpator des
norwegischen Königsthrons.

Sverre betrat die historische Bühne in den 70er Jahren des
12. Jh., auf dem Höhepunkt der innernorwegischen Zwistigkeiten, die das Land schon einige Zeit lang erschüttert hatten. Anfangs war er der Anführer eines Haufens verarmter
und deklassierter Männer, die der Volksmund «Birkebeiner»
(«Birkenbeine») nannte, weil sie in Ermangelung von
Schuhwerk ihre Beine mit Birkenrinde umhüllten. In einem
mit allen Mitteln geführten grausamen Kampf gelang es
Sverre, den König Magnús Erlingsson niederzuwerfen, übrigens das erste gesalbte Haupt unter den norwegischen Königen. Zum Sieg Sverres trug nicht zuletzt die Tatsache bei,
daß er die Unterstützung eines Teils der Bauernschaft gewinnen und auch den einen oder anderen Adligen auf seine Seite
ziehen konnte. Doch die Masse seiner Anhänger rekrutierte
sich nach wie vor aus diesen Birkebeinern, die im Laufe des
Krieges gesellschaftlich aufstiegen, indem sie den Getreuen
von König Magnús ihre Besitztümer und Titel entrissen.
Aus den Birkebeinern ging auch der Dienstadel hervor, als
sich unter Sverre und seinen Nachfolgern die Monarchie
festigte. Sverre starb im Jahre 1202, ohne das Ende der inneren Zwistigkeiten erlebt zu haben. Dieser Bruderkampf ver-
ebbte erst in den 40er Jahren des 13. Jh., als unter seinem
Enkel Hakon Hakonarson die «Zeit der Größe» anbrach.

Das war auch die Zeit, in der die meisten Königssagas entstanden. Die zeitlich früheste dieser Sagas eben ist die ‹Saga
von Sverre›[50], und ihre ersten Ansätze finden sich schon zu

Lebzeiten Sverres. Der Prolog zu dieser Saga erwähnt den isländischen Abt Karl Jónsson als Verfasser eines Werkes, das ihrem ersten Teil zugrunde gelegt worden ist, und «der König selber hat ihm gesagt, was er schreiben solle». Weiter heißt es in dem Prolog, daß die anschließenden Darstellungen auf den Worten von Menschen beruhen, die Augenzeugen oder sogar Teilnehmer der Schlachten auf der Seite Sverres waren. Das bedeutet, daß die oben erwähnte epische Distanz, die für die Erzählungen über die Könige aus früheren Zeiten so charakteristisch ist, in der ‹Saga von Sverre› schwindet. Diese Saga ist vielmehr auf den noch heißen Spuren der Ereignisse entstanden, und daher kann es auch gar nicht anders sein, daß in ihr die Interessen und die Leidenschaften Sverres selbst, aber auch der Menschen aus seiner Umgebung ebenso unverblümt wie taufrisch zum Ausdruck kommen. In den ersten Abschnitten können wir die Stimme Sverres vernehmen, der die Ereignisse natürlich so schildert und deutet, wie er das für richtig hält. Gleichzeitig aber, und das macht diese Saga so einmalig, liefert Sverre damit eine Einschätzung von sich als Herrscher und Mensch.

Der ‹Saga von Sverre› verdanken wir es, daß wir über diesen König mehr wissen als über jeden anderen skandinavischen Herrscher jener Zeit. Und trotzdem entschlüpft seine Persönlichkeit immer wieder unseren Interpretationsversuchen. Das liegt daran, daß sich die Aufmerksamkeit des mittelalterlichen Sagaschreibers auf die Hervorhebung des Allgemeinen und Wiederkehrenden konzentrierte; daß ihm nur das der Beschreibung wert war, was sich zu einer Typisierung oder Modellierung der beschriebenen Gestalt eignete; er hatte nicht die Absicht, einmalige Züge dieser Gestalt festzuhalten, ja er wußte nicht einmal, wie er mit ihrer Individualität überhaupt umgehen, was er mit ihr machen solle. Die Charakterisierung Sverres, mit der die Saga schließt, ist eine einzige Lobhudelei – alle Eigenschaften stehen nur im Superlativ, Schattenseiten gibt es überhaupt nicht, vor uns steht ein idealer Herrscher und untadeliger Mensch. Er ist klug, redegewandt, beherrscht, ausgeglichen und hervorragend erzogen, er besitzt glänzende Manieren, ist mäßig im Essen und Trinken, kühn und hartnäckig, umsichtig und

scharfsichtig und vor allem gerecht. Daß er auch verschlos-
sen ist, gereicht einem Herrscher ja nur zum Vorzug. Nach
seinem Tode versanken seine Freunde in tiefe und lange
Trauer, «sogar seine Feinde sagten, daß es zu ihren Zeiten
in ganz Norwegen keinen Menschen gab, der Sverre das
Wasser hätte reichen können» (Kap. 181). Im Lichte dessen
ist es sehr aufschlußreich, daß sogar ein englischer Chronist,
der aus seiner sonst feindseligen Einstellung gegenüber
Sverre kein Hehl macht, über dessen Persönlichkeit durchaus anerkennend spricht, obwohl er sich dabei nur auf Nach-
richten stützen konnte, die ihm offensichtlich von der norwegischen höheren Geistlichkeit zugespielt worden waren,
deren Feindschaft übrigens so weit ging, daß sie über Sverre
den Kirchenbann verhängt hatte. Dieser Chronist stellt fest,
daß Sverre ein ungewöhnlich erfolgreicher Mann von auffal-
lendem Verstand gewesen sei, großmütig zu den Besiegten
und ebenso ehrfürchtig wie rücksichtsvoll gegenüber Kirchen und Klöstern.

Der Held dieser Saga ist eine überragende Persönlichkeit.
Ein namenloser Sohn der Färöer-Inseln, der sich für den au-
ßerehelichen Sohn des norwegischen Königs ausgab und
seine Thronansprüche mit nichts außer mit seinen eigenen
Behauptungen und Versicherungen begründen konnte, be-
siegte Magnús Erlingsson, den Exponenten der Blüte des
geistlichen und des weltlichen Adels Norwegens; er heiratete
eine schwedische Königstochter und gründete eine Dyna-
stie, die die nächsten 185 Jahre über Norwegen herrschen
sollte. Alle waren gegen ihn, doch Sverre errang so überraschende und erstaunliche Erfolge, daß seine Feinde sie dem
Teufel zuschrieben – Sverre selbst dagegen natürlich dem
Eingreifen Gottes.

Auch wenn die ‹Saga von Sverre›, was die Kämpfe in Norwegen betrifft, insgesamt gesehen mehr auf der Seite Sverres
steht als auf der Seite seiner Gegner, vermeidet sie doch
direkte Beurteilungen und Wertungen. Der (oder die) Verfasser halten sich formal an das für die Poetik dieser Literaturgattung charakteristische Verbot einer expliziten Äußerung
von derartigen Wertungen; aber sie schlagen andere Wege
ein, die es ihnen ermöglichen, ihre Einstellung zu den Ereig-

nissen kundzutun und dem Werk die gewünschte Grundstimmung zu verleihen.

Eine der vordringlichsten Aufgaben für diesen Thronräu-
ber bestand in der Begründung seiner Ansprüche auf den
Thron, denn diese Ansprüche wurden nicht nur von Magnús und seiner Umgebung aufs heftigste zurückgewiesen,
sie überzeugten auch die Mehrheit der Bevölkerung nicht.
Mit dieser Aufgabe ging eine andere Hand in Hand: Sie bestand in der Herabwürdigung, in der Verächtlichmachung
des Gegners. Wie löst nun die ‹Saga von Sverre› unter Einhaltung der «epischen Urheberschaft» diese Aufgaben?
Weiter oben haben wir bereits gesehen, daß die Autoren – bei
aller «Objektivität» ihrer Schilderungen – die Mittel be-
herrschten, mit deren Hilfe sie Verborgenes zutage treten lassen konnten. An erster Stelle rangierten dabei die propheti-
schen Träume. Im ersten Teil der ‹Saga von Sverre›, die unter
direkter Teilnahme des Königs verfaßt wurde, wird von
mehreren derartigen Träumen berichtet, die Sverre heimgesucht haben. Diese Träume haben eine so wichtige Funktion,
daß wir bei einigen von ihnen verweilen müssen.

Die Saga beschreibt, das Sverre in seiner Jugend noch
nichts über seine Abstammung von einem Königsgeschlecht
gewußt habe. Als sein Vater galt der Kammacher Únás, und
Sverre selbst bereitete sich darauf vor, die Soutane zu tragen.
Doch, wie Sverre dann behauptete, habe seine Mutter gelegentlich einer Pilgerreise nach Rom dort gebeichtet, daß
Sverres Vater in Wirklichkeit der bereits im Jahre 1155 gefal-
lene König Sigurd Haraldsson sei. Der Papst, dem dieses
Beichtbekenntnis hinterbracht worden war, soll ihr dann be-
fohlen haben, ihrem Sohn dieses Geheimnis zu enthüllen.
Doch andere Beweise für seine königliche Herkunft als dieses Geständnis seiner Mutter konnte Sverre nicht anführen.
In diesem Zusammenhang erlangen die Traumgesichte Sverres besondere Bedeutung. Es sind zeichenhafte Träume, die
ihm göttliche Gnade verheißen.

Also zum ersten Traum: Sverre erblickt etwas, das er als
Vorhersage seiner großartigen Zukunft deutet. Ihm träumt,
daß er die Gestalt eines Vogels angenommen habe, dessen
Schnabel die östlichen Grenzen Norwegens und dessen

Schwanz die nördlichen Grenzen Finnlands berührt; seine Flügel bedecken das ganze Land. Ein Weiser, den Sverre diesen Traum zu deuten bat, tut sich zwar mit der Antwort schwer, vermutet aber immerhin, daß Sverre Macht und Herrschaft zu erwarten habe (Kap. 2).

Nun zum zweiten Traum: Sverre träumt, er fahre nach Norwegen, um das Gewand eines Bischofs zu empfangen, doch dort trifft er «Unfriede» an: König Olaf der Heilige, der große Vereiniger und Christianisierer des Landes, der den Märtyrertod sterben und kurz darauf zu den Heiligen gezählt werden sollte, kämpft gegen König Magnús und dessen Vater Erling. Sverre zieht zu Olaf und wird von ihm freundlich aufgenommen. Nur ihm gestattet Olaf, sich in demselben Wasser zu waschen wie er, und er verleiht Sverre den neuen Namen Magnús. Währenddessen sind die Feinde Olafs herangezogen. Olaf befiehlt seinen Mannen, sich zu bewaffnen und den Kampf mit den Feinden aufzunehmen; er verspricht ihnen, er werde sie mit seinem Schild beschützen. Sverre empfängt von Olaf Schwert und Banner. Als einer der Feinde besonders stürmisch auf Sverre eindringt, hält Olaf seinen Schild über ihn, und Sverre richtet das Banner wieder auf. Schließlich zieht das Heer von Magnús Erlingsson unverrichteterdinge ab (Kap. 5).

Diesem Traum zufolge gründen sich die Ansprüche Sverres auf den norwegischen Königsthron gar nicht auf seine Abstammung – sie wird überhaupt nicht erwähnt –, sondern auf etwas ganz anderes: Sverre ist der Erwählte von Norwegens «Ewigem König», von Olaf dem Heiligen, der ihn mit dem Wasser seiner Heiligkeit benetzt, ihm einen neuen Namen gegeben, Schwert und Banner anvertraut und mit seinem Schild beschützt hat. Wenn wir uns daran erinnern, daß der Sohn von König Olaf ebenfalls Magnús hieß, dann wird die Absicht Sverres deutlich: Nur er ist der von König Olaf erwählte Nachfolger, der den Krieg gegen den Sohn des Jarls (normann. Edelmann) Erling führt. Später berief sich Sverre wiederholt auf die «Gesetze Olafs des Heiligen», z. B. als er gegen die theokratischen Ansprüche des Erzbischofs anging. Dem überkommenen Thronfolgerecht, demzufolge die Abstammung über das Herrschaftserbe entschied, und dem

Anspruch seines Gegners Magnús Erlingsson, der von der hohen Geistlichkeit und dem Adel auf den Thron gesetzt worden war, stellt Sverre das Recht der göttlichen Erwählung entgegen, denn hinter Olaf dem Heiligen verbirgt sich, wie kann es anders sein, der Schöpfer selber. Sverre ist König von Gottes Gnaden – so lautet die Botschaft dieses Traums.

Und nun der dritte Traum: Sverre träumt, er sei in Borg, einer Stadt in Ostnorwegen. Gerüchte laufen um, daß der Sohn des Königs hier sein solle, und alle versuchen, ihn zu finden. Aber nur Sverre weiß, daß er selber dieser Sohn ist. In der Kirche nähert sich ihm während des Gottesdienstes ein grauhaariger Greis «von furchterregendem Aussehen», der ihm das Geheimnis enthüllt, daß er, Sverre, König werde. Dieser Greis – er ist kein Geringerer als der von Gott entsandte Prophet Samuel – salbt Sverres Hände mit heiligem Öl, um sie heilig und stark zu machen, damit er die Feinde niederwerfen und die Herrschaft über das Land antreten könne. Nach diesem Traumgesicht, so berichtet die Saga, «änderte sich Sverre radikal im Geiste» (Kap. 10).

Alle diese Träume drängen sich im vorderen Teil der ‹Saga von Sverre›, der noch, wie schon gesagt, unter unmittelbarer Beteiligung ihres Helden abgefaßt worden ist. Während der Traum mit Olaf dem Heiligen dessen «Ziehsohn» Sverre in die Staatsgeschichte Norwegens einbettet und ihn als den recht- und gesetzmäßigen Erben und Nachfolger von König Olaf ausweist, bindet ihn die Salbung durch den biblischen Propheten in die Kirchengeschichte Norwegens, ja in die christliche Heilsgeschichte ein. Die Träume Sverres erfüllen die Aufgabe, seine göttliche Mission zu enthüllen und damit auch seine weltlichen Rechte unstreitig werden zu lassen. In der Saga finden wir auch noch andere prophetische Träume Sverres, doch auf sie brauchen wir nicht näher einzugehen.

Wie gesagt, die Träume haben im Kontext der Saga die wichtige Funktion, Sverres Ansprüche auf den Thron durch ihre Ableitung aus dem Willen des Höchsten, aus Sverres Gottesgnadentum zu begründen. Sverre war bereits auf den Färöern eine geistliche Ausbildung zuteil geworden, und dabei hatte er sich als Mensch mit einer lebhaften Phantasie und

einem beweglichen, erfinderischen Verstand erwiesen. Seine
Träume richten sich zwar in erster Linie an seine Umgebung,
doch weil er auch seinem in ideologischer Hinsicht gefähr-
lichsten Gegner, der Geistlichkeit, gewappnet gegenübertre-
ten möchte, soll der Traum, in dem der Prophet Samuel auf-
tritt, der schon David für seinen Kampf gegen Saul gesalbt
hat, den Kirchenfürsten die Parallele zwischen David und
Sverre, dem Sieger über Magnús Erlingsson, oktroyieren:
Beide Herrscher, David und Sverre, stammten aus einfachen
Verhältnissen, doch Gott hatte sie erhöht.[51] Auf den direkten
Vergleich zwischen Saul und Magnús Erlingsson kommt
Sverre erst später zu sprechen, als er nach dem Tode dieses
Königs in der Schlacht eine Rede hält (Kap. 99).

Die Idee der Erwählung dient der Saga vor allem als nach-
drücklichste Begründung für die Legitimität der Thron-
rechte Sverres, aber nicht ausschließlich. Man kann dem Verfasser durchaus unterstellen, daß er seinen Lesern auch den
Gedanken an die Heiligkeit Sverres einflößen wollte. Hinweise darauf finden sich an mehreren Stellen der Saga. Schon
zu seinen Lebzeiten und erst recht nach seinem Tode wird
Sverre als von Gott Erwählter geschildert, und immer wieder
werden die Bindungen hervorgehoben, die zwischen Sverre
und König Olaf dem Heiligen, dem Symbol der königlichen
Macht und der Unabhängigkeit Norwegens, bestanden haben: Sverre legte sich den Namen des Sohnes von König
Olaf dem Heiligen – Magnús – zu und ließ Münzen mit der
Aufschrift «Rex Sverus Magnus» («König Sverre der
Große») prägen; seine Erlasse unterzeichnete er mit «Sverrir
Magnús konungr», und seine Siegel trugen die gleiche Inschrift; seine Mannen redete er mit «Mannen des heiligen
Olaf» an. So usurpierte Sverre auch den Namen, den in Norwegen schon mancher König vor ihm getragen hatte, denn
der Name «Sverre» («Sverrir») war plebejisch, und kein Vertreter der Aristokratie hatte je so geheißen. Gleichzeitig war
diese Facette des Kampfes um die Festigung seiner Macht
nach innen aber auch ein Mittel in seinem Kampf um die Festigung der Unabhängigkeit Norwegens nach außen, gegen
die Versuche der römischen Kurie und der Nachbarstaaten,
die Souveränität des Landes zu beschneiden.

In keiner anderen Saga über die norwegischen Könige tritt der Standpunkt ihrer Verfasser mit der gleichen Klarheit und Zielstrebigkeit hervor wie in der ‹Saga von Sverre›, doch die Sprache dafür ist auch hier verklausuliert. Außerdem werden den Lesern dieser Saga der Mut und andere lobenswerte Eigenschaften der Feinde Sverres keineswegs verschwiegen, sogar der falsche Magnús, Sverre selbst, zollt ihnen in seinen Reden Anerkennung. In diesen Reden läßt Sverre mitunter auch dem Spott über seine Feinde die Zügel schießen, doch er tut das mit Umsicht, und sein Sarkasmus sinkt nicht auf das Niveau der groben Beschimpfungen und Verwünschungen, die aus dem Lager von Erling und Magnús gegen Sverre und seine Birkebeiner geschleudert werden. Wenn die adligen Feinde Sverres ihn einen Usurpator nannten und einen Mörder und Gotteslästerer, ein Werkzeug in den Händen einer Zauberin schimpften, als «Pfaffen des Teufels» oder gar als Teufel selbst titulierten, dann haben sie sich doch wohl eher selber diskreditiert, als Sverre Abbruch getan.

Die Reden Sverres zeugen davon, daß er ein kluger und berechnender Politiker war, der die Mittel zur Erreichung seiner weitgesteckten Ziele souverän handhabe und konsequent einsetzte. Wahrscheinlich sind diese Reden erst bei der Abfassung der Saga formuliert worden, und da ja die ‹Saga von Sverre› zum einen Teil unter direkter Einflußnahme Sverres, zum anderen in seiner unmittelbaren Umgebung entstanden ist, verdienen auch sie unsere Beachtung. Diese Reden sind nicht einfach literarische Accessoires, sondern die Widerspiegelung der Absichten dessen (derer), dem (denen) sie ihre Einfügung in die Saga verdanken. In erster Linie sind das an seine Mannen gerichtete Anfeuerungsreden. Sie zeichnen die schweren Mühen nach, die Sverre und seine Getreuen in ihrem Kampf gegen die Feinde auf sich genommen und siegreich überstanden haben; sie versprechen den Getreuen aber auch Belohnung und reiche Beute für den Fall des Sieges. Und in der Tat sind ja auch viele seiner Kampfgefährten reich belohnt und befördert worden. Von den einstigen Birkebeinern blieb nur noch ihr Spitzname.

Sverre stimmt seine Reden in verschiedenen Tonarten. Er kann Töne heiligen Ernstes anschlagen, weiß aber auch, mit

Scherz, Ironie und Sarkasmus umzugehen. In einer Rede, die er im Angesicht der Leichen seiner erschlagenen Feinde hielt, sagt er: «Wie wahrscheinlich viele von euch wissen, haben Erzbischof Eysteinn und viele andere gelehrte Männer gesagt, daß die Seelen aller derer, die auf der Seite von König Magnús kämpfen, um ihr Land zu verteidigen, und dabei fallen, schon im Paradies sind, noch ehe ihr Blut auf dem Schlachtfeld getrocknet ist. Wie können wir uns jetzt alle miteinander freuen, daß so viele Männer Heilige geworden sind . . .» (Kap. 38). Hervorhebung verdient auch die Tatsache, daß sich Sverres Humor und Sarkasmus vor dem Hintergrund der Reden in anderen Sagas dadurch auszeichnen, daß sie präziser und geschliffener sind. Damit festigt sich der Eindruck, daß Sverre oder der Verfasser seiner Saga – im Unterschied zu vielen seiner Landsleute und Zeitgenossen – über die Fähigkeit verfügten, einen Menschen oder eine Erscheinung von verschiedenen Standpunkten aus zu betrachten.[52]

Eine andere Gruppe von Reden Sverres sind Rechtfertigungsreden; sie verteidigen die Sache, für die er kämpft, und liefern Einschätzungen der Situation, die nach seinen Siegen herangereift sind. In der Rede, die Sverre nach der Beisetzung von Magnús Erlingsson vor Einwohnern Bergens und Bauern aus der Umgebung gehalten hat, verspottete er seine Gegner, die ihn als einen dem Teufel Verfallenen abstempeln, und warnte gleichzeitig alle, die ihn hassen und seinen Untergang herbeisehnen (Kap. 99). Sverre hat ein scharfes Gespür dafür, daß seine Zeit einen außerordentlich wichtigen Moment in der Geschichte Norwegens darstellt. Bisher gehörte die Macht dem Erzbischof, den Adligen und dem König, seinen drei Hauptgegnern, und er hat es geschafft, sie zu Fall zu bringen. Jetzt aber, fährt Sverre fort, «ist ein großer Umschwung eingetreten, wie ihr sehen könnt, und wir erleben eine große und erstaunliche Zeitenwende: Ein Mann ersetzt die drei, den König, den Adel und den Erzbischof, und dieser eine Mann bin ich» (Kap. 38). Sverre ist sich dessen bewußt, daß er im Mittelpunkt wichtiger historischer Ereignisse steht, daß er es ist, der ihren Lauf verändert hat. Sein hohes Selbstbewußtsein steht außer jedem Zweifel.

Sverre war der erste unter den norwegischen Herrschern, der auf den Gedanken kam, eine Saga über sich selbst zu verfassen oder doch zu veranlassen. Unbestreitbar hat die Logik seines Kampfes, der der Kampf eines Usurpators war, Sverre dazu gebracht, sein eigenes Ich in den Vordergrund zu rücken, doch er hätte das nie tun können, wenn er nicht das Bewußtsein seiner Außergewöhnlichkeit gehabt hätte. Sverre war kein «Verkünder einer ‹Neuen Zeit›», und keineswegs «eilte er seiner Zeit weit voraus», wie das von Historikern im 19. und zu Beginn des 20. Jh. behauptet worden ist.[53]

Eine Persönlichkeit konnte sich auch im Mittelalter ihrer selbst bewußt werden. Doch das geschah auf zwei Wegen gleichzeitig: Einerseits empfand der Mensch zwar sein Ich und brachte das auch zum Ausdruck, andererseits aber suchte er auch gewisse Prototypen, mit denen er sich vergleichen konnte; er suchte Muster oder Vorbilder, in denen er seine Individualität wiederzuerkennen hoffte. Beide Persönlichkeitsverkörperungen Sverres finden sich in seiner Saga wieder: In vollem Bewußtsein seiner historischen Rolle verkündet er sie und seine Bedeutung lautstark, und gleichzeitig ändert er seinen Namen in Magnús und bemüht sich überhaupt, auf jede nur erdenkliche Weise seine sakramentale Beziehung zu Olaf dem Heiligen zu unterstreichen; er konstruiert seinen Lebenslauf nach dem biblischen Kanon, um König David gleichzukommen, und bezieht sich, ganz im Geiste seiner Epoche, in letzter Konsequenz auf den Willen des Schöpfers.

Alle bisher herausgearbeiteten Züge der Persönlichkeit Sverres sind uns nur im Text seiner Saga überliefert, und es bleibt rätselhaft, was in ihnen eigentlich überwiegt: die Persönlichkeit Sverres oder die Begabung des Sagaschreibers. Sverre wird durch den Verfasser gewissermaßen überblendet und leuchtet nur in dessen Brechung auf. Doch die Persönlichkeit Sverres äußert sich glücklicherweise nicht nur darin, daß er in der Kunst der Rhetorik bewandert, sondern vor allem auch darin, daß er ein begabter und erfolgreicher Heerführer war, wie der letztendlich mit Glanz errungene Sieg dieses entlaufenen Priesters über seine an Kräften weit über-

legenen Gegner nachdrücklich beweist. Während der Jarl
Erling und sein Sohn von der Unterstützung durch die
Kriegsmacht der adligen «Landmänner» («lendir menn») ab-
hingen, nahm Sverre entschlossen neue Leute in seinen
Dienst, von denen er die mit hohen Ehren und Titeln auszeichnete, die sich im Kampf besonders hervorgetan hatten.[54] Wie zu sehen, verdankte Sverre seine Erfolge in nicht
geringem Maße auch den revolutionären Neuerungen, die er
in die Kriegskunst seiner Zeit eingeführt hatte. Die ersten
steinernen Burgen Norwegens – Nidaros (heute Trondheim)
und Bergen – sind auf seine Veranlassung errichtet worden.

Die Hauptstreitmacht, die damals über den Ausgang einer
Schlacht entschied, war das Ritterheer, und das 12. Jh. ist die
Zeit seiner höchsten Blüte. Doch unter den topographischen
Gegebenheiten Norwegens konnte sich diese schwerfällige
Reiterei nur sehr mühsam im Gelände entfalten. Hinzu kam,
daß der Unterhalt für diese schwergepanzerte Reiterei, auch
angesichts der Pflege ihrer komplizierten Rüstungen, über
die Maßen teuer war. Dessenungeachtet trieb Sverre ihre
Entwicklung voran und wies ihr eine noch größere Rolle zu.
Das aber verlieh den Gefechten, bei denen er sie einsetzte,
einen völlig neuen Charakter. Außerdem veränderte er die
Schlachtordnung der Fußtruppen: Der bei den Skandinaviern – wegen seiner Ähnlichkeit mit dessen Rüssel – als
«Schwein» bezeichnete traditionelle Keil, in dem die zu Fuß
Kämpfenden, gedeckt von ihren Schilden, vorrückten, hatte
sich als wenig wirksam erwiesen; die Möglichkeiten, mit
den so aufgebauten Schlachtreihen zu manövrieren, waren
viel zu begrenzt, und energischen Angriffen schwerer Reiterei konnte das «Schwein» nicht lange standhalten. Sverre
trennte sich von dieser Schlachtordnung, die im Kampf jede
Führung praktisch unmöglich machte, und ersetzte sie durch
kleine bewegliche Einheiten, mit denen sich besser manövrieren ließ. Deren Vorzüge waren offensichtlich, denn
Sverre gewann mit ihnen mehrere wichtige Schlachten.

Sverres Heeresreform verlagerte das Schwergewicht seiner Kampfführung von dem wenig disziplinierten und daher
oft auch wenig wirksamen Volksheer – dessen Hauptkräfte
oft aus gegen Sverre eingestellten und zum Dienst gepreßten

Bauernhaufen gestellt wurden – auf ein Berufsheer. Auch die Rolle des Feldherrn änderte sich unter Sverre. Nach altem skandinavischen Brauch entwickelte sich der Schwerpunkt des Kampfes um das Banner des Königs herum. Der König leitete nicht nur den Gang der Schlacht, er spielte viel eher die Rolle eines Symbols: Mit seinem Kampf in der ersten Reihe seiner Gefolgsleute mußte er ihnen ein Beispiel an persönlichem Mut liefern. Das Heer kämpfte so lange, wie es das Banner des Königs sehen konnte; war das Banner gesunken – und das bedeutete, daß der König gefallen war –, lösten sich die Schlachtreihen auf, und seine Mannen suchten ihr Heil in der Flucht. Denn der König verkörperte auch das Kriegs«glück», und sein Tod bedeutete, daß sich das Glück gewendet hatte. Auch Sverre mußte das mehrere Male erleben, zuletzt im Jahre 1200 bei Oslo, als er eine Abteilung gegen aufständische Bauern führte. Die Lage dieser Truppe war so verzweifelt, daß nur noch das persönliche Beispiel des Königs, der sich hoch zu Roß mit den Bauern schlug, den Kampfgeist seiner Mitstreiter heben konnte, der angesichts des wütenden und verbissenen Widerstandes der Bauern auf den Tiefpunkt gesunken war. Als gegen Ende der Schlacht einer der Landmänner fiel, glaubten Sverres Mannen, der König selber sei gefallen, und unter ihnen brach eine Panik aus, die nur durch Sverres Erscheinen unter der Standarte des Königs einigermaßen abgewendet werden konnte (Kap. 165).

Im allgemeinen kämpfte Sverre nicht in den ersten Schlachtreihen, er hielt sich etwas abseits und leitete unter ständigem Stellungswechsel die Schlacht. Er verzichtete auf die persönliche Teilnahme am Kampf auf einem schmalen Abschnitt der Schlacht: Er führte den Kampf, indem er ihn leitete. Daher waren die Birkebeiner selbst nach Rückschlägen in der Anfangsphase einer Schlacht, die sich früher normalerweise auf ihren Ausgang verhängnisvoll ausgewirkt hätten, in der Lage, zu Gegenangriffen überzugehen. Diese taktischen Neuerungen, die er sich zum Teil in anderen Ländern angeeignet haben mag, waren sowohl in militärischer, als auch in psychologischer Hinsicht sehr wichtig, denn sie setzten die Eigeninitiative der Kämpfenden frei und verliehen dem Anführer in der Schlacht eine neue und größere Bedeutung.

Nicht nur in die Feldschlacht, auch in die Taktik der Seeschlacht führte Sverre Neuerungen ein. Hier bestand die alte Kampfesweise der Skandinavier des frühen Mittelalters darin, daß die beiden gegnerischen Schiffsreihen in Dwarslinie aufeinander zufuhren; sobald die Schiffe auf gleicher Höhe aneinander vorbeifuhren, versuchten die an Bord befindlichen Krieger, die Schiffe des Gegners zu entern und sie in blutigem Kampf Mann gegen Mann von den Feinden zu «säubern». Dabei war es üblich, daß mehrere Schiffe miteinander vertäut wurden. Das hob zwar die Stimmung bei den Verteidigern, weil im Notfall rasch Verstärkung herankommen konnte, aber es beraubte die Flotte als Ganzes ihrer Beweglichkeit. Wie die Feldschlachtordnung im «Schwein», so lähmte diese Seeschlachtordnung die Eigeninitiative, und sobald die Lage auf nur einem Schiff brenzlig wurde, war die Niederlage der gesamten Flotte so gut wie besiegelt. Im Gegensatz zu König Magnús Erlingsson brach Sverre auch hier mit der Tradition und ersetzte diese schwerfällige Taktik, deren Veraltung auf der Hand lag, durch einzelne selbständig manövrierende Schiffe.

Wie wir daraus ersehen können, trifft auf Sverre wohl kaum die Bezeichnung zu, die ihm der englische Historiker G. M. Gathorne-Hardy gegeben hat, als er ihn einen «Konservativen der Konservativen» nannte. Die Übernahme von Neuerungen war Sverre keineswegs fremd, und er wandte sie ohne Zaudern an, wenn sie seinem Erfolg dienlich sein konnten.

Unter Sverre festigt sich in Norwegen die Institution der königlichen Beamten, denen die Verwaltung der Untergliederungen des Staatsgebietes übertragen war. Diese «Syslomenn» (wörtlich: «Beschäftigten») stammten nicht aus dem Adel, sondern rekrutierten sich aus dem Kreis der dem König treu Ergebenen. Auf ihren neuen Posten erfüllten sie Aufgaben der Verwaltung und des Finanzwesens, des Kriegswesens und der Rechtsprechung. Von der Unabhängigkeit Sverres zeugen auch sein Verhältnis zu Kirche und Geistlichkeit und sein Umgang mit ihnen. Der hohe Klerus war fast ausnahmslos gegen Sverre eingestellt: Über ihn wurde der Kirchenbann verhängt, und für ganz Norwegen galt das päpstliche Interdikt. Diese Maßnahmen, die schon mehr als einen mächtigen Herrscher jener Zeit in die Knie gezwungen hatten, verfehlten gegenüber Sverre ihre Wirkung völlig.

Als weiteres Novum in der Handlungsweise eines Königs läßt sich durchaus auch Sverres Verhalten gegenüber seinen Feinden und Gegnern ansehen. Wenn man der Saga glauben schenken darf, war er zu ihnen oft und gerne milde und hat ihnen das Leben geschenkt, einigen sogar mehrmals. Wir wissen nicht, ob er sich dabei von Barmherzigkeit oder von politischem Kalkül leiten ließ. Doch wie auch immer, mit diesem Verhalten unterschied er sich radikal von den Königen vor seiner Zeit und auch noch von Magnús Erlingsson, der unbeirrt an seinem traditionellen Recht zur Rache festhielt.

Sicher haben die Umstände – daß Sverre ein «Zugereister» war, einer, den «Gott selber von einem fernen Inselchen gesandt hatte» und der weder nach Herkommen, noch nach Erziehung zu den herrschenden Schichten Norwegens gehörte – dazu beigetragen, daß er sich der Tradition gegenüber unbefangener verhalten konnte als König Magnús und Jarl Erling, die ihr viel stärker verhaftet waren. Dieser Mann, der aus seiner Ausbildung zum Geistlichen ausgebrochen war, zeigte sich den alten Aristokraten in allem – als Heerführer, als Politiker und als Organisator – haushoch überlegen. Daß er in Norwegen gesellschaftlich aufsteigen konnte, verdankte er in erster Linie sich selbst – seinem Talent und seinem guten Stern, auf die er sich verließ – und dann natürlich auch der Unterstützung durch seine ungestümen jungen Parteigänger, die Birkebeiner. Und so errang er den Sieg – aber der Weg dorthin war kein Spaziergang: Ein Vierteljahrhundert mußte er fast ohne Atempause gegen den Adel, die Kirche und den größten Teil der Bevölkerung des Landes kämpfen.

Für die Bestätigung seines Ichs und zur Erreichung des Zieles, das ihm vorschwebte, tat Sverre aber noch etwas anderes, in der bisherigen Geschichte Beispielloses: Die auf

seine Veranlassung und nach seinen Anweisungen abgefaßte
Saga bestimmte nicht nur in mancher Hinsicht das Bild, das
sich die nächsten Generationen von seinem Werk und von
ihm selbst gemacht haben, sondern sie übte auch einen entscheidenden Einfluß auf die Geschichtsschreibung der Neuzeit zu den Problemen des norwegischen Mittelalters aus.
Trotzdem aber war die ‹Saga von Sverre› nicht ausschließlich
«vom Geist des Parteienkampfes» – so eine Formulierung
von Halvdan Koht – bestimmt, wie es die ebenfalls zu Sverres Lebzeiten verfaßte ‹Rede gegen die Bischöfe› war, in der
Sverres Thronansprüche begründet werden. Doch auf jeden
Fall ist sie das Modell für die ‹Königssagas› (nach anderen
Quellen ‹Königsgeschichten›) geworden, eine Literaturgattung, die sich seit Sverre herauszubilden begann und ihren
Höhepunkt nach seinem Tode im ‹Heimskringla› (‹Welt-
kreis›) von Snorri Sturluson erreichte.

Zweifellos war es für einen Außenseiter wie Sverre leichter, sich als Individualität zu erfahren und eine in vielen Zügen niemandem ähnliche Persönlichkeit zu werden, eine
Persönlichkeit, die erstaunlicherweise ungeachtet all ihrer
Hervorgehobenheit doch immer wieder nach Möglichkeiten
suchte, sich im Schatten König Olafs des Heiligen zu ver-
stecken. Sverre ist der Extremfall par excellence für die Individualisierung einer realen historischen Gestalt in den altskandinavischen Literaturdenkmalen.

Wie es scheint, gestattet eine Analyse der verschiedenen
Arten dieser Denkmale, in deren Entwicklung mehrere auf-
einanderfolgende Etappen zu unterscheiden. Die für ihre früheren Exemplare charakteristische Vereinnahmung des Individuums durch seine Gemeinschaft und seine Unterordnung
unter das Ritual machen einer stärkeren Herausgehobenheit
und Isoliertheit des Individuums Platz. Doch daraus dürfen
wir nicht voreilig auf eine lineare Entwicklung der Persönlichkeit schließen. Viel wahrscheinlicher ist, daß wir hier ein
dialektisches Spannungsverhältnis vor uns haben – die Spannung zwischen den beiden in der Persönlichkeit des Skandinaviers und des Germanen angelegten und auf seltsame
Weise miteinander verbundenen Hauptelementen: dem von

der «Sippe», dem «Geschlecht» geprägten Gruppen- oder Kollektiv-Element einerseits und dem Individual-Element andererseits. Die widerspruchslose Respektierung der Werte des Geschlechts und der Familie, der «Seinen», schloß weder die Entfaltung der individuellen Initiative, noch die Entwicklung eines hohen Selbstbewußtseins durch das Individuum aus. Es ist sogar anzunehmen, daß das vorchristliche heidnische Ethos dem Germanen etwas mehr Spielraum für die Entdeckung des eigenen Ichs gelassen hat als die Lehre der Kirche, die Bescheidenheit und Demut forderte. Der Wert der altskandinavischen Quellen besteht vor allem darin, daß ihre Auswertung uns ein früheres Stadium in der Geschichte der Persönlichkeit enthüllt, als das bei den Quellen aus Kontinentaleuropa der Fall ist.

Drittes Kapitel

Die «Person»
auf der Suche nach der
Persönlichkeit

Die Zugehörigkeit zu einem Sozium ist *kein* Spezifikum des Menschen. Doch der radikale Unterschied einer menschlichen Gemeinschaft gegenüber einer Rinderherde, einem Wolfsrudel oder einem Vogelschwarm besteht darin, daß sich der Mensch bestimmte Werte aneignen muß, um sozialisiert zu werden. Als Angehöriger seiner Gemeinschaft verinnerlicht dieser Mensch deren ihm als Angebot entgegentretendes System von kulturellen «Koordinaten». Danach formt sich in seinem Bewußtsein ein Weltbild, von dem er sich in seinem gesamten Sozialverhalten leiten läßt.

Das Individuum existiert in der Gesellschaft, und es kann auch nur dort existieren. Das Individuum des Mittelalters ist in einen sozialen Mikrokosmos einbezogen, und zwar über die Mikrogruppen einer Familie, Verwandtschaft, Dorfgemeinschaft, Kirchgemeinde, Signorie, Erbgutschaft, Kaufmannsgilde, Handwerkerzunft, Dienstmannenschaft, Klosterbruderschaft, religiösen Sekte, städtischen Fraternität (Bruderschaft) usw. Jede Mikrogruppe verfügt über gewisse Werte; mitunter können diese Werte für einen bestimmten sozialen Mikrokosmos spezifisch sein, mitunter auch für mehrere zusammen; sie können aber auch der gesamten Gesellschaft gemeinsam sein. Das Individuum schließt sich einer Kultur an und fügt sich ein, indem es ihre Werte für sich übernimmt. Mit deren Aneignung wird das Individuum zur Persönlichkeit.

Das Christentum unterstreicht die Wichtigkeit der Institutionalisierung des Individuums. «Christianitas» («Christlichkeit») bedeutet nicht nur Glauben, sondern auch soziale Gemeinschaft; es bedeutet auch eine Welt, die nach dem Willen des Schöpfers und gemäß der Lehre des Erlösers gestaltet ist. Zwischen dem «Homo naturalis» oder «Homo carnis» (dem «natürlichen» oder «fleischlichen» Menschen) und dem Menschen, der durch den Vollzug der Taufe zu einem «Homo Christianus» gewandelt worden ist, gähnt ein Abgrund, der durch diesen «Initiationsakt» überbrückt wird. Die Taufe ist nichts anderes als die tiefgreifende Transformation des innersten Wesens des Individuums, die Hineinnahme des «natürlichen Menschen» in die Gemeinschaft der Glaubenden, und dadurch erlangt es die Möglichkeit der Rettung, der Erlösung. Aus der christlichen Gemeinschaft nimmt das Individuum den «kulturellen Code» in sich auf, es eignet sich ihre Prinzipien und Normen an – und damit wird das Individuum zur Persönlichkeit. «Baptismate homo constituitur in ecclesia Christi persona...» («Durch die Taufe wird ein Mensch in der Kirche Christi als Person eingesetzt...») heißt es in einem Text aus dem Jahre 1234.[55]

Was die Anthropologie betrifft, hat das Mittelalter von der Antike kein leichtes Erbe übernommen. Im griechisch-römischen Altertum gab es den Begriff «Persönlichkeit» überhaupt nicht. Das griechische «prosopon» und das lateinische «persona» bezeichneten eine Theatermaske. Eine solche Maske repräsentiert nicht nur keine Persönlichkeit, sie ist eher das diametrale Gegenteil einer Persönlichkeit. Der Entwicklungsweg, den der Terminus «persona» im Laufe vieler Jahrhunderte zurückgelegt hat, ist ein beredtes Zeugnis für die Anstrengungen, die die europäische Kultur unternommen hat, bis der Bewohner dieses Kontinents den Terminus «persona» mit dem Inhalt füllen konnte, der das Wesen der menschlichen Persönlichkeit zum Ausdruck bringt. Die «persona», hinter der die Schauspieler des antiken Theaters ihr menschliches Antlitz verbargen, schließt die Annahme des Vorhandenseins einer Persönlichkeit genauso aus, wie das im Hinblick auf die abstrakte juristische Person der Fall ist, auf das Merkmal der Rechtsfähigkeit, die im römischen Recht ebenfalls die Bezeichnung «persona» trug. Die Vorstellungswelt der Antike erblickte in der «persona» in erster Linie die soziale Rolle, die die Gesellschaft ihren verschiedenen Gliedern zuteilte. Der von diesem Terminus ausgedrückte Begriff war auf die Sphäre des Theaters und der

Jurisdiktion beschränkt, mit dem Bereich der Psychologie hatte er nicht das geringste zu tun.[56]

Nicht anders der «persona» in seiner Bedeutung sehr nahestehende Begriff «charaktér». Auch er hing mit der Psyche nur insofern zusammen, als er einen Abdruck auf oder in ihr hinterlassen konnte – gleich einem Siegel oder einem Stempel, der seine Spuren auf einem Stoff hinterläßt, denn das Wort «charaktér» bedeutete im Griechischen «Prägung», «Merkmal», «Brand- und Schriftzeichen». Für diese Begriffe charakteristisch ist ihre Statik; sie weisen einem Menschen oder einer Gruppe von Menschen den Platz zu, auf den sie im Rahmen des Systems gehören. Die Identität der Persönlichkeit wird von außen bestimmt, sie ist vorherbestimmt durch Institutionen und objektive Verhältnisse und Beziehungen; ihr fehlt die Subjektivität, die Einheit der durchlebten und angeeigneten persönlichen Erfahrungen.

Im Altertum gab es offensichtlich kein Persönlichkeitsbewußtsein; der Mensch war sich seiner als Persönlichkeit nicht bewußt. Folglich empfand er auch seine heidnischen Götter nicht als Persönlichkeiten; er stellte sie sich zwar als personifizierte Kräfte vor, doch nicht als Individuen. Das Individuum war einer gesichtslosen höheren Kraft, dem Schicksal, untergeordnet, dem es sich nicht widersetzen konnte. Auch der schöne harmonische und wohlproportionierte Körper der antiken Statuen war nicht individualisiert, und die Seele drückte nicht die Einzigartigkeit des Menschen aus, des Gefäßes, das dieses göttliche Prinzip enthält.

Der innere, der seelische Gehalt des Menschen war in der hellenischen Antike kein Gegenstand angestrengten Suchens und auch kein Forschungsgegenstand.[57] Im alten Rom aber wurde die Situation etwas komplizierter: Einzelne Autoren, wie Seneca und Marc Aurel, lassen bereits Ansätze zu einer Versenkung in sich selbst erkennen. Doch den echten Durchbruch zur psychologischen Introspektive erzielte erst der hl. Augustinus, freilich blieb er in seiner Zeit eine absolute Ausnahme.

In der Person des Augustinus (354–430) war das Christentum einen großen Schritt auf dem Wege der Aneignung des «Innenraumes» des Individuums und bei der Vertiefung des

Persönlichkeitsbegriffs vorangekommen. Das menschliche Ich wurde auf neue Weise begriffen – als Einheit einer bewußten und wollenden Substanz, einer von Verstand und Gefühl geleiteten Persönlichkeit. Während das Individuum in der Antike wie gebannt auf das Schicksal starrte – denn es konnte von einer persönlichen Verantwortung für das eigene Leben und Tun «befreien» –, erklärte Augustinus: «Ego – non fatum, non fortuna, non diabolus» («Ich – nicht das Schicksal, nicht das Glück und nicht der Teufel»).[58] Der Mittelpunkt der Welt ist das Ego, das vor dem Angesicht des Schöpfers steht. Augustinus empfand und durchlebte seinen Lebensweg, der ihn von den sündenbehafteten Irrungen der Jugend zur Entdeckung des wahren Gottes geführt hatte, als eine äußerst dramatische Angelegenheit. Selbsterkenntnis bedeutet Erkenntnis Gottes, sie ist der Weg zu Ihm. Schon vor Augustinus, vor seiner ‹Confessio› ‹(Bekenntnisse›), waren die ‹Bekenntnisse› des hl. Cyprianus (4. Jh.) oder ‹Über die Dreifaltigkeit› des hl. Hilarius entstanden, doch erst die ‹Bekenntnisse› des hl. Hippo begründeten in der Kultur ein neues Modell für den Selbstausdruck der Persönlichkeit.

Diese «Bekenntnisse» und «Beichten» kannten auch viele Autoren des Mittelalters, zumindest vom Hörensagen oder in Auszügen, und sie bemühten sich, dem Vorbild der «Bekenntnisse» nach Möglichkeit zu folgen.[59] Doch diese Verfasser waren allenfalls dazu fähig, die Gattungsform «Bekenntnisse« zu imitieren; sie waren aber außerstande, den von Hippo demonstrierten Versuch einer tiefgehenden Analyse des menschlichen Innenlebens zu wiederholen. Allem Anschein nach war die einmalige Spezifik in der sozialhistorischen und psychologischen Situation des folgenschweren Umbruchs – der die heraufziehende neue Epoche gegenüber der versinkenden Antike abhob und natürlich auch Bewußtsein und Gefühlswelt von Augustinus durchzog – die unwiederholbare Voraussetzung dafür, daß eine derartige Persönlichkeit und eine solche Biographie ihrer Seele entstehen konnten. Die Einmaligkeit der ‹Confessio› bleibt jedoch unbegreiflich, wenn man nicht in Betracht zieht, daß Augustinus sich nicht nur als Individuum empfand, dessen Bewußtsein sich an den Rätseln der menschlichen Existenz und der

Manifestation dieser Rätsel im Alltag wundscheuerte; er
begriff sich als Zeuge und Teilnehmer des welthistorischen
Prozesses, als ein Mensch, der dem Untergang der alten
Welt – mit ihrem ebenso eingefahrenen wie verschlissenen
System der sozialen Beziehungen und Werte – und gleichzei-
tig dem Anbruch einer neuen Epoche beiwohnt.

Die Welt war auseinandergebrochen, und der Bruch ging
mitten durch die Seele des christlichen Neugetauften – wenn
es gestattet ist, hier das Wort eines Dichters anzuwenden, der
tausend Jahre später gelebt hat. In dieser einmaligen historischen Situation legte Augustinus, wie das spätere Schicksal
seiner Werke zeigt, nicht nur die Fundamente für die christliche Geschichtsphilosophie, sondern zur gleichen Zeit auch
für die Psychologie der Persönlichkeit in ihrer unendlichen
Kompliziertheit und Vielschichtigkeit. Man kann nur stau-
nen, mit welcher Geisteskraft Augustinus in seinem Werk
‹De Civitate Dei› (‹Vom Gottesstaat›) das sakrale und das historische Universum umfaßt und gleichzeitig in seine Innenwelt eindringt. Und so geht man kaum fehl in der Annahme,
daß es dieser – seinen existentiellen Erfahrungen geschuldete –
universelle Blick von Augustinus auf das menschliche Sein
ist, der ihm gestattet, tiefer in seine eigene Seele hinabzusteigen
und sie nicht in ihrer Statik, sondern in ihrer unablässigen
Dynamik und Wandlung zu erfassen. Das geschärfte Gespür
für die Historizität der Zeit geht bei Augustinus Hand in
Hand mit der zutiefst persönlichen Erfahrung ihrer Temporalität als subjektiven Gehalts der menschlichen Seele.

Das gesamte Mittelalter hat dem Werk von Augustinus
nichts Gleichwertiges an die Seite stellen können, was dessen
psychologische Eindringtiefe in die menschliche Seele betrifft. Das liegt nicht nur an der Einmaligkeit des Lebensweges und der Lebenserfahrungen von Augustinus – als Heide
aufgewachsen, gelangt er erst nach langen Irrwegen in rei-
fem Alter zu den Wahrheiten des Christentums – und auch
nicht an dem scheinbaren Mangel an großen Geistern in der
Zeit nach Augustinus, denn das Mittelalter war an ihnen keineswegs ärmer als andere Epochen, sondern vor allem
daran, daß diese Zeit andere Interessenschwerpunkte hatte
und eine andere Blickrichtung auf die Dinge. Sicher aber

spielt auch eine Rolle, daß die religiös-ethischen Doktrinen und Maximen der nachaugustinischen Periode für eine ähnliche spontane Selbstäußerung keine Möglichkeiten boten.

Hier sei auf eine Darstellungslinie in den ‹Bekenntnissen› hingewiesen, die aufmerksam machen muß, wenn man das Werk von Augustinus mit den «Bekenntnissen» oder «Beichten» und mit den «Autobiographien» des späteren Mittelalters vergleicht. Deren Autoren messen sich stets und ständig an den Helden der heidnischen oder der biblischen Antike, an Gestalten aus den Evangelien und an anderen Großen aus Geschichte und Literatur als Vorbildern. Dieser Vergleich ist allerdings etwas umfangreicher angelegt. Indem sich nämlich die Verfasser aus dem Mittelalter diesen Gestalten zuwenden, sich in ihre Situation versetzen und ihre Worte und Werke auf sich beziehen, erfährt sich jeder von ihnen als Individuum: Er formt seine Persönlichkeit dadurch, daß er sich in Beziehung setzt zu den Charakteren, die er aus den Texten der Autoritäten kennt. Das ist keine bloße Nachahmung, sondern «Selbstidentifizierung durch Anähnelung». Auf diese Vorgehensweise werden wir im weiteren noch öfter stoßen und zu sprechen kommen. Nun aber – in den ‹Bekenntnissen› fehlt sie völlig: Augustinus bezieht sich nicht auf sakrale Texte, er entnimmt ihnen allenfalls verallgemeinernde Sentenzen, aber keine konkreten Beispiele. Er schaut auf sich, auf seine Person, und beurteilt sie so, wie sie eben ist. Seine Persönlichkeit steht unmittelbar vor Gott und nur mit Ihm in Beziehung. Ihm bringt er seine Lebensbeichte dar, und dazu braucht er keine anderen Gestalten als nur den Schöpfer.

Aber zu sagen, Augustinus befinde sich in einem direkten Dialog mit Gott, das bedeutet auch, daß nicht nur er Gott entgegenstrebt, nur er Ihn sucht und nach Ihm dürstet, nein, auch der Schöpfer liebt ihn und geleitet ihn zur Erlösung, auch Er braucht Sein Ebenbild. «Ich lechzte nach Ruhm, nach Gewinn, nach Ehre, und Du – lachtest meiner. Ich litt in solchem Begehren die bitterste Not – Du aber warst mir um so gnädiger, je weniger Du geschehen ließest, daß ich an dem, was Du nicht warst, meine Süße fände. Sieh mein Herz, o Herr, der Du gewollt hast, daß ich dessen gedenke und Dir bekenne. Jetzt soll sie Dir anhangen, meine Seele, die Du aus zäher Klebrigkeit todhaften Lebens gezogen hast» («Confess.», VI, 6). Diese intensive Wechselbeziehung zwischen dem Individuum und seinem Schöpfer, ihr ständiger vertrauensvoller Austausch erzeugen die außergewöhnliche psychologische Dichte und Spannung der ‹Bekenntnisse›.

Mit den ‹Bekenntnissen› hatte Augustinus einen Kanon geschaffen, nach dem sich alle anderen autobiographischen Erzählungen des Mittelalters richteten. Augustinus beschreibt in allen Einzelheiten seinen Weg zur Erleuchtung, doch der Lebensabschnitt zwischen seiner Bekehrung zum Christen und der Niederschrift der ‹Bekenntnisse› – er dauerte immerhin mehr als zehn Jahre – enthielt für ihn offensichtlich keine so spannenden Erlebnisse mehr. Die Bekehrung ist der Dreh- und Angelpunkt, die Kulmination seines Schicksals; sie bahnt sich allmählich, Schritt für Schritt in seiner gesamten voraufgegangenen Entwicklung an. Ich verwende dieses Wort, weil Augustinus selber in seinem Leben eine innere Kontinuität mit den Dimensionen Temporalität und Signifikanz erblickt, eine Kontinuität, die angefüllt war mit Mühen von Herz und Verstand. Sein Leben war eine einzige Aufeinanderfolge von Krisen, durch die seine Seele gehen mußte, ehe sie zur Erkenntnis Gottes gelangte, und er ruft sich jeden einzelnen Schritt auf dem Weg dieser Erkenntnis ins Gedächtnis. In den «Autobiographien» Guiberts von Nogent, Abälards, Petrarcas und anderer Epigonen von Augustinus finden wir zwar ebenfalls derartige Krisenmomente, die ihre Lebensbeschreibungen strukturieren, doch selbst diese Männer erreichten nicht die hohe Stufe der Bewußtwerdung von Ganzheit und Entwicklung ihres Lebens, wie Augustinus sie erklommen hat, von allen anderen Autoren des Mittelalters zu schweigen – aber davon war ja schon die Rede.

Nur fünfzig Jahre nach Augustinus schreibt der Apostel Irlands, der hl. Patrick, seine ‹Confessio›, in der er die Geschichte seiner Bekehrung schildert und auch einige Fakten aus seinem Leben mitteilt.[60] Aber so sehr man auch sucht, bei Patrick findet man nur verstreut oberflächliche Hinweise auf Ereignisse aus seinem geistigen Leben. Seine Gedanken sind allein Gott zugewandt, und während Augustinus mit seinem Schöpfer ein Zwiegespräch voller Spannung hält, läßt Patrick davon so gut wie nichts verlauten. Das aber bedeutet nicht, daß er sich nicht für seine eigene Person interessiert hätte, denn er fragt Gott: «Wer bin ich, Herr, und was ist meine Berufung?» – eine Frage, mit der sich für den Rest des Mittelalters alle Autoren immer wieder herumschlagen werden, sobald sie versuchen, sich selbst zu erkennen. Auch Patrick verschweigt seinen Wunsch nicht, seine «Brüder und Anverwandten» mögen erfahren, wer er ist und was ihm den Antrieb zu seinen Taten verleiht. Es ist sicher nicht zu weit hergeholt, wenn wir vermuten, daß sich hinter den Formeln der Selbsterniedrigung, mit denen er sich zu Beginn seiner ‹Bekenntnisse› mit hartnäckigen Beteuerungen seiner Ungeschliffenheit, Unwissenheit, Sündhaftigkeit und Armseligkeit «vorstellt» – die übrigens bei den unzähligen anderen geistlichen Autoren des Mittelalters immer wiederkehren –, genau entgegengesetzte Absichten und Gefühle verbergen. Denn dieser «unwürdige Kerl», als den Patrick sich selbst charakterisiert, ist ja trotzdem der Erwählung durch den Allerhöchsten für würdig befunden worden und hat die ihm auferlegte Mission, die Bewohner Irlands zum wahren Glauben zu bekehren, in Ehren erfüllt. Natürlich vergißt er nicht zu erwähnen, daß er seine Erhöhung durch den Herrn mit nichts verdient hat und von ihr nicht aus Eitelkeit oder Ruhmsucht berichtet. Doch in alledem können wir bei Patrick keine so tiefschürfende Analyse der eigenen Persönlichkeit feststellen wie bei Augustinus.

Wie sah nun aber der Umgang mit der Persönlichkeit in der Philosophie des Mittelalters, genauer, in ihrer Quintessenz, der Theologie, aus? Diese Frage ist ungenau formuliert, denn bei den Theologen war von einer Persönlichkeit keine Rede, sondern immer nur von der «persona». Deren Definitionen blieben das ganze Mittelalter hindurch völlig abstrakt. «Persona est rationalis naturae individua substantia» («Eine Person ist ein vernunftbegabtes unteilbares Wesen» oder «eine individuelle Substanz vernünftiger Natur») lautet die von Boethius[61] stammende Definition. Sie genügte den Anforderungen der Theologen viele Jahrhunderte lang, wenngleich einige Denker ihre Präzisierungen in diese Definition einbrachten und an ihrer Stelle eigene Formulierungen vorschlugen. Die Unteilbarkeit, die Totalität der «persona» wird auch in der damals weitverbreiteten Falsch-Etymologie dieses Wortes betont: «per se una» («eins an sich»). Doch das Interesse der Scholastiker kreiste ja um etwas ganz anderes – um die Vernunftbegabtheit des Menschen. So definiert der hl. Thomas von Aquin: «Persona significat id quod est perfectissimum in tota natura, scilicet subsistens in rationali natura» («Die Person bezeichnet das Vollkommenste in der ganzen Natur, d. h., sie besteht in vernünftiger Natur»).[62]

Doch wir dürfen uns über den Gegenstand der Überlegungen der Gelehrten, die derartige Definitionen entwickelt haben, keine falschen Vorstellungen machen: Die Theologen beziehen sie hauptsächlich oder sogar ausschließlich auf Gott, auf die «persona divina» («göttliche Person»), denn sie richteten ihre Gedanken allein auf den Schöpfer, an seine Geschöpfe verschwendeten sie sie nicht. Der Austausch von Reflexionen über diese Person, über die Verkörperungen des Göttlichen war ein untrennbarer Bestandteil der Debatten zum Thema «Tres personae – una substantia» («Drei Gestalten – ein Wesen») und zur göttlichen und menschlichen Doppelnatur Christi.[63] In diesem Kontext ist die antike Auffassung von der «persona» als Theatermaske oder als juristische Rolle einer völlig neuen Betrachtungsweise und Ausdeutung gewichen. Diese führten mit ihrer Konzentration auf Gott zwar vom Menschen fort, aber sie bezogen doch gleichzeitig auch den Menschen in ihre Überlegungen ein, da ja Gott und Mensch in der Person Christi eine Einheit eingegangen waren. Indem die Theologen nämlich die Reduzierbarkeit des Menschen ausschließlich auf die Natur verneinten, hatten sie seinen Anteil am Besitz des «göttlichen Funkens» im Blick – der Mensch steht auf der Trennlinie zwischen Natürlichem und Übernatürlichem, und die Person Gottes bestimmt die individuelle Person des Menschen.[64]

Diese Auffassung herrschte nicht nur zu Beginn des Mittelalters oder im 12. und 13. Jh., sondern auch an seinem

Ende. In seinen Darlegungen bezieht z. B. Nikolaus von Kues (Cusanus) noch im 15. Jh. die «persona» konkret nur auf Christus; für das «individuum» dagegen gelangt er zu der in höchstem Grade abstrakten Formulierung: «Das Gewordene ist immer einzigartig und unwiederholbar wie jedes Individuum.» Die menschliche Persönlichkeit zieht die Aufmerksamkeit von Cusanus nur insoweit auf sich, als sie eine Verkörperung Gottes ist: «... die Grundlage für die Existenz höchster Menschlichkeit ist die göttliche Persönlichkeit ...»; «Christus ist nicht so gestorben, daß seine Persönlichkeit gestorben wäre», die Cusanus als das «Zentrum, in dem Seine Menschlichkeit ruht» bezeichnet.[65] Die auf das Absolutum ausgerichtete mittelalterliche Metaphysik hilft dem Historiker bei der Annäherung an seinen Untersuchungsgegenstand also nicht sehr viel weiter.

Wenn wir uns aber einmal von den einzelnen Autoren lösen und den Status der Persönlichkeit insgesamt betrachten, so ist doch festzustellen, daß die «persona» im Christentum mit einer persönlichen Seele ausgestattet worden ist, daß sie einen unzerstörbaren metaphysischen Kern und eine sittliche Grundlage bekommen hat. Der Mensch ist nach dem Bilde Gottes geschaffen, und die ganze Welt ist für den Menschen, die Krone der Schöpfung, erschaffen worden. Der Mensch teilt zwar mit der übrigen kreatürlichen Welt die Fähigkeit zu existieren, zu leben und zu fühlen, im selben Augenblick aber ist er, gleich den Engeln, mit Verstand und Denkfähigkeit ausgestattet. Wie daraus zu ersehen, liegt die Betonung auf der Verstandesnatur des Menschen, auf seiner Rationalität. Die Scholastiker und Theologen haben also diejenigen Eigenschaften des Menschen zum Mittelpunkt ihrer Überlegungen über den Menschen gemacht, die sie am allerhöchsten schätzten und die das eigentliche Wesen ihres Metiers darstellten: die Fähigkeit zur Logik und die Vorliebe für rationale Denktätigkeit. Den Mittelpunkt ihrer Analyse des Menschen bildete etwas ganz anderes: das Problem der Erlösung des Menschen. Und die Individualität galt ihnen hierbei eher als Unglück, als «Krankheit der Seele».

Doch das Porträt eines mittelalterlichen Philosophen – zumal, wenn es ein Selbstporträt ist – liefert uns noch keine

Vorstellungen von der Persönlichkeit im Mittelalter. Und es
bringt uns auch nicht sehr voran, was uns Notker «Labeo»,
«der Großlippige», im 9. Jh. als Definition des Menschen
hinterlassen hat: «Homo est animal rationale, mortale, risus
capax» («Der Mensch ist ein vernunftbegabtes, sterbliches
und zum Lachen fähiges Tier»). Dieser Mönch stellt sich die
Frage: «Quid est homo?» («Was ist der Mensch?»), und er
antwortet: «Risibile. Quid est risibile? Homo» («Lächerlich.
Was ist lächerlich? Der Mensch»).[66] Wie aber kam Notker auf
diese seltsame Zusammenstellung von Vernunftbegabtheit,
Sterblichkeit und Lächerlichkeit? Vielleicht deshalb, weil nur
das heitere Lachen in der Lage ist, eine Brücke zwischen dem
Verstandesbesitz und der sterblichen Natur des Menschen zu
schlagen und diese Gegensätze miteinander zu versöhnen?
Das Lachen im Angesicht des Entsetzens, als Schutzreaktion
vor der Todesangst, vor den dunklen und unerklärlichen Seiten der menschlichen Existenz diente sozusagen als Mittler
zwischen Verstand und Tod.

Über die zitierten Definitionen des Menschen und der Persönlichkeit ist die Anthropologie des Mittelalters nicht hin-
ausgekommen. Ich wiederhole, im Bewußtsein der Denker
dieser Zeit dominierte die Gottesidee, und auf den Menschen fiel stets nur reflektiertes Licht.

Nun zum Terminus «persona» in den weltlichen Texten
des Mittelalters. Dort war er nicht selten ein Synonym für
«homo» in der Bedeutung «irgend jemand, eine gewisse
Person»; er bezeichnete nie eine individuelle menschliche
Persönlichkeit, aber auch nicht mehr die Theaterrolle. Am
häufigsten wurde er auf die Inhaber eines bestimmten Sozialstatus angewendet. Der Begriff «persona» tritt regelmä-
ßig in Verbindung mit den Begriffen für «Amt» oder «hoher
Rang» auf, etwa «laicus magnae personae» («weltlicher Herr
hoher Würden»). Alanus von Lille (ab Insulis) definiert «persona; so: «Persona dicitur aliquis aliqua dignitate praeditus»
(«‹Person› heißt jemand, der mit einer Würde ausgestattet
ist»). Ein zu Beginn des 13. Jh. in England erschienenes Traktat, in dem die Obliegenheiten und die Rechte der Inhaber
von Ämtern und der Vertreter aus den verschiedenen gesellschaftlichen Gruppen erläutert werden, heißt dann auch fol-

gerichtig «Rectitudines singularum personarum» («Richt-
linien für die Angehörigen der einzelnen Schichten»). Wie
aus diesem Titel hervorgeht, bezieht sich der Terminus «persona» hier auch auf Menchen niedrigen gesellschaftlichen
Ranges, abhängige Bauern eingeschlossen.

Anthropologische Aspekte kommen nicht allein in der
Theologie dieser Epoche zu kurz. Bei einer näheren Betrachtung der Geschichte der westeuropäischen Sprachen kann
man sich sehr rasch davon überzeugen, wie langsam und unter welchen Schwierigkeiten sich die Wörter herausgebildet
und durchgesetzt haben, deren Bedeutung mit «Persönlichkeit», «Individualität» oder «menschlicher Charakter» zusammenhängt; die Begriffe aus dem Bereich der Persönlich-
keitspsychologie haben sich erst vor relativ kurzer Zeit entwickelt. Wörter mit dem Bestimmungsmorphem «self-»
(«Selbst-») zur Bezeichnung der Beziehungen des Individuums zu sich selbst, wie «Selbstempfindung» oder «Selbst-
wahrnehmung», sind eigentlich erst seit der Reformation in
größerer Zahl aufgekommen. Auch die Entwicklung des
ganzen Begriffskatalogs für die Einstellung oder Haltung
der Persönlichkeit und für ihre Seelenzustände setzte erst um
diese Zeit ein. Die menschlichen Gefühle, die während des
Mittelalters als eigenständige Kräfte besonderer Art galten,
denen eine selbständige, unabhängige Existenz zugeschrieben wurde – man nahm an, sie könnten die Seele des Individuums nach eigenem Belieben erobern oder verlassen –,
wurden allmählich als von der Persönlichkeit untrennbare
psychische Eigenschaften begriffen. Die Bezeichnungen für
die Persönlichkeit, wie «personnalité», «individu» usw., sind
zwar seit der Renaissance bekannt, weitere Verbreitung und
aktive Verwendung jedoch erfuhren sie erst in der Neuzeit.[67]
Hinter all den in der Alltagspraxis unmerklichen Verschiebungen in der Bedeutung dieser Wörter und hinter den
neuen Wörtern, wie «personnification», «individuel», «indi-
vidualiser», «individualisation», «individualisme» usw., stehen psychologische Prozesse der Selbst-Bewußtwerdung
der Persönlichkeit. Aus der Maske, aus der Larve ist unter
großen Mühen der Schmetterling «Persönlichkeit» herange-
wachsen.

Selbstverständlich ist die Bedeutungsentwicklung des Begriffs «persona» nicht das Ergebnis jeweils eigenständiger Entwicklungen von Lexik, Theologie oder Psychologie. Alle diese linguistischen Mutationen gehen auf Veränderungen in den sozialen Gruppen zurück und auf Wandlungen in der Wahrnehmung der Welt durch die Menschen in diesen Gruppen.

Es wäre jedoch voreilig, aus dem Dargelegten zu folgern, daß das Mittelalter noch nicht bis zu dem Begriff «Persönlichkeit» vorgedrungen wäre, daß «persona» ein ausschließlich Gott vorbehaltener Terminus geblieben wäre. Wir werden noch sehen, daß schon im 13. Jh. ein Durchbruch zum tieferen Verständnis der Persönlichkeit erfolgt ist (siehe dazu das 6. Kapitel über das «Gleichnis von den ‹Fünf Talenten›»).

Viertes Kapitel

Das Leben und der Tod

«Mitten wir im Leben sind
mit dem Tod umfangen . . .»

In seiner ebenso grundlegenden wie ideenreichen Untersuchung ‹L'homme devant la mort› stellt Philippe Ariès den
«Menschen im Angesicht des Todes» dar. Mir scheint, tref-
fender als mit diesen Worten läßt sich die Gesamtsituation
des Bewußtseins der Menschen des Mittelalters nicht ausdrücken. Zwar lebten und schafften, kämpften und beteten,
liebten und haßten, lachten und weinten diese Menschen
nicht anders als Menschen anderer Zeiten, doch was sie auch
taten und fühlten, niedergedrückt von Sorgen oder beflügelt
von Hoffnungen – für sie spielte sich das alles unweigerlich
vor dem Hintergrund des Todes ab. Der Tod war ein untrennbarer Bestandteil ihres Lebens. Die Klage «Ubi
sunt . . ., qui ante nos in mundo fuere?» («Wo sind die, die
vor uns war'n . . .?»), die Mahnung «Memento mori!» («Gedenke des Todes!») und die Darstellungen des «dance ma-
cabre» (des «Totentanzes») sind nicht einfach Beispiele für
eine damals weit verbreitete, «modische» Richtung in Kunst
und Literatur; vielmehr sind das Themen, die gleich Leitmo-
tiven in ganz eigener Weise Religion und Philosophie, Kunst
und Alltag des Mittelalters durchzogen sowie weitgehend
auch Denken und Verhalten seiner Menschen prägten.

Diese Menschen erfüllte eine einzige Furcht – die Furcht
vor einem plötzlichen Tode, der sie unvorbereitet, ohne
Geleit durch Gebet und andere gute Werke ereilen könnte;
diese Menschen durchdrang die Furcht vor einem Tod, der
ihnen keine Zeit mehr lassen würde zu beichten, ihre Sünde
zu bereuen und Vergebung zu erlangen. Der Tod war in der
Tat ihr ständiger Begleiter, ihr erster und ihr letzter Gedanke. Unermüdlich warnten Prediger die Menschen immer
wieder davor, Beichte und Buße bis zum letzten Stündlein

vor sich her zu schieben, da doch Gott nur rechtzeitige Reue und Buße wohlgefallen. Der Totentanz auf den Fresken der Gotteshäuser war vor allem deshalb so furchteinflößend, weil die Tanzenden aus allen Schichten und Klassen den nicht sehen, der ihren Reigen anführt, und daher auch nicht wissen, wann der Tanz für sie abbricht.

Es verwundert nicht, daß Ariès angesichts dieser Atmosphäre vom «mort apprivoisée» (vom «gezähmten Tod»)[68] spricht, weil die Menschen den Tod vorausahnten und erwarteten. Es war dieser Tod zum Beispiel, dem ein Vater, ein Familienoberhaupt, entgegensehen wollte: Umstanden von den Seinen – Angehörigen und Erben, denen er seinen letzten Willen mitteilt –, erlangt er ihre Verzeihung, und mit ihnen versöhnt und von ihnen beweint geht dieser Mensch ohne Furcht und Bedauern in die jenseitige Welt hinüber, denn er hat mit seinem diesseitigen Leben abgeschlossen und beizeiten für das Heil seiner Seele vorgesorgt. Ariès zufolge soll sich das Sterben im Mittelalter überall tatsächlich auf diese Weise vollzogen haben, auf dem Lande auch noch bis in die Neuzeit hinein. Doch ich fürchte, Ariès hat diese Schilderungen aus Brauchtum und Literatur, aus mündlicher und schriftlicher Überlieferung, allzu wörtlich genommen. An sich aber sind die ihnen zugrundeliegenden Vorstellungen interessant und aufschlußreich, denn es sind die Vorstellungen von Menschen, die nichts so sehr schreckte wie der Gedanke, diese Welt plötzlich mit der ganzen Last ihrer Sünde – und also ohne große Hoffnung auf Erlösung – verlassen zu müssen.

In seiner Erwiderung auf Ariès hat Arno Borst darauf hingewiesen, daß die Menschen des Mittelalters eine gewaltige Todesfurcht erfüllte, die nicht nur psychische, physische und existentielle Wurzeln, sondern auch religiöse Ursachen hatte, und diese bestanden in der Unsicherheit, die jeden Sterbenden befiel, wenn er sich seine Chancen ausrechnete, den Qualen der Hölle entrinnen zu können.[69]

Der Wunsch nach einem anständigen und würdigen Tod hatte auch noch einen anderen Hintergrund: Mit so einem Sterben hinterließ der Tote bei den Zurückbleibenden ein gutes Andenken. Im Mittelalter waren «Praedicationes de mortuis» («Leichen-» bzw. «Gedenkpredigten») sehr geschätzt. Wenn ein Papst, ein Kirchenfürst, ein weltlicher Herrscher oder eine andere hochgestellte Persönlichkeit gestorben war, hörte man in den Kirchen Predigten, die dem Dahingeschiedenen Ehre erwiesen, indem sie seine Taten und Verdienste ausbreiteten. Zugleich aber kamen sie auch auf andere Themen zu sprechen – auf den Tod und seine geziemende Vorbereitung, auf Fegefeuer, Hölle und Paradies, auf den christlichen Lebenswandel und auf die Möglichkeiten, die die Lebenden haben, um das Los der Seelen der Toten zu erleichtern.

Hier erhebt sich die Frage, bis zu welchem Grade in diesen Predigten Züge der Persönlichkeit derer auszumachen sind, denen sie gewidmet waren. Natürlich legt bereits diese Predigtgattung an sich die Vermutung nahe, daß bei der Zeichnung des Bildes eines Verstorbenen von seinen Eigenschaften vor allem diejenigen beschworen wurden, die anderen Menschen als Vorbild dienen konnten. Das ist von vornherein klar. Und trotzdem – diese «Praedicationes de mortuis» sind keineswegs ein bloßer Abklatsch voneinander. David d'Avray hat die bis zum Jahre 1350 entstandenen Exemplare untersucht und dabei festgestellt, daß in ihnen – ungeachtet aller unvermeidlichen Stilisierung – immer wieder Episoden aus den Lebensläufen der betreffenden Persönlichkeiten, ja sogar ihre vollständigen, oft fesselnden Porträts hervortreten.[70] Aber die Prediger wurden von ganz anderen Absichten geleitet, und so gehen die individualisierenden Züge ihrer Reden, die ihrer Beobachtungsgabe und Aufmerksamkeit gegenüber der Individualität – und nicht nur der gesellschaftlichen Stellung – der geschilderten Persönlichkeit ein gutes Zeugnis ausstellen, im Kontext der Moralpredigt unter. Diese für uns Heutige so wertvollen authentischen Persönlichkeitszüge lagen für die Prediger des Mittelalters fast völlig am Rande; auf jeden Fall waren sie kein Selbstzweck, sondern lediglich Vehikel zur anschaulichen Vermittlung der moralischen Lehren ihrer Predigten. Und in deren Mittelpunkt stand das Bemühen, die Modellhaftigkeit einer Persönlichkeit deutlich zu machen, indem sie zu Vorbildern aus der Antike oder aus der Bibel in Beziehung gesetzt wurde.

Ich wiederhole, die Prediger waren durchaus fähig, das Spezielle, das Spezifische ihrer «Helden», ja sogar Entwicklungen in deren Aussehen, Verhalten und Lebenswandel zu zeichnen, doch diese Fähigkeit mußte immer wieder vor den Grenzen zurückweichen, die von den Eigengesetzen dieser Predigtgattung gezogen waren. Daher dominiert in den Leichenpredigten, nicht anders als in den übrigen Gattungen der Literatur des Mittelalters, bei der Schilderung einer Einzelpersönlichkeit die Hervorhebung des Allgemeinen ihres Berufs- und Gesellschaftsstandes.

Die mittelalterliche Weltsicht wird von der Zwei-Welten-Lehre beherrscht. Dieser Lehre zufolge mündet das Leben nicht in ein absolutes Nichts, sondern die Seele des Menschen geht nach ihrem Dasein in der Welt des Diesseits hinüber in die Welt des Jenseits. Dort beginnt ein neuer Abschnitt ihrer Existenz. Doch ist es tatsächlich so, daß der Hinübergegangene alle seine irdischen Freuden und Leiden ein für allemal hinter sich läßt? Sind die Gefühle, die ihn zu Lebzeiten umgetrieben haben, wirklich erkaltet? Hat nicht vielmehr Dante bei seinem Gang durch das Totenreich beobachtet, daß viele Gestorbene nach wie vor von ihren Leidenschaften beherrscht waren? Also sind die Menschen in der Lage, auch jenseits des Grabes Liebe und Haß zu empfinden... Diese Schilderungen der auch in der Ewigkeit brodelnden Leidenschaften sind keineswegs Gebilde lediglich kunstdichterischer Phantasie; die Volksüberlieferung kennt sie ebenfalls: Zwischen zwei Nachbarn wogte ständiger Zank und Streit. Der Zufall wollte es, daß sie zur selben Zeit starben und nebeneinander beerdigt wurden. Doch was geschah dann? Es stellte sich heraus, daß sie selbst noch im Grabe einander prügelten und mit Fußtritten traktierten! In den zahlreichen Erzählungen von Wanderungen einer Seele durch das Jenseits, wie sie das ganze Mittelalter hindurch immer wieder neu verfaßt wurden, sind die gleichen Motive anzutreffen: Die Vorstellung von der gegenseitigen Durchdringung der beiden Welten zieht sich als roter Faden durch die gesamte Kultur des Mittelalters. Deshalb läßt sich mit Fug und Recht behaupten, daß die Idee vom Leben im Jenseits tief verwurzelte Ansichten über das Leben, die Natur des Menschen und seine Persönlichkeit widerspiegelt.

Zwischen den beiden Welten bestehen ebenso dauerhafte wie lebhafte Verbindungen und Beziehungen, und zwar auffälligerweise in beiden Richtungen. Einerseits nutzen die Lebenden alle erdenklichen Möglichkeiten, um die Qualen der Toten zu mildern und ihr Verweilen im Fegefeuer abzukürzen: mit Totengebeten und -messen, mit Gelübden und Opfern für die Heiligen, mit Almosen an die Armen und mit Ablaßkäufen. Andererseits dürfen etliche Tote die Welt der Lebenden besuchen und sich um deren Dinge kümmern; dazu werden sie von den Lebenden herbeigerufen, oder sie treten diese Reise aus eigenem Willen an. Schließlich kann es auch geschehen, daß manche Menschen zwar sterben, aber nur für eine kurze Zeit, während der sie durch Fegefeuer und Hölle wandern, mitunter gar zu den Pforten des Paradieses vordringen. Danach kehren sie ins Leben zurück und berichten, was sie in der anderen Welt gesehen und erlebt haben. Diese Berichte erfreuten sich großer und ungebrochener Beliebtheit unter den Menschen des Mittelalters, denn was konnte es für sie Wichtigeres geben, als Einzelheiten darüber zu erfahren, welches Schicksal auf die Seele nach dem Absterben ihres Körpers zukommt. Es gab sogar den Brauch, daß sich Freunde verabredeten, wer als erster stirbt, kommt zurück und erzählt dem anderen, wie er es im Jenseits «getroffen» hat.

Kurz und gut, die Menschen des Mittelalters waren überzeugt, daß ihre Existenz mit dem Eintreten des Todes nicht zu Ende sei, und folglich war für sie die abschließende Würdigung eines Menschen lediglich nach seinen zu Lebzeiten vollbrachten Taten einfach undenkbar – ganz im Gegensatz etwa zu den vorchristlichen Skandinaviern, nach deren Vorstellung nur der Ruhm der Toten blieb –, denn auf den Menschen wartete ja noch der höchste Richter, und erst dessen Spruch entschied endgültig und unwiderruflich darüber, ob dieser Mensch sein irdisches Dasein als Sünder oder als Gerechter durchwandelt hatte. Gemessen daran war alles andere unerheblich, und die irdischen Taten des Menschen waren ohne Gewicht angesichts der Ewigkeit, denn erst an ihren Toren sollte sich herausstellen, wie «gewichtig» seine Seele war.

Ariès merkt zu Recht an, daß in dieser Ordnung der Glaubensüberzeugungen die Schlußbilanz eines Lebens erst vor den Schranken des Jüngsten Gerichts gezogen werden könne, bis dahin bleibe sie offen. Doch wann wird das Jüngste Gericht stattfinden? Nach kirchlicher Lehre liegt die Wiederkunft Christi mit der Auferstehung der Toten und dem Gericht über das Menschengeschlecht am «Ende aller Zeiten», in einer keinem Irdischen vorstellbaren Zukunft, denn den Zeitpunkt dafür hat sich der Herr allein vorbehalten. Zwischen dem Augenblick des Sterbens eines Menschen und dem Termin seines Gerichts am Weltenende erstreckt sich eine zeitliche Kluft von unendlicher Dauer. Somit zerfällt der Lebenslauf des Individuums in zwei Teile: Seine irdische Existenz einerseits und ihre abschließende Bewertung andererseits sind voneinander getrennt durch eine Art Schlaf, in den die Gestorbenen sinken, um der Wiederkunft des Herrn zu harren.

Alle diese Vorstellungen kennen wir eingehend aus der Theologie. Aber was bedeuten sie, wenn wir sie unter dem Aspekt der Selbsterkenntnis der Perösnlichkeit im Mittelalter betrachten? Dazu müssen wir Ariès zufolge in die «unterirdischen Verliese» des Bewußtseins der Gemeinschaft, der Gesellschaft hinabsteigen. Seiner Ansicht nach fehlt der mittelalterlichen Kultur bis zu einem bestimmten Zeitpunkt die Vorstellung von einer in sich vollendeten Persönlichkeit. Erst mit seinem Tode entdeckt das Individuum seine eigene Individualität; erst in diesem Augenblick geschieht «die Entdeckung des Individuums, in der Stunde des Todes oder in dem Gedanken an den Tod erfolgt die Bewußtwerdung der eigenen Identität, der personalen Geschichte im Diesseits und im Jenseits».[71]

Die Idee von Ariès, nach der ein Zusammenhang besteht zwischen den Vorstellungen von Tod und Gericht und der Selbsterkenntnis der Persönlichkeit, ist zweifellos sehr zutreffend und fruchtbar. Die Art und Weise jedoch, mit der Ariès sie am konkreten Material zu belegen versucht, hält einer Kritik nicht stand. Der erste Fehler von Ariès besteht darin, daß er wichtige Schichten der mittelalterlichen Quellen ignoriert, und der zweite, daß er trotz seiner erfrischenden Ideen bei seiner Theorie eines linearen Fortschrittes bleibt.

Fassen wir die Ansichten von Ariès kurz zusammen: Er geht von der Annahme aus, daß sich die Vorstellung von einem Jüngsten Gericht zu Beginn des Mittelalters noch nicht herausgebildet hatte; vielmehr herrschte zu dieser Zeit der Glaube, daß die Toten bis zur Wiederkunft Christi ihren Todesschlaf halten. Die Vorstellung vom Jüngsten Gericht entstand erst im 12./13. Jh., als es üblich wurde, an den Westportalen der Kathedralen Szenen des Jüngsten Gerichts abzubilden. Die Überlegungen zu einem individuellen Gericht über die Seele des Menschen im Augenblick seines Todes stammen aus dem 15. Jh., denn erst um diese Zeit tauchen Holzschnitte und Kupferstiche auf, die ein solches Gericht darstellen: Am Sterbelager des Menschen versammeln sich Engel und Dämonen, und zwischen ihnen entwickeln sich Klage und Gegenklage über die Seele des Individuums. Somit schiebt sich gegen Ausgang des Mittelalters an die Stelle des Jüngsten Gerichts über das gesamte Menschengeschlecht die Vorstellung von einem Gericht über den Einzelmenschen. Dieser Wandel – die Ersetzung der «großen Eschatologie» durch die «kleine Eschatologie» – erklärt sich aus der Zunahme des Individualismus, aus der «Befreiung der Persönlichkeit» von den seelischen Fesseln der Tradition in der Psychologie der Gesellschaft. Soweit Ariès.

Eine eingehendere Analyse der historischen Quellen läßt jedoch wesentlich andere Schlußfolgerungen möglich werden. Erstens existiert der Gedanke an das Jüngste Gericht im Christentum von Anfang an. Die Evangelien sprechen sowohl von einem Gericht «am Ende aller Zeiten», nach der Wiederkunft Christi (vgl. Mt. 24. 3f. 25. 31–46; 26., 29.; 13. 39f., 49–50; 19. 28 u. a.), als auch von Strafen für die Sünder und von Belohnungen für die Gerechten, die das Individuum unverzüglich nach seinem Tode erwarten, denn Jesus sagt zu dem einen mit ihm gekreuzigten Verbrecher: «Amen, ich sage dir: Heute noch wirst du mit mir im Paradiese sein . . .» (Lk. 23. 43, vgl. 9. 27). Und der Arme landet sofort nach seinem Tode in Abrahams Schoß, der Reiche dagegen in der Hölle (Lk. 16. 22f.). Daß Matthäus ein gemeinsames Gericht über die Menschheit nach der Wiederkunft Christi im Auge hat, Lukas dagegen die Entscheidung über das Schicksal einer einzelnen Seele unmittelbar nach dem Tode des Menschen, hat die ersten Christen keineswegs in einen Zwiespalt gestürzt, denn sie lebten ja in der Erwartung der kurz bevorstehenden Wiederkunft Christi und sahen sich ohnehin am Vorabend der Vollendung der Zeit.

Das Auseinanderdriften der Vorstellungen von der großen und der kleinen Eschatologie war erst später zu spüren; im Hochmittelalter allerdings hatten sich diese Vorstellungen endgültig etabliert, als klar geworden war, daß das Ende der Welt in einer viel ferneren Zukunft liegt, als ursprünglich geglaubt. Ariès hat also nicht recht, wenn er behauptet, das frühe Mittelalter habe die Vorstellung vom Jüngsten Gericht nicht besessen. Die Ikonographie ermöglicht es uns sogar, ihre Spuren bis ins 4. Jh. zurückzuverfolgen, und zur Zeit der Karolinger sind Darstellungen des Jüngsten Gerichts bereits in größerer Anzahl nachweisbar. Das Jüngste Gericht ist eine grundlegende Realie des christlichen Bewußtseins von Beginn des Mittelalters an.

Zweitens waren auch die Vorstellungen von einem individuellen Jüngsten Gericht von allem Anfang an in Europa verbreitet. Dazu braucht man nur beim hl. Gregor dem Großen, bei Beda «Venerabilis», «dem Ehrwürdigen», bei Bonifatius und anderen Autoren des 6.–8. Jh. sowie danach die einschlägigen Stellen genauer nachzulesen, etwa diese: Am Sterbebett eines Sünders versammeln sich Engel und Teufel, und beide halten sie Register in den Händen, die einen mit den Verdiensten, die anderen mit den Sünden des Sterbenden. Nach einem jener Zeit gemäß geführten Prozeß wird die Seele des Gestorbenen ohne Säumen in die für ihn zutreffende Abteilung des Jenseits geschickt. Die mit dem 13. Jh. zu hoher Blüte gelangte Gattung der didaktischen «Exempel» («Lehrbeispiele» oder «Predigtmärlein») liefert dafür besonders umfangreiches und faszinierendes Material. Der Mensch stirbt – und tritt noch im selben Moment vor den Höchsten Richter, dessen Spruch auf Verdammung zur Hölle oder auf Erlösung zum Himmel lauten kann. Im Jenseits haben sich sowohl die Hölle als auch das Paradies – trotz der gegenteiligen Ansicht von Ariès – zu voller Funktion entfaltet; von Schlaf und Friede kann nicht die Rede sein, davon zeugen auch die zahlreichen Visionsberichte aus jener Welt und die Erzählungen der kurzzeitig Toten über die Wanderung ihrer Seelen durch das Jenseits.

Wie aus diesen Beispielen ersichtlich, gibt es nicht den geringsten Anlaß, die Entwicklung der Vorstellungen vom Jüngsten Gericht und vom Jenseits in einem solchen Lichte darzustellen, wie Ariès es gewählt hat. Mit der Annahme von Linearitäten – vom friedlichen Schlaf der Toten dem Gericht entgegen, von der kollektiven Eschatologie zur individuellen, vom Gericht «am Ende aller Zeiten» zum Gericht im Augenblick des Todes – versucht dieser Wissenschaftler, seine Ideen von der «Entdeckung» der menschlichen Individualität und von ihrer anschließenden Entwicklung im Verlauf des Mittelalters zu untermauern. Tatsächlich aber stellt sich heraus, daß die Ideen eines kollektiven Jüngsten Gerichts einerseits und eines individuellen Jüngsten Gerichts andererseits genaugenommen zusammen mit dem Christentum entstanden sind und von Anfang an nebeneinanderher liefen; daß die «große» und die «kleine» Eschatologie nicht der Weg waren, auf dem die Gläubigen bei der Bewußtwerdung ihrer eigenen Identität vorangeschritten sind.

In den Vorstellungen vom Tode kommen bestimmte, wenn auch nicht immer ganz klare Einstellungen in bezug auf die Persönlichkeit zum Ausdruck, die sich aus dem «kulturellen Code» erklären lassen. Wenn wir diesen Gedanken akzeptieren können, müssen wir anerkennen: Das Christentum war von Anfang an auf die Persönlichkeit orientiert, auf eine Persönlichkeit, die die persönliche Verantwortung trägt für ihr eigenes Verhalten. Freilich wurde diese Einstellung auf der Ebene der esoterischen Theologie in völlig anderer Weise zum Ausdruck gebracht als auf der Ebene des Alltagslebens; hier nämlich erfuhr sie eine ganz eigentümliche Brechung.

Doch nun erhebt sich die Frage: Auf welche Art und Weise aber gingen diese beiden auf den ersten Blick unvereinbaren

Ideen vom Jüngsten Gericht, die «große» und die «kleine»
Eschatologie, im Bewußtsein des Individuums ihre Koexi-
stenz ein? Wie mir scheint, fällt uns Heutigen dieser doch of-
fensichtliche Gegensatz zwischen beiden Vorstellungen deutlicher ins Auge als den Gläubigen des Mittelalters. Wenn sie
ein Gotteshaus betraten, drängte sich die Skulpturengruppe
des Jüngsten Gerichts, der Schmuck am Tympanon des
Westportals, ihrer Betrachtung auf. Wann aber nach ihrer
Auffassung dieses Gericht stattfinden sollte, im jetzigen
Moment oder in einer unbestimmten Zukunft, das ist eine
schwer zu beantwortende Frage. In einem Exempel aus dem
13. Jh. wird folgendes berichtet: Ein Advokat stirbt; das Sterbebett umstehen seine rechtsgelehrten Kollegen, und sie
können die Antworten mithören, die der Sterbende dem
Höchsten Richter gibt. Aus den Antworten wird ihnen klar,
daß der Sterbende vor Christus selbst steht und sein Jüngstes
Gericht erfährt; er versucht, sich angesichts der ihm vorge-
haltenen Beschuldigungen zu rechtfertigen. Plötzlich ruft
der Sterbende: «Appelate!» («Legt Berufung ein!»), er greift
also zu einem juristischen Winkelzug, um Zeit zu gewinnen
und den Prozeß in die Länge zu ziehen oder auszusetzen.
Doch mit derlei Tricks kommt er bei seinem Richter nicht
an, und mit dem Schrei: «Ihr habt mit der Berufung zu lange
gezögert – ich bin auf ewig verdammt!» stirbt er. Die Um-
stehenden, gewissermaßen in die Rolle von Zeugen in den
Prozeß vor dem Jüngsten Gericht gedrängt, sind versteinert
vor Entsetzen. Also findet das Jüngste Gericht im Augenblick des Todes des Individuums statt.

Ein anderes Exempel: Ein Geistlicher war gestorben.
Kurze Zeit danach erscheint er, wie das ausgemacht war, seinem Freund aus dem Jenseits und berichtet ihm, daß er noch
am Tage seines Todes und seiner Ankunft im Jenseits vor das
Jüngste Gericht gestellt worden sei. Doch der Freund wendet ein: «Du bist doch ein belesener Mann. Hast du denn
nicht damit rechnen müssen?» Und der Gast aus dem Jenseits? Er antwortet: «Wie wenig hat mir meine ganze Gelehrsamkeit geholfen.» Eine frappierende Antwort! Da verbreitet die Kirche die Lehre vom Jüngsten Gericht «am Ende
aller Zeiten», doch die persönliche Erfahrung eines, der sich

aus dem Jenseits meldet, besagt das Gegenteil. Am interessantesten aber ist die Tatsache, daß der Verfasser des Exempels gegenüber diesem Widerspruch keine endgültige Stellung bezieht; ihm ist selbst nicht klar, wer hier recht hat in diesem Streit, der für die Dauer eines Blitzes eine der grundlegenden Dichotomien im religiösen Bewußtsein zur Zeit des Mittelalters erhellt.

Die Vorstellungen von den beiden Gerichten – dem einen über die einzelne Seele unmittelbar nach dem Tode und dem anderen über die gesamte Menschheit nach der Wiederkunft Christi – interferieren in ein und demselben Bewußtsein. Wie wir bereits gesehen haben, ist gemäß den Lehren der offiziellen Theologie vor Eintritt des Jüngsten Gerichts überhaupt noch gar kein abgeschlossener, kein vollständiger Lebenslauf eines Individuums vorstellbar, und die Persönlichkeit ist weder in zeitlicher, noch in substantieller Hinsicht etwas Vollständiges. Folglich kann ihr Verhalten auch bis zu diesem Gericht nicht abschließend beurteilt werden. Auch sind es nicht die Menschen, die dieses Urteil fällen, sondern dies steht allein dem Höchsten Richter zu. Aber gleichzeitig schimmert im Bewußtsein der Menschen des Mittelalter diese andere Idee durch: Das Urteil über die Persönlichkeit eines Menschen fällt im Augenblick seines Todes, und damit ist sein Lebenslauf abgeschlossen. Der Widerspruch liegt auf der Hand.

Doch das religiöse Bewußtsein fürchtet solche Widersprüche nicht. Auf wundersame Weise verschmilzt es die beiden Eschatologien miteinander, und die eine strahlt gewissermaßen durch die andere hindurch. Für unseren Zusammenhang des Problems der Persönlichkeit ist folgendes wichtig: Der Mensch ist in eine Situation gestellt, in der seine eigene Lebensgeschichte in den weltgeschichtlichen Prozeß verwoben ist, den dieser Mensch symbolisch, als Heilsgeschichte, erlebt. Durch die Vermittlung der Kirche und in der Liturgie erfährt er seine persönliche Einbezogenheit in diese Geschichte, denn jedes menschliche Wesen, mag es noch so winzig oder nichtswürdig sein, nimmt in ihr seinen eigenen Platz ein. An diesem Schnittpunkt von Lebensgeschichte und Weltgeschichte wird eine Verschmelzung von «kleiner»

und «großer» Eschatologie nicht nur möglich, sie wird geradezu unvermeidlich. Denn wie sollte die Gleichzeitigkeit
von der Hervorhebung der menschlichen Persönlichkeit und
von ihrer Einbettung in den Fluß der historischen Zeit geistig anders bewältigt werden?

Fünftes Kapitel

Die Autobiographie:
Beichte oder Rechtfertigung?

Auf ihrer Suche nach der menschlichen Persönlichkeit wenden sich die Forscher natürlich auch den «Autobiographien» aus der Feder geistlicher Autoren zu. Nach Ansicht von Misch hat die Autobiographie im Mittelalter eine lebhafte Entwicklung durchlaufen. In der Tat besitzen wir aus dieser Epoche eine ganze Reihe von Werken, deren Verfasser auf diese oder jene Weise Fakten aus ihrem persönlichen Leben erwähnen, bestimmte Episoden daraus auch eingehender schildern und selbst ihre seelischen Zustände dabei nicht verschweigen; in einigen Fällen hat es sogar den Anschein, als wollten sie ganz bewußt und zielstrebig ihre Innenwelt enthüllen.

Allein die Autoren des Mittelalters sind im Normalfall nicht willens – oder auch nicht fähig –, ihr Leben logisch und systematisch darzustellen. In dieser Hinsicht unterscheiden sich die von Misch untersuchten Schriften ganz wesentlich von den Autobiographien der Neuzeit. Wenn wir die Bezeichnung «Autobiographie» auf ihnen ähnelnde Veröffentlichungen aus jener Zeit anwenden wollen, dann mit der Einschränkung, daß es sich um ausgesprochen eigentümliche Autobiographien handelt, deren Verfasser, dem Duktus und der Diktion ihrer Werke nach zu urteilen, besondere Ziele verfolgten; all das erfordert unsere intensive Aufmerksamkeit gegenüber der Spezifik dieser Schriften. In Anbetracht des großen Anteils von Beicht- und Bußmotiven in ihnen bezeichnet Michail Bachtin sie als «rechenschaftslegende Selbstbekenntnisse». Das Mittelalter, so Bachtin, kannte noch keine «biographischen Werte». Eine solche Einstellung gegenüber dem eigenen Leben bildete sich erst gegen Ende des Mittelalters heraus.[73]

Doch die Spezifik und «Unfertigkeit» der mittelalterlichen Bekenntnisse und Lebensläufe schmälert in keiner Weise ihre Bedeutung als wertvolle Persönlichkeitszeug-

nisse. Die ersten «autobiographischen Experimente» tauchen
in Westeuropa im 10. und 11. Jh. auf,[74] jedoch als noch seltene Ausnahmen; in größerer Zahl begegnen sie uns erst in
der Literatur aus dem 12. und 13. Jh.

Die Zeit des Hochmittelalters zieht die Aufmerksamkeit
der Mediävisten immer stärker auf sich, und das aus zwei
eng miteinander zusammenhängenden Gründen:

Erstens beginnt Westeuropa aus dem Zustand herauszutre-
ten, der für die traditionellen Gesellschaften kennzeichnend
war, und besinnt sich mit größerer Deutlichkeit und Klarheit als in der Zeit davor auf Entwicklungskräfte, die es ihm
gestatten, eine prägende Rolle in der Weltgeschichte zu spielen. Ohne Zweifel waren diese Kräfte bereits in der voraufgegangenen Epoche angelegt: in dem antiken und dem
christlichen Erbe, die sich auf dem barbarischen Substrat der
germanischen Welt weiterentwickelten. Entscheidend für
den historischen Durchbruch etwa im 12./13. Jahrhundert
war die Synthese beider Elemente.

Zweitens erweitert sich in dieser Zeit der Quellenbestand,
über den die Wissenschaft verfügen kann, ganz wesentlich.
Auch dieser Umstand geht auf die historischen Veränderungen zurück. Der Inhalt dieser Literaturdenkmale hatte sich
gewandelt, und wir haben damit die Möglichkeit, die Innenwelt des Menschen etwas besser zu verstehen. War sie zuvor
verborgen, können wir in dieser Zeit hinter literarischen
Klischees und dem ritualen Gestus der frühmittelalterlichen
Religion eine Reihe von Erscheinungen beobachten, die von
einer zunehmenden Introspektive des Individuums zeugen
und uns Grund zu der Annahme liefern, daß das Individuum
im Rahmen seiner Gruppe zumindest eine partielle Autonomie erlangt hatte.

Die besondere Aufmerksamkeit der Forscher gilt der
Tatsache, daß die Beichte zu Beginn des 13. Jh. eine neue Bedeutung gewann, denn das IV. Laterankonzil von 1215 verpflichtete jeden Christen, einmal im Jahr seinem Geistlichen
zu beichten. Diese regelmäßige individuelle und geheime
Beichte aber hatte zur Voraussetzung, daß sich jeder Gläubige einer Selbstanalyse unterzog und sein Verhalten als Sünder und Gerechter zugleich überprüfte. Allerdings war die

tatsächliche Handhabung dieser Verpflichtung sehr oft meilenweit von einem echten Eindringen in das Bewußtsein des Gläubigen entfernt, so daß es zu einer Profanierung von Beicht- und Bußsakrament kam, zum einen, weil die Gläubigen in ihrer Masse eine solche Selbstanalyse weder vornehmen konnten noch wollten, und zum anderen, weil auch viele Beichtiger ihnen dabei nicht helfen konnten; das Ergebnis war, daß die Beichte zu einem bloßen äußerlichen Brauch verkam. Doch immerhin war das Prinzip eingeführt, und es markiert mit seiner Durchsetzung einen wichtigen Abschnitt auf dem Entwicklungsweg der Religiosität des Christen.

Die Tendenz zur Vertiefung des Individuums in sich selbst ist das Resultat der Wechselwirkung vieler Kräfte, sozialer wie intellektueller. Das Hochmittelalter ist die Epoche einer tiefgreifenden Wandlung der gesellschaftlichen Verhältnisse und Beziehungen hin zu komplizierteren Sozialstrukturen. Vor den geistlichen Autoren erheben sich hartnäckiger denn je das Problem der Gesellschaft als Ganzes und die Frage nach den Wechselbeziehungen ihrer einzelnen Bestandteile im Rahmen dieser gesellschaftlichen Ganzheit. Auf der physischen, der beruflichen Ebene verlangte die Entwicklung in Handwerk und Handel von den Menschen größere Eigeninitiative und überlegteres Vorgehen, als sie für die Tätigkeit in der Landwirtschaft erforderlich gewesen waren. Zwar eröffnete ihnen das Leben vor allem in den Städten zahlreichere und günstigere Möglichkeiten für ihre Entfaltung, gleichzeitig aber stellte es an jeden von ihnen auch höhere Anforderungen. Auf der psychischen, der geistlichen und geistigen Ebene wurde den Menschen abverlangt, zu begreifen, daß an die Stelle ihrer gewohnten Welt der geheiligten Traditionen, der ein für allemal festgelegten Bräuche und der magischen Rituale eine Welt zu treten begann, in der vernunftbegründete Handlungen eine immer größere Rolle spielten. Der Wunderglauben blieb zwar ungebrochen, doch er verband sich jetzt – jedenfalls im Bewußtsein der Gebildeten – mit der Vorstellung von einer Gesetzmäßigkeit des Laufs der Dinge in der Natur. Ein deutscher Verfasser, der um das Jahr 1100 unter dem Pseudonym Theophilus schrieb, appelliert in seinem Traktat ‹De diversis artibus› (‹Über die verschiedenen Kunstfertigkeiten›, nach anderen Quellen ‹Schedula diversarum artium› [‹Liste der verschiedenen Kunstfertigkeiten›]), einem Kompendium verschiedener Berufsvorschriften und Handwerksrezepte, bereits in erster Linie an den menschlichen Verstand.

Weiter unten wird noch von so berühmten Geistern aus dem 12. Jh. wie Abälard und Abt Suger die Rede sein. Hier sei jedoch schon auf eine Eigentümlichkeit ihres Stils hingewiesen: In ihren Werken sucht man bei der Schilderung von Ereignissen oder Erscheinungen vergeblich nach genauen Daten oder Zahlenangaben. Sie begnügen sich mit allgemeinen, unbestimmten Ausdrücken, wie «eine Menge», «einige», «einst», «einige Monate danach» usw. Das ist ihr Tribut an die traditionelle mittelalterliche Verhaltensweise gegenüber der Zahl, derzufolge in den Texten Zahlenangaben entweder grundsätzlich fehlten, oder als märchenhafte und aus der Luft gegriffene Werte figurierten. Doch allmählich nimmt die Bedeutung der genauen Rechnung und Berechnung zu. Im 13. Jh. erscheinen Werke, die deutlich von Zahl und Maß geprägt sind: Frá Salimbene von Parma – auch über ihn weiter unten mehr – operiert schon souverän mit genauen Zahlen und Daten, ja in seinem Bericht von der Versenkung der pisanischen Flotte durch die Genuesen betont er, daß er in Erwartung zuverlässigerer Berichte von Zahlenangaben Abstand nehmen möchte. Mit vollem Recht sprechen die Wissenschaftler von der Entstehung einer «arithmetischen Mentalität» zu dieser Zeit.[75]

Lesen und schreiben zu können war zwar nach wie vor ein Privileg weniger, und zu ihnen zählten in erster Linie die Kleriker. Trotzdem beginnt das Schrifttum einen immer stärkeren Einfluß auf den Inhalt der Gedanken selbst derjenigen zu nehmen, die weder lesen noch schreiben konnten.[76] Die neuen sozialen, politischen und ökonomischen Bedürfnisse zwingen zur Gründung von Schulen – nicht nur für Geistliche, sondern auch für Laien. In einer Welt, die sich zwar immer noch auf die religiöse Weltanschauung stützte, kommt es zu einer allmählichen Neuorientierung im Hinblick auf das Verhältnis zwischen Glauben und Denken: Es entstehen die Grundlagen der mit der Logik operierenden Scholastik, und die Theologie geht über zu der strengen Methode einer Analyse der Begriffe, mit denen sie umgeht. Die Menschen erfahren den Raum auf neue Weise, und sie organisieren ihn auch neu; im Zusammenhang damit lernen sie die Zeit anders als früher werten und schätzen. An der Wende vom 13. zum 14. Jh. tauchen an den Kirchtürmen die ersten mechanischen Uhren auf.

Als Fundament aller dieser Bewegungen im geistigen Leben kann man den Prozeß der Umschichtungen und der Neuordnung in den sozialen Gruppen ansehen. Deren Verschiedenartigkeit nimmt zu und damit auch ihre Anzahl, aber was das Wichtigste ist: Ihre Angehörigen werden von diesen Gruppen nicht mehr aufgesogen, nicht mehr gewissermaßen absorbiert, sondern sie vereinzeln sich innerhalb der Grenzen ihrer jeweiligen Gruppe. Außerdem eröffnet sich ihnen die Möglichkeit einer Auswahl zwischen den «konkurrierenden» Gemeinschaften. Unter diesen Bedingungen ist eine Zunahme des individuellen Selbstbewußtseins unausweichlich.

Unter den Autoren des 12. Jh., die als «Klassiker» für die Untersuchung der Innenwelt des Individuums und zur Enträtselung der Geheimnisse seines geistigen Wesens immer wieder zitiert werden, ragen Peter Abälard und Guibert von Nogent hervor. Der große Philosoph, der «Vater der Scholastik», und der Abt eines Benediktinerklosters in der Provinz sind zu einer Art klassischer Modelle für den Prozeß der «Entdeckung der Individualität» im Mittelalter geworden. Bei allen Unterschieden zwischen ihnen eint sie die Tatsache, daß sei beide – jeder auf seine Art – das Bedürfnis, ja die Notwendigkeit empfanden, eine Beschreibung ihres Lebens zu hinterlassen.

In welchem Maße erlauben uns ihre Werke eine Annäherung an die Art und Weise, in der sich ihre Verfasser als Persönlichkeiten verstanden? Diese Frage ist nicht ohne weiteres zu beantworten, weil in der Literatur des Mittelalters zwischen dem Autor und seinem Werk – selbst wenn er seine Bereitschaft zur Beichte, seine Aufrichtigkeit dabei und seine Absicht, den Leser in seine Innenwelt blicken zu lassen, in

Worten proklamiert – immer fast unweigerlich die «Trenn-
wand der Rhetorik» steht. Die Schreibweise eines Verfassers, die doch eigentlich seine Gedanken und Gefühle enthüllen sollte, bildet daher zugleich das Hindernis, das seine wahren Absichten und seinen Charakter unseren Blicken wieder
entzieht: Gemeinplätze, Klischees, Zitate aus «Autoritäten»,
traditionelle Redewendungen, Demuts- und Reuefloskeln
und andere rhetorische Formeln mehr verweben sich zu einer Art Tarnkappe dieses Menschen, die es uns unmöglich
macht, seine wahre menschliche Persönlichkeit und deren
Motivationen in ihren Tiefenschichten zu durchschauen.[77]
Ein besonders eindrückliches Beispiel dafür liefert uns das
Œuvre von Ratherius (um 890–974), Bischof von Verona.
Dieser hochgebildete Kirchenmann, dessen Leben voller
Knicke und Brüche war, hat uns mehrere Bekenntnis- und
Bußschriften hinterlassen. Ihre Analyse aber bringt uns bei
unserem Versuch einer Annäherung an seine Individualität
keinen einzigen Schritt voran, weil sie von dem Wust literari-
scher Formeln buchstäblich zugedeckt wird. Natürlich ist
Ratherius ein Extremfall, aber immerhin doch einer, an dem
die allgemeine Regel erkennbar wird.

Um seine Gefühle auszudrücken oder eine von ihm erfahrene konkrete Lebenssituation zu schildern, nimmt dieser
Autor Zuflucht zur Anähnelung seiner eigenen Person an
Gestalten aus antiker, alttestamentlicher und christlicher
Vorzeit. Dabei stellt diese Anähnelung keinen einfachen Vergleich dar, sondern etwas Bedeutenderes und Wesentliche-
res: Er identifiziert sein eigenes Ich mit dem Gegenstand seines Vergleichs und löst sich gewissermaßen in dieser Gestalt
auf. In dem Bemühen, seinen eigenen Charakter aus «Bruchstücken der Autoritäten» zu rekonstruieren, «erinnert sich
ein Subjekt seiner selbst in einem anderen».[78]

Guibert von Nogent

Guibert von Nogent (um 1053–1125) hat unter vielem anderen ein Werk mit dem Titel ‹De vita sua, sive monodiae›
(‹Über das eigene Leben, oder Monodien›) hinterlassen (eine

Monodie ist ein aus nur einer Einzelstimme bestehendes Gesangsstück). Viele Forscher sehen in diesem Werk eine Autobiographie, und daher ist es auch für uns von besonderem Interesse.

Beginnen wir jedoch mit Guiberts Kritik an der Reliquienverehrung. Wissenschaftler, die in Guibert den Begründer der modernen Quellenkunde erblicken, lassen dabei außer acht, daß dieser Autor in seinem Traktat ‹De pignoribus sanctorum› (‹Über die Reliquien der Heiligen›)[79] zwar eine sehr skeptische Haltung gegenüber dem Kult mit den geheiligten Relikten an den Tag legt, andererseits aber in ‹De vita sua› Dutzende von Wundererzählungen anführt, darunter auch solche, in denen von Wunderheilungen mittels Reliquien die Rede ist, ohne auch nur einen Anflug von Zweifel im Hinblick auf deren Faktizität erkennen zu lassen. Folglich richtet sich die Kritik Guiberts nicht gegen den Kult mit den Heiligen und ihren Reliquien an sich, sondern gegen dessen Mißbrauch. Wie andere Verfasser des Mittelalters auch war Guibert deshalb beunruhigt, weil die Reliquienverehrung in einer Weise ausgeufert war, daß die Kirche sie nicht mehr unter Kontrolle hatte. Gegen die Reliquienverehrung an sich hatte er überhaupt nichts einzuwenden, wie sein Bericht in ‹De vita sua› über eine Reise französischer Mönche nach England belegt: Diese Mönche führten Reliquien mit sich und demonstrierten ihre Wirksamkeit in öffentlichen Aufführungen, um Geld für den Wiederaufbau der Sakralbauten und Heiligtümer von Laon zu sammeln, die bei einem Aufstand in dieser Stadt zerstört worden waren. Als diese Mönche – sie befanden sich auf ihrer Reise noch in Frankreich – in einem Kloster einen Milchzahn Jesu ausstellten, in einem anderen seine Nabelschnur und seine bei der Beschneidung entfernte Vorhaut, da protestierte Guiberg energisch gegen derartige «Reliquien», denn – abgesehen von seinen heftigsten Bedenken wegen ihrer Echtheit – sie verdienten überhaupt keine Verehrung, weil Jesus in seiner Kindheit noch nicht als Christus, als Sohn Gottes und Erlöser, gelten könne.

In Guibert deswegen aber gleich einen «neuen, modernen Menschen» oder einen «Rationalisten» vom Schlage eines

Rabelais, Calvin oder Voltaire zu sehen, wie das Abel Lefranc getan hat, gibt es nicht die geringste Veranlassung. Guiberts Skepsis ist rein selektiv, und die Wunder, die ihm zusagen und an denen er nicht zweifelt, zitiert er ohne jede Mißbilligung.[80]

Interessanterweise verfallen dieselben Wissenschaftler, die zu Recht gegen eine Modernisierung der Anschauungen von Guibert polemisieren und seine «Wiedereinbettung» in den Zusammenhang der mittelalterlichen Mentalität fordern, bisweilen in den gleichen Fehler. John E. Benton gelangt bei seiner Zurückweisung der Deutung von Lefranc zu einer von Freud inspirierten Erklärung der Psychologie Guiberts. Er findet in ihr ein übertriebenes Schuldgefühl und die «Furcht vor sexueller Verkrüppelung und Zerstörung» und unterlegt diese Ansichten mit Zitaten aus der «Autobiographie» Guiberts. Mit dem «seelischen Komplex» bringt Benton die Kritik Guiberts an den sexuellen Ausschweifungen des zeitgenössischen Adels in Zusammenhang; in der Erwähnung von Strafen in der Autobiographie, mit denen der kleine Guibert von seinem Lehrer erzogen worden ist, sieht Benton Symptome für die seelische Unausgeglichenheit Guiberts; die Tatsache, daß Guibert seine Träume beschreibt, deutet Benton als Ausdruck «homosexueller Neigungen». Er unterstreicht die entscheidende Rolle der Mutter mit ihren «puritanischen Sexualvorstellungen» bei der Herausbildung der Psyche des künftigen Abtes, der seit frühester Kindheit ohne Vater aufwachsen mußte – der, nebenbei bemerkt, einige Jahre lang an Impotenz gegenüber seiner Frau gelitten hatte. Wenn dann noch der «Narzißmus» Guiberts hinzugefügt wird, ersteht vor uns eine «irrationale Furcht vor Strafe, Tod und Verkrüppelung (Selbstentmannung)» in ganzer Pracht. Nach Benton ist der Held von ‹De vita sua› «ein Mensch mit psychischen Abirrungen».[81]

Ich bin deshalb so ausführlich auf diese psychologische, eigentlich eher psychopathologische Bewertung der Persönlichkeit Guiberts von Nogent eingegangen, weil sie keinen Einzelfall darstellt, sondern im Gegenteil ein ziemlich weit verbreitetes Symptom dafür ist, wie man einer Persönlichkeit aus dem Mittelalter gerecht werden will, indem man an sie eine Elle aus der Neuzeit anlegt. Während es um die Wende vom 19. zum 20. Jh. üblich war, einen Denker oder Schriftsteller jener fernen Epoche an solchen ideologischen Kriterien der Neuzeit, wie Skeptizismus, Rationalismus oder Freidenkertum, zu messen, so ist es in unserer Zeit Mode geworden, im Bewußten und vor allem im Unterbewußten dieser Menschen nach sexuellen Komplexen zu forschen. Dabei wird immer wieder vergessen, daß es absolut unzulässig ist, einen Menschen des 12. Jh. auf die Couch des Psychoanalytikers zu legen, um in die geheimsten Schichten seiner Seele einzudringen. Daher sind alle Versuche, mittelalterliche Texte mit an Freud orientierten Mitteln zu deuten, angesichts ihres Dilettantismus unweigerlich zum Scheitern verurteilt.

Guibert spricht im Sinne von Paulus, Röm. 7. 22, vom «interior homo» (vom «inneren Menschen») in sich, der seiner eigenen sündhaften Person, der «persona ad saeculum idonea» (der «auf die äußere Welt orientierten Person» – eigentl. «für die Welt taugliche Person»), gegenübersteht. Die Bewußtwerdung dieser Opposition ist die Quelle des ständigen «seelischen Diskomforts», den nicht nur Guibert empfindet, sondern auch andere geistliche Autoren des 11., 12. Jh. schildern. Viele der seelischen Züge, die Benton als Symptome psychischer Abnormitäten Guiberts ansieht, sollten vielmehr als Merkmale der religiös-kulturellen Situation seiner Epoche interpretiert werden. Die scheinbaren Besonderheiten von Guiberts Psyche ordnen sich dann ohne Schwierigkeiten in das Gesamtbild der Widersprüche und sittlichen Konflikte ein, die aus der Lehre von der Sündhaftigkeit des Menschen sowie aus der Furcht vor dem Gericht Gottes und vor der unausweichlichen Strafe herrühren.

‹De vita sua› Guiberts von Nogent[82] besteht aus drei Büchern; das erste ist tatsächlich der Beschreibung seines Lebens gewidmet, genauer, dessen Anfangsphase bis zu seiner Weihe als Abt des Klosters von Nogent. Guibert wendet sich darin an den Schöpfer und berichtet Ihm von seinen frühen Jahren. Das ist eine Art Lebensbeichte. «Ich bekenne Deiner Majestät, Herr, meine unzähligen Irrungen», mit diesen Worten beginnt er sein Werk. Aber eine solche Beichte setzt

die Selbstversenkung voraus, und so fährt Guibert fort:
«Mich selbst erkennend, habe ich danach gestrebt, Dich zu
erkennen, und indem ich mich Dir näherte, habe ich nicht
das Bewußtsein meiner selbst verloren.» Die Literaturgattung der Beichte verlangt vom Autor die Einhaltung bestimmter Regeln bei der Erzählung über sich: Als Mittelpunkt aller Darlegungen hat er seine Sünden zu bekennen
und sie zu bereuen; dementsprechend verweilt auch Guibert
lange bei seinen unreinen Erregungen und Handlungen und
beschreibt sie eingehend. An anderer Stelle kehrt er zu dem
Grund zurück, der ihn dazu gebracht hat, dieses Buch zu
schreiben, und betont, daß das weder Stolz noch Eitelkeit
gewesen sei, sondern der Wunsch, tätige Reue zu üben: Mit
der Erzählung über seine «fortunae et infortunia» («Erfolge
und Mißerfolge») wolle er anderen Menschen von Nutzen
sein.

Aber der Hinweis auf die sittlichkeitsfördernden Ziele, die
Guibert verfolgt haben will, ist wohl doch eher ein Tribut an
die literarische Tradition. Mit dem Mittel der ausführlichen
Schilderung seiner Kindheit und Jugend versucht Guibert
ganz offensichtlich, für sich selbst diesen schweren Abschnitt seines Lebens gedanklich aufzuarbeiten und Ordnung in das Chaos seiner Erlebnisse aus dieser Zeit zu bringen.

Immerhin ist die Beschreibung einer Kindheit, wie sie
Guibert vornimmt, eine für die damalige Zeit einzigartige
Erscheinung: Er ist der Sohn eines Ritters, der in Gefangen-
schaft starb, als Guibert noch ein kleiner Junge war, so daß
er seinen Vater nie kennengelernt hat. Seltsamerweise hält es
Guibert bei der Kindheitsbeschreibung – die übrigens viel
umfassender ausfällt als die Schilderung seiner nächsten Le-
bensabschnitte – nicht für erforderlich, die Zeit und den Ort
seiner Geburt oder den Namen seines Vaters mitzuteilen (der
Name des Vaters wird viel später erwähnt, und zwar im Zusammenhang mit dem Bericht von einer Vision seiner Mutter, die mit dem Geist ihres gestorbenen Mannes spricht und
ihn mit seinem Namen Ev(u?)rardus anredet, er aber ver-
bietet ihr das, weil die Bewohner des Jenseits keine Namen
tragen). Noch verwunderlicher ist, daß er nicht einmal den

Namen seiner Mutter nennt, obwohl er ihr doch so tief verbunden war und in seinen Gedanken ständig zu ihr zurückkehrt. Auch alle seine anderen Verwandten bleiben namenlos. Haben wir das als die einem Mönch geziemende Haltung zu verstehen, der bei seinem Abschied von der Welt alle Familienbande innerlich zerrissen hat? Guiberts Bruder diente im selben Kloster wie er, doch auch sein Name fällt nirgends, und überhaupt fehlt jeder Hinweis auf ihr Verhältnis zueinander; alles, was wir erfahren, reduziert sich auf die Worte Guiberts, nach denen sein Bruder die Strafen verdient, die ihn nach dem Tode ereilt haben.

Die Umstände seiner Geburt haben Guiberts Schicksal als Geistlicher und Kirchenschriftsteller vorherbestimmt. Die Ehe seiner Eltern war sieben Jahre lang kinderlos geblieben, weil eine böse Verwandte der Mutter ein «maleficium» (einen «bösen Zauber») gesprochen hat, der das Ehepaar an dem Vollzug der Ehe hinderte, so daß die Mutter jungfräulich blieb. Als die Verwandten von Guiberts Vater die Vorstellung, er könne ohne Erben bleiben, zu sehr beunruhigte, verlangten sie von ihm die Auflösung seiner Ehe und seinen Eintritt ins Kloster, um sich seine Besitzungen anzueignen. Nun erst gelang es, den Zauber zu brechen, und der kleine Guibert kam zur Welt. Seine Eltern gelobten, den Knaben Gott zu weihen, und daher beteiligte er sich auch nicht an den Spielen, wie sie dem Sohn eines Ritters gemäß gewesen wären; er gab sich nicht ritterlichen Übungen hin, sondern Studien. Die Mutter, die auf seine Entwicklung den stärksten Einfluß ausgeübt hat, fand für ihn einen Lehrer, der allerdings nicht sonderlich gebildet war. Dieser Lehrer zwang Guilbert, eisern zu lernen; und weil er den Jungen liebte, bestrafte er ihn öfter übermäßig hart. Trotzdem förderte er in dem Heranwachsenden die Liebe zur Wissenschaft, und Guibert bekennt, daß er dieser Liebe selbst dann treu geblieben wäre, wenn man ihn mit dem Tode bedroht hätte.

Guibert bezichtigt sich, daß sein Lerneifer anfänglich keine ehrenhaften Motive gehabt habe, sondern von Ruhmsucht angestachelt worden sei. Besonderes Vergnügen bereitete ihm die Anfertigung von Werkchen «als Imitation von Ovid» und «unter Verwendung von unziemlichen und schamlosen Ausdrücken», so daß seinem Lehrer in einer Traumvision deswegen eine Verwarnung ausgesprochen werden mußte. Im übrigen, fährt Guibert in seiner Selbstbezichtigung fort, war es weder Gottesfurcht, noch Scham, noch auch diese Vision, was ihn zur Vernunft gebracht und ihm das Schreiben solcher Lieder – das dürften wohl Nachahmungen von Vagantenliedern gewesen sein – abgewöhnt hat. Doch dann, wie in der Hagiographie obligat, kommt es zur Bekehrung des Sünders, er kehrt auf den Pfad der Tugend und der Wahrheit zurück. Von da an widmet sich Guibert würdigeren und ernsthafteren Beschäftigungen: Er schreibt Kommentare zur Heiligen Schrift und studiert die Werke Gregors des Großen und anderer alter und verehrungswürdiger Autoren, die er «allegorisch, moralisch und analogisch» auslegt. Bei dieser ehrsamen Tätigkeit unterstützte und förderte ihn Anselm von Laon, Abt des Klosters Bec und künftiger Erzbischof von Canterbury, wobei Guibert dem Leser zu verstehen gibt, daß der intellektuelle Austausch mit ihm, Guibert, der Hauptgrund dafür war, daß ihn dieser berühmte Theologe wiederholt besuchte.

In Gedanken zur Mutter zurückkehrend,[83] stellt Guibert fest, daß sie zwar weder lesen noch schreiben konnte, aber von strenger Frömmigkeit war. Mehr als alles andere fürchtete sie das Verderben ihrer Seele, und daher bekannte und büßte sie ununterbrochen und hingebungsvoll Sünden, deren Schwere allein dem Herrn bekannt war. Diese Furcht hat sie ganz offensichtlich auch ihrem Sohn anerzogen; sie – und nicht die unterstellten Freudschen Komplexe – ist die Ursache für die vielen schrecklichen Träume mit Teufeln und Dämonen, die ihn regelrecht heimsuchten.

Visionen, die im seelischen Leben der Menschen jener Zeit eine überragende Rolle spielten, sind infolgedessen auch ein untrennbarer Bestandteil ihrer Lebensbeschreibungen, seien es Viten von Heiligen oder autobiographische Bekenntnisse von Laien. Diese literarische Form war ein traditionelles Mittel zur Darstellung der Innenwelt des Individuums, in ihr äußerten sich seine Versuche zur Selbstidentifizierung. Die seelischen Erfahrungen der Mönche des Mittelalters, die in einer Reihe von Lebensbeschreibungen erwähnt werden,

sind nahezu identisch, ob wir sie bei Raoul Glaber, Othloh
von St. Emmeran oder Guibert von Nogent nachlesen. Visionen bedeuteten im allgemeinen entscheidende Momente
im Leben eines Menschen und Marksteine auf dem Wege zu
seiner Bekehrung. In der Autobiographie Guiberts finden
wir Berichte von nicht mehr und nicht weniger als einem
halben Hundert Visionen; einen Teil davon hat Guibert selber auf den verschiedenen Abschnitten seines Lebens gehabt,
einen anderen seine Mutter, den Rest andere Menschen.[84]
Visionen enthüllten die Geheimnisse der Welt des Jenseits,
und gerade deshalb hatten sie so großen Einfluß auf das
Leben und auf die Persönlichkeit eines Menschen. In diesen
Visionen schlugen sich seine Ängste und depressiven Zustände aller Art nieder, seine unterdrückten Neigungen und
Wünsche, die er sich nicht offen einzugestehen wagte. Daher
ist die Entschlüsselung der Visionen, von deren verborgenem Sinn der Visionär oft selber nicht die leiseste Ahnung
hatte, keine leichte Angelegenheit.

Die Erfolge Guiberts in den Wissenschaften erregten Neid
und Mißgunst bei seinen Mitbrüdern, denen er nicht nur an
Wissensumfang, sondern vor allem auch an Eifer der Wissensaneignung haushoch überlegen war. Daher sah er sich
Anfeindungen, ja Handgreiflichkeiten seitens der Mönche,
wie auch der Dämonen, ausgesetzt, doch die Heilige Jungfrau nahm ihn immer wieder in ihren Schutz. Die Verdienste
und die Kenntnisse Guiberts waren der Anlaß, daß er im Alter zwischen vierzig und fünfzig Jahren an die Spitze des Klosters von Nogent in der Nähe von Laon gestellt wurde; das
war kein sehr bedeutendes Kloster, zumal es noch nicht allzu
lange bestand. Und mit diesem Ereignis endet eigentlich
Guiberts Autobiographie, denn im zweiten Buch von ‹De
vita sua› spricht Guibert zwar über alles mögliche, doch am
allerwenigsten von sich selbst. In diesem Buch beschreibt er
ausführlich das Kloster, dem er vorstand – aber die seiner
Obhut anvertrauten Mönche erwähnt er mit keinem Sterbenswörtchen.

Stattdessen gibt er zahlreiche Wundergeschichten über die
Kräfte des Bösen wieder, die sich dauernd in das Leben der
Menschen einmischen und nicht einmal Mönche in Ruhe

lassen. Wenn die Dämonen von Menschen Besitz ergreifen, dann bevorzugen sie dabei dicke und reiche, weil sie bei ihnen erwarten können, besser gefüttert zu werden. Es gibt Dämonen, die den Menschen nicht mehr tun, als ihnen einen Schabernack zu spielen; es gibt aber auch ganz üble Dämonen, die den Menschen großen Schaden zufügen.

Dabei kommt auch Guiberts Antisemitismus zum Vorschein: So erwähnt er einen Juden, der sich nach außen hin als Arzt betätigte, tatsächlich aber «maleficia» («bösen Zauber») ausübte. Dieser Jude brachte einen Mönch mit dem Teufel zusammen, weil der Mönch vom Teufel in der Kunst der Magie unterrichtet werden wollte. Als Gegenleistung verlangte der Teufel, daß der Mönch sich von seinem Glauben an Jesus Christus lossagen müsse; außerdem forderte er von dem Mönch ein Opfer, und zwar dessen Sperma, «das Teuerste im Menschen». Doch Guibert beschränkt sich nicht auf die Nacherzählung von Fabeln über die Arglist und Ränkesucht der Juden, mit unverhohlener Sympathie berichtet er auch von Pogromen: Als sich in Rouen viele Leute zu einem Kreuzzug versammelt hatten, kam unter ihnen Gemurre auf: «Wir wollen in ferne Lande ziehen, um gegen Gottes Feinde zu kämpfen. Dabei gibt es hier, vor unserer Nase, viele Juden, die ärgsten Feinde Gottes!», und mit diesen Worten fielen sie über die Juden her; sie verschonten weder Frau noch Mann, weder alt noch jung, und ließen nur die am Leben, die dem Glauben ihrer Väter abschworen und «ihre üble Natur überwanden».

Unser Verfasser – dessen französischer Patriotismus nach folgendem Zitat außer jedem Zweifel steht: «Die Franzosen sind ein edles, kluges, kämpferisches, großzügiges und elegantes Volk» – mag aber nicht nur die Juden nicht. Auch den Deutschen bringt er keine besondere Zuneigung entgegen, auf jeden Fall halten sie nach seiner Überzeugung keinem Vergleich mit den Franzosen stand. Empört ist er über die Worte eines Erzdiakons aus Mainz, der die Franzosen verächtlich mit «Francones» (und damit als eigentlich deutschstämmige Franken) tituliert haben soll. Guibert aber findet es richtig, in einer seiner Teufelsgeschichten die Dämonen in die Haut von «Scoti» («Schotten») schlüpfen zu lassen. Christentum gibt es in Westeuropa zwar nur eins, Nationen aber verschiedene, und deren Selbstbewußtsein nimmt die Form von Selbstüberhebung auf Kosten ihrer Nachbarn an.

Guibert ist überhaupt sehr zurückhaltend, um nicht zu sagen geizig, mit günstigen Urteilen über die Gestalten, die er beschreibt: In der Darstellung der Menschen, mit denen er in seinem Leben zusammengetroffen ist, überwiegt Düsternis. Die Welt übt einerseits große Anziehungskraft auf ihn aus, auf der anderen Seite stellt sie eine Gefahr für ihn dar; diese Polarität von Anziehung und Abstoßung läßt sich durch alle Bände von ‹De vita sua› verfolgen.

Für Guibert ist ein ausgeprägtes Zeitgefühl charakteristisch. Das Leben tritt nicht auf der Stelle, die Zeit bringt Veränderungen mit sich. Früher, so schreibt er, waren die Adligen großzügig und gastfrei, und ihre Sitten waren strenger. Noch in den Zeiten, da er jung war, achteten die Frauen auf bescheidenes und züchtiges Auftreten, jetzt aber herrscht Sittenlosigkeit: Eine Dame, die keinen Geliebten hat, fühlt sich unglücklich. Jetzt sind extravagante Kleider an der Tagesordnung, und die Moral, besonders unter den Privilegierten, ist auf ihrem Tiefpunkt. Klagen über gesunkene Moral und Seufzer nach der «guten alten Zeit» sind in der Kirchen- und Mönchsliteratur dieser Zeit Gemeinplätze. Doch in der Bewegung der Zeit sieht Guibert nicht nur Niedergang, sondern auch Fortschritt: Er erkennt an, daß heute, da er ‹De vita sua› schreibt, die allgemeine Bildung einen großen Schritt nach vorn getan hat.

Aufschlußreich ist auch folgendes. Während Guibert in seinen ‹Gesta Dei per Francos› («Gottes Taten an den Franzosen») den Kreuzzug noch als beispiellos wichtiges Ereignis hervorhebt, übergeht er ihn in ‹De vita sua› mit völligem Schweigen, und er stellt auch nicht die geringste Verbindung zwischen diesem Ereignis und seinem eigenen Leben her. Dabei ist nicht ausgeschlossen, daß Guibert selbst Teilnehmer des Konzils von Clermont im Jahre 1095 war, auf dem Papst Urban II. diesen Kreuzzug ausgerufen hat. Doch auch diese Tatsache erwähnt er in seiner Autobiographie mit keinem Wort.

Ich wiederhole, im zweiten Buch der «Autobiographie» ist eigentlich überhaupt nichts Autobiographisches enthal-

ten. Wie sein jüngerer Zeitgenosse Suger, Abt von Saint-Denis, dessen Persönlichkeit in seinem Wirken für das Kloster
gewissermaßen aufzugehen scheint, vergißt auch Guibert,
sich selbst zu erwähnen. Die Beschreibung des Klosters
Nogent, die Hervorhebung seiner Stellung in der Geschichte,
die Aufzählung der Stifter von Grund und Boden und der
Urheber anderer Schenkungen, die Schilderung der alten am
Ort des Klosters erhalten gebliebenen Familiengrüfte und
vor allem die Berichte von allen möglichen Wundern und
Visionen – das alles drängt die eigene Person Guiberts vollständig in den Hintergrund. Damit haben wir einen ganz
spezifischen und für einen Menschen der Neuzeit unge-
wohnten Bewußtseinstyp vor uns: das von seiner Umgebung absorbierte Individuum. Die «Berichtsoptik» Guiberts
ist so angelegt, daß seine eigene Gestalt, die anfangs noch
ziemlich deutlich zu erkennen ist, mit zunehmender Annäherung der Berichtszeit an die Zeit der Niederschrift des Werkes immer mehr verschwimmt und sich fast vollständig im
Nebel verliert.

Im dritten Band seines Werkes ist die Gestalt Guiberts endgültig über den Rand der Ereignisse hinausgedrängt. Seine
Hauptgestalten sind die Stadt Laon, die dort ungeschickt, ja
miserabel regierenden Bischöfe und der blutige Konflikt,
der sich zwischen ihnen und den Einwohnern der Stadt entwickelte. Als Schuldige an diesem Konflikt sieht Guibert –
ungeachtet seiner unverhohlenen Antipathie gegen die von
den Bürgern ausgerufene Kommune, «communio autem
novum ac pessimum nomen» («Kommune – ein neuer und
dazu ganz übler Name») – die sittenlosen dortigen Prälaten,
Emporkömmlinge aus dem weltlichen Adel, die Gott zuwider sind. Hier malt Guibert ein ungewöhnlich lebendiges
und dynamisches Bild von dem Aufstand des Jahres 1112, der
in der Ermordung des Bischofs Gaudry, seiner Verwandten
und seines Gefolges sowie in der Niederbrennung von Bi-
schofspalast und Kathedrale gipfelte. In den nachfolgenden
Wirren wurde Laon erst durch Bauern geplündert und danach noch durch Adlige. Dieses Schicksal der Stadt hatte sich
in Visionen und Vorzeichen angekündigt, zum Beispiel
durch die Geburt eines Knaben mit zwei Köpfen. Übrigens

bezieht sich das einzige Datum, das Guibert in seinem Werk mitzuteilen für erforderlich befindet, auf den Ausbruch des Aufstandes der Bürger von Laon.

Eines aber kann man Guibert nicht absprechen – seine Beobachtungsgabe, und die spürt man an der Beschreibung vieler Szenen, deren Augenzeuge er war. Doch auch in den Fällen, in denen er sich auf Aussagen anderer Zeugen oder auf Gerüchte stützt, demonstriert er bei der Charakterisierung der Teilnehmer an diesen dramatischen Ereignissen eine außergewöhnliche Meisterschaft, wobei, ich wiederhole, diese Charakterisierung in der Regel abschätzig ist. Vor dem Auge des Lesers zieht ein bunter Reigen von allen möglichen Schurken vorüber, die aus dem einfachen Volke, aber auch aus dem Adel und der höheren Geistlichkeit stammen. Besonders eingehend beschreibt er die Ketzer aus der Sekte der Manichäer, denen er die unmöglichsten gotteslästerlichen Handlungen nachsagt. (Derartige Anschuldigungen waren in den Werken von Kirchenschriftstellern dieser Zeit gang und gäbe, ja sie waren ein streng eingehaltenes Gebot und wiederholten die Vorwürfe von sündigen Zusammenrottungen, von Orgien, von Ritualmorden an Neugeborenen, deren Asche dem Brot beigemischt wurde, das die Ketzer als «Abendmahl» zu sich nahmen usw.) Diese Ketzer waren von den Kirchenbehörden «nur» ins Gefängnis gesperrt worden, doch das Volk, aufgebracht wegen dieser Weichheit seiner Geistlichen, stürmte das Gefängnis, holte die Ketzer heraus und verbrannte sie auf dem Scheiterhaufen. «So hat das Gottesvolk aus Furcht vor der Verbreitung dieser Seuche in seinem Zorn sein eigenes Gericht vollzogen», bemerkt Guibert mit Befriedigung.

Außer weiteren Beschreibungen ähnlicher Gottesurteile finden sich auch in diesem Band wieder unzählige Wundergeschichten, an deren Authentizität Guibert nicht den geringsten Zweifel erkennen läßt. Hier das Beispiel einer solchen Geschichte, die unser Abt erzählt (möglicherweise hätten Forscher mit der Neigung zu psychoanalytischen Interpretationen ihre helle Freude an ihr, doch ich befürchte, sie entspricht nur dem Geist ihrer Zeit): Ein junger Ehebrecher wollte sich auf eine Pilgerfahrt zum heiligen Jakobus d. Ä. nach Santiago de Compostela in Galicien begeben. Auf seinem Wege begegnete ihm der Teufel, der sich als der Apostel Jakobus ausgab, und befahl, der junge Mann solle sich zum Beweis seiner Bußfertigkeit und Erlösungswürdigkeit das Glied, mit dem er gesündigt hatte, abhacken und sich danach vollends umbringen. Der Ehebrecher tat, wie ihm geheißen, und nach seiner Selbstentmannung erdolchte er sich. Doch vorüberkommende Reisende retteten ihn und flehten den Herrn an, er möge diesen jungen Menschen dem Leben wiedergeben. Das geschah, und der von den Toten Auferstandene berichtete, daß seine Seele im Jenseits vor Gott, der Gottesmutter und dem hl. Jakobus gestanden habe. Die drei berieten, wie sie mit ihm verfahren sollten, und der Apsotel erinnerte an die Absicht des Deliquenten, die gut gewesen sei, wenn auch durch sündhafte Taten ausgelöst (man bedenke, der hl. Jakobus urteilt über den Sünder nicht nach seinen Taten, zumindest nicht nach ihnen allein, sondern auch nach seinen Beweggründen, und gerade sie erweisen sich als entscheidend; der Apostel war, wie es scheint, in der Ethik Abälards bewandert!). Der Herr erhörte das Flehen der Heiligen Jungfrau und entschied, dem Opfer der Hinterlist des Teufels Barmherzigkeit zu erweisen: Dem Manne wurde gestattet, ins Leben zurückzukehren, allerdings unter der Bedingung, daß er sich bessere und in seiner Umgebung von dem berichte, was sich zugetragen hat. Guibert hat diese Geschichte von einem alten Mann erfahren, der den Wiedergekehrten mit eigenen Augen gesehen hat – und vor allem den Beweis für dieses Wunder, die Spur des Dolches an der Kehle. Was jedoch das abgeschnittene Glied betraf, das hatte der Mann nicht wiederbekommen, an dessen Stelle befand sich jetzt nur noch ein Loch zum Wasserlassen.

Der Glaube Guiberts an die Wunder, die er berichtet, ist echt und aufrichtig. Mehr noch, Guibert zeigt, was mit denen geschieht, die nicht an Wunder glauben oder auch nur an ihnen zweifeln: Ein Abt «aus unserer Zeit» wollte sich vergewissern, ob es wirklich stimmt, daß das Haupt des heiligen Königs Eadmund von England (König Edmunds des Märtyrers), das vom Körper getrennt worden war, wieder festgewachsen sei. Mit einem Begleiter drang er in die Grabstätte des Heiligen ein und packte den Toten am Kopf, während sein Gefährte an dessen Beinen zog. Sie konnten sich davon überzeugen, daß Kopf und Rumpf eine unzertrennliche Einheit bildeten. Die Strafe für den frevelhaften Unglauben dieser Männer aber folgte auf dem Fuße: Von Stund an waren ihre Arme kraftlos!

In der Stadt, in der Guibert geboren ist – ihren Namen verrät er uns wieder nicht –, wurde eine Hand des hl. Arnulphus (vermutlich Arnulf von Metz) aufbewahrt, an deren Echtheit Zweifel aufgekommen waren. Die Reliquie wurde ins Feuer geworfen, und dabei erwies es sich, daß das Feuer ihr nichts anhaben konnte. Kurz darauf erkrankte ein Verwandter Guiberts schwer, und sein Körper wurde mit der Hand des Märtyrers von unten nach oben abgetastet, wobei der Schmerz vor der Hand immer weiter zurückwich. Als die Hand am Hals und an den Schulten des Kranken angelangt war, entwich der Schmerz endgültig aus seinem Körper.

Derartige Visions- und Wunderberichte füllen die ganze «Autobiographie» Guiberts. Man könnte den Eindruck gewinnen, sie lenkten den Verfasser vom Hauptgedanken ab und brächten ihn aus dem Konzept, doch dieser Eindruck trifft natürlich nicht zu. Visionen und Wunder bilden vielmehr in Guiberts Augen, nicht anders als in der Auffassung seiner Zeitgneossen, einen überaus wesentlichen Aspekt der Realität, und daher auch berichtet Guibert so gerne von ihnen; ohne sie wäre das Leben arm und unverständlich, sie sind eine seiner wichtigen Dimensionen. Das Wissen von diesen Erscheinungen, gewonnen aus unmittelbarer Beobachtung oder Teilnahme und aus Zeugnissen anderer, bereichert den Menschen und wird zum untrennbaren Bestandteil seiner persönlichen Erfahrungen. Mit seinen Visions-, Heilungs- und anderen Wundergeschichten lenkt Guibert nicht nur nicht von sich ab, im Gegenteil, er enthüllt damit seine innerste Welt.

Unsere Kenntnisse vom Leben Guiberts sind bruchstückhaft. Genaueres wissen wir nur über seine frühen Lebensjahre; uns über die späteren zu informieren, «vergißt» er ja mehr und mehr, so daß wir uns fragen, ob er seine Demut nicht übertreibt, indem er sich so sehr zurücknimmt. Doch das tut er gewiß nicht, denn der Grund für die Hintanstellung seiner Person ist, daß er in ihr einfach nicht den Hauptgegenstand des Mitteilenswerten erblickt. Daher kehrt er sich von seiner Person ab und verlagert sein Interesse auf Gegenstände, die ihn ungleich stärker fesseln. Mit der Weihe zum Klostervorsteher hört Guibert auf, sich als Persönlichkeit zu entwickeln und sich zu verändern, denn er hat sein Lebensziel erreicht, so daß es in seinem Leben eigentlich nichts mehr gibt, was des Berichtens wert wäre.

Dennoch entdeckt der aufmerksame Beobachter eine gewisse Verbindung zwischen den einzelnen Teilen von Guiberts Werk. Diese Verbindung wird durch sein Gedächtnis, sein Erinnerungsvermögen hergestellt, doch dies ist eine Erinnerung, die auf die Beichte orientiert ist. Wenn wir uns von dem Modell der Autobiographie lösen, das sich erst in der Neuzeit herausgebildet hat, dann werden wir zweierlei feststellen: Erstens wurden Memoiren und Autobiographien damals nicht sauber voneinander getrennt; zweitens kann die literarische Form, die die Erinnerungen Guiberts an Ereignisse unter seiner Beteiligung und die Beschreibung (der Fragmente) seines äußeren und inneren Lebens in sich vereint, nichts anderes sein als eben die Beichte, das Bekenntnis. Und folgerichtig lautet auch das erste Wort in Guiberts ‹Monodiae›: «Confiteor» – «Ich bekenne (meine Sünde)» und eines der Schlußworte «Confessio» («Beichte, Bekenntnis»). Gerechterweise ist also festzustellen, daß die Lebensbeschreibung Guiberts die Grenzen, die die religiöse Geisteshaltung seiner Epoche gezogen hatte, gar nicht überschreiten konnte. [85]

Abälard

Peter Abälard (1079–1142) ist ein jüngerer Zeitgenosse Guiberts von Nogent. Von ihm wissen wir, daß er in seinen philosophischen Schriften Ideen entwickelt hat, die für die mittelalterliche Geisteshaltung mitunter ungewöhnlich waren;

außerdem hat er auch 'eine Reihe theologischer Probleme auf neue Weise aufgeworfen. In seinem Bestreben, Glauben und Verstand miteinander in Einklang zu bringen – ohne dabei die Souveränität des Denkens zu opfern –, stellte Abälard der gängigen These «Ich glaube, um zu verstehen» seine eigene «Ich verstehe, um zu glauben» gegenüber. Glauben ist für ihn kein blinder, kein das Denken ausschaltender Gehorsam gegenüber Geboten; er besteht für ihn nicht aus der bloßen Gesamtheit sakraler Handlungen, die Herz und Verstand des Menschen kaltlassen – der Glauben ist der Inhalt seiner Innenwelt.

Die Ethik Abälards beruht auf einem für die damalige Zeit neuen Grundsatz: Das Richtige oder Falsche im Verhalten eines Menschen, seine Sündhaftigkeit oder Sündenlosigkeit werden nicht durch seine Taten und deren Folgen bestimmt, sondern einzig und allein durch das, was ihn im Inneren zu seinen Handlungen veranlaßt hat. Das Streben nach Verinnerlichung des Glaubens und nach Überwindung des vorherrschenden rituellen Verhältnisses zu den Fragen der Erlösung, das in dieser Zeit aufkam, findet in der Ethik Abälards seine philosphische Begründung.

Dieses Prinzip brach radikal mit der Tradition der vorangegangenen Epoche, in der die Menschen in erster Linie nach ihren Handlungen, ohne Berücksichtigung ihrer Absichten oder ihres Seelenzustandes, beurteilt wurden. Gegenstand der Betrachtung war allein die objektive Handlung, nicht die subjektive Persönlichkeit mit der ihr eigenen Psyche. Ein markanter Ausdruck dieser traditionellen Einstellung waren vor allem die Ordalien, die «Gottesgerichte»: Schuld oder Unschuld eines Menschen wurden anhand eines Gerichtsverfahrens geklärt, das sakrale und profane Elemente in sich vereinigte. Das Eingreifen Gottes, das sich in einer konkreten Handlung – der Folter mit glühenden Eisen, bei der Wasserprobe oder beim prozessualen Zweikampf – äußerte, entschied über die Sache. Dabei hatte der Ausgang der Probe mit der Persönlichkeit und der Psyche des Probanden nicht das geringste zu tun. Beim Gottesgericht trat sein Ich völlig in den Hintergrund zugunsten der Beziehungen zwischen Familien, Geschlechtern oder anderen Gemeinschaften. Das Gottesgericht stellte den Frieden zwischen den Konfliktparteien wieder her und bewirkte die Abwendung einer quälend langen, blutigen und opferreichen Blutrache.[86]

Demgegenüber begriff Abälard «Sünde» als bewußte Zustimmung des Individuums zum Unstatthaften, zum Bösen. Mit anderen Worten, im Mittelpunkt von Abälards Betrachtungen stand die Willensäußerung des Individuums. Ob es den Pfad der Sünde einschlägt oder nicht, hängt davon ab, welche sittliche Wahl es trifft. Den Menschen, die ihr Leben ohne Kenntnis des Evangeliums führen, fehlt folglich auch die Kenntnis des in ihm enthaltenen sittlichen Gesetzes, so daß sie frei von Schuld sind. Selbst diejenigen, die Jesus verurteilt und gekreuzigt oder seine Anhänger verfolgt haben, dürften Abälard zufolge nicht als schuldig gelten: Die Mitglieder des Synhedrions, die römischen Soldaten und die kaiserlichen Beamten handelten in der Überzeugung, einen selbstherrlichen Aufrührer zu verfolgen; ihr Handeln war von anderen Werten bestimmt, als es bei Christen bestimmt wird, und die jenen Menschen bewußten Ziele ihres Handelns bestanden nicht in einer sündhaften Verletzung göttlichen Gesetzes, da sie es ja gar nicht besaßen. So handelten sie nach bestem Wissen und Gewissen . . . Eine ganz andere Sache aber ist der Fall des Judas: Als er seinen Meister verriet, war er sich seiner Schuld sehr wohl bewußt, und dieses Schudlbewußtsein brachte ihn zu Reue und Buße mit der einzigen Entscheidungsmöglichkeit – sich aufzuhängen. Somit wird die Sünde in der Interpretation durch Abälard subjektiviert.

Dementsprechend sollten Beichte, Reue und Buße in diesem System sittlicher Postulate kein Selbstzweck, keine auf die bloße Einhaltung gewisser ritueller Handlungen eingeengte Verhaltensweisen sein, sondern einzig und allein der Ausdruck für aufrichtige seelische Zerknirschung angesichts der Bewußtwerdung begangener Sünde. Das Individuum hat die Perspektive des Jüngsten Gerichts vor sich, und das kann nicht ohne tiefgreifenden Einfluß auf sein Bewußtsein bleiben. Erlösung jedoch setzt die Willenserklärung zu innerlicher Reinigung von der Sünde voraus, zur bewußten «Kooperation» mit Gott beim Werk der Erlösung. Eine rein äußerliche Ausübung von Handlungen, die der Erlösung nur scheinbar dienlich sind, weil sie nicht bis in die Seele dringen, hilft dabei nicht weiter.

Der Philosoph Abälard verliert das Individuum auch dann nicht aus seinem Blickfeld, wenn er sich Gestalten zuwendet, die schon lange zu Symbolen geworden sind. So treten in seinen ‹Planctus› («Wehklagen») Menschen aus dem Alten Testament nicht in der Rolle von Vorläufern Christi auf – wie das in der mittelalterlichen Tradition mit ihrer Interpretation des Alten Testaments als Antizipation des Neuen Testaments üblich geworden war –, sondern als reale Individuen in tragischen Situationen. Abälard war zum Beispiel der erste, der in dem alttestamentlichen Samson (Simson) ein leidendes menschliches Wesen erblickte.

Die Ausrichtung der Gedanken Abälards auf die menschliche Persönlichkeit tritt in seinem Schaffen viel schärfer zutage als bei seinen Vorgängern und selbst bei seinen Zeitgenossen. Der Terminus «persona» findet dabei in verschiedenen Bedeutungen Verwendung: «Dieses Wort ‹persona› wird in dreier- oder viererlei Sinn gebraucht», schreibt er, und dementsprechend bezieht er es in theologischen Texten auf die Dreifaltigkeit, in anderen Texten auf kirchliche und weltliche Herrscher und, das allerdings seltener, auf die menschliche Gesellschaft und auf das Individuum,[87] obwohl Abälard, wie von einigen Philosophiehistorikern zu Recht hervorgehoben wird, bei der Untersuchung des Problems der Universalien nicht zu einer Analyse des Begriffs «Individualität» vordringt.[88] Ungeachtet dieses «Mangels» beginnt M.-D. Chenu seine Erörterung des allgemeinen Problems der «Erweckung des Bewußtseins in der Zivilisation des Mittelalters» bei Abälard und keinem anderen, weil er in diesem großen Geist eine der leuchtendsten Erscheinungen der Zeit zwischen 1120 und 1160 erblickt, auf die der Satz zutrifft «L'homme se découvre comme ‹sujet›» («Der Mensch entdeckt sich als ‹Subjekt›»).[89] Abälard beginnt seine ‹Introductio ad theologiam› («Einführung in die Theologie») mit einem Satz, in dem die Wendungen «ut arbitror» und «existimo» («wie ich meine», «ich schätze», «ich halte dafür») vorkommen. Es sind demnach die eigenen Erfahrungen, Beobachtungen und Überlegungen, die die Grundlagen neuen Wissens bilden.

Schließlich, zeugen nicht schon allein die Persönlichkeit Abälards an sich, seine unbezähmbare Neigung zu aus dem Rahmen fallenden Handlungen, seine ungezügelte Lust an unkonventionellen Verhaltensweisen, seine Egozentrik und sein Wille zur Selbstbestätigung von einer «Entdeckung der Individualität»? Um auf diese Frage zu antworten, wenden wir uns einem «Kronzeugen» zu – seiner Autobiographie. Nach Ansicht von Georgi Fedotow sind gerade die Persönlichkeit und das Selbstbewußtsein Abälards für den Historiker von allergrößtem Interesse, ja sie sind sogar aufschlußreicher und ergiebiger als sein Werk, seine philosophischen Leistungen; Fedotow also schreibt: «... der Historiker kann an dieser folgenschweren Eruption persönlichen Selbstbewußtseins aus der tiefsten Tiefe des Mittelalters einfach nicht vorübergehen».[90]

Mit seiner ‹Historia calamitatum mearum› («Geschichte meiner Mißgeschicke»)[91] aus den Jahren 1132 bis 1136 – ihrem endgültigen Titel bekam sie etwas später[92] – wendet sich Abälard an einen anonymen Freund, den er dadurch trösten und aufrichten möchte, daß er ihm von seinen eigenen Verhängnissen und Schicksalsschlägen erzählt: «Damit du deine Mißgeschicke nach einem Vergleich mit meinen entweder als unbedeutend oder als ganz und gar nichtig ansehen und sie leichter ertragen kannst». Läßt sich etwa ernsthaft daran zweifeln, daß die Form des Sendschreibens hier nichts anderes ist als Abälards Tribut an die Konvention, ein literarischer Kunstgriff, den er gewählt hat, um Fakten aus seinem Leben darlegen zu können? Nein, vielmehr können wir also annehmen, daß dieses Werk entstanden ist aus dem Bedürfnis des Philosophen, seine Seele auszubreiten und zu schildern, was ihr Schmerz bereitet hat. Symptomatisch ist hierbei aber doch die Tatsache, daß sich der Verfasser veranlaßt fühlt, die Abfassung eines solchen autobiographischen Opus zu rechtfertigen. Ebenso kennzeichnend ist aber auch, daß wir es bei diesem Werk wieder weniger mit einer Autobiographie zu tun haben als mit einer Lebensbeichte, denn die Berichte von konkreten Lebensumständen und Ereignissen sind gewissermaßen einer «übergeordneten Aufgabe» untergeordnet. Worin aber besteht diese Aufgabe?

Sobald man sich in den Text der ‹Geschichte meiner Mißgeschicke› vertieft, merkt man rasch, daß ihr Verfasser den Adressaten nach einmaliger Anrufung am Anfang «vergißt» und bis zum Schlußsatz des Werkes nie wieder erwähnt, wo er die Worte wiederholt, mit denen er begonnen hat. Er fügt ihnen noch allgemeine Erwägungen über das göttliche Wirken hinzu, das alles zur Vollendung geleitet und die höhere Gerechtigkeit triumphieren läßt. Abälard ist voll und ganz von sich und von den nicht abreißenden Rückschlägen in seinem Leben beansprucht.

Und was hat Abälard nicht alles durchgestanden: Kämpfe mit den führenden Theologen und Philosophen um die Herzen und Hirne der Studenten; Auseinandersetzungen wegen seiner originellen Ideen; Streitigkeiten mit einflußreichen Kirchenfürsten; Handgreiflichkeiten mit den Mönchen, unter denen zu leben er gezwungen war, als er sich vor tatsächlichen und eingebildeten Gefahren in Sicherheit brachte; den Zusammenbruch seines Lebensplans, als er im blühenden Mannesalter für sein ungesetzliches Verhältnis zu Heloise – eine Art «außereheliche Lebensgemeinschaft» – mit Entmannung und nachfolgender Schande bezahlen mußte; öffentliche Verurteilungen seiner theologischen «Verirrungen» auf Konzilen (von Soissons 1121 und Sens 1140) mit anschließender Verbannung ins Kloster. Es war wirklich nicht wenig, was über Abälard hereinbrach, und eine andere Natur wäre wohl daran zerbrochen. Nicht so Abälard – er ist trotz allen Klagens immer seiner Berufung zum Gelehrten und Lehrer treu geblieben.

Ihrem Wesen nach ist die ‹Geschichte meiner Mißgeschicke› eine Beschreibung der Konflikte eines Individuums mit seiner Umgebung, mit den Institutionen seiner Kirche, von denen es selbst ein Teil war. Es würde der Sache nicht gerecht, wollte man diesen Konflikt schwarzweißmalen und in ihm nur den Zusammenstoß einer aus den Fesseln gesamtgesellschaftlicher Normen ausbrechenden Individualität mit der ihr fremden und feindlichen sozialen Umwelt

sehen. Abälard wollte – und konnte – gar nicht mit seiner
Schicht brechen, weil er die soziale Rolle akzeptierte, die
ihm zugeteilt war. Aber er war entschlossen, sie auf andere
Weise zu spielen als seine Vorgänger und Zeitgenossen. Dabei ist es höchst bezeichnend, daß er bei seinem Kampf gegen seine Feinde unter den Theologen und Kirchenmännern
in traditionellen Bahnen dachte und diesen Kampf in die Kategorien der Hagiographie einordnete. Seine Überzeugung
von der Einmaligkeit seines Ichs und seines Schicksals aber
wurde durch diese ununterbrochene Kette von Konflikten
nur gestählt, ebenso wie sein kämpferischer Charakter, sein
Wille zum Widerstand gegen die eingefahrenen Verhaltensregeln.

Die häufige Verwendung von kriegerischem Wortschatz
in seinen Werken – z. B. «Arsenal» für «Dialektik», «Waffe»
für «Argument», «Schlacht, Turnier» für «Disput» usw. –
hat eine Ursache sicher darin, daß Abälard aus dem Ritter-
stand stammt. Einen ähnlichen Abdruck von Rittermentali-
tät können wir übrigens auch in den Schriften und Äußerungen bei einem Zeitgenossen entdecken, der in allem das
krasse Gegenteil zu Abälard war – bei dem hl. Bernhard von
Clairvaux.[93] Doch die stärkste Quelle für Abälards militante
Metaphorik war wohl seine Kämpfernatur, seine angebo-
rene Kampfeslust, mit der er für seine Ideen einstand und,
mehr noch, seine Stellung im Leben verteidigte.

Wem nun schildert Abälard die ungezählten Schiffbrüche
seines Lebensschiffes? Man gelangt zu der Vermutung, daß
ihn etwas drängte, sich selber sein Leben mit all seinen Verwicklungen zu erklären, vor sich selber den eingeschlagenen
Lebensweg zu rechtfertigen. Und so ist die Niederschrift der
‹Geschichte meiner Mißgeschicke› ein Akt der Beichte und
Rechtfertigung, der Selbstanalyse und Selbstbestätigung.
Abälards erster Gesprächspartner ist also er selbst. Doch mit
dem Voranschreiten des Berichts über sein äußerlich und innerlich so stürmisches Leben tritt immer mehr sein Bestreben an die Oberfläche, sich in den Augen anderer zu rechtfertigen, vielleicht auch, um mit diesem Werk seine Rückkehr
nach Paris zu aktiver Lehr- und Forschungstätigkeit vorzu-
bereiten. Die Vermutung ist jedoch nicht von der Hand zu

weisen, daß vor dem geistigen Auge des Verfassers der ‹Geschichte meiner Mißgeschicke› auch schon künftige Generationen Revue passierten. Wissenschaftler haben herausgefunden, daß dieses Werk dem Muster der Viten, der Heiligenleben, folgt. Denn die von Abälard bei jeder Gelegenheit eingefügte Betonung der Sündhaftigkeit seiner Lebensweise bis zur Erleuchtung und zur Sühne – die auf die körperlichen und seelischen Qualen folgten und ihn zur «Bekehrung auf den Weg der Wahrheit» führten – stellt nichts anderes dar als eine Kopie der traditionellen Formen und Themen der Hagiographie. Man kann auf eine Reihe von Viten hinweisen, die Abälard als Vorbild gedient haben könnten, um deutlich zu machen, daß die gedankliche Struktur der ‹Geschichte meiner Mißgeschicke› in einer Reproduktion von Gestalten besteht, wie sie von der Hagiographie vorgegeben wurden.

So vergleicht sich Abälard immer wieder mit großen und hochangesehenen Gestalten, wie dem hl. Athanasius von Alexandrien (um 296–373) oder dem hl. Hieronymus (344–420).[94] Bei der Erinnerung an die erzwungene Flucht aus seiner Klause Paraclet schreibt er: «Die Mißgunst der Franken hat mich nach Westen getrieben, gleichwie die Mißgunst der Römer Hieronymus nach Osten». Die Mönche des Klosters, dessen Abt Abälard war, wollen ihn vergiften «wie den heiligen Benedikt». Die Feinde verfolgen Abälard «wie die Ketzer den heiligen Athanasius verfolgt haben». Als Abälard als Angeklagter vor dem Konzil (zu Sens 1140) steht, kommt ihm sofort der Vergleich mit Jesus vor dem Synhedrion in den Sinn. Origenes (um 185– um 254), der sich freiwillig hatte kastrieren lassen, ist Abälard ein Trost in seiner erniedrigenden Impotenz. Indem er sich diesen Autoritäten aus längst vergangenen Tagen an die Seite stellt, handhabt Abälard ein wichtiges Instrument zur Selbsterkenntnis, auf das der Mensch des Mittelalters immer wieder zurückgriff. Die Persönlichkeit Abälards ist zwar eigenständig und individuell, doch auch er «montiert» sie aus Bruchstücken «archetypischer» Vorbildgestalten. Das gleiche gilt auch für Heloise: Sie vergleicht sich mit Cornelia, der Frau des Pompejus, nachdem er (von Julius Cäsar) im Felde besiegt zurückgekehrt war; sie bot ihm an, ihr Leben zu opfern, um den Zorn der Götter zu besänftigen, und Heloise tut ein ähnliches, indem sie ihrem Mann zuvorkommt und freiwillig ins Kloster geht.[95]

Von einer Heiligenvita unterscheidet sich die ‹Geschichte meiner Mißgeschicke› darin, daß sie in der Ichform geschrieben ist, sowie auch darin, daß Abälard seine Lebenserfahrungen nicht abgeschieden von aller Welt gesammelt hat, sondern vielmehr in ihrem dichtesten Getümmel. Damit rückt sie in die Nähe eines anderen Vorbildes, der ‹Bekenntnisse› des Augustinus. Während aber Augustinus seine innere Biographie vor uns ausbreitet und uns an seinem harten Ringen mit sich selbst und seinen Zweifeln teilhaben läßt, während also seine ‹Bekenntnisse› überquellen von Selbstbeobachtungen und ständigen Analysen seines Ichs, ist Abälard zu solcher Selbstversenkung nicht gewillt (oder nicht fähig?).

Es wäre aber falsch anzunehmen, daß die «Autobiographie» oder «Beichte» Abälards vom Geist echter Reue, Buße und Demut durchdrungen sei, vom Geist der Hinnahme der göttlichen Strafe als gerechter Vergeltung für seine Sünden. Ganz und gar nicht! Abälard gerät zwar ins Taumeln durch die Sünden, denen er sich lange Zeit seines Lebens hingegeben hat, aber seine Niederlagen und seine Buße bilden nur die erste, die äußere Hülle seiner Darlegungen. Obwohl er sich der Sünde der Hoffart und der Fleischeslust bezichtigt und der «luxuria» («Zügellosigkeit») abschwört – dieser Weg war ihm ja ohnehin durch das Messer der Leute des Kanonikus Fulbert, des Onkels seiner Geliebten, im buchstäblichen Sinne abgeschnitten worden –, ist Abälard weit davon entfernt, seinen Stolz zu überwinden, mehr noch, er sieht dafür überhaupt keine Veranlassung.

In der Gesellschaft zur Zeit Abälards herrschte eine allgemeinverbreitete und ebenso allgemeinverbindliche stillschweigende Übereinkunft: demütig und bescheiden sein, Sünden bekennen und bereuen, dabei ruhig einmal auch eine gar nicht begangene läßliche Sünde auf sich nehmen, um desto zuverlässiger zur Erlösung zu gelangen. In Worten wird Abälard nicht müde, dieser Konvention seinen Tribut zu zollen, aber schon seine Behauptung, von Anfang an habe ihn nur Begierde erfüllt und keine wahre Liebe zu Heloise, weckt Zweifel an der Aufrichtigkeit seiner Worte. Haben wir hier nicht doch eher eine nachträgliche Interpretation des Eunuchen und Mönchs vor uns, der in seiner ‹Geschichte meiner Mißgeschicke› auf Motive aus Ovid zurückgreift, zumal sie so gut ins Bild der für Mönche typischen geringschätzigen Einstellung zur Liebe als Sündenlast des Fleisches passen? (In der Selbsteinschätzung Abälards und auch Heloises hatte sich ihre Liebe noch nicht zu dieser Erhabenheit aufgeschwungen, mit der die Liebe wenig später in den Liedern der provençalischen Troubadoure ausgestattet werden sollte.) Damit legt er – bewußt oder unbewußt – den Grund für Reue und Buße. Genau so möchte er aussehen, demütig und zerknirscht wegen seines Stolzes und Hochmuts. Doch hinter diesen Gemeinplätzen zur Tarnung seiner Persönlichkeit kommt die zweite Hülle der ‹Geschichte meiner Mißgeschicke› zum Vorschein.

In der Tat lassen sich in diesem Buch ohne Mühe Passagen finden wie «ich war überzeugt, daß es auf der Welt keinen anderen Philosophen gibt außer mir . . .» oder «nachdem ich von mir eine hohe Meinung bekommen hatte, die meinem Alter nicht angemessen war . . .». Doch nur, wenn man diese Sätze in ihrem Kontext beläßt, kann man ihren eigentlichen Sinn verstehen. Denn der diesen Zitaten unmittelbar vorangehende Satz lautet: «Und hier [nach dem Sieg des jungen Abälard über den neu an das Kolleg gekommenen Magister Wilhelm von Champeaux in einem Disput] begannen auch schon meine Leiden, die bis heute andauern. Je mehr sich der *Ruhm* von mir verbreitete, desto heftiger entflammte der *Neid* auf mich.» Die Wörter «gloria (dedecus)» und «invidia» des lateinischen Originals sind von mir hervorgehoben, weil es sich um Schlüsselwörter handelt. Denn im Anschluß daran folgt ein Bericht Abälards über die Ränke und Intrigen Wilhelms von Champeaux gegen ihn, den jungen begabten Gelehrten, der zu einer Gefahr für die Autoritäten zu werden drohte; und hier nennt Abälard unmißverständlich den Grund für das Verhalten des Magisters: Neid. Weiter schreibt er: «Von Anbeginn meiner Lehrtätigkeit an drang die Kunde von meiner Kunst in der Dialektik so weit,

daß deswegen der Ruhm nicht nur meiner Mitbrüder, sondern auch sogar meines Lehrers zu verblassen begann.» Die
Ursachen für den Neid seiner Gegner sind die Begabung
und die Einzigartigkeit Abälards, und er bezieht ohne Bedenken das Zitat aus Horaz «Der Blitz kürzt die Gipfel der
Berge» und das Wort von Ovid: «Das Höhere ist des Neides
Ziel, offen liegen die Gipfel den Stürmen» auf sich.

Das also ist der Kontext, in dem man die Proklamationen
von Abälards Bedauern über seinen Stolz lesen muß. Es ist
Neid auf Abälards Ruhm, was seine Gegner zu ihren Handlungen treibt, doch seine Autorität ist inzwischen so groß geworden, daß sich sein Ruf rasch im ganzen Land verbreitet,
mit dem Ergebnis, daß Abälard überall, wohin er kommt,
sich außer Anhängern sofort auch Feinde schafft. Wenn er
etwas bedauern müßte, dann höchstens, daß er so begabt,
gelehrt und wortgewaltig ist, denn es sind diese Eigenschaften, die einerseits zwar Ruhm bringen, andererseits aber
auch unvermeidlich Neid erzeugen. Er kann es sich leisten,
vom «Neid» seiner Gegner zu sprechen, weil er Neid nicht
kennt und auf seine Zeitgenossen von oben herabblickt.

Man findet kaum eine Seite in der ‹Geschichte meiner
Mißgeschicke›, die nicht diese echten Schlüsselwörter aufweist. Wilhelm von Champeaux empfindet durch die Schuld
von Abälard abgrundtiefen Neid und unaussprechliche Ver-
bitterung, doch je wütender er seinen ehemaligen Schüler
mit seinem Neid verfolgt, desto heller strahlt der Ruhm
Abälards. Den nächsten Zusammenstoß hatte Abälard mit
Anselm von Laon, dessen Ruhm nach den Worten Abälards
weniger auf Verstand und Geist beruhte als auf seiner lang-
jährigen Lehrtätigkeit; die Vorlesungen Anselms, schreibt
Abälard, «sind äußerst arm an Inhalt und entbehren der Gedanken», «als er ein Feuer entzündete, hat er sein Haus mit
Qualm erfüllt, aber nicht mit Licht», und beim namentli-
chen Aufruf (durch Gott?) erwies er sich «als von Gott ver-
fluchter (= unfruchtbarer) Feigenbaum». Gegenüber Anselm und seinen anderen Gegnern erlegt sich Abälard nicht
die geringste Zurückhaltung auf, wenn er sie mit Hohn und
Spott überschüttet; Ironie war ein unauslöschlicher Zug seines Charakters. Dieses «ungebärdige Einhorn» – so nennt er

sich selbst – konnte einfach nicht anders, als seine Opponenten selbst dann mit keineswegs immer harmlosen Clownerien
und unschuldigen Wortspielen in die Ecke zu jagen, wenn er
die Rache der also Bloßgestellten fürchten mußte. Sein Geist
stürmte «a iocis ad seria» («vom Spaß zum Ernst»).⁹⁶

Die von Abälard offen zur Schau getragene Geringschätzung für die Reden und Vorträge Anselms hatte zur Folge,
daß Anselm ihn mit blankem Haß zu verfolgen begann, einem Haß, der überschäumte, als Abälard ohne Vorbereitung
öffentlich demonstrierte, daß er in der Lage ist, die dunkel-
sten Stellen der Bibel auszulegen. Wir haben hier also wieder
das Modell der gleichen Kausalkette: Ruhm – Neid – Haß –
Verfolgung.

Damit ordnet sich nun auch der Satz von Reue und Buße –
«Wohlleben macht Dummköpfe immer überheblich und
sorglos, aber ein sorgenfreies In-den-Tag-hinein-Leben
schwächt die Kräfte des Geistes und führt ihn rasch in
fleischliche Versuchung» – wiederum in den richtigen Kontext ein, in dem die Rede ist von wachsendem Ruhm und
materiellem Wohlergehen des jungen Philosophen. Aber die
Rechnung wurde ihm unverzüglich präsentiert. «Ich arbeitete, völlig besessen von ‹superbis› (‹Hochmut›) und ‹luxuria› (‹Ausschweifung›), und nur Gottes Barmherzigkeit hat
mich ohne mein Zutun von diesen beiden Krankheiten geheilt», zuerst von der Ausschweifung, indem er ihn des
Werkzeugs zu ihrer Ausübung beraubte, und dann vom
Hochmut, als «ich gedemütigt wurde durch die Verbrennung des Buches, auf das ich am meisten stolz war».

Rein äußerlich befolgt Abälard mit dem Gang seiner Erzählung den hagiographischen Kanon: Die von Abälard
durchlebte Krise heilt ihn von seinen Sünden und bewirkt
seine Wiedergeburt zu einem neuen Leben mit weniger Sünden. Doch erweist sich Abälard wirklich als von diesen beiden Verlockungen «geheilt», und betrachtet er sie zur Zeit
der Niederschrift seiner «Autobiographie» tatsächlich mit
echter und unverhohlener Abneigung? Auf dem Fuße folgt
nämlich der Satz, was für ein ansehnlicher junger Mann er
doch einst war und wie sein Ruhm ihn für Frauen unwider-
stehlich machte: «Ich brauchte bei keiner einzigen Frau, die

ich meiner Liebe gewürdigt hätte, Zurückweisung zu be-
fürchten.» Er erinnert sich also nicht nur mit Befriedigung
und Vergnügen an die Freuden, die er mit der ihm verfallenen Heloise genossen hat; er macht auch gar kein Hehl daraus, daß es gar nicht so sehr Kummer als vielmehr Wut über
die Schande des Davongejagtwerdens war, was er nach der
Aufdeckung ihres Verhältnisses und der erzwungenen Tren-
nung von Heloise empfunden hat. Auch seine Entmannung,
die Strafe für die Wiederanknüpfung ihres Verhältnisses, ist
für ihn in erster Linie eine Quelle der Scham und des
schmerzlichen Eingeständnisses, daß sein einst überall laut
verkündeter Ruhm dahin ist: «Wie sich doch über die ganze
Welt die Nachricht von meiner riesengroßen Schande verbreitet! ... Mit welchem Gesicht soll ich mich jetzt der
Öffentlichkeit zeigen?» Der Entschluß, Mönch zu werden,
kam ihm «nicht aus Frömmigkeit, sondern aus Scham und
Bestürzung».

Was nun die Konflikte mit seinen Kirchenoberen betrifft,
so sieht Abälard die Gründe dafür nicht im Inhalt seiner
theologischen Schriften – denn «es war niemandem gelungen, in ihnen Ketzerei oder auch nur den Anflug davon» zu
entdecken –, sondern auch wieder einzig und allein in dem
Neid, den seine immer größere Beliebtheit unter seinen
Schülern und Nachfolgern auslöste; die Zahl seiner Schüler
stieg nämlich mit derselben Geschwindigkeit, mit der sich
die Hörsäle seiner Gegner leerten. «Neid», «Haß» und «Är-
ger» waren also die Motive auch dieser Opponenten, die, so
Abälard, sogar selber offen eingestanden haben, daß «Gottes
ganze Welt seine Beweise oder Sophismen zu widerlegen
außerstande» ist. Ausschließlich aus diesem Grunde wurde
dann auch, wenn man der ‹Geschichte meiner Mißgeschicke› glauben darf, Abälards Traktat über die Dreifaltigkeit 1121 auf dem Konzil zu Soissons «ohne jede weitere
Erörterung» zur sofortigen öffentlichen Verbrennung verurteilt, ja, sein Verfasser selbst mußte es mit eigener Hand ins
Feuer schleudern. Nicht genug damit, er wurde auch noch
gezwungen, das Glaubensbekenntnis «wie ein Knabe» herzusagen, und wurde dann «wie ein Verbrecher» ins Kloster
gesteckt. Der Kampf zwischen den kirchlichen Hardlinern

und den neuen Strömungen des philosophischen Denkens, der im Werk Abälards seinen Niederschlag fand, soll also wieder nur persönliche Ursachen haben.

In dem Bericht Abälards über diese Verurteilung sollte der «litteratus» (der «Belesene») des Mittelalters dieses Motiv aus dem Neuen Testament heraushören: Genau so ist Jesus seinerzeit von den Schriftgelehrten und Pharisäern verurteilt worden. Um das zu beweisen, genügt es, folgende Stelle aus der ‹Geschichte meiner Mißgeschicke› nachzulesen: Die auf dem Konzil Versammelten, «Volk und Geistlichkeit begannen untereinander so zu reden: ‹Da spricht er also ganz offen vor allen, und niemand tritt ihm entgegen. Das Konzil ist schon bald zu Ende, und dabei ist es doch, wie man gehört hat, vor allem gegen diesen Menschen einberufen worden. Wollen die Richter etwa eingestehen, daß sie mehr irren als er?› Daher erhitzten sich die Gemüter meiner Kontrahenten mit jedem Tag mehr», und mit den Worten des Evangelisten: «Da sagten einige Leute aus Jerusalem: ‹Ist das nicht der, den sie töten wollen! Und doch redet er in aller Öffentlichkeit, und man läßt ihn gewähren. Sollte der Hohe Rat wirklich erkannt haben, daß er der Messias ist?› ... Die Pharisäer hörten, was die Leute heimlich über ihn redeten. Da schickten die Hohenpriester und die Pharisäer Gerichtsdiener aus, um ihn festnehmen zu lassen» (Jh. 7.25–26, 32).

Die Hauptsünde Abälards ist sein Stolz. Indem wir den als Sünde bezeichnen, beurteilen wir diesen Autor nach denselben Kriterien, die dem Menschen des 12. Jh. als Richtschnur dienten, d. h., wir «verurteilen» ihn auf der Grundlage eines von ihm selber akzeptierten Gesetzes. Aus der ‹Geschichte meiner Mißgeschicke› geht aber mit aller Deutlichkeit hervor, wie wenig die Abrechnung mit dem Philosophen Abälard auszurichten vermochte, wie kläglich sie versagt hat bei dem Versuch, ihn von seinem starken Selbstbewußtsein zu «heilen». Abälard beendet die Schilderung dieser ebenso entscheidenden wie tragischen Episode seines Lebens mit den Worten: «Ich war viel verbitterter darüber, daß sie meinen guten Namen in den Schmutz getreten haben, als darüber, daß sie auch meinen Körper verletzt haben; damals war ich ja irgendwie selbst mit schuld, jetzt aber bin ich von so nackter Gewalt niedergetrampelt worden – und das wegen meiner reinen Absichten und meiner Liebe zu unserem Glauben –, daß ich nun einfach darüber schreiben muß.» Im Text stellt Abälard wiederholt sein «ingenium» (seine «Begabung») dem allgemeinüblichen «usus» (der «Routine») gegenüber.

Abälard gelang es bald, freizukommen und zu seiner Lehrtätigkeit zurückzukehren. Und von neuem wurde sie zur Quelle seines Stolzes und Ruhmes, aber auch zu dem Pfuhl, aus dem seine weniger begabten Konkurrenten ihren Neid schöpften. «Die ganze Welt zieht hinter ihm her, und wir, wir haben nicht nur verloren, indem wir ihn verfolgten, sondern seinen Ruhm nur noch vermehrt», läßt Abälard seine Gegner sagen. Er verschweigt nicht, daß ihn beim Aufschnappen von Gerüchten über die Einberufung von geistlichen Versammlungen immer wieder die Furcht ergriff, sie gälten ihm und ihm stehe eine neue Verurteilung bevor. Das Gefühl des Verfolgtseins wurde so stark, daß Abälard schon überlegte, ob er nicht «ein christliches Asyl bei den Feinden Christi» suchen solle. Statt dessen fand er sich mit einem ruhigen Platz in der Bretagne ab, in diesem «barbarischen Landstrich», der seiner Behauptung nach von einem «wilden und unbezähmbaren Volk» bewohnt wird. Die Mönche des Klosters, dessen Abt Abälard geworden war, hatten nichts anderes zu tun, als ihm mit ihren Querelen das Leben so schwer wie möglich zu machen, ja sie versuchten sogar, ihn zu vergiften. Dieser Versuch kostete aber nicht Abälard, sondern einen Mönch das Leben, der aus Unwissenheit von dem vergifteten Essen gekostet hatte, das Abälard zugedacht gewesen war.

Von einem Kloster zum anderen ziehend, hielt er es nirgends lange aus, bemerkt Abälard. Aber auch diese Selbstidentifikation mit dem Helden einer Vita scheint eher ein Ergebnis der Einhaltung literarischer Konventionen zu sein als die Widerspiegelung seines tatsächlichen Lebensweges. Doch immerhin, nachdem Abälard die Arbeit an seiner ‹Geschichte meiner Mißgeschicke› beendet hatte, war er faktisch obdachlos und hatte keinen Platz, an dem er zur Ruhe kommen und sich vor seinen Feinden innerhalb und außerhalb der Klostermauern verbergen konnte. In seiner Antwort auf einen Brief von Heloise, den sie ihm nach der Lektüre seiner Autobiographie geschickt hat, bittet er sie und ihre Mitschwestern, für seine Seele zu beten, wenn er tot ist.

Und trotz alledem – wieder kehrt er nach Paris zurück und wird zum wiederholten Mal zur Zentralfigur des intellektuellen Lebens dieser Stadt. Wir haben weiter oben schon die Vermutung geäußert, daß er diesen erneuten Umschwung in seinem Leben mit der ‹Geschichte meiner Mißgeschicke› vorbereiten wollte.

Im Jahre 1140 gelang es jedoch auf dem Konzil von Sens seinem ärgsten Feind Bernhard von Clairveaux, die Verurteilung Abälards als Ketzer durchzusetzen und alle seine Schriften verbieten zu lassen. In der päpstlichen Bulle, die dieses Urteil bestätigte, wurde Abälard mit einem absoluten Verbot öffentlichen Auftretens belegt, und seine Werke wurden dem Scheiterhaufen überantwortet. Seine Anhänger traf der Kirchenbann, und Abälard selber sollte wiederum in ein Kloster gesperrt werden. Es gelang ihm, die zwangsweise Einschließung in ein bestimmtes Kloster zu vermeiden, weil ihm der Abt Petrus «Venerabilis», «der Verehrungswürdige» (1092–1156), Aufenthalt in seinem Kloster Cluny anbot. Es sollte Abälards letzte Zuflucht werden.

Doch kehren wir zur ‹Geschichte meiner Mißgeschicke› als Quelle von Auskünften über die Persönlichkeit Abälards zurück.

Viele Fakten, die Abälard mitteilt, stehen außer Zweifel, andere mahnen angesichts ihrer einseitigen Interpretation zur Vorsicht. So stellt Abälard das geistige Leben Frankreichs im ersten Drittel des 12. Jh. in einer Weise dar, als habe es sich ausschließlich um seine Person gedreht. Das ist psychologisch verständlich, denn ein Verfolgter stellt sich beinahe zwangsläufig – und unbewußt – in den Mittelpunkt aller Ereignisse. Das gilt um so mehr, als Abälard nun wirklich Gründe genug hatte, um zu einer solchen Zeichnung der Geschehnisse zu gelangen. Uns scheint aber etwas anderes hervorhebenswert: Mit den von Zeit zu Zeit wiederholten Bekenntnissen seines Hochmuts hält Abälard die Regeln für die Abfassung einer Beichte zwar ein, gleichzeitig unter-

streicht er mit den Beteuerungen seiner Reue und Buße
aber nur, daß das ihn beherrschende Überlegenheitsgefühl
unausrottbar in ihm festsitzt. Das ist das Eigenwertgefühl
eines Menschen, den seine intellektuellen Fähigkeiten und
Leistungen weit über den Durchschnitt seiner Umgebung
emporgehoben haben, und die Leiden, die er deswegen
durchgemacht hat, konnten dem Bewußtsein seiner Einzigartigkeit nicht nur nichts anhaben, sie mußten es geradezu schmerzhaft verstärken. Erwin Panofsky bezeichnet
Abälard – mit fragwürdiger Berechtigung – als «paranoides
Genie».[97]

Hier eines der Ergebnisse davon. Die Lektüre der ‹Geschichte meiner Mißgeschicke› vermittelt den Eindruck, daß
Abälard grenzenlos einsam gewesen sein muß. Vor allem,
und das ist das wichtigste, empfindet er kein Gefühl der
Nähe zu Gott. Nach einem Ausdruck von G. Fedotow ist er
«ohne die Stimme der inneren Offenbarung». Seine Religion
ist zu sehr rational; sie stützt sich auf Wissen und nicht, wie
bei Bernhard von Clairveaux, auf einen subjektiven ganz-
heitlichen Glauben. Abälard setzt zwischen die Begriffe
«Christ» und «Philosoph» ein Gleichheitszeichen; Glaubens-
wahrheit und menschliche Vernunft begreift er als philosophische Kategorien. Daher auch spürt er in den Augenblik-
ken der Prüfungen, die ihm seine Art zu leben auferlegt,
keine Unterstützung durch Gott, so daß ihn nach jeder «tur-
nusmäßigen» Niederlage das Gefühl fürchterlicher Verlas-
senheit, ja «desperatio» («Verzweiflung»)[98] erfaßt. Nach einem Wort seiner Freundin Heloise ist «Galle mit Wermut»
das Gefühl, das Abälard beherrscht.

Aber auch unter den Menschen ist Abälard einsam. Im
Unterschied zu Guiberts von Nogent ‹De vita sua› erwähnt
die ‹Geschichte meiner Mißgeschicke› Abälards Kindheit
mit keinem Wort. Über seinen Vater berichtet er sehr wenig,
fast nichts über seine Mutter, die Familie und die Verwandten. Wir wissen zwar, daß er Brüder hatte, ihre Namen kennen wir aber nicht. Möglicherweise ist auch dieses Verschweigen wieder ein Symptom für die Psychologie eines
Mönchs. In diesem Zusammenhang erinnern wir uns, daß
sich auch Bernhard von Clairceaux geschämt hat, seinen

Schmerz um den Verlust seines Bruders zu zeigen, weil das eine Äußerung der «Stimme der Blutsverwandtschaft» – und daher für einen Mönch unzulässig – gewesen wäre. Auf jeden Fall wird in der ‹Geschichte meiner Mißgeschicke› kein einziger Freund erwähnt! Außer Heloise hat er niemanden, und selbst sie war ihm kein gleichwertiger Freund, wie wir aus seinem eigenen Bekenntnis wissen, das er freilich erst später, gegen Ende seines Lebens, abgelegt hat, in dem er von ihr sagt, sie sei für ihn vor allem ein Objekt der Begierde und eine Quelle sinnlicher Genüsse gewesen, eine Äußerung, durch die sich Heloise in Briefen an ihn tief verletzt zeigt. Denn sie hat Abälard hingebungsvoll geliebt, während er auf ihre Gefühle allenfalls reagiert hat. Überhaupt läßt Abälards Liebe jede Ritterlichkeit vermissen, damit steht sie in schroffem Gegensatz zu dem damals herrschenden Frouwenkult. Und trotzdem akzeptiert Heloise die «Spielregeln», die er ihr aufgezwungen hat, und bezeichnet sich als seine «Sklavin», «Geisel» und «Dienerin», kurz, als inferiores Wesen. Sie hatten miteinander einen Sohn. Doch was steht über ihn in Abälards Autobiographie? «Sie gebar einen Sohn, und sie hat ihn Astrolabium genannt».[99] Das ist alles.[100]

Seiner Lebensbeichte nach zu urteilen ist Abälard auch in sozialer Hinsicht einsam. Obwohl er aus der Bretagne stammt, beherrscht er das Bretonische nicht. Seine Einstellung gegenüber den Menschen seiner Heimat ist geradezu wegwerfend: Er bezeichnet sie als «bruti» («stumpf, schwerfällig»). Seine Studenten und Schüler verschmelzen zu einer gesichtslosen Masse. Wenn er doch einmal Namen nennt, dann sind es in erster Linie die seiner Feinde und Verfolger. Das Namensregister der ‹Geschichte meiner Mißgeschicke› wäre fast leer, wenn man die Namen der alten Autoren, der Helden der antiken Literatur und der biblischen Gestalten entfernte; diese «alten» Namen haben die Namen von Abälards Zeitgenossen, vor allem seiner Freunde und Schüler «eliminiert». Als ihn das Unglück mit seiner Entmannung ereilte, lief nach Abälards Worten die «ganze Stadt» zusammen, doch das Mitgefühl der Geistlichen und Schüler war für ihn nur ein Grund für brennende Scham, angesichts derer er nicht wußte, wohin mit sich: «Wohin soll ich danach

gehen? Wie könnte ich mich dem Volk zeigen?» In ihren
Freundschaftserweisungen erblickte er lediglich Versuche einer Einmischung in sein Ich. Er wurde Mönch und zog sich
in ein Kloster zurück, obwohl die Verstümmelung sein
Recht weder auf eine Laufbahn als Geistlicher, noch auf die
Leitung seines Kollegs in irgendeiner Weise beeinträchtigt
hätte. Der Rückzug ins Kloster war nichts als ein Akt der
Verzweiflung. Erst nach einiger Zeit fängt er sich und
nimmt seine Lehrtätigkeit wieder auf.

Man gewinnt den Eindruck, daß dieser Philosoph, zu dessen Vorlesungen auf dem Hügel Sainte-Geneviève bei Paris
oder wo auch immer die Studenten in hellen Haufen herbei-
strömten, und das nicht nur aus Frankreich, sondern auch
aus Italien, England und Deutschland; dieser Intellektuelle,
dessen Stern heller strahlte als der aller seiner Zeitgenossen,
und dieser Lehrer, unter dessen Schülern sich so unterschiedliche Charaktere befanden wie Johann von Salisbury und
Arnold von Brescia; dieser Mann, der sich der Zuneigung so
vieler Frauen erfreute, weil er sie mit seinem fabelhaften
Aussehen und seinen Liebesliedern betörte – daß dieser
Mensch sein Leben in völliger Isolierung führte. Er findet
kein Wort für Gefühle, die er für einen anderen Menschen
gehegt haben könnte, ausgenommen natürlich Heloise und
seine Feinde; er macht nicht einmal auch nur den Versuch, in
deren Psyche und Charakter einzudringen, um die Motive
ihres Verhaltens zu ergründen.

Am Rande sei erwähnt, daß Abälard während seines Auf-
enthaltes in Laon bei Anselm – kurz nach der Niederschla-
gung des Aufstandes dort, der die Gemüter seiner Zeitgenossen, darunter auch Guiberts von Nogent, aufgewühlt hatte –
mit keinem Wort auf dieses blutige Ereignis eingeht. Gleichgültig gegenüber Politik, verhält er sich völlig teilnahmslos
im Hinblick auf die stürmischen Konflikte, die Frankreich in
dieser Zeit erschütterten. Er steht außerhalb aller Dinge; er
ist voll und ganz gefangengenommen von seinen philosophischen Disputen, von den Zänkereien im Kreise der gelehrten
Männer und vor allem – von seiner eigenen Person.

Wissenschaftler haben die Neigung Abälards herausgearbeitet, sich die Last der eigenen Verantwortung dadurch zu

erleichtern, daß er sie auf andere abwälzt. Ebensowenig ist er zu einer Selbstanalyse bereit; in seinem Werk finden sich nur ein paar Stellen, in denen er über sich nachsinnt und versucht, mit psychologischen Mitteln in sein eigenes Ich vorzudringen. Und man sollte erwarten, er erwähne seine Lehrer und die Einflüsse, die sie auf ihn ausgeübt haben, als er zum Denker heranreifte. Weit gefehlt! Vor uns steht die «Autobiographie» eines großen Intellektuellen, keine intellektuelle Autobiographie.[101] Abälard spricht des langen und breiten über seine eigene philosophische Berufung, doch auch als Denker stellt er sich als isolierten Einzelgänger dar.

Wie läßt sich dieser Widerspruch erklären?

Abälard war doch sein Leben lang von Menschen umgeben, von Anhängern, ja Verehrern, auch von Feinden und Übelwollenden. Seine Aussprüche und Urteile über diese Menschen zeigen, daß er ein extremer Egozentriker war, und diese Bezogenheit ausschließlich auf seine eigene Person und ihr Schicksal macht seine Lebenserinnerungen zu einer «menschenleeren Wüste». In Wirklichkeit kann er doch gar nicht so einsam gewesen sein . . . Wahrscheinlicher ist, daß er über seiner Arbeit an der ‹Geschichte meiner Mißgeschicke› die Gedanken an seine Freunde und Anhänger einfach beiseite geschoben hat, um sich nicht von der Schilderung seines Kampfes mit den Heerhaufen seiner Feinde und Verfolger ablenken zu lassen.

So ist also Abälards Buch schwerlich als Autobiographie zu bezeichnen, aber es ist trotz gewisser Ähnlichkeiten mit einer Beichte doch auch keine Beichte; dazu ist sie zu unaufrichtig und zu sehr vom Geist ungezügelten Hochmuts ihres Verfassers durchdrungen. Am ehesten ist dieses Werk eine Rechtfertigungs- oder Verteidigungsschrift, eine Apologie: Es kommt in der traditionellen Form einer Bußschrift daher, soll aber seinen Verfasser rechtfertigen, mehr noch, es versucht, ihn in den Himmel zu heben. Deshalb können wir, obwohl wir so viel über die Ereignisse in Abälards wildbewegtem Leben und über dessen Krisenmomente erfahren, doch so gut wie nichts über ihn als Persönlichkeit aussagen. Die bleibt hinter einer Maske verborgen, genauer, hinter vielen wechselnden Masken, je nachdem, welche der Philosoph für uns aufzusetzen geruht.

Die Unaufrichtigkeit Abälards tritt besonders deutlich zutage, wenn man seine «Apologie» mit den Briefen vergleicht, die Heloise an ihn gerichtet hat. In ihren Briefen verströmt diese Frau ihre tiefempfindende Natur mit unvergleichlich größerer Gefühlsvielfalt und Unmittelbarkeit, als sie Abälard je zu Papier gebracht hat. Natürlich kleidet auch sie ihre freimütigen Geständnisse in eine wohldurchdachte und geschliffene literarische Form, und ihre Selbstbekenntnisse sind eine Identifizierung mit den literarischen Heldinnen und Autoritäten aus alter Zeit. Doch diese Form – besonders ihre Anspielungen auf den ‹Canticus Canticorum› (das ‹Lied der Lieder› – das ‹Hohelied Salomos›) – verstärkt nur den Ausdruck ihrer grenzenlosen Liebe zu ihrem Mann und Lehrer und verleiht ihren Gefühlen eine beeindruckende Überzeugungskraft. Stil und Inhalt der Briefe Heloises sind einander ebenbürtig, «ihre Individualität entsteht und vervollkommnet sich mit dem Aufblühen ihrer Gedanken im Text».[102] Der Stil der «Apologie» ihres Mannes hat eine ganz andere, beinahe gegensätzliche Aufgabe zu erfüllen: Er dient als äußere Hülle seiner Beichte, einer Literaturgattung, die ihrer Idee nach rückhaltlose Offenheit voraussetzt, bei Abälard jedoch verhüllt, was er nicht sagen konnte – oder nicht sagen wollte.

Abälard richtet seine Aufmerksamkeit nicht nach innen, nicht auf die Psyche der Menschen, seien das andere oder er selber; er konzentriert sie auf die Beziehungen zwischen sich und seiner Umwelt. Daher auch stehen seine brutalen Konflikte mit der Welt obenan, sie sind in der ‹Geschichte meiner Mißgeschicke› die Haupthandlungslinie. Diese Zusammenstöße und die aus ihnen folgenden Enttäuschungen und Niederlagen sind es, die ihn zum Ausdruck völlig anderer Gefühle veranlassen, als Heloise sie schildert; seine Gefühlswelt wird bestimmt durch Stolz, Ruhmsucht, Herablassung gegenüber den Mitmenschen und Begierde auf der einen Seite, Aufgeregtheit, Scham, Erniedrigung, Kummer und Schmerz auf der anderen. Abälard ersteht vor uns in einer besonderen, eigentümlichen Projektion – in der Projektion auf die Welt, die ihm Leiden zufügt. Dieses einsame Individuum, das mitten unter den Menschen lebt und die großen Ereignisse im Getümmel der Zeit dort miterlebt, wo sie sich abspielen, hätte von den Menschen dringend Zuwendung, Hilfe und Achtung gebraucht – dennoch lebt dieser große Denker, Lehrer und Prediger in einem chronischen Zerwürfnis mit sich und seiner Umwelt.

Die Persönlichkeit Abälards ist schwer zu greifen, seine Innenwelt entgleitet dem Blick der Außenstehenden. Dafür hier zwei Zeugnisse von Zeitgenossen. Das erste stammt von seinem schärfsten Widersacher, Bernhard von Clairveaux: «Homo sibi dissimilis, intus Herodes, foris Ioannes, totus ambiguus, nihil habens de monacho praeter nomen et habitum» («Dieser Mensch, der nicht zu sich selbst findet, außen Herodes, innen Johannes, durch und durch zwiespältig, ist nur dem Namen und der Tracht nach Mönch»). Das zweite ist die Aufschrift auf seinem Grabstein, die seine Freunde verfaßt haben: «Petrus hic iacet Abailardus. Huic soli patuit scibile quidquid erat . . .» («Hier liegt Petrus Abaelardus. Allein ihm ist gegeben zu wissen, was er war. . .»).[103]

Halten wir fest, daß beide Zitate bei allem Gegensatz der Einstellung ihrer Verfasser zu Abälards Persönlichkeit eines gemeinsam haben: Sie erkennen sie als gespalten, disharmonisch und doppeldeutig, als die Persönlichkeit eines Menschen, der «sich selbst nicht grün war»; nur er hätte sagen können, was er für ein Mensch ist. Hätte er das wirklich? Ich weiß nicht . . . Das ganze Mittelalter hindurch haben sich Menschen, die bis zu einer Beschreibung ihrer Selbstanalyse vorgedrungen sind, hartnäckig immer wieder die gleiche Frage gestellt: «Wer bin ich? Was stelle ich dar?» Diese Frage hatte schon Augustinus gequält; sie bewegte Opicinus de Canistris (um 1296–1335), einen Kleriker aus Avignon (mehr über ihn weiter unten im 9. Kapitel), und ihr ging auch Michel de Montaigne nach, der nicht mehr ins Mittelalter gehört: «Ich habe in der Welt kein Ungeheuer und kein Wunder, das sonderbarer wäre als ich, gesehen. Durch die Gewohnheit und die Zeit wird uns alles, so seltsam es auch ist, gleichgültig; je mehr ich in mich selbst gehe und mich kennenlerne; desto mehr erstaune ich über meine Ungestalt; desto weniger kann ich mich in mich selbst schicken» Michel de Montaigne, Essais (‹Essais› XI, 13), übers. von Daniel Tietz, Bd. III. Zürich 1992, S. 264).

Die widersprüchliche Persönlichkeit Abälards hat schon seinen Zeitgenossen Rätsel aufgegeben, und das tut sie noch heute. Man kann nur vermuten, daß er eine Verteidigungsstellung aufgebaut hat, als er den Abstand zwischen sich und der Welt dadurch vergrößerte, daß er instinktiv nicht mehr von sich preisgegeben hat, als in der ‹Geschichte meiner Mißgeschicke› nachzulesen ist. So ist in Abälard ein neuer Typ der Persönlichkeit entstanden – das autonome Individuum, das seine Innenwelt nach außen abschottet und einen Dauerkonflikt mit seiner Umgebung austrägt, einen Konflikt, der es immer wieder von neuem zwingt, sich selbst zu definieren. Wenn wir uns auf seine Worte beziehen, nach denen ihm immer und überall – im Kloster, im Kolleg, im Kreise der Philosophen und im kirchlichen Milieu – Fallstricke gespannt wurden, dann bleibt nur eine einzige Vermutung als Begründung dafür: Dieser Mensch paßte einfach in keine Gemeinschaft, dazu war er eine viel zu außergewöhnliche Persönlichkeit, noch dazu eine, die sich mit ihrem Wirken einen bis dahin nicht üblichen Sozialstatus zu schaffen versucht hat. Daher die ununterbrochenen Zusammenstöße mit seiner Umgebung und das Gefühl des Verfolgtwerdens; daher auch die mißtrauische, ja feindselige Einstellung der Gesellschaft zu diesem Individuum, das sich in keine der herkömmlichen Schablonen pressen ließ.

Abälard ist eine einzigartige Erscheinung. Und zugleich kommt in seinem Lebensweg ein bestimmter sozialer Prozeß zum Vorschein: die Herausbildung der sozialen Gruppe der Berufsgelehrten. Es sollte zwar noch ein Jahrhundert dauern, ehe die ersten echten Universitäten entstanden, aber schon die Zeit Abälards bringt Menschen hervor, die mit ihrer Herkunft und den für Mönche traditionellen Tätigkeiten brechen, um sich völlig der wissenschaftlichen Erkenntnis zu widmen, und die ihre Lehrtätigkeit an einer der damaligen Schulformen zur Quelle ihrer Existenzsicherung machen. Abälard, der um der Wissenschaft willen von seinem

Adelsrecht der Erstgeburt keinen Gebrauch machte, erwähnt an irgendeiner Stelle nicht ohne Stolz seine totale Untauglichkeit für die Landwirtschaft und macht auch aus seiner Verachtung für die Bettelmönche kein Hehl, als deren einzige Berufung er ihren «Dienst an der eigenen Zunge» ansah.[104]

Die Herausbildung des Selbstbewußtseins der Berufsintellektuellen mit ihrem spezifischen Wertesystem, mit ihrem Glauben an die Kraft der Vernunft und des individuellen Begreifens der Wirklichkeit, mit einem neuen Mentalitätstyp, eilte ihrer Etablierung als soziale Schicht voraus. Das Schicksal Abälards war bei all seiner individuellen Einmaligkeit und Unwiederholbarkeit zu einem Teil die Folge auch dieses Prozesses.

Suger, Othloh und andere

Die Selbstzeugnisse, die so unterschiedliche Persönlichkeiten wie Guibert von Nogent und Peter Abälard uns hinterlassen haben, sind einander denkbar unähnlich, wenn man von den traditionell obligaten Floskeln der Selbsterniedrigung absieht, die jedoch, wie schon an anderer Stelle angedeutet, nicht immer für bare Münze genommen werden sollten. Die Unterschiede, ja die Gegensätze zwischen ihnen äußern sich vor allem darin, daß sich Guibert von Nogent aus seinem sozialen Milieu nicht ausklinkt, sondern im Gegenteil in ihm aufgeht, während Abälard bei jeder Gelegenheit seine Opposition gegen dieses Milieu betont und dabei möglicherweise sogar übertreibt, wenn er die Fakten im dunkeln läßt, die dem Bild seines ununterbrochenen Martyriums und seines einsamen Abwehrkampfes gegen die ganze Welt zuwiderlaufen könnten.

Fragen wir uns aber doch, ob sich nicht für Abälard, Guibert und die anderen großen Geister jener Zeit, wie Bernhard von Clairveaux (1090–1153), eine verallgemeinernde Typologie herausarbeiten läßt; und fragen wir uns weiter, ob sich nicht hinter allen Verschiedenheiten hinsichtlich Lehrmeinung und Stellung in der kirchlichen Hierarchie auch eine psychologische Inkompatibilität ihrer Persönlichkeiten verbirgt.

Georg Misch ist der Auffassung, daß für die mittelalterliche Persönlichkeit eine «morphologische Individuation» kennzeichnend ist, die das unwiederholbar Individuelle dem Typischen unterordnet – hier dem durch die feudale Gesellschaftsordnung Bedingten – mit der Folge, daß sich die entscheidenden Äußerungen dieser Persönlichkeit orientieren an vorgegebenen und gewissermaßen außerhalb von ihr existierenden Anschauungen und Formen. Im Gegensatz dazu ist der die Persönlichkeit des Mittelalters ablösende Renaissancetyp das Produkt einer «organischen Individuation», deren Mittelpunkt in dieser Persönlichkeit selbst beschlossen ist.[105] Einer der zahlreichen Beweise dafür ist nach Misch die Gestalt des Abtes Suger (um 1081–1151), eines Zeitgenossen von Guibert und Abälard. Dieser angesehene Kirchenmann und Politiker hat sich bleibende Verdienste dadurch erworben, daß unter seiner Leitung und nach seinen theologischen und künstlerischen Ideen in den 40er Jahren des 12. Jh. die Abtei Saint-Denis, deren Abt er 1122 geworden war, grundlegend rekonstruiert worden ist.

Diese Abtei beherbergt die Reliquien des «Apostels von ganz Gallien», des hl. Dionysius (Denis), der als Schutzpatron des französischen Königreiches verehrt wurde; sie ist die letzte Ruhestätte der Könige des Frankenreiches und Frankreichs und eines der ersten im gotischen Stil errichteten Bauwerke Frankreichs. In der von Suger hinterlassenen Beschreibung dieses Baus mit Einzelheiten der Bauausführung und der Ausschmückung schimmern Züge seiner Individualität auf, so daß es gute Gründe für die Annahme gibt, auch hier sind unter Demutsformeln Stolz auf das Geleistete, ungestümer Ehrgeiz, Eigenliebe und, so Panofsky, «demutsvolle Eitelkeit» verborgen. Es ist doch bezeichnend, wenn auf vielen Details des Schmucks von Saint-Denis immer wieder ein und derselbe Name prangt – nicht etwa der Name des jeweiligen Baumeisters, Glasmalers, Bildhauers oder Schmuckgestalters, sondern der Name Sugers. Nicht weniger seltsam mutet die Tatsache an, daß an den sichtbarsten Stellen der Kirche Abbildungen von Suger angebracht sind.

Es wird behauptet, daß die Persönlichkeit Sugers restlos in seiner majestätischen architektonischen Schöpfung aufgehe, die von der Ästhetik des Lichtes geprägt wird. Ist aber nicht vielleicht das genaue Gegenteil richtig? Hat Suger in seinem Streben nach Selbstverwirklichung nicht vielmehr die Abtei «in sich aufgehoben»? Panofsky sieht den Unterschied zwischen dem Ehrgeiz des Renaissancemenschen und der Ruhmsucht Sugers in folgendem. Die großen Männer der Renaissance bestätigen ihre Persönlichkeit «zentripetal», indem sie die ganze Welt in sich aufnehmen, so daß sie von ihrem Ich regelrecht absorbiert wird. Suger dagegen, Mensch des Mittelalters, bestätigt seine Persönlichkeit «zentrifugal», indem er sein Ich in die Umwelt hinein projiziert und so die eigene Identität leugnet, mit dem Ergebnis, daß sein Ich völlig mit seiner Abtei verschmilzt. Diese paradoxe Legierung von Eitelkeit und Demut bei Suger erklärt Panofsky mit dem «Minderwertigkeitskomplex», den Suger gehabt haben soll, weil er nicht aus dem Adel stammte – was er im Kreis von Adligen als schmerzlich empfunden haben mag – und von kleinem Wuchs war. Dieser Komplex, so Panofsky, hat bei Suger das Bestreben einer «Überkompensation» ausgelöst. Außerdem hat die enge Verbundenheit mit der Abtei Saint-Denis – Suger ist seit frühester Kindheit dort erzogen worden – in ihm eine Art Sohnesbeziehung zu Saint-Denis entstehen lassen, so daß sich alle seine Fähigkeiten und Hoffnungen auf die Abtei konzentrierten und er sich letzten Endes völlig mit ihr identifizierte.[106]

Wie wir sehen, können viele, die die Persönlichkeit des Mittelalters erforschen, keinen einzigen Schritt ohne Freud tun. Erinnern wir uns an die Überlegungen Bentons zur «Komplexbehaftetheit» Guiberts von Nogent und daran, daß Persönlichkeit und Schicksalsschläge Abälards, vor allem die tiefe Krise nach seiner Kastration, die Einbettung in ein psychoanalytisches Schema geradezu gebieterisch verlangten. Natürlich ist die Möglichkeit dieser oder jener Psychose, ja Neurose auch bei den Gestalten des Mittelalters nie ganz auszuschließen, aber deren psychische Spannungszustände waren doch wohl in erster Linie historisch, von

ihrer Zeit bedingt. Meiner Ansicht nach ist es gerade diese
kulturhistorische Bedingtheit, die die besondere Aufmerksamkeit der Forschung verdiente.

Übrigens sind Wissenschaftler auch bei dem bayrischen
Mönch Othloh (um 1010 – um 1070) von St. Emmeran in der
Nähe von Regensburg auf den Gedanken verfallen, einer
«seelischen Krankheit» nachzuspüren. Othloh stammt, wie
seine Lebensdaten zeigen, aus der Generation vor Guibert
und Abälard, hat aber auch bereits interessante Aufzeichnungen autobiographischen Charakters hinterlassen. Č. Morris
erblickt Hinweise auf diese seelische Krankheit in den Bekenntnissen Othlohs, daß er lange Zeit von Zweifeln an der
Authentizität und dem Wahrheitsgehalt der Heiligen Schrift,
gar an der Existenz Gottes gepeinigt worden sei: Wenn Er
wirklich existiert, wie ist dann das Böse in der Welt zu erklären? Diese Qualen, die Othloh sehr wohl in eine tiefe seelische Krise gestürzt haben können, waren von Visionen begleitet, in denen böse Geister von ihm Besitz ergriffen hatten
und ihn zwingen wollten, sich von Gott loszusagen und der
Macht dieser Geister zu huldigen. Man kann sich gut vorstellen, welche an die innerste Existenz seiner Persönlichkeit rührende Pein Othloh erdulden mußte, als er zwischen
Hoffnung und Verzweiflung hin und her taumelte. Othloh
zitiert Gebete, mit denen er sich an Gott wandte, er möge,
«wenn Er tatsächlich existiert», sich ihm offenbaren und
Seine Kraft und Herrlichkeit erweisen, damit die Zweifel –
und die seelischen Torturen in ihrem Gefolge – ein Ende
haben, denn er kann sie nicht mehr aushalten. Aus anderen
Literaturdenkmalen dieser Epoche wissen wir, daß sogar
manche Menschen, die diese Martern nicht mehr ertragen
konnten, ihrem Leben ein Ende gemacht haben. Ich neige
jedoch zu der Annahme, das sich dieses Problem keineswegs mit den Mitteln der Psychopathologie lösen läßt, indem man diese Menschen als «Masochisten, die Verlok-
kung im Trost und Heilung in der Krankheit suchen», als
«manisch depressiv» oder «Neuropathen» abstempelt, wie
das J. Leclercq tut.[107] Die Wurzeln für diese seelischen Zustände sind vielmehr in Religion und Kultur ihrer Zeit zu
suchen.

Es ist also kein Zufall, daß sich die Scholastik des folgenden Jahrhunderts mit dem Problem der Logik «Utrum Deus sit?» («Ob Gott ist?») eingehender zu befassen begann, nachdem bereits ein Zeitgenosse Othlohs, der hl. Anselm, Erzbischof von Canterbury, ebenfalls die Notwendigkeit empfunden hatte, einen ontologischen Gottesbeweis auszuarbeiten. Dieses Problem dürfte kaum von der Entwicklung des philosophischen Denkens allein an die Oberfläche gespült worden sein; es war einfach ein Problem, das die Zeitgenossen Anselms existentiell umtrieb. Nun gehört Othloh aber nicht zu den Denkern, denen sich derartige Probleme in ihrer logischen und philosophischen Reinheit stellten. Seine Zweifel erwuchsen aus der Sehnsucht nach Glaubensgewißheit und Seelenfrieden. «Amator dubitationis totius» («Freund jeglichen Zweifels») nennt Othloh den ihm im Traum erschienenen Herrn; und diejenigen Bibelzitate, die die Unvermeidlichkeit und Ausweglosigkeit der menschlichen Leiden begründen sollen, legt er dem Teufel in den Mund, dem Widersacher Gottes in dieser Auseinandersetzung. Doch der Ausgang dieses Streites bleibt offen, und Othloh ist wie vorher zwischen Verlockungen und Illusionen einerseits und Erleuchtung und Hoffnung andererseits hin- und hergerissen.

Außer den theologischen und existentiellen Zweifeln bewegten Othloh auch noch andere: Wie läßt sich die Liebe zur Literatur heidnischen Inhalts, zu den Werken der römischen Schriftsteller, mit dem Studium der christlichen Texte vereinbaren? In dem Kloster, in dem er den größten Teil seines Lebens zugebracht hat, lasen nur Mönche auch heidnische Bücher, die anderen Insassen ausschließlich die Heilige Schrift. Othloh gesteht, daß er die Wahl zwischen diesen beiden, den alten Lateinern und der Bibel, nicht aus eigenem Antrieb getroffen hat, sondern erst nach dem Eingreifen von Kräften außerhalb seiner selbst: In einer Traumvision, so schreibt er, besuchte ihn jemand, der ihn heftig schlug – die Wunden und blauen Flecke waren noch zu sehen, nachdem der Sünder erwacht war; erst nach diesem wunderbaren Ereignis – das vergröbert die bekannte Anrufung wiederholt, die der hl. Hieronymus an die Wahrheit richtet, worauf ihm der Herr vorwirft, er sei kein Christ, sondern ein «Cicero-nianer» – entsagt Othloh dieser weltlichen Leidenschaft, der Lektüre der heidnischen Bücher.

Wie die bereits vorgestellten Autoren hat auch Othloh ein Traktat geschrieben, in dem er sein Leben schildert, ohne je-doch damit strenggenommen eine in sich geschlossene Auto-biographie geschaffen zu haben. Das Traktat besteht aus ver-streuten Erinnerungen an die Versuchungen, denen er ausge-setzt war, und an die Visionen, als deren Folge er schließlich doch den Weg der Wahrheit gefunden hat. Dementspre-chend trägt dieses Buch den Titel ‹Libellus de suis tempta-tionibus, varia fortuna et scriptis› (‹Büchlein über meine Versuchungen, das wandelbare Glück und meine Schrif-ten›).[108] Man gewinnt den Eindruck, daß Othloh, wie spä-ter Guibert und Abälard, noch keine Vorstellungen von der Autobiographie als einer eigenständigen Literaturform be-saß, die das Leben in seiner Totalität und Aufeinanderfolge von Geschehnissen umfaßt. Wie Othloh die Absage an die heidnischen Schriften und die Hinwendung zu den heiligen Texten mit der Festigung seines Glaubens der Barmherzig-keit des Schöpfers verdankt, so auch seine Erfolge in der Lehre. Kennzeichnend ist hier wieder, daß auch Othloh zu-sammen mit diesen Demutsgesten Stolz auf seine Werke an den Tag legt – um sofort hinzuzufügen, daß er das Ver-zeichnis seiner Schriften nur deshalb zusammengestellt habe, damit die faulen Mönche vom Müßiggang ablassen und sich nützlicher Tätigkeit zuwenden, «selbst wenn sie nicht zu so Großem fähig sind, dann sollen sie eben etwas Leichteres zustande bringen». Tiefste Demut und höchstes Selbstbewußtsein sind auch bei Othloh wundersam ver-flochten.

Man stellt rasch fest, daß die «Autobiographie» Othlos von St. Emmeran ebenfalls nach dem Kanon von Beichte und Heiligenleben abgefaßt ist; auch hier sind die wichtig-sten Momente, die Wendepunkte des Lebens als Überwin-dung teuflischer Verlockungen und Bekehrung zur Wahrheit dargestellt, eine Bekehrung, die weniger auf eine Anspan-nung des eigenen Willens zurückgeht und logisch aus dem Innenleben des Individuums erwächst, sondern aus dem wunderbaren Eingreifen der göttlichen Macht. Auch hier ist die Individualität von der vorgegebenen Struktur des Textes zugeschüttet und in die Spezifik der Literaturgattung gepreßt; die tatsächlichen Lebenseindrücke scheinen sie unberührt zu lassen.

Das gleiche gilt für Ratherius von Verona (um 887–974), der bereits weiter oben erwähnt wurde. Auch in seinen Schriften gehen Selbstbezichtigung und Hochmut diese eigenartige Verbindung ein. Seine Rechtfertigungsversuche muten wie Vorwürfe an seine Umwelt an. Aus dem 10. Jh. dringt zu uns der an Gott gerichtete Schrei dieses zutiefst unglücklichen und disharmonischen Menschen: «Miserere mei!» («Erbarme dich meiner!»),[109] aber auch bei ihm bleibt uns die menschliche Individualität verborgen.

Die Neigung mancher heutigen Forscher, die Individualität eines mittelalterlichen Autors aus ihrem konkreten kulturellen Zusammenhang mit der Epoche zu lösen und sie mit den Mitteln psychoanalytischer Verfahren zu erklären, ist kaum zu rechtfertigen. Nicht nur, daß die Überzeugungskraft dieser Versuche gering ist – die den Historikern verfügbaren Werke bieten keine Möglichkeit, wirklich tief in die Psyche ihrer Schöpfer einzudringen –, es erhebt sich anschließend doch sofort die Frage: Wem begegnen wir in den «autobiographischen» Texten aus dem 10. bis 12. Jh? Waren das alles wirklich nur anomale Persönlichkeiten? Wenn ja, wie repräsentativ sind sie dann für die Kultur ihrer Zeit? Es geht aber offensichtlich gar nicht um die psychische Verstörung dieses oder jenes Individuums, sondern um die Schwierigkeiten, mit denen es auf seinem Lebensweg zusammengestoßen ist, und das waren Schwierigkeiten, die aus der moralisch-ideologischen Situation der Epoche resultierten.

Der Meister und sein Selbstbewußtsein

Übrigens ist das Streben nach Selbstbestätigung, das der Abt Suger mit der Schaffung von Werken der bildenden Kunst oder der Literatur zu befriedigen versuchte, keine «differentia specifica» («spezifische Eigenart») von ihm allein.

Über die Jahrhunderte hinweg haben mittelalterliche
Meister – Bildhauer, Architekten, Baumeister und Buch-
maler – ihr Andenken verewigt, indem sie ihre Schöpfungen mit ihren Namen («Unterschriften») signiert, mitunter auch mit Bildnissen von sich («Selbstporträts») geziert
haben.

Diese der traditionellen Anonymität zuwiderlaufende
Sitte der Signierung und Selbstporträtierung kommt bereits
im 8. Jh. auf. Auf dem Altar im Mailänder Dom hat sich sein
Schöpfer vor einem Heiligen knieend dargestellt, der ihm
einen Lorbeerkranz reicht; an dieser Stelle finden wir auch
die Signatur des Meisters «Vuolvinus magister phaber»
(«Vuolvinus, Meister und Künstler»). Das Selbstporträt des
Mönchs Hugo, eines Buchmalers, finden wir in der Kopie
eines Werkes des hl. Hieronymus vom Ende des 11. Jh.;
er hat sich an seiner Arbeit sitzend gemalt. Der Mönch
Robertus Benjamin hat sich ebenfalls gemalt und das Bild
signiert; es ist in einer von ihm illuminierten Handschrift
mit Psalmen des Augustinus enthalten. Auf dem letzten
Blatt einer Handschrift von ‹De civitate Dei› (‹Vom Gottesstaat›) von Augustinus aus der Zeit um 1140 hat der
«scriptor» («Kopist») Hildebertus eine ganze Genreszene
untergebracht; er selbst, in teure Kleider gehüllt, schreibt
ein Buch ab, das aufgeschlagen auf einem Gestell ruht,
und neben ihm steht sein Gehilfe; der Kopist wird von seiner Arbeit durch eine Ratte abgelenkt, die auf den Eßtisch
geklettert ist, eine Weinflasche heruntergeworfen hat und
sich mit einem Stück Käse in den Zähnen zur Flucht wendet; der Text enthält eine Verwünschung, die Hildebertus
der Ratte hinterdreinschickt. Wir begegnen einem Selbstporträt dieses Mönchs noch einmal in einer anderer Handschrift. In der Zeit zwischen 1160 und 1170 hinterließ ein
Mönch des Klosters Saint-Amand (in Noirlac) seine Signatur in nicht weniger als sechs Handschriften «Sawalo
monachus me fecit» («Der Mönch Sawalo hat mich gemacht»). Man muß erst ein Gespür dafür entwickeln, welcher Komplex von Gefühlen sich hinter diesem lakoni-
schen Text versteckt, ehe sich die Tragweite seines Inhalts
erschließt.

Der Meister der Glasmalerei Gerlachus aus dem Kloster Arstein (um die Mitte des 12. Jh.) vergaß nie, sich auf seinen Fenstern mit dem Pinsel in der Hand abzubilden und die Zeichnung mit einem Text zu versehen, der lautete: «Rex regum clare Gherlaco propic(t?)iare» («Strahlender König der Könige, sei dem Gerlach gnädig»). Zu Füßen Christi des Weltenrichters im Tympanonrelief des Westportals der Kirche Saint-Lazare in Autun (Burgund) hat um 1140 der Meister seinen Namen «Gislebertus» eingehauen. Ein italienischer Meister hinterließ in der Kirche von San Cassiano folgende Inschrift: «Hoc opus quod cernis Biduinus docte perfecit» («Das Werk, das du siehst, hat Biduinus gekonnt vollendet»). Ein anderer Meister rühmte sich dessen, daß er «in seiner Kunst alle anderen übertrifft». Auf einem Relief im Chor des Doms zu Worms können wir lesen: «Otto me fecit» («Otto hat mich gemacht»).

In anderen Fällen ist der Name des Meisters nicht erwähnt, dafür wird seine Kunstfertigkeit gerühmt. Eine Abbildung des Erzbischofs von Winchester aus der Mitte des 12. Jh. begleitet der Text: «Ars auro gemmisque prior. Prior omnibus autor» («Die Kunst steht höher als Gold und Edelsteine. Am höchsten steht der Schöpfer»).[110] In manchen Kirchen sind «Porträts» der Meister als Standbilder zu finden; sie blicken, mit ihrem Handwerkszeug bewaffnet, aus dem Fenster.

Diese Wort- und Bildersprache ist ausgesprochen wortkarg; ihre lapidare Kürze bildet ein fast unüberwindliches Hindernis für den Historiker, der zu möglichst umfassenden und eindeutigen Vorstellungen von der Innenwelt der Schöpfer dieser künstlerischen Offenbarungen, von ihrem Wertesystem und ihrem Selbstwertgefühl gelangen möchte. Es wäre jedoch nicht richtig, zum einen die Bedeutung dieser Zeugnisse geringzuschätzen oder zum anderen sie außerhalb des weiten Umfeldes der mentalen und sozialen Voraussetzungen dieser Epoche zu betrachten. In allen diesen Fällen – ihre Zahl ließe sich vermehren – hat sich der Schöpfer, im Bewußtsein der eigenen Würde und gesellschaftlichen Wichtigkeit seiner Person sowie der religiösen Bedeutung seines Werkes, den Wunsch erfüllt, sein Andenken zu

verewigen. Damit kämpft er gegen das Vergessen an, das die
Zeit mit sich bringt; so bestätigt er sein eigenes Ich. Viele der
bisher erwähnten Fakten stammen aus dem 12. Jh. Offenbar
war das eine Zeit wachsenden Selbstbewußtseins der ihre
Kultur Schaffenden. Bedeutet das aber auch, daß die Künstler erst in dieser Zeit fähig geworden wären, ihre Individualität zu «entdecken»? Wie wir gesehen haben, äußern manche
Meister derartige Einstellungen wesentlich früher, sogar
schon im 8. Jh. Außerdem dürfen wir nicht außer acht lassen, daß wir aus dem Frühmittelalter sehr viel weniger
Kunstwerke besitzen als aus dem 12. oder 13. Jh.

Was das Selbstbewußtsein der Schöpfer literarischer Texte
betrifft, so ist die früher vorherrschende Ansicht von der Anonymität ihrer Urheber bereits erheblich korrigiert worden.[111] Ich erinnere in diesem Zusammenhang daran, daß
wir eine hohe Meinung von sich und Stolz auf die eigene Leistung schon bei Autoren zu Beginn des Mittelalters beobachten können, etwa bei Gregor von Tours im 6. Jh. und bei
Beda «Venerabilis», dem «Verehrungswürdigen», im 8. Jh.
So bittet Gregor seine Mitbrüder, in seiner ‹Historia Francorum› (‹Geschichte der Franken›) nichts zu verändern; Beda
stellt an den Schluß seiner ‹Historia ecclesiastica gentis An-
glorum› (‹Kirchengeschichte der englischen Nation›) eine
ausführliche Bibliographie seiner Werke.

Ebensowenig verhehlt Othloh von St. Emmeran mit der
Aufzählung seiner Werke seinen Stolz als ihr Verfasser. Wohl
mehr im Scherz als im Ernst fügt er noch an, daß er manche
von ihnen nicht unter seinem Namen hinausgehen ließ, um
den Gefühlen derjenigen Prälaten nicht zu nahe zu treten, die
bei ihrer Lektüre nicht nur Neid auf den Verfasser empfinden
könnten, sondern auch Widerwillen ihm gegenüber wegen
seiner niederen Herkunft. Angesichts dieser Ironie kann von
einem nicht als solches verinnerlichten Urheberschaftsbewußtsein wohl kaum mehr die Rede sein und folglich auch
nicht von einer Anonymität. Im Gegenteil, der Schöpfer dieser Werke gibt seinen Namen ganz bewußt preis, und das
zeugt von seinem gestiegenen Selbstbewußtsein als Autor.[112] Benoit von Saint-Maure, ein Dichter und Chronist
aus dem 12. Jh., stellt ebenfalls nicht ohne Stolz fest, daß der

von ihm geschaffene und «von eigener Hand geschriebene» Text «so durchkonstruiert und so ausgefeilt ist, daß in ihm nichts geändert und nichts ergänzt zu werden braucht». Und in den 70er Jahren des 12. Jh. leitet Chrétien von Troyes (1135–1183) den Prolog zu seinem ‹Lancelot› ein mit den Worten: «Ich beginne nun mit dieser Geschichte, die für immer denkwürdig sein wird, solange die christliche Welt steht. Darauf ist Chrétien stolz!» Mit seinem Bericht über die Vergangenheit strebt der Dichter gedanklich in die Zukunft.

Von vielleicht größtem Interesse in diesem Zusammenhang ist die Dichtung der isländischen Skalden. Das war eine von Anfang an – und wir kennen sie seit der ersten Hälfte des 9. Jh. – durch und durch persönliche Dichtung. Damit – und auch in jeder anderen Hinsicht – stand sie in scharfem Kontrast zur Dichtung der ‹Edda›. Während in den isländischen Sagas, die auf die Epische Tradition zurückgehen, der Name des Urhebers nicht erwähnt wird, ist der Skalde im Gegensatz dazu stolz auf seine Kunst und kultiviert sie ganz bewußt. Wie bereits erwähnt, trat das personale Element in der Skaldendichtung aus dem vorchristlichen Skandinavien besonders deutlich hervor; seit dem 12. Jh. jedoch kommen auch hier zunehmend Demutsformeln auf. Doch selbst in diesen Fällen gibt es Grund zu der Annahme, daß die Dichter, Künstler und anderen Meister des Frühmittelalters trotzdem nicht ihrer Individualität beraubt waren, obwohl die christliche Ethik und die ihr entsprechende Ästhetik der Individualität erhebliche Beschränkungen auferlegten.

Carl Jacob Burckhardt, Karl Lamprecht und viele andere sind der Auffassung, daß die europäische Kultur erst in der Renaissance Interesse an der menschlichen Individualität aufzubringen beginne. Bis dahin sei die Individualität vernachlässigt worden, weil sich alle Aufmerksamkeit ausschließlich auf das «Typische» konzentrierte. Ähnliche Positionen vertreten auch diejenigen heutigen Forscher, die von der «Entdeckung des Individuums» im 12. oder 13. Jh. sprechen; ihr einziger Unterschied zu der erstgenannten Ansicht ist der, daß sie die Zeitgrenze etwas in die Vergangenheit verscho-

ben haben. Dabei steht doch seit langem fest, daß bereits in
der Literatur des 10. und des 11. Jh. ein gewisses Interesse an
individuellen Zügen des Charakters und des Äußeren ihrer
Gestalten zu beobachten ist, und das nicht nur in Annalen
und anderen historischen Schriften, sondern sogar auch in
einzelnen Viten, obwohl doch die Literaturgattung «Hagiographie» an sich für die Äußerung individueller Standpunkte
des Verfassers keine günstigen Voraussetzungen bot und die
Darstellung des Besonderen und den Rahmen des Kanons
Überschreitenden nahezu verbot. Auf keinen Fall aber ist es
angebracht, die Fähigkeit dieser Autoren zur Darstellung des
Individuellen anzuzweifeln; es war einzig und allein das Re-
gelwerk der Hagiographie mit seiner Fixierung auf das Vor-
bildliche und Idealtypische,[113] das einer Kultivierung dieser
Fähigkeit entgegenstand.

Die Verallgemeinerungen, nach denen «die Welt und der
Mensch in der Renaissance entdeckt» worden sein sollen, haben sich inzwischen als unhaltbar erwiesen. Etienne Gilson
hat das an Abälard und Heloise exzellent dargestellt;[114] er
hält dabei jedoch an der Überzeugung fest, daß diese beiden
und ähnliche Beispiele eher Ausnahmen von der Regel gewesen seien. Seither wird aber immer deutlicher, daß das ganz
und gar keine Ausnahmen waren, sondern Phänomene, in
denen eine bestimmte Tendenz ihren ins Extrem gesteigerten
Ausdruck gefunden hat.

Diese war aber nur eine von mehreren einander widerstreitenden Tendenzen. Die Spannungen zwischen der herrschenden Einstellung, die Demut und Anonymität verlangte, und dem ehrgeizigen Bestreben von immer mehr
Schöpfern literarischer und anderer Kunstwerke, ihr Andenken «jetzt und in Ewigkeit» zu sichern, wuchsen sich mit der
Zeit zu einem echten Konflikt aus. Schon die Zeitgenossen
von Abälard und Heloise dachten häufig über sich und ihr
Schaffen nach; dabei verfügten sie bereits über ein umfang-
reicheres Repertoire an Mitteln und Möglichkeiten zur
Selbstreflexion und Selbsteinschätzung als ihre Vorläufer. Im
Gegensatz dazu waren ihre Mittel zum Ausdruck des eigenen Ichs unterentwickelt. Der Kern der Persönlichkeit war
von einem dichten Kokon aus festen Redewendungen, litera-

rischen Klischees und aus der Tradition herüberreichenden Fäden umsponnen; aus der Tradition stammten auch die obligaten Gestalten, die den Bereich einengten, in dem das Individuum seine Individualität ausdrücken konnte. Die Einzigartigkeit der Persönlichkeit, ihre Unähnlichkeit mit anderen galt als anomal und sündhaft; dafür mußte der Autor äußerlich Buße tun, auch wenn er insgeheim Stolz empfand. Daher entzieht sich sein wirkliches, sein echtes Ich unseren Blicken.

Sechstes Kapitel

Das Gleichnis von den fünf Talenten

Die bisher angeführten und andere ihnen ähnliche Gedanken von Intellektuellen des Mittelalters zur «persona» erlauben, so interessant sie für sich genommen auch sind, dennoch keine Erfassung der mittelalterlichen Persönlichkeit in ihrer unwiederholbaren historischen Eigenständigkeit. Dazu müßte man sich von den Theologen und Philosophen ab- und den «breiten Schichten» der Gesellschaft zuwenden; man müßte auf das Niveau hinabsteigen, wo die Menschen nicht in Abstraktionen, sondern in konkreteren, anschaulicheren Bildern gedacht haben und von alltäglichen Vorstellungen und Interessen beherrscht waren. Ist das überhaupt möglich? Für eine Zeit, da das gesprochene Wort viel weiter verbreitet war als das geschriebene, in der die überwiegende Mehrheit des Volkes auf der Stufe der mündlichen Tradition verharrte, weil sie keinen Zugang zum Buch – zur Kunst des Lesens und Schreibens überhaupt – hatte, scheint es nicht leicht zu sein, zu den Gedanken und Vorstellungen des einfachen Gläubigen, des «kleinen Mannes», vorzudringen. Nicht leicht, aber nicht unmöglich.

Es gibt Gattungen der mittelalterlichen Literatur, die zwar aus der Feder von Gebildeten, Geistlichen und Mönchen, stammen, sich aber gleichwohl nicht an den kleinen und geschlossenen Kreis von in die Feinheiten der Theologie und Scholastik Eingeweihten gewandt haben: Dazu gehören Predigten, «libri poenitentiales» («Bußbücher»), «exempla» («Lehrbeispiele, Predigtmärlein»), «visiones» («Gesichte aus dem Jenseits»), «miracula» («Wundererzählungen») und «vitae» («Heiligenleben») sowie ferner Handbücher mit volkstümlichen Darstellungen der Theologie und von der Kirche verwendeten Segens- und Verwünschungsformeln; sie waren so abgefaßt, daß die Herde der Gläubigen von ihrem Inhalt angesprochen und infolgedessen auch beeinflußt werden sollte. Aus diesem Grunde mußte zwischen den Gedanken des Geistlichen, sei er Prediger oder Beichtiger, und denen der einfachen Gläubigen eine Art «Rückkopplung» aufgebaut werden. Ein Verfasser, der sich an diese Adressaten wandte, konnte gar nicht anders, als ihre Sprache zu sprechen, als mit den Bildern und Vorstellungen zu operieren, die dem Verständnis dieser Menschen zugänglich waren. Und natürlich war das eine der Sprachen, über die ein Geistlicher auch, neben der Sprache der hohen Theologie, als Handwerkszeug frei verfügen mußte.

Wenn man sich mit geschärftem Gehör in die Werke der eben genannten Gattungen versenkt, kann man aus ihnen zwei Stimmen vernehmen: Die erste Stimme ist die eines «illitteratus» oder «idiota» (des «Menschen der mündlichen Volkstradition» oder ungebildeten «kleinen Mannes»), in dessen Bewußtsein «vorkulturelle» Kulturfermente in nahezu unbearbeitet formlosem Rohzsutand existierten; die zweite Stimme ist die eines «litteratus», der, um sich an den echten kleinen Mann wenden zu können, dessen Rolle nur spielt, in Wahrheit aber Träger der – dessen Kultur entgegengesetzten, der antithetischen – Kultur des Mittelalters ist. Die erste Stimme klingt undeutlich durch die zweite hindurch und vermittelt uns Bruchstücke des Bewußtseins des wahren kleinen Mannes in ihrer von den geistlichen Verfassern zensierten Gestalt. Doch trotz dieser Zensur kann sich der Historiker hier langsam zu dem Mentalitätsniveau durchgraben, das in der offiziellen Theologie völlig verschüttet ist.

Auf den ersten Blick mag es befremdlich scheinen, daß wir vorhaben, nach dem Begriff «Persönlichkeit» in den «Niederungen» der Gesellschaft zu suchen. Doch wir haben uns im Laufe der bisherigen Darlegungen ja davon überzeugen lassen müssen, daß wir in der dünnen Luft auf den Gipfeln der Theologie keine Antwort auf die uns interessierenden Fragen bekommen – zu sehr sind hier die Gedanken auf Gott konzentriert. Begeben wir uns daher hinab in den Dunst der «Niederungen» des Gemeinschaftsbewußtseins.

Meine Aufmerksamkeit wurde durch den Text einer Predigt Bertholds von Regensburg, des berühmten deutschen

Franziskanerpredigers aus dem 13. Jh., gefesselt. Er zog
durch die Städte und Dörfer Süddeutschlands, aber auch
durch andere Teile des Reiches, und setzte ihren Bewohnern
die verschiedensten Aspekte der Religion und die Grund-
sätze eines christlichen Lebenswandels auseinander. Zeugnissen seiner Zeitgenossen nach zu urteilen, erfreuten sich
Bertholds Predigten ungeheurer Beliebtheit. Salimbene
von Parma behauptet gar in seiner Chronik, das Wort
Bertholds habe Wunder gewirkt, so daß die Menschen zu-
hauf strömten, wenn er sich angekündigt hatte; es wäre
sicher erlebenswert gewesen, seinen Predigten zu lauschen.
Worüber unterhielt sich nun dieser Prediger mit seinen Zuhörern, welche Stoffe und Themen erregten ihre gespannte
Aufmerksamkeit, und wie gelang es ihm, diese Aufmerksamkeit zu fesseln?

Eine Predigt Bertholds, die für unsere Suche nach der Persönlichkeit des Mittelalters von ganz besonderem Interesse
ist, trägt den Titel ‹Über das Gleichnis von den fünf Talenten›. Das ist nach meiner Überzeugung ein geradezu kapita-
ler Text, der von den Historikern nicht gebührend gewürdigt wird; meines Wissens ist er von ihnen überhaupt noch
nicht zur Untersuchung der Frage nach der mittelalterlichen
Persönlichkeit herangezogen worden. Dabei gibt es – was
die Tiefe des Eindringens in das Wesen der gesellschaftlichen
Verhältnisse und Beziehungen betrifft, aber auch, was die
Reife des Verständnisses für den organischen Zusammenhang zwischen der menschlichen Persönlichkeit und dem ihr
übergeordneten gesellschaftlichen Ganzen angeht – neben
dieser Predigt nichts Gleichwertiges, weder im Schaffen
Bertholds, von dem uns immerhin einige Dutzend Predigten überliefert sind, noch in ähnlichen Werken anderer Autoren aus dieser Zeit. Diese durch und durch bemerkenswerte
Schöpfung wirft ein helles Licht auf die Möglichkeiten und
die Grenzen der «Anthropologie» des Mittelalters.[115]

Um die Gedankenführung Bertholds besser verstehen zu
können, müssen wir uns die geschichtliche Situation vergegenwärtigen, in der diese Predigt entstanden ist. Der Höhepunkt von Bertholds Predigertätigkeit fällt in die Zeit des Interregnums im Reich. Die Schwächung der Zentralgewalt,

die Zunahme des politischen Gewichts der Kurfürsten, das Umsichgreifen der inneren Zwistigkeiten, das Aufkommen des Raubrittertums, der Verfall von Recht und Gesetz, die um sich greifende Willkür der Herrschenden gegenüber ihren Untertanen, die Unterdrückung der Bauern, die instabile Situation der Städte – das waren nur einige Faktoren, die von 1255 bis 1275 schwer auf dem Leben in Deutschland lasteten. Berthold starb 1272, seine Predigten fallen also genau in diese Zeit.

Ist diese Koinzidenz zufällig? In kritischen Momenten der Unordnung und des Aufruhrs wenden sich die Gedanken der Menschen mit besonderer Hartnäckigkeit und Inbrunst den ewigen Fragen nach dem Wesen und der Natur des Menschen und nach seiner Bestimmung zu. Nicht zufällig führten die gerade in dieser Zeit besonders angestrengten Bestrebungen der geistigen Kräfte Deutschlands zu einem bemerkenswerten Aufschwung seiner künstlerischen und intellektuellen Tatkraft. Um diese Zeit wirkte in Köln Albertus Magnus, der herausragende Vertreter der Hochscholastik, und einer seiner Schüler war Thomas von Aquin. In die Zeit des Interregnums fiel das Schaffen der Dichter Tannhäuser, Ulrich von Lichtenstein, Konrad von Würzburg und (Konrad) Marner. Höchstwahrscheinlich entstanden in dieser Epoche auch Teile der ‹Carmina Burana›, dieses berühmten Vagantenlieder-Zyklus. Ein Dichter, der sich Wernher der Gartenaere nannte, verfaßte den ‹Meier Helmbrecht›, das erste deutsche literarische Werk aus dem Bauernmilieu; sein Ideengehalt läßt direkte Anklänge an das Pathos der Predigten Bertholds erkennen.

Eine Erscheinung aber muß ganz besonders hervorgehoben werden, wenn man die Frage nach der Bewertung des Menschen in dieser Zeit nachgeht: In die zweite Hälfte des 13. Jh. fallen die Meisterwerke der deutschen Hochgotik – von den Baumeistern und Bildhauern der Naumburger Bauhütte in Mainz, Meißen und Naumburg hinterlassene Schöpfungen, wie die Stifterfiguren im Chor des Naumburger Doms St. Peter und Paul. Die Beseeltheit vor allem der Figuren der Paare Ekkehardt und Uta, Hermann und Regilindis ist ergreifend; ihre Gesichter sind psychologisch und emotional bis auf den Grund ausgelotet, wobei die Gesichter der Männer ausgeprägter individualisiert sind als die der Frauen.[116] Die Passionsszenen am Westlettner des Doms zu Naumburg – ‹Einsetzung des Abendmahls›, ‹Jesu Gefangennahme›, ‹Jesus vor Pilatus› oder ‹Judas bei der Entgegennahme seines Lohnes› – scheinen mitten aus dem Leben gegriffene Alltagsszenen zu sein. Hier erblicken wir zum erstenmal wirkliche künstlerische Individualitäten des deutschen Mittelalters. Deren Erhabenheit hat die Gotik in Deutschland seitdem nicht wieder erreicht. In diesen Kunstwerken manifestiert sich ein Aufbruch, der von verhältnismäßig kurzer Dauer war und in der Kultur der nachfolgenden Generationen keine Weiterentwicklung erfahren hat. Offensichtlich hatte dieser Schaffensdrang seine Wurzeln in der spezifischen sozial-psychologischen und kulturell-ideologischen Situation Deutschlands um die Mitte des 13. Jh. und in den Jahrzehnten danach.

Das ist in kurzen Worten die Atmosphäre, in der sich in Deutschland die Predigt zu entwickeln beginnt. Das Wirken Bertholds von Regensburg sollte daher vor dem Hintergrund dieser schöpferischen Rührigkeit und geistigen Konzentration gesehen werden, denn im Zusammenhang mit dem intellektuellen Aufschwung und der zunehmenden Neugierde der Menschen auf sich selber bekommen die neuen Ideen Bertholds von Regensburg einen ganz eigenen Klang.

Bevor wir uns der Predigt zuwenden, die mich hier interessiert, muß noch eine Besonderheit von Bertholds Rhetorik erwähnt werden. Seine Predigt beruht auf der umfangreichen Anwendung des Dialogs; Berthold unterbricht seinen Vortrag immer wieder durch Ausrufe, Einwände und Fragen, und zwar in einer Weise, als stammten diese von seinen Zuhörern: «Du erzählst das eine, Bruder Berthold, ich aber habe ganz andere Sorgen . . .», «O Bruder Berthold, erklär mir doch . . .», «Ich würde gern heiraten, Bruder Berthold, aber ich bin ein armer Schlucker. Was soll ich nur machen . . .!» usw., und Berthold antwortet umgehend auf diese fiktiven Zwischenrufe seiner fiktiven Zuhörer. Dieser Kunstgriff lockert seine Rede auf, sie wirkt dadurch lebendig und

mobilisiert die Aufmerksamkeit der ihm zu Füßen Sitzen-
den; er ermöglicht dem Fluß seiner Gedanken unerwartete
Wendungen und bezieht die Herde der Gläubigen in sein
Zwiegespräch ein. Man hat den Eindruck, als sei Berthold
auf den Dialog fixiert; ständig hat er den Zuhörer vor seinem
geistigen Auge, und als Prediger strebt er danach, ihn in den
Griff zu bekommen. Ich habe bewußt «seinen Zuhörer» gesagt und nicht «seine Zuhörer». Zu den Predigten Bertholds
strömten Tausende von Menschen – Salimbene von Parma
nennt dafür phantastische Zahlen –, doch Berthold hatte
immer, ganz gleich, wie groß die Menge seiner Zuhörer
auch war, das Individuum vor Augen und begann mit ihm
ein vertrauliches Gespräch. Berthold sieht keine gesichts-
lose Masse vor sich, seine Zuhörerschaft besteht aus *Individuen*.

In einer seiner Predigten entwickelt er eine Klassifikation
der Sünden, denen manche Menschen besonders erliegen.
Dabei unterscheidet er die Sünder sauber nach bestimmten
Gesellschafts- und Altersgruppen, denn junge Leute fallen
eher der Sünde der Sitten- und Zügellosigkeit anheim als
alte, und diese ihrerseits erliegen eher der Sünde des Geizes.
Das einfache Volk verfängt sich nach Bertholds Worten leichter in den «Netzen der Falschheit und Untreue», weil es arm
und unverständig ist; die Reichen dagegen neigen zu Eitelkeit und Ruhmsucht.[117] Sein Streben nach Individualisierung, nach Konkretisierung in eindeutiger Frontstellung zu
den abstrakten und bis zum äußersten verallgemeinerten Typologien der Scholastik kommt auch in der Beschreibung
der sozialen Schichtung im damaligen Deutschland zum
Ausdruck, die wir in seiner Predigt ‹Über die zehn Engel-
chöre in der Christenheit› finden.[118] Obwohl Berthold ein
gebildeter Mönch ist, liegt ihm alles Esoterische fern. Er betrachtet die Welt mit den Augen eines Menschen, der nicht
über den Sorgen und Nöten des Erdenlebens schwebt, sondern mit ihnen und inmitten von ihnen lebt. Der Dialog zwischen dem Gebildeten und dem Ungebildeten spielt sich *im
Inneren* seines eigenen Bewußtseins ab, und dieser Zug
macht die Predigten dieses deutschen Franziskanermönches
zu überaus wertvollen Geschichtszeugnissen.

Wenden wir uns nun der Predigt ‹Über das Gleichnis von
den fünf Talenten› zu.[119] Das Thema hat Berthold dem
Neuen Testament entnommen, und zwar dem Gleichnis, in
dem ein Mann seinen Untergebenen Geld anvertraut (Mt.,
25.14–30), doch Berthold stellt diesen Stoff in einem völlig
neuen Lichte dar und legt ihn ausgesprochen originell aus.
Was bedeuten ihm die «Talente» für die verteilten Geldbe-
träge? Berthold läßt die Teile des Gleichnisses, in dem von
«1 Talent» und von «2 Talenten» für die Diener die Rede ist,
völlig beiseite. Seinem Verständnis nach sind damit im ersten Fall die ungetauften Kinder gemeint und im zweiten die
getauften. Seine Predigt dreht sich ausschließlich um den
dritten Mann, der «5 Talente» bekommen hat, d. h. um die
Erwachsenen – Menschen in einem Alter, in dem sie bewußt
handeln und für ihre Handlungen voll verantwortlich sind.
Diese Idee von der Verantwortlichkeit des Menschen liegt
dem Prediger besonders am Herzen.

Die Predigt ist in zwei Versionen erhalten geblieben, einer
lateinischen, die vor ihrem mündlichen Vortrag niedergeschrieben worden ist, und einer deutschen, die allem Anschein nach von einem seiner Schüler oder Anhänger direkt
oder nach dem Gedächtnis aufgezeichnet wurde, und zwar
um die Zeit, als Berthold sie dem Volke gehalten hat.[120]
Diese beiden Versionen stimmen nicht völlig überein, und
ihre Unterschiede werfen ein bezeichnendes Licht auf die
Entwicklung, die Präzisierung der Gedanken des Predigers.

In dem lateinischen «Prototyp» der Predigt werden dieselben «Talente» – die Gottesgaben – aufgezählt wie in der deutschen Version, und zwar in dieser Reihenfolge: 1) «res tempo-
rales», 2) «ipse homo», 3) «tempus», 4) «officium», 5) «homo
proximus». In der deutschen Predigtversion dagegen wechseln sie ihre Plätze wie folgt: 1) «unser eigen lîp, unser eigeniu
persone», 2) «dîn amt», 3) «dîn zît», 4) «dîn irdentisch guot»,
5) «dîn naehster». Demnach folgt Berthold in der Ursprungs-
fassung dem Buchstaben des Neuen Testaments, wenn er die
«irdischen Güter», den Reichtum, an die erste Stelle setzt, um
sich erst danach dem «Menschen» und seinen Merkmalen,
wie «Zeit» und «Amt», zuzuwenden. In der endgültigen, der
deutschen Variante aber steht die «persone» an erster Stelle,

gefolgt von ihrem «Amt», und ihrer «Zeit», und erst danach kommen die «irdischen Güter»; der «Nächste» steht bezeichnenderweise beide Male an letzter Stelle.

Man gewinnt den Eindruck, daß Berthold mit Fortschreiten der Arbeit an seiner Predigt mit dem Text des Gleichnisses immer freier umgeht. Die «persone» übernimmt dank ihrer Stellung am Anfang der Aufzählung die führende Rolle der ganzen Sinnkette und zieht «Amt» und «Zeit» gewissermaßen nach sich, der «Besitz» dagegen rückt an das Ende. Ganz offensichtlich schien diese Reihenfolge dem Autor (oder dem Redaktor der deutschen Aufzeichnung der Predigt) überzeugender zu sein. Die Umstellung der «Talente» führte zu einer Neubedenkung des Sinnes der Darlegung: Die «persone» wird zu ihrem konzeptuellen Mittelpunkt.

In einer anderen Predigt zu demselben Thema – wie der Mensch beim Jüngsten Gericht Rechenschaft ablegen muß über den Gebrauch der ihm von Gott verliehenen Gaben – ist gleichfalls von den «fünf Talenten» die Rede. Nach Bertholds Worten sind sie in unseren Körper eingeschrieben, und jedesmal, wenn wir uns unserer fünf Sinne bewußt werden oder die fünf Finger unserer Hand abzählen, sollen wir uns an diese Gottesgaben erinnern. An dieser Predigt ist bemerkenswert, daß Berthold die Reihenfolge der «Talente» im Laufe seiner Ausführungen ändert. Erst zählt er sie nur auf: 1) «wir selbst, unser Körper, unsere Person», 2) «unser Amt», 3) «unser Besitz», 4) «unsere Zeit», 5) «unser Nächster». Doch als er darauf zu sprechen kommt, worüber wir Gott Rechenschaft abzulegen haben, bringt er sie in diese Reihe: 1) über «uns selbst», 2) über «unser Amt», 3) über «unsere Zeit», 4) über «unseren Besitz», 5) über «unseren Nächsten». «Zeit» und «Besitz» haben also die Plätze getauscht. Demnach ist für Berthold der Stellenwert von «Zeit» und «Besitz» unerheblich, viel wichtiger für ihn ist, daß alle fünf Gottesgaben aufs engste miteinander verflochten sind, daß sie eine *Einheit* bilden. Wie wir sogleich sehen werden, drückt sich in dieser Einheit sein Verständnis von der Natur des Menschen aus.

Ich erwähne am Rande, daß diese Auslegung der «fünf Talente» erst in jüngster Zeit ins Blickfeld der Forschung ge-

rückt ist, wobei sich die Aufmerksamkeit jedoch nicht auf
die von mir hervorgehobene Einheit richtet, sondern auf die
«Arbeit», das «Amt» und die «Berufung».[121] Trotz ihres un-
bestrittenen Verdienstes scheint mir diese Vorgehensweise
den Intentionen Bertholds nicht völlig gerecht zu werden,
weil sie nur einen Teilaspekt seiner Predigt herauslöst, dem
Berthold selber nur eine untergeordnete Bedeutung beigemessen hat. Das Thema «Arbeit» und «Berufung» sollte in
größerem anthropologischen Zusammenhang betrachtet
werden, und zwar in dem, wie Berthold das Problem der
Persönlichkeit analysiert hat.

Kommen wir nun zum «ersten Talent», sagt der Prediger.
Das ist «unsere eigene Person», die der Herr nach seinem
Ebenbild geschaffen und dadurch geadelt hat, daß sie sich
der Freiheit des Willens erfreuen darf. «Wir müssen uns für
sie vor Gott verantworten und seinem Willen gemäß nach
dem Guten streben.» Das erste und ganz offensichtlich Wichtigste – das dem Prediger in den Sinn kommt, wenn er über
das Beste und Wertvollste im Menschen spricht, darüber,
was einen Menschen überhaupt erst zum Menschen und
Ebenbilde Gottes macht – ist die Tatsache, daß der Mensch
eine «Person» ist. Natürlich hatten die Termini «lîp» und
«persone» seinerzeit andere Bedeutungen, als wir sie heute
mit dem Begriff der «Persönlichkeit» verbinden. Wir wollen
auch nicht übersehen, daß Berthold die beiden Termini «lîp»
und «persone» nebeneinander verwendet: Die «Persönlichkeit» versteht er ganz klar nicht als rein geistiges oder ratio-
nales Wesen – wir erinnern uns an ihre gelehrten Definitionen als «vernunftbegabte unteilbare Substanz» –, sondern als
Einheit von Leib und Seele. Wie wir bereits gesehen haben,
ist das lateinische Urbild für diese deutschen Termini das
Wort «homo» («Mensch») («ipse homo» – «Mensch an
sich»). Offenbar hat der lateinische Terminus «persona»
Berthold hier nicht befriedigt, weil er zu sehr mit der traditionellen theologischen Vorstellung von der «persona divina»
befrachtet war, die der Masse der Zuhörer kaum etwas bedeuten konnte; und außerdem geht es in der Predigt überhaupt nicht um die verschiedenen Verkörperungen oder Erscheinungsformen Gottes. Liegt dann die Vermutung so

fern, daß der aus dem Latein der Theologen stammende Terminus «Person» im Deutschen bereits begonnen hatte, sich mit einem neuen Inhalt zu füllen?

Den Feststellungen jener Wissenschaftler zum Trotz, die der Ansicht sind, daß «der Begriff ‹Persönlichkeit› im Mittelalter niemals verbalisiert war»,[122] finde ich für die Übersetzung des Terminus «persone» kein anderes Äquivalent als eben «Persönlichkeit». Als Begründung für eine solche Interpretation dienen mir die Ergebnisse einer Analyse des Kontextes, in dem dieser Begriff verwendet wird. Nur darf dabei nicht außer acht gelassen werden, daß wir es mit einer *mittelalterlichen* Persönlichkeit zu tun haben, und der uns interessierende Kontext konkretisiert diesen Begriff. Natürlich verfügte die mittelalterliche Persönlichkeit noch nicht über einen solchen Grad an Autonomie und Souveränität, wie er erst Jahrhunderte später zum Hauptcharakteristikum der Persönlichkeit werden sollte; sie war eine Person, die von Gott geschaffen und dazu bestimmt war, zu Ihm heimzukehren. Aus der Art und Weise, wie Berthold im weiteren das Gleichnis ‹Von den fünf Talenten› auslegt, wird seine Konzeption der «Person» sehr rasch deutlich, denn meiner Ansicht nach sind die übrigen Gaben Gottes vom Standpunkt Bertholds aus nichts anderes als eine Entfaltung des Sinngehalts dieses Schlüsselbegriffs.

Das «zweite Talent» ist «deine Berufung, dein Amt, dein Dienst, zu dem Gott dich bestimmt hat. Jedem Menschen hat Er ein Amt gegeben», denn niemand darf müßiggehen. Die Gemeinschaft besteht aus Personen, von denen jede die ihr zugewiesene soziale Funktion ausübt. In eigenwilliger Form entwickelt Berthold seine Lehre von der funktionellen Arbeitsteilung und von den sozialen Obliegenheiten, ohne sich in seiner Zeichnung der verschiedenartigen «Ämter» oder «Berufungen» an die starre Dreiteilung zu halten, die zu Beginn des 11. Jh. von den französischen Bischöfen Adalbero von Laon und Ger(h)ard von Cambrai aufgestellt worden war, der zufolge die Gesellschaft aus den «ordines» («Ständen») der «oratores» («Beter»), «bellatores» («Krieger») und «aratores, laboratores» («Pflüger») bestand.[123]

Bei diesem dreigliedrigen Schema, das nur die grundlegenden Schichten der Feudalgesellschaft – die Geistlichkeit,
einschließlich der Mönche, den Adel und die Bauernschaft –
kennt, bleibt die tatsächliche Komplexität der Gesellschaftsordnung unberücksichtigt. Das Wichtigste aber, was wir
hier besonders beachten sollten, ist folgendes: Wenngleich
sich dieses Schema durch die Einfachheit seines logischen
Aufbaus auszeichnet und überdies die heilige Drei(faltigkeit)
assoziiert, geht es von dem gesichtslosen Massenbegriff des
«Standes» aus. Berthold dagegen hat stets *Individuen* im
Blick, wenn er von diesen oder jenen Ämtern spricht, in
denen sie ihre Pflicht erfüllen. Der Ausgangspunkt seiner
Überlegungen ist das Individuum, die «persone», und nicht
der Stand, die Klasse und die soziale oder juristische Stellung. Dieses Prinzip hält Berthold unbeirrt in allen seinen
Predigten ein, mit denen er zwar vor großen Massen von
Gläubigen auftritt, in denen er sich aber stets an die einzelne
Person wendet und mit ihr ein direktes Gespräch anzuknüp-
fen trachtet. Bertholds Adressat ist das Individuum, dessen
Seelenheil ihm am Herzen liegt. Die Eigenart der Zuwendung Bertholds an seinen Zuhörer äußert sich vor allem
auch darin, daß er in diesem Zwiegespräch etwas von sich
selbst preisgibt.

   «Auch ich habe mein Amt», fährt Berthold nämlich fort,
denn «mein Amt ist die Predigt.» Die Ämter sind weise verteilt, wenn auch nicht so, wie wir das manchmal gerne gehabt hätten, sondern stets nach dem Willen des Herrn. Viele
wären vielleicht lieber Richter geworden, aber sie mußten
Schuhmacher werden; möglicherweise hätte es jemand vorgezogen, Ritter zu sein, aber er muß Bauer bleiben.[123] «Wer
sollte denn für uns den Acker bestellen, wenn alle Herren
würden?», fragt er, oder er stellt fest: «Du mußt der sein, als
den Gott dich sehen will, denn wer sollte Stiefel nähen,
wenn du das geworden wärst, was du sein willst?» Der eine
ist zum Papst geschaffen, der andere zum Kaiser oder König,
Bischof oder Ritter oder Graf usw. «Und wenn du auch ein
‹niderez amt› hast, darfst du in deinem Herzen nicht wehklagen und mit deinem Mund nicht maulen: ‹Ach, Herr,
warum hast du mir ein so schweres Leben beschert, aber

anderen so viel Ansehen und Reichtum?› Du mußt sagen:
‹Herr, Lob sei dir für all deine Güte, mit der du mich bedacht
hast und weiter bedenkst!›» In einer anderen Predigt lesen
wir etwas Ähnliches: Auf die eingeworfene Klage seines fiktiven Gesprächspartners «Ach, Bruder Berthold, wenn ich
doch nur ein ganz klein wenig reich wäre!» wendet der Prediger ein: «Nein, ja nicht! Und weißt du, warum? Du wärest
gerne ein Herr, mußt aber den Acker pflügen; du wärest
gerne ein Graf, bist aber ein Schuster ... Da sage ich allen,
die sich im Schweiße ihres Angesichts mühen: Wenn Gott
alle zu Herren gemacht hätte, wäre die Welt in Unordnung,
und das Land hätte weder Ruhe noch Frieden.» [124] Die Rang-
ordnung und die Verteilung der Aufgaben in der Gesellschaft, die Hierarchie und die Zumessung der Reichtümer
sind die Kennzeichen dafür, daß die Welt wohlgeordnet ist
und Gott, dem Schöpfer der kosmischen und der sozialen
Ordnung, wohlgefällig.

In der Predigt ‹Von den fünf Talenten› geht es dann weiter
mit Angriffen auf neue und ungesetzliche Steuern und Abgaben. Berthold appelliert an alle, die sie angeordnet haben,
diese Abgaben bei Strafe des Verderbens der eigenen Seele
nicht einzutreiben. So haben z. B. Richter die Pflicht und
Schuldigkeit, ihr Amt in Gerechtigkeit zu versehen und das
Urteil allen – ganz gleich, ob Arm, ob Reich, Seinen oder
Fremden, Verwandten oder Landsleuten – nach Recht und
Gesetz zu sprechen und keine höheren Geldstrafen zu ver-
hängen, als das Gesetz vorsieht. Unmittelbar auf die Warnung vor der Annahme von Bestechungsgeldern und anderen korrumpierenden Geschenken folgt der Rat: «Wer nicht
gerecht urteilt, der gebe sein Amt lieber ab, denn nach Got-
tes Wort ist es besser, man kommt mit nur einem Auge ins
Himmelreich als mit beiden Augen in die Hölle. Wie viele
Tausende sind schon in der Hölle gelandet, weil sie dem
Herrn nicht das von Ihm empfangene Talent zurückgegeben
haben!»

Doch es gibt Tätigkeiten, die sind kein «Amt», d. h. kein
von der göttlichen Ordnung vorgesehener Beruf. Dazu gehören Betrug und Wucher, Diebstahl und Hehlerei. Und
Berthold entwirft ein grandioses Panorama von Lüge und

Falschheit, von Gaunerei und Erpressung und von gewissen-
loser Einstellung zur Arbeit und zur Pflichterfüllung. Hierin
mag sich außer der allgemeinen inneren Haltung – die auch
den Prediger Berthold als Moralisten kennzeichnet, der im
Leben vor allem seine üble Kehrseite sieht und deren Laster
geißelt – auch die politische und gesellschaftliche Situation
im Reich während des Interregnums widerspiegeln, als Willkür und Gesetzlosigkeit allenthalben an der Tagesordnung
waren.

Wenn also die erste Gabe Gottes an den Menschen seine
mit einem eigenen freien Willen ausgestattete «persone» ist,
dann ist die zweite die soziale Funktion des Individuums,
seine standesmäßige und berufliche Eingruppierung. Nur,
der Mensch wählt sich sein Amt nicht aus eigenem Willen,
so daß er keinem Wechsel seines Berufes und keinem Verlassen seines Standes nachhängen sollte, weil er in jedem
«Amt» doch nur das sein und tun darf, was Gott ihm vorherbestimmt hat. Die «persone» ist nach dem Verständnis
Bertholds also eine *sozial determinierte* Persönlichkeit. Die
Eigenschaften der Persönlichkeit sind aufs engste mit ihrer
Zugehörigkeit zu einer Klasse, einer Schicht oder einer sozialen Gruppe verflochten. Den «abstrakten Menschen», wie
er unter dem Terminus «persona» in juristischen Texten vorausgesetzt wird, gibt es für Berthold nicht; es gibt nur viel-
fältigste soziale Typen – Herrscher, Herren, Ritter, Bauern,
Handwerker oder Kaufleute. Die Persönlichkeitsstruktur
eines Kaufmannes ist nicht dieselbe wie die eines Ritters,
und die Persönlichkeitsstruktur eines Mönchs ist eine andere als die eines Bauern. Angesichts dieser Überlegungen
Bertholds muß man eines anerkennen: Sie bringen die Spezifik der Selbsterkenntnis des mittelalterlichen Menschen,
der in einer ständisch-korporativ und hierarchisch geglie-
derten Gesellschaft lebte, doch sehr zutreffend zum Ausdruck.

Unter den Begriffen «Amt», «Beruf» und «Dienst» werden die unterschiedlichsten gesellschaftlichen Obliegenheiten verstanden – von administrativen, klerikalen und politischen Berufen, wie Richter, weltliche Herrscher, Prälaten
und andere Geistliche, angefangen bis hin zu rein manuellen

Tätigkeiten, wobei Berthold mit seinem Hang zum Konkreten hier Ackerbauern, Schneider, Schuhmacher, Müller, Händler und Tagelöhner nennt. Die Kategorie «Amt» setzt demnach immer auch «Arbeit» voraus. Doch, und das unterstreiche ich, die «Arbeit» wird nie aus ihrem größeren Zusammenhang des «Dienstes» herausgelöst. Denn in dem System der Analyse, wie Berthold sie in der Predigt ‹Von den fünf Talenten› vornimmt, ist nicht die produktive Tätigkeit an sich das Wesentliche, sondern der Dienst am Ganzen, an der Gesellschaft; das Ausschlaggebende ist das Einbezogensein des Menschen in das System von vielgestaltigen Funktionen, die gleichzeitig eine soziale sowie eine ethische und religiöse Dimension aufweisen. Der Mensch müht sich nicht nur, um sein eigenes Verlangen zu stillen, er schafft auch, um die Bedürfnisse anderer Menschen zu befriedigen. Doch was er auch tut, er leistet seine Arbeit im Angesicht des höchsten Schöpfers, und erst darin findet sie ihre letztendliche Berechtigung und Begründung.

Der Begriff «ar(e)beit» hatte in dieser Zeit außer seiner heutigen engeren Bedeutung noch mehrere Konnotationen, wie «Not», «Strafe», «Mühe» und «Plage», und sie alle klingen auch in den Predigten Bertholds an. Daraus wird ersichtlich, daß «arbeit» nicht als Abstraktion aufgefaßt werden darf. Wenn darunter «wirtschaftliche Tätigkeit» verstanden wurde, dann immer die eines konkreten Individuums. Erst in späteren Texten, etwa seit dem 13. Jh., hatte «arbeit» die Nebenbedeutungen «Dienst», «Unterordnung», «Herrschaft» und «Treue».[125]

Somit besteht das Metier dieses Franziskanerpredigers nicht in asketischer Passivität und Abkehr vom Alltag, sondern seine Welt ist die, in der die Arbeit – die gesellschaftlich nützliche Tätigkeit des Einzelnen als Grundlage der Existenz der Gemeinschaft – eine Notwendigkeit darstellt. Und in seinen Augen besteht die Gemeinschaft vor allem aus produzierenden Individuen, die materielle Wohltaten und Annehmlichkeiten für alle Menschen schaffen. Die Literatur weist in diesem Zusammenhang zu Recht darauf hin, daß in der Stadt des Mittelalters ein neues «Arbeitsethos» entstanden ist.[126] Wenn alle Ämter auch durch den Schöpfer eingesetzt

worden sind, sie sind nichtsdestoweniger auch für die Gemeinschaft unverzichtbar: Jeder hilft mit seiner Arbeit den
anderen, indem er mit ihnen seine Erzeugnisse austauscht.
Doch das darf nur ehrlich und rechtschaffen vor sich gehen,
es muß frei sein von allem Lug und Trug. Die moralische
Seite – die «brüderliche Beziehung» zwischen Christen – in
jeder wirtschaftlichen Tätigkeit steht für Berthold von Regensburg im Mittelpunkt seiner Predigten.

Wie wir sehen, begreift er das, was das Individuum für ihn
ausmacht, keineswegs als uniform und austauschbar: Die Individuen nehmen vielmehr unterschiedliche Stellungen ein,
was ihren sozialen Status und Besitzstand betrifft; jedem von
ihnen ist sein nur ihm eigener Platz zugewiesen.

Das «dritte Talent», das dem Menschen zugemessen ist, ist
die Zeit, die er zu leben hat. Und Gott will wissen, was er
mit seiner Zeit angefangen hat, denn sie ist dem Menschen
um der Arbeit willen gegeben und darf nicht vertan werden.
Die Spieler jedoch oder die Tänzer, die, die bei Gott schwö-
ren und fluchen, die Säufer, Ehebrecher und Mörder – sie
alle gehen mit ihrer Zeit ungebührlich um. Für jeden Augenblick, den sie nutzlos verstreichen lassen, werden sie Rechenschaft ablegen müssen. Als Berthold auf die «Geizigen» zu
sprechen kommt, schleudert er Blitz und Donner von der
Kanzel, denn diese Menschen vergeuden ihre Zeit nicht einfach nur, viel schlimmer, sie mißbrauchen sie aus sündhaf-
tem Antrieb zur Sünde!

Zeit muß auch sein für Gebet, Fasten, gute Werke, Almosen und Kirchgang. Die Qualen des Fegefeuers verkürzen
sich für den Menschen um die Zeit, in der er ein «Vaterun-
ser» oder ein «Ave-Maria» betet oder ein Almosen reicht;
überhaupt wird dem Menschen die Zeit, die er zur Ehre Gottes aufgewendet hat, auf die Zeit angerechnet, die seine Seele
im Fegefeuer brennen muß. Die Zeit muß zur Erlangung des
Seelenheils genutzt, sie darf nicht für die Vermehrung der
Leiden im Jenseits vergeudet werden. «Und daher», wendet
sich Berthold an seine Zuhörer, «macht eure Zeit zu nützlicher Zeit!»

Das «vierte Talent» von Gott ist der irdische Besitz. Er
muß so eingesetzt werden, daß die Bedürfnisse des Familien-

oberhauptes, seiner Frau und seiner Kinder sowie des «gesindes» und aller anderen Hausgenossen befriedigt werden. Natürlich ist dem einen mehr gegeben als dem anderen, doch in jedem Falle ist rechter, sinnvoller Umgang mit dem Hab und Gut geboten. Das bedeutet: Komödianten, fremden Frauen und Dirnen darf man kein Geld geben, und teure Gewänder sind vom Übel. Geschenke an Nackte und Hungrige dagegen sind lobenswert.

Der Eigentümer in Bertholds Predigt ist der kleine Warenproduzent, der für seine Ernährung und sein sonstiges Auskommen sorgt, und folglich stellt der seine Selbstversorgung sichernde Familienbetrieb das Ideal des Predigers dar. Eigentum ist in diesem Weltanschauungssystem alles, was auf legale Weise und in ehrlicher Arbeit erworben wurde. Die Ansichten Bertholds von Regensburg über die sozialen Besitzverhältnisse ähneln in vielem dem, was Thomas von Aquin dazu sagt.

Unter den Bedingungen, wie sie für die in den Städten aufkommende Wirtschaftsordnung typisch sind, können die dort Tätigen gar nicht anders, als untereinander Beziehungen einzugehen, deren Zweck der Austausch von Dienstleistungen und Erzeugnissen ihrer Arbeit ist. Bertholds Gewitter, das sich über den Häuptern der «Geizhälse», «Diebe» und «Schufte» entlädt, gilt daher nicht der ungleichmäßigen Verteilung des Eigentums, sondern dem Mißbrauch von Eigentum. Dieser Mißbrauch wiederum ist ein Ausdruck für den Ungehorsam gegenüber Gott, denn Gott hat von allem genug geschaffen, so daß jeder satt zu essen haben könnte. Was dagegen die Ungleichheit an Besitz und die Unterschiede zwischen Vermögenden und Habenichtsen angeht, so sind sie nach Bertholds Meinung nicht so wesentlich und treten zugunsten der grundsätzlichen Gleichheit, in der sich alle Menschen vor ihrem Schöpfer wiederfinden, in den Hintergrund. «Alles kommt von Ihm, und alles kehrt letzten Endes wieder zu Ihm zurück», sagt er. Daher gibt es für diesen Prediger kein totales, kein uneingeschränktes Recht auf Eigentum: Aller Besitz ist seinem Nutznießer ebenso von Gott anvertraut wie seine Person, seine Zeit und sein Amt; dem Menschen wird Reichtum nur zur Verwaltung überlassen, und daher muß er dem Herrn einst Bericht erstatten, wie er mit diesem Reichtum umgegangen ist.

Und dann ist da schließlich noch das «fünfte Talent», die Nächstenliebe mit ihrem Gebot «Liebe deinen Nächsten wie dich selbst!»; wir werden weiter unten noch auf dieses «Talent» zurückkommen.

Das also sind die fünf dem Menschen anvertrauten Gaben, die seine Hauptwerte darstellen und für deren sinnvolle Nutzung er sich dereinst vor dem Höchsten Richter verantworten muß – die Person des Menschen, sein Amt, seine Lebenszeit, sein Besitz und seine Einstellung zu anderen Menschen. Nun könnte sich die Frage erheben: Und was ist mit der Seele? Man sollte doch meinen, daß der Prediger sie unter den Gaben Gottes für den Menschen an allererster Stelle hätte nennen müssen. Es stimmt, daß er die Seele überhaupt nicht erwähnt, aber das bedeutet noch lange nicht, daß sie abwesend wäre. Im Gegenteil, sie ist der als selbstverständlich vorausgesetzte unsichtbare Mittelpunkt, um den alle die namentlich genannten Gottesgaben kreisen. Von der Seele spricht Berthold in jeder seiner Predigten, bald auf diese, bald auf jene Weise. Doch es sei noch einmal unterstrichen: Nach einigem Schwanken hat er es als notwendig erachtet, die Aufzählung der «Talente» mit «persone» zu beginnen, einem Begriff, der in den Zeiten vor ihm in erster Linie der dreieinigen Person Gottes zukam. Die Persönlichkeit umschließt sowohl den Leib als auch die Seele. Das Zerbrechen dieser widersprüchlichen Einheit im Augenblick des Todes eines Menschen gilt als vorübergehender Zustand, während dessen die Seele – je nachdem, mit welcher Sündenlast sie beschwert ist – in die Hölle, ins Paradies oder ins Fegefeuer gelangt, der Körper dagegen der Verwesung im Grabe anheimfällt. Doch am Tage des Jüngsten Gerichts kommt es zur Wiedervereinigung von Körper und Seele, und die endgültig verdammte oder erlöste «persone» macht sich auf den Weg in den Bereich des Jenseits, den ihr der Höchste Richter zugewiesen hat. Der Leib, der Körper – den die christlichen Denker der Spätantike und des Frühmittelalters als Gefäß der Sünde und finsteren Kerker mißachteten, in den gesperrt die Seele zeitweise ausharren muß [127] – wird hier rehabilitiert

und in seine Rechte als untrennbarer Bestandteil der Persönlichkeit wiedereingesetzt.

Wenn wir nun wieder zur Predigt ‹Von den fünf Talenten›
zurückkehren, sei noch einmal unterstrichen: Das dort erwähnte Charakteristikum der Persönlichkeit, das unauf-
löslich mit ihr zusammenhängt, ist die Freiheit des Willens,
die Freiheit, den Weg des Guten zu beschreiten – oder den
Weg des Bösen. Diese Freiheit des Willens hebt Berthold
mehrmals auch in seinen anderen Predigten hervor; das
zeigt, welche enorme Bedeutung er ihr beigemessen hat.

Es ist vollkommen natürlich, daß die Aufzählung der
Gaben Gottes an den Menschen mit der Person beginnt. Sie
ist das erste, das fundamentale Geschenk, aus dem sich alle
übrigen Gottesgeschenke ergeben. Doch schon das zweite
«Talent» – das Amt, die Berufung – weist auf die soziale Funktion des Menschen hin. In demselben Maße, wie der Mensch
eine Persönlichkeit ist, gehört er zu einem Pflichtenkreis, einer gesellschaftlich und beruflich determinierten Klasse oder
Schicht, die er nicht verlassen kann und nicht verlassen darf,
weil diese Zugehörigkeit gottgewollt ist. Daraus ergibt sich
für den Menschen der Auftrag, seine Pflicht als Berufung zu
begreifen und sie mit Hingabe und Rechtschaffenheit zu erfüllen. Die Bedeutsamkeit der Berufung, des Dienstes wird
in dieser Predigt immer wieder hervorgehoben. Und in der
oben dargestellten Begriffsreihe ist die Nennung des Amtes
gleich nach der Person der Hinweis darauf, daß das Dienen
eine ebenso untrennbare Eigenschaft des Menschen ist wie
seine Person. Die Person reduziert sich nicht auf eine psychologische Einheit, auf den Komplex «Leib und Seele»; sie
schließt vielmehr die soziale Funktion des Individuums ein,
eben dieses Dienen, das der Mensch im Gehorsam gegenüber der göttlichen Vorherbestimmung leistet.

Von hier aus ist es ganz und gar logisch, daß nach der Person des Menschen und seinem Dienst als drittes «Talent» die
Zeit seines Lebens ins Spiel kommt. Selbstverständlich ist
die Zeit, die Berthold meint, nicht unsere säkularisierte Zeit;
Bertholds Zeit hat sich noch nicht von der «Zeit der Kirche»
zur «Zeit der Händler» gewandelt, sie ist noch immer die
Zeit des Herrn, Sein Eigentum, und folglich muß der

Mensch vor Ihm Rechenschaft darüber ablegen, wie er mit der ihm zugemessenen Zeit umgegangen ist, was er aus ihr gemacht hat. Die Zeit des irdischen Daseins ist nach Berthold zugleich und vor allem die Zeit, in der der Mensch Gelegenheit hat, sein Heil, seine Erlösung zu suchen. Der rasche Strom der Zeit war schon den Menschen des Frühmittelalters durchaus bewußt, und das Christentum hat seit jeher immer wieder betont, daß die Zeit in Unterordnung unter die Ewigkeit gesehen werden muß. Wenn Berthold von der nutzbringenden Verwendung der Zeit spricht, meint er in erster Linie ihre Nutzung zur Vorsorge für das Seelenheil. Auch in seinen anderen Predigten wiederholt er noch öfter seine Mahnung, daß Reue und Buße unaufschiebbar seien und daß unrechtmäßiger, zusammengeraffter Reichtum unverzüglich zurückgegeben werden müsse. Die Zeit ist in den Augen dieses Predigers noch kein eigenständiger Wert des Erdendaseins; sie konnte es auch gar nicht sein, denn sobald Berthold auf die Ewigkeit zu sprechen kommt, verliert die Zeit in seiner Interpretation unverzüglich an Bedeutung. Und dennoch – daß die Zeit in seiner Predigt ‹Von den fünf Talenten› in den Rang eines zentralen Wertes für das menschliche Leben erhoben ist, weil sie die Bedingung für die Ausübung des Amtes, des Dienstes darstellt, muß doch als höchst bedeutsam angesehen werden, zumal im Hinblick auf die Folgen dieser Rangerhöhung: Auch die Zeit wird zu einem untrennbar mit der Persönlichkeit zusammenhängenden Parameter.

Wir können daraus schließen, daß die Zeit nunmehr begonnen hatte – ich wiederhole: begonnen –, einen neuen Wert zu erlangen. Das gilt ganz besonders für die Prediger, die aus den Bettelorden stammten und ihren Dienst in engstem Kontakt mit dem Milieu der Städte verrichteten. Obwohl diese Prediger für sich diesen Wert nach wie vor im Kontext des traditionellen theologischen Codes realisierten, ist aus heutiger Sicht die Zusammenführung der Kategorie «Zeit des menschlichen Lebens» mit den Kategorien «Person» und «Amt, Dienst» doch äußerst symptomatisch. Man darf wohl vermuten, daß die hohe Wertschätzung der Zeit – ebenso wie die für die damalige Zeit selbstverständliche Zugehörigkeit zu den Kaufmanns- und Handwerkerkreisen der Städte des Hochmittelalters – ihren Einfluß auf die Predigt ausgeübt hat, die ihrerseits Zeit, Amt und Reichtum auf die religiös-moralische Ebene gehoben hat.

Es ist auch sehr bemerkenswert, daß Berthold gegenüber der Herde der Gläubigen Reichtum nicht mehr nur in einem ungünstigen Licht erscheinen lassen kann. Der Besitz dient dazu, die Bedürfnisse des Menschen, des Mannes und seiner Familie – zu der nach dem Verständnis des Mittelalters nicht nur Frau und Kinder zählten, sondern auch Verwandte und in seinem Hause Dienende – zu befriedigen. Natürlich ist es unabdingbar, den Armen und Elenden zu helfen und andere gute Werke zu verrichten, doch wird es niemandem zugemutet, dabei sich selber völlig zu vergessen. Berthold kehrt mehr als einmal zu dem Gedanken zurück, daß der Reichtum ungleichmäßig verteilt ist, da die einen viel und die anderen wenig oder gar nichts haben. Doch welche praktischen Schlüsse zieht er aus seinen Überlegungen? Nehmen wir an, ein Mensch besitze zwei oder drei gute Mäntel und ein anderer keinen einzigen oder höchstens irgendeinen Fetzen, soll dann der Besitzende dem Armen einen von seinen Mänteln abgeben?

Bei seiner Auslegung des Spruches «Liebe deinen Nächsten wie dich selbst!» läßt Berthold seinen fiktiven Gesprächspartner folgendes einwenden: «O weh, Bruder Berthold, wahrscheinlich würdest nicht einmal du das tun. Ich bin doch auch dein Nächster, und du hast zwei gute Gewänder, ich aber habe nur einen Umhang. Trotzdem würdest du wohl eher mich in meinem Elend sitzenlassen als dich selber.» – «Ja, das stimmt», pflichtet ihm der Prediger bei, «ich habe etwas anzuziehen, und das gebe ich dir nicht. Doch ich möchte, daß du nicht ärmer wärest als ich, sondern sogar reicher. Liebe äußert sich darin, daß man dem Nächsten dasselbe wünscht wie sich selber: Du selbst wünschst dir das Himmelreich, also wünsche es auch deinem Nächsten!»[128] Dieser Gedanke beschäftigt – und ergötzt – Berthold offenbar sehr, denn er wiederholt ihn wortwörtlich in mehreren seiner anderen Predigten. Über das Ideal urchristlicher Besitzlosigkeit verliert Berthold kein Wort mehr, obwohl die

Prediger vor und auch noch zu seiner Zeit nicht müde wurden, diesen Zustand zu preisen, und die Gläubigen immer wieder ermahnten, um des Seelenheils willen ihren Reichtum unter den Armen zu verteilen.

Der Reichtum ist in Bertholds Bewußtsein so eng mit der Person und ihrem Amt, ihrer vorherbestimmten Berufung, verbunden, daß die «Nächstenliebe» bei ihm sehr viel schlechter wegkommt als in den Zeiten vor ihm: In ihrer blutarmen Kraftlosigkeit bewirkt sie so gut wie keine Taten mehr zugunsten des Nächsten. Es scheint unbezweifelbar, daß diese Umschichtung der christlichen Werte von untergründigen Einflüssen der neuen Arbeits- und Eigentumsethik ausgelöst worden ist, wie sie sich in den Städten herauszubilden begann. Die Ideale dieses Predigers, der ja vor allem im städtischen Milieu wirkte, unterscheiden sich radikal von den traditionellen mönchischen Idealen. Zur Zeit Bertholds galt die Aufforderung an einen Besitzer zweier Hemden, eins davon einem Armen zu schenken, schon als Ketzerei, und folglich deutet Berthold die Verbreitung dieser Forderung als untrügliches Kennzeichen für Aufruhr und Rebellion.[129]

Somit sind Person, Amt, Lebenszeit und Besitz des Menschen in unserer Predigt zu einem unauflöslichen Ganzen verschmolzen. Von allem ist zum Nutzen des Individuums und gleichzeitig im Interesse des gesellschaftlichen Ganzen angemessener, sinnvoller Gebrauch zu machen. Dabei kleidet die Predigt dieses Interesse natürlich in die zeitgemäße religiöse Form, indem sie es als Erfüllung des Willens Gottes, des Eigentümers der «Talente», darstellt, der sie dem Menschen zu bestmöglicher Nutzung übergeben hat. Unter der traditionellen theologischen Hülle verbirgt sich jedoch ein neuer, sehr irdischer Inhalt, der, nach allem zu urteilen, dem Prediger selber gar nicht zum Bewußtsein gekommen ist. Selbstverständlich ist Gott in den Belehrungen Bertholds kein bloßes Synonym für die «Gesellschaft» mit ihren rein irdischen Interessen; Gott behält für Berthold seine uneingeschränkte Souveränität und seine Bedeutung als das ganze Sein bestimmendes Regelprinzip, als Schöpfer und Herr der Welt wie des Menschen sowie als Ziel, dem der Mensch zuzustreben hat.

Und dennoch liegt in der Predigt ‹Von den fünf Talenten›
ein gewisser Widerspruch offen zutage, eine Art Spannungsverhältnis zwischen dem üblichen theozentrischen Weltbild
und einem unterschwellig im gesellschaftlichen Bewußtsein
der Stadtbevölkerung sich herauskristallisierenden neuen
Weltbild, in dessen Mittelpunkt – zugegebenermaßen «inof-
fiziell» – der Mensch mit seinen irdischen Bestrebungen
steht. Dieses neu heraufziehende Weltbild leugnet die Rolle
des Schöpfers in gar keiner Weise, es ist in diesem Sinne also
ebenfalls durch und durch theologisch, aber es schließt doch
schon andere Möglichkeiten ein, wenn auch noch in latenter
Form. Berthold von Regensburg konnte gar nicht anders,
als die Impulse aufzugreifen, die aus dem Stadtmilieu auf ihn
einwirkten. Dabei hörte er keineswegs auf, Theologe und
Prediger zu sein: Er hielt sich stets an Geist und Buchstaben
des mittelalterlichen Christentums. Doch es war dieser Geist
selber, der in Bewegung geraten war und sich unmerklich
veränderte; die Akzente begannen sich zu verschieben, in die
alten Schläuche begann neuer Wein zu rinnen. Im 14. Jh. sind
diese Akzentverschiebungen dann schon viel deutlicher
spürbar, doch wie wir gesehen haben, entstehen ihre Voraussetzungen wesentlich früher, und Anzeichen dessen lassen
sich schon bei diesem deutschen Prediger aus der Mitte des
13. Jh. nachweisen.

In seinen Schriften stoßen wir auf eine höchst eigentümliche, nichtsdestoweniger hinreichend bestimmt ausgedrückte
«Soziologie» und «Anthropologie». Berthold fühlt sich verpflichtet, klare Antworten auf die Grundfragen des Seins eines Menschen zu geben, der vor dem Antlitz Gottes steht
und gleichzeitig im Angesicht der Gesellschaft. Die Schärfe,
mit der er diese Fragen stellt, und die Klarheit, mit der er
sie beantwortet, erheben diesen Franziskaner haushoch über
die Menge der anderen Prediger und Verfasser der lateinischen Exempel. Es war in erster Linie der Zustand der deutschen Gesellschaft während des Interregnums in der zweiten
Hälfte des 13. Jh. – einer Gesellschaft, die infolge von inneren Zwistigkeiten in Anarchie versunken war und ihre Mitglieder, vor allem die aus den Unterschichten, vor der immer mehr um sich greifenden Willkür und Unterdrückung

nicht mehr schützen konnte –, der Berthold diese brennen-
den Fragen gestellt hat: Was ist der Mensch? Wie soll er sich
in der Gesellschaft verhalten? Welche sind die Grundwerte
des Lebens? Und er sah sich gezwungen, diese Urfragen aus
der ihn umgebenden Krisensituation heraus von neuem zu
durchdenken. Von besonderem Interesse sind die Gedanken
Bertholds von Regensburg vor allem deswegen, weil sie
nicht in einem theologischen oder philosophischen Traktat
enthalten sind, das sich nur an einen kleinen Kreis von Eingeweihten gerichtet hätte, sondern in einer Predigt, mit der
er sich an viele Menschen wendet, vor allem aber an die
«kleinen Leute».

Die christlichen Prediger haben zu allen Zeiten auf einen
Grundfonds von Ideen zurückgegriffen, die aus der Bibel
und den Schriften der Kirchenväter stammen. Doch in jeder
Zeit sind sie mit diesem Erbe auf ihre Weise umgegangen
und haben die geistlichen Texte jedesmal mit neuen Augen
gelesen. Bei aller Pietät gegenüber den Autoritäten haben die
Prediger des Mittelalters ihre eigenen Akzente auf diejenigen
Nuancen in den Gedankengängen ihrer Vorläufer gesetzt,
die ihren Auffassungen näherstanden und mehr als andere
Schattierungen den Erfordernissen ihrer eigenen Zeit entsprachen. Doch in unserem Fall, bei der Untersuchung der
Predigt ‹Von den fünf Talenten›, sind wir auf einen tiefgreifenden, ja radikalen Bruch in der Auslegung des Inhalts
dieses neutestamentlichen Gleichnisses gestoßen, auf seine
völlige Uminterpretation mit dem Ergebnis, daß es einen
vollkommen neuen Sinn erlangt. Unter dem Schutzmantel
traditioneller Exegese der Heiligen Schrift lugt ein neues Verständnis vom Menschen hervor. Und, was die Hauptsache
ist, in die neue Lesart dieses Gleichnisses ist die vorher dort
gar nicht vorhandene Idee von der menschlichen Persönlichkeit eingedrungen.

Siebtes Kapitel

Edelmann und Bürgersmann

Von den sozialen Schichten, in denen individualistische Tendenzen am deutlichsten zum Vorschein kamen, sind der Adel und das Bürgertum an erster Stelle zu nennen. Ihre Lebensweise und ihr Denkstil stimulierten die Herausbildung derjenigen menschlichen Eigenschaften, die auf Persönlichkeitsprinzipien beruhen. Allerdings waren das bei den Edelleuten ganz andere Eigenschaften als bei den Bürgern.

Der Prozeß der Wandlung des frühmittelalterlichen Kriegers zum Ritter des Hochmittelalters war zugleich ein Prozeß seiner Poetisierung und Heroisierung, ja Mythologisierung. Die ‹Chansons de geste›, die Genealogien der Adelsgeschlechter, die ‹Königsspiegel›, die Ritterepen und -romane sowie die Dichtung der Troubadoure und Minnesänger – jede dieser Literaturgattungen hob ihr eigenes Ritterideal auf den Schild. Für dieses Ideal, in dem das Kriegshandwerk mit einer Gloriole versehen worden ist, gibt es kein ausformuliertes «System» spezifischer Rittertugenden; dieses Ideal ergab sich vielmehr aus der Logik des Sozialverhaltens eines Ritters und wirkte seinerseits wieder auf sein Verhalten zurück. Doch zwischen der Wirklichkeit dieses Verhaltens und seiner dichterischen Verklärung lagen Welten. Die Abenteuer, Fahrten und Heldentaten der Ritter, ihr uneigennütziger Tatendurst und ihr kämpferisches Eintreten für die Schwachen, ihre erhabene Minne zu einer makellos schönen Frau, ihr Ideal von «mesure» oder «mâze» («Maß, Ausgeglichenheit, Mäßigung») und «courtoisie» oder «hövescheit» («höfisches Benehmen»), in dem die Begriffe «prouesse» («Tugend») und «sagesse» («Weisheit») zusammenflossen, sowie schließlich ihr Ehrenkodex sind ebenso eine Erfindung der Literatur [131] wie die Identifizierung der irdischen Ritterheere mit den himmlischen Heerscharen. Denn die tatsächlichen Merkmale der rauhen Wirklichkeit in der Feudal-

gesellschaft waren Gewalt, Raub, ungezügelte Beutegier,
Rachsucht, Rauheit und Roheit der Sitten, Idealisierung und
Spiritualisierung der Liebe in Verbindung mit grober Sinn-
lichkeit, Treubruch gegenüber den auf der sozialen Stufenleiter tiefer Stehenden, sowie Standesdünkel, Mißtrauen und
Verachtung gegenüber Nichtadligen. Ein Vergleich der oben
genannten Gattungen der Ritterdichtung mit Chroniken
und anderen Denkmalen der erzählenden Prosa, die die Fakten des alltäglichen Lebens doch aus etwas größerer Nähe
sahen, läßt die Kluft zwischen ritterlichem Ideal und ritterlicher Wirklichkeit offenbar werden. [132]

Die Tatsache, daß eines der Leitmotive der Ritterdichtung
die «laudatio temporis acti» (das «Loblied auf die vergangenen Zeiten») ist, kann man wohl zu Recht als Ausdruck dessen deuten, daß die Dichter eine gewisse Einsicht in den
Bruch zwischen trauriger Wirklichkeit und hohem Ritterideal besaßen. [133] Und trotz alledem kann man dem Phänomen des mittelalterlichen Ritters nur dann näherkommen,
wenn diese Figur in das Spannungsfeld zwischen den hohen
Idealen und der alltäglichen Realität gestellt wird, auf die
diese Ideale doch einen gewissen Einfluß ausgeübt haben.

Ein adliger Kriegsmann, der eine mehr oder weniger
große Dosis ritterlicher Ethik in sich aufgenommen hatte,
benahm sich im Leben bei weitem nicht so wie die Helden in
den Ritterepen und -romanen – das wäre auch einfach unmöglich gewesen. Daher aber muß der Historiker bei seinem Umgang mit literarischen Texten, die die Heldentaten
und den Edelmut ihrer Gestalten preisen, äußerste Vorsicht
walten lassen. Weil Don Quichotte den Abgrund zwischen
dem wirklichen Leben des Ritters und seiner Darstellung in
der Literatur nicht wahrgenommen hatte, ist er in den Wahnsinn gestürzt. Wenn auch der Historiker diesen Abgrund
nicht wahrnimmt, gelangt er nur zu einer nicht gerechtfer-
tigten Idealisierung des Rittertums . . .

Ebenso falsch wäre es aber auch, in den Denkmalen der
Ritterdichtung ausschließlich literarische Fiktionen zu erblicken. Weil jedoch bestimmte Fiktionen so hartnäckig immer wieder auftauchen, liegt der Gedanke nahe, daß sie im
Leben der ritterlichen Gemeinschaft eine ganz bestimmte

soziale Funktion gehabt haben müssen. Nun aber haben die heutigen Historiker und Philologen Mittel und Wege gefunden, hinter die Kulissen der phantastischen Vorstellungen dieser Literatur zu blicken. Und was erblicken sie dort? In der höfischen Minnedichtung die transformierte Widerspiegelung der realen Situation adliger Sprößlinge auf der Suche nach sozialer Sicherung, die für sie die Gestalt eines Lehens hatte oder zumindest einer Braut, die eines mit in die Ehe bringt; in den Zügen auf der Suche nach dem Gral Versuche zur Selbstidentifikation der Ritter usw. Wir lassen hier die heutzutage bei einem Teil der Wissenschaftler so modischen Bestrebungen beiseite, auf die Ritterliteratur psychoanalytische Deutungsmuster anzuwenden. Allerdings, warum sollte man nicht annehmen, daß sich auch in dieser Literatur, wenngleich in sublimierter Form, sexuelle Impulse der jungen Ritter niedergeschlagen haben, um von hier aus mit um so größerer Sicherheit behaupten zu können, daß es sich dabei eher um Versuche der Persönlichkeitsfindung von Menschen gehandelt haben muß, für die es lebenswichtig war, sich die Fähigkeit zum Einfließenlassen ihres Ichs in das Wir der Familiengemeinschaft oder des Geschlechts aus den ‹Chansons de geste› anzueignen.

Für den Ritter ist eine Reihe von Charakterzügen eigentümlich. Dazu gehören eine gesteigerte, ja übersteigerte Emotionalität, die Neigung zu abrupten Gefühlsänderungen von Zorn und Wildheit zu Sanftheit und Fröhlichkeit sowie der Hang zu einem Übermaß an Tränen- und Verzweiflungsausbrüchen. Grausamkeit und Hochherzigkeit gehen in seiner Seele eine seltsame Mischung ein. Der Ritter – wie anscheinend alle Menschen dieser Zeit überhaupt – ist nach unseren heutigen Maßstäben ein Mensch der Extreme und psychisch unausgeglichen. In diesem Umfang, in dem derartige emotionale «Extravaganzen» in der Literatur des Mittelalters geschildert werden, haben sie die Aufgabe gehabt, das Individuum und seine Innenwelt künstlerisch zu charakterisieren. Doch diese Eigenschaften der Natur des Ritters sind auch in anderen Quellenarten belegt. Wir haben es also mit einem echten psychologischen Phänomen zu tun, genauer, mit einem sozialpsychologischen Phänomen, denn be-

stimmte Formen der Gefühlsäußerung waren natürlich ein
Bestandteil sozialer Etikette und sozialer Rituale, und sie verlangten einfach nach ihrem Ausleben. Doch wie dem auch
sei, diese Gefühlsäußerungen unterscheiden den Ritter des
Mittelalters signifikant vom Höfling späterer Epochen. Der
ist schon ein Mann, der es in seiner Stellung am Hofe seines
Herrschers gelernt hat, sich im Zaum zu halten und seine Gedanken zu zügeln, noch besser aber, sie gar nicht erst zu äußern. An die Stelle der Unmittelbarkeit der «Eruptionen»
der Natur sind Verschlossenheit, Berechnung und Heuchelei
getreten.

Trotz der Zugehörigkeit des Ritters zu einer Familiengemeinschaft und zu einem Geschlecht mit allen ihn bindenden
und verpflichtenden Traditionen kommen bei ihm Züge eines individuellen Verhaltens zum Vorschein. Im Kampf verläßt er sich in erster Linie auf seine eigene Kraft und Stärke
und auf seinen Mut, denn er kämpft nicht in einem Haufen,
er ist ein Einzelkämpfer; den Ritter schützt keine dichte
Schlachtreihe, sein Schutz besteht aus Kettenhemd oder Rüstung, vor allem aber in seiner Reaktionsschnelligkeit – und
nicht zu vergessen die Dressur seines Pferdes. Auf seinem
Pferd ist der Ritter eine Art einsam wandelnde Burg, aus der
heraus er selbständig kämpft, jedoch nur so lange, wie er
sich im Sattel halten kann; einmal aus dem Sattel gehoben
und auf die Erde gestürzt, wird er in seiner schweren und
steifen Rüstung einem auf den Rücken gefallenen Käfer ähnlich und so zur leichten Beute seines Gegners.

Doch dem Ritter deswegen schon eine Individualität zu-
zugestehen, ist nur unter starken Vorbehalten möglich. Alle
Bereiche seines Lebens in der Gemeinschaft seiner Standes-
genossen sind streng reglementiert und extrem ritualisiert.
Die Bräuche beim Ritterschlag, das Verhalten in der Feldschlacht und beim Turnier, die Formen der Ritterdichtung,
die Kleiderordnung, die sprachliche und die Benehmenseti-
kette – alles dies ist zutiefst semiotisch, zeichen- und symbol-
haft, und niemand kann sich den davon ausgehenden Zwän-
gen entziehen. Der Ritter begreift und fühlt sich als vollwertiges Wesen nur unter Menschen, in Gesellschaft, vor allem
natürlich im Schoße seiner eigenen Gemeinschaft, denn um

sich selbst bestätigen zu können, muß er seine soziale Rolle spielen. Ein Ritter außerhalb dieses Rahmens für sein Erscheinungsbild hat sich immer seiner Rolle als Vertreter des Adelsstandes bewußt zu sein. Die Funktion, die er in der Gesellschaft ausüben muß, ist in höchstem Grade «theatralisiert»; das Spektakel des Turniers ist dafür das beste Beispiel. Den Ritter bewegen vor allem die Fragen, welche Figur er in den Augen seiner Umgebung macht, was seine Mitbrüder aus dem Ritterstande von ihm halten und welchen Eindruck er auf die schönen Frauen macht. Angesichts dessen ist es schwierig zu sagen, ob überhaupt und wie sehr er sich der Selbstversenkung hingegeben hat, weil sich mit Bestimmtheit nur eines behaupten läßt: Der Ritter ist darauf fixiert, vor Zuschauern aufzutreten.

Die Kirche hat versucht, den Ritter zu «christianisieren» und seine Rauf- und Kampfeslust zu zügeln, indem sie ihn in ihre Dienste nahm und auf ihre Ziele ausrichtete. In dieser Absicht wurde die «pax dei» (der «Gottesfrieden») eingeführt, die das Kämpfen und Töten einschränken sollte; in die ritterlichen Bräuche wurden Elemente christlicher Symbolik und des Vasallenrituals aufgenommen, und die gewöhnliche, primitive Angriffslust des Ritters bekam die Würde des Kreuzzuges verliehen. Allerdings muß man, von den geistlichen Ritterorden einmal abgesehen, doch wohl eingestehen, daß es der Kirche nicht gelungen ist, das ursprüngliche weltliche, ja «heidnische» Ethos des Rittertums auszurotten. In diesem Raum zwischen Gott und der irdischen Welt, «zwischen dem Heiligen und dem Schlächter» (Jacques Le Goff), entwickelten sich die individualistischen Tendenzen des Ritters.

Der historische Zeitraum, in dem sich die Ritterschaft als eigenständige «ordo», als abgehobener Stand mit spezifischen sozialen Funktionen zu erkennen begann, war das 12. Jh., und das war zugleich auch die Zeit, in der sich der einzelne Ritter als Persönlichkeit zu begreifen begann. In dieses Jahrhundert fällt auch der Aufschwung der ritterlichen Kultur: Werke der Ritterdichtung erscheinen, in denen die ritterlichen Tugenden gepriesen und einzelne Helden, wie etwa Roland, besungen werden; es entwickeln sich die pro-

vençalische Ritterdichtung der Troubadoure und ihre deutsche Variante, der Minnesang; die Ritterethik gewinnt neue
Werte hinzu, z. B. höfisches Betragen und höfische Liebe,
die die individuellen Leidenschaften auf bis dahin unbekannte Gipfel der Erhabenheit führen; und vor allem Ritter-
ehre und Adelsbewußtsein, das Adel nicht als Zufall der Herkunft begreift, sondern als Komplex sittlicher Eigenschaften
der Persönlichkeit. Natürlich bleibt die von den Troubadouren besungene Dame und die von den Minnesängern geprie-
sene Frau ein nichtindividualisiertes Ideal weiblicher Schönheit, doch die Versenkung des dichtenden Ritters in seine Innenwelt und die Konzentration auf seine Liebesempfindun-
gen – mögen sie in ihrem Ausdruck durch Künstelei und
Schablonenhaftigkeit noch so eingeengt gewesen sein – bedeuten doch einen wichtigen Meilenstein auf dem Wege der
Selbsterkenntnis des Ritters. Es genügt, sich zu erinnern,
wie Abälard seine Gefühle beschreibt, die ihn zu Heloise ziehen, um die Tiefe der Wandlungen in der Gefühlswelt zu
spüren, die sich in den nachfolgenden Generationen fortsetzen sollten.

Die lyrische Kunst des Mittelalters ist von der unserer
Tage himmelweit entfernt. Das lyrische Ich in der Ritterdichtung enthält fast gar keine konkreten biographischen,
«anekdotischen» oder auf den Alltag bezogenen Anspielungen und war daher rein konventionell. Das «Je» («Ich») in
dieser Dichtung war – nach den Beobachtungen von Paul
Zumthor – ein lediglich «grammatisches Ich»; es war univer-
salisiert und zeitlich völlig unbestimmt, eher eine Rolle als
ein einmaliges Subjekt.[134] Diese Dichtung ist kaum in der
Lage, uns die wirkliche Persönlichkeit ihres Verfassers näher-
zubringen, weil ihr Subjekt unter der objektiven Oberfläch-
lichkeit des Textes unseren Blicken entgleitet. Bisweilen
spricht der Verfasser von sich auch in der dritten Person,
doch selbst dann, wenn er im Text ein «Ich» verwendete,
wäre es eine Illusion zu glauben, daß wir mit seiner Individualität in Verbindung treten. Im Laufe der Zeit verliert die
von den Troubadouren besungene Liebe etwas von ihrem
Ausdruck rein literarischer Konventionalität, sie wird inni-
ger und nimmt Züge echter Gefühle an, doch persönliche

Äußerungen halten sich nach wie vor in engen Grenzen. Zwar gibt es «vidas» («Lebensbeschreibungen») von Troubadouren, allein auch sie vermitteln nur ein Minimum an biographischen Informationen.

Anders sieht es in der epischen Kunst, bei den Ritterromanen und -epen, aus. Hier verlieh der Dichter seinem Verhältnis zu der beschriebenen Welt deutlicheren Ausdruck, und zur Verkörperung seiner psychischen Einstellung, seines Selbstgefühls und seiner Empfindungen griff er bereits auf die Allegorie zurück. Die in dieser Zeit zu weiter Verbreitung gelangten Gegenüberstellungen von Makrokosmos und Mikrokosmos dienten dem Dichter als Anstoß, das Individuelle im Allgemeinen auszudrücken. Die Allegorie war das Mittel, Beziehungen der Seele zum Prinzip des Universums und des Schöpfers herzustellen. Daher war die Schilderung von Traumerlebnissen, in denen sich die Innenwelt des Verfassers enthüllte, eine beliebte literarische Form, denn sie gestattete es, die Elemente dieser Innenwelt zueinander in Beziehung zu setzen und ihnen eine sinnträchtige Ordnung zu verleihen. Damit wird die allegorische in manchen Teilen zur persönlichen Dichtung.

Dieser Bewegung in Richtung auf die Persönlichkeit läuft eine andere parallel: die Verschiebung des Schwerpunktes in den Literaturgattungen – höfische Novelle, Fabliau, Exempel oder Erbauungsmärchen – von einer fernen, legendären Vergangenheit zur aktuellen Gegenwart, in der der Verfasser seinen Platz gefunden hat. Das Präsens der Erzählung ist die Gegenwart ihres Verfassers. Die Subjektivität des Autors nimmt zu, denn sein Zeitempfinden hat sich geschärft, und er mobilisiert die Reserven seines individuellen Gedächtnisses. Die Abenteuer seines Helden sind nicht einfach dessen Reisen oder Heldentaten, sie sind zugleich auch die «inneren Abenteuer» des Verfassers bei der Entdeckung seiner selbst. Aber auch der Held des Werkes schafft und erweitert bei seinem Umherstreifen und Handeln in der natürlichen und der sozialen Landschaft die psychische Landschaft seiner Persönlichkeit.

Dementsprechend verändert sich auch der «Chrono-Topos», das «Raum-Zeit-Kontinuum», das Empfinden und

Erleben von Zeit und Raum: Sie hören auf, bloß äußere
Merkmale der Welt zu sein, die den Helden umgibt; sie werden vielmehr »subjektiviert«. Die Zeit formt den Helden,
doch auch er gestaltet sie in gewisser Weise insofern, als das
Leben des Individuums der Zeit neue Bedeutung, einen
neuen Sinn verleiht. Zwar hat sich die Zeit des mittelalterlichen Romans noch nicht völlig von der Zeit des Mythos
und des Epos gelöst, und bei ihrer Interpretation sind mehrere Gesichtspunkte zu unterscheiden; außerdem weist sie in
den Romanen Widersprüche und Mehrdeutigkeiten auf.[135]
Ungeachtet all dessen sprechen einige Fachleute der Ritterromane von einer «biographischen», einer subjektiven Zeit
ihrer Gestalten. Nicht anders interpretieren sie auch den
Raum in dieser individuellen Perspektive.[136]

Allegorizität und Erinnerung lassen das Autoren-Ich in
solchen Werken, wie dem ‹Roman de la rose› (‹Rosenro-
man›), einen neuen Sinn und eine neue Bedeutung annehmen. In diesem Verständnis war der Ritterroman des Mittelalters ein «Erziehungsroman».[137] Doch selbst im ‹Rosenro-
man› haben wir Abstraktionen und Allegorien vor uns und
keine lebensechten Gestalten. Es mußten erst noch zwei Jahrhunderte vergehen, ehe François Villon mit dem «Ich» in
seinen Werken seine eigenen Empfindungen und die authentische Lebenswirklichkeit beschrieb.

Der Held des Ritterromans ist ein fahrender Ritter auf der
Suche nach Abenteuer und Heldentaten, in denen er sich
selbst realisiert und zu seiner Identität findet. Diese Lebensweise verlangte von ihm Gewandtheit, Findigkeit, Pfiffig-
keit, ja sogar ein wenig Verschlagenheit («engin», lat. «ingenium»). Er baute in erster Linie auf sich selbst und vertraute
seinen geistigen und körperlichen Kräften und Fähigkeiten.
Doch dabei war er aus der sozialen Welt herausgerissen, und
es ist nicht verwunderlich, daß ihm diese Entfremdung immer wieder einmal zum Bewußtsein kam und dann sogar
Formen der Wildheit, ja des Wahnsinns annehmen konnte.
Die Romanhelden müssen diese Extremzustände, diese
«Grenzsituationen» durchschreiten, ehe sie zur Aussöhnung
mit sich selbst, mit der Angebeteten und mit Gott gelangen.
In den Gestalten von Tristan oder Parzival und anderen Hel-

den der Ritterromane verkörpert sich die angespannte, verzweifelte Suche der Persönlichkeit nach dem eigenen Ich. [138] Nicht selten versteckte sich der Romanheld hinter einem anderen Namen. Doch waren das immer nur Versuche, die anderen zu täuschen? Unter ihnen begegnen wir Gestalten, die ihren eigenen Namen überhaupt nicht kennen (Perceval le Gallois). Äußern sich in derartigen Travestien nicht besondere Formen der Selbsterkenntnis einer Persönlichkeit?

Doch es wäre unangebracht, in die Tendenz zur »Individualisierung» und «Subjektivierung» der Welt dieser ritterlichen Romanhelden eine allumfassende Bedeutung hineinzuinterpretieren, wie es auch unzutreffend ist, eine allmähliche Zunahme dieser Tendenz anzunehmen. Das Gegenteil ist der Fall. Wie Robert W. Hanning nachgewiesen hat, sind die noch bei Chrétien de Troyes und einigen anderen Autoren des 12. Jh. anzutreffenden Züge – Konzentration der Gedanken auf das Individuum, Entstehung einer «biographischen Zeit» und Herausbildung eines persönlichen Standpunktes – im höfischen Roman des 13. Jh. weitgehend verlorengegangen. Hier tritt die Gestalt des Individuums unter der Wirkung der Vision vom gemeinschaftlichen Schicksal des Menschengeschlechts oder unter der Macht der Bilder, die der Untergang von König Artus' Tafelrunde heraufbeschwört, in den Hintergrund. [139] Ich bin der Ansicht, diese Beobachtung ist von methodologischer Bedeutung. Nachdem die Historiker das Aufkommen einer neuen Tendenz festgestellt haben, ziehen sie daraus nicht selten voreilig den Schluß, daß sich diese Tendenz, sobald sie erst einmal entstanden ist, dann auch weiterenwikkelt und festigt. Dieser Schlußfolgerung liegt die Annahme zugrunde, daß der Fortschritt stets linear verlaufen müsse. Doch die tatsächliche Geschichte ist reich an vielfältigen Möglichkeiten und Überraschungen. In seinem frühen Entwicklungsstadium weist der Ritterroman zwar einige zarte Triebe der Individualisierung in der Darstellung seiner Helden auf, doch es gibt absolut keine Veranlassung, diese Tendenz auf die gesamte Literaturgattung zu extrapolieren und zu erwarten, daß sich diese Tendenz künftig fest etabliert.

Vielmehr ist zu vermuten, daß die Annäherung an den

Begriff der Individualität – ebenso wie die nachfolgende Abkehr von diesen Versuchen – Veränderungen in der Geisteshaltung nicht nur der Verfasser der Ritterromane signalisiert,
sondern auch in den Einstellungen eines Teils der Ritterschaft. Freilich hängen diese Schwankungen und ihre Widerspiegelung in dieser Literaturgattung nicht direkt mit der
Mentalität der sozialen Schicht zusammen, die von den
Dichtern dort beschrieben wird. Daher drängt sich eine andere Mutmaßung auf: Die Entwicklung des sozialen und
psychologischen Status des Ritters ging zwar mit einer gewissen Tendenz zur Individualisierung einher, aber dieser
Tendenz waren historisch bedingte Grenzen gesetzt.

Der Roman über den Ritter des Mittelalters, der anscheinend keine Gemeinsamkeiten mit dem Roman unserer Tage
aufweist, hat dieser Literaturform offenbar doch nicht ganz
zufällig seine Benennung vererbt. Ein «Roman» enthält die
Lebensbeschreibung eines Helden, er konzentriert sich auf
die Entwicklungen und oft tragischen Verwicklungen seines
Lebens; im Brennpunkt der Schilderungen steht ein Individuum, das in bestimmte Situationen hineingestellt wird oder
diese Situation selbst schafft. Wie Jeleasar Meletinski anmerkt, ist der mittelalterliche Roman im Unterschied zum
Heldenepos «auf die Darstellung einer sich selbst genügen-
den Persönlichkeit orientiert», die bereits nicht mehr so
eng, so organisch mit ihrer Gruppe verbunden ist. Das Interesse des höfischen oder Ritterromans konzentriert sich
auf das «persönliche Schicksal des Helden» und auf die
Schilderung seiner Empfindungen und Erlebnisse. Hervorgegangen aus dem Epos, dem Heldenlied und dem Märchen, enthüllt der Roman unter gleichzeitiger Überwindung der Schranken dieser Gattungen den «inneren Menschen» im «epischen Helden».[140] Im höfischen Roman äußert sich das Bedürfnis des Ritters, sein eigenes Schicksal
geistig zu bewältigen und seinen Platz in der Welt zu bestimmen. In dieser Konstruktion des mittelalterlichen Romans läßt sich ein erwachendes Interesse an der Persönlichkeit erkennen. Ist denn nicht die Tatsache, daß der Romanheld oft isoliert von seiner sozialen Umgebung auftritt –
wobei diese Isolierung offensichtlich nicht selten übertrei-

bend geschildert wurde –, ein Indiz dafür, daß sich die Aufmerksamkeit des Verfassers und seiner Leser- oder Zuhörerschaft auf die Persönlichkeit richtete und auf die Art und Weise ihrer Selbstidentifikation?

Während die Ausrüstung des Ritters aus Schild und Schwert bestand, bildeten Rechenbrett und Hauptbuch die «Ausrüstung» des Kaufmannes. Allein schon diese äußerlichen Attribute zeugen von den grundsätzlichen Unterschieden, die zwischen diesen beiden Schichten in ihrer Einstellung zum Leben und in ihren Verhaltenssystemen herrschten. Kriegshandwerk und Turniere erforderten Kühnheit, körperliche Geschicklichkeit und Kraft. Handel und Geldgeschäfte dagegen verlangten Scharfsinn, Fähigkeit zu logischem Denken und Weitblick. Der adlige Lebensstil äußerte sich in Großzügigkeit, der die bürgerliche Pfennigfuchserei stets ein Greuel war, sowie in Gepränge und großen theatralischen Gesten, die bei jeder Gelegenheit die soziale Rolle des Edelmannes hervorkehrten. Für den bürgerlichen Lebensstil des Kaufmannes dagegen galten Sorgfalt, Zuverlässigkeit, Rechtschaffenheit und Akkuratesse als Leitbilder. Der Irrationalität und Unbeherrschtheit des Ritters standen die Rationalität und Beherrschtheit des Kaufmanns gegenüber.

Die Herren aus dem Adel bedurften des Buches nicht. Selbst wenn sie lesen und schreiben konnten – die adligen Damen übrigens häufiger als sie –, so gehörte doch die Beherrschung dieser Kunst nicht zu den unabdingbaren Forderungen, die das Leben an sie stellte. Der Mann aus dem Kaufmannsstand aber hätte unmöglich seine Geschäfte betreiben können, wenn er nicht rechnen und Briefe schreiben gelernt hätte. Die adligen Herren erzogen ihre Söhne zu Kriegern, wobei ihnen das Heldenepos, der Stammbaum und die Familientraditionen sowie nicht zuletzt der höfische Roman die nacheifernswürdigen Vorbilder lieferten. Die reichen Kaufleute aber sorgten dafür, daß ihre Erben und Nachfolger mindestens eine Schule besuchten oder Hauslehrer bekamen; oft schickten sie ihre Söhne auch auf die Universität, damit sie sich Wissen und Kenntnisse aneigneten, die ihnen im Leben von Nutzen sein würden, damit sie auf jeden Fall Kaufleute werden, noch besser aber zu Juristen aufsteigen konnten.

Das alles lief darauf hinaus, daß sich der Edelmann und der Bürgersmann – in ihrer Konkretisierung als Ritter und Kaufmann – zu zwei völlig verschiedenen, in vielem sogar gegensätzlichen psychologischen Typen entwickelten, von denen jeder seine eigene Mentalität und sein eigenes Weltbild besaß. Dieser Kontrast lag auch für ihre Zeitgenossen offen zutage. Dabei blickten die Edelleute mit unverhohlener Verachtung auf die in ihren Augen schon zum niederen Volk gehörenden Kaufleute herab, wofür diese sich mit Skepsis, ja Feindschaft gegenüber den hohen Herren revanchierten, dabei aber gleichzeitig jede Gelegenheit nutzten, sich rücksichtslos emporzuarbeiten und – vor allem durch Heirat – in den Kreis der Privilegierten aufgenommen zu werden. Dieser Widerspruch fand in Schwänken, Fabliaux, Tierepen und anderen Gattungen der im Milieu der Städte geschaffenen Literatur seine künstlerische Widerspiegelung. Hier konnte die Schicht der großen und der kleinen Kaufleute ihre Form der Rache ausleben, die den Adligen als Verkörperung von Dummheit und roher Kraft hinstellte, dem sein Gegenspieler aus dem Bürgertum dank Klugheit und List immer überlegen war.

Diese beiden miteinander unvereinbaren Systeme der Lebensführung haben in dem anonymen allegorischen Poem ‹A Good Short Debate between Winner and Waster›[142] ihren literarischen Ausdruck gefunden. Der Erwerber ist der Kaufmann, der Verderber der Ritter. Der Erwerber singt das Loblied dessen, der sein Geld sparsam und umsichtig ausgibt, seinen Verhältnissen gemäß lebt und sein Herz am Anblick seiner Reichtümer labt. Die Extravaganz des Verderbers, seine kostbare Kleidung und seine üppigen Gelage grenzen für den Erwerber an Irrsinn und rufen dessen Abscheu hervor. Die Aufzählung der Tafelfreuden im Hause des Verderbers bildet schon für sich allein ein ganzes kulinarisches Traktat. Der Erwerber ist fassungslos angesichts des Unverstandes von Menschen, die sich, ohne einen Pfennig in der Tasche zu haben, seltene Pelze, teure Kleider und anderen Luxus anschaffen. Der Erwerber wirft dem Verderber vor, daß sein Fressen und Saufen zum Verschleudern der ererbten Besitzungen und zum Abholzen der Wälder führen müsse; der Erwerber klagt den Verderber an, daß er sich nicht um die Bestellung des Bodens kümmere, sondern alles, auch die Pflüge, verhökere, um seine kriegerischen Abenteuer und seine Jagdleidenschaft bezahlen zu können.

Der Erwerber bietet seine ganze Überredungskunst auf, um dem Verderber klarzumachen, daß er in seinen Augen Maß halten müsse, um dem Ruin zu entgehen, und daß er sich und die Seinen zu ehrlicher Arbeit erziehen solle. Im übrigen versteht der Erwerber aber sehr wohl, was den Verderber zu seinem Tun treibt: Es sind Hochmut und Dünkel. Er, der Erwerber, dagegen verdankt seinen Reichtum dem Vermögen, einer Arbeit nachzugehen und ein mäßiges Lebens zu führen.

Doch der Verderber bleibt dem Erwerber nichts schuldig und hält ihm vor, daß die Schätze, die er zusammengetragen hat, keinen Nutzen bringen und niemandem Vergnügen bereiten: «Wozu taugen denn diese Reichtümer, wenn niemand sie nutzt? Ein Teil verrostet, ein anderer verrottet, den Rest holen sich die Ratten.

Um Christi willen, hör auf, deine Truhen vollzustopfen! Teile dein Silber mit den Armen ... Wenn Christenmenschen ihren Teil abbekommen, gefällt das dem Herrn mehr, als wenn es in Truhen geschaufelt wird und dort verschwindet, so daß das Licht der Sonne es nur einmal in sieben Jahren bescheint.»[142]

Der Verderber weist also auf die Eitelkeit allen Reichtums hin und spricht im weiteren von dem Bösen, das er mit sich bringt: Je reicher ein Mensch ist, desto furchtsamer wird er. Wäre es da nicht besser, ein kurzes, aber glückliches Leben zu führen?

Dieses Werk entstand allem Anschein nach um das Jahr 1352 und gibt die Geisteshaltung eines bestimmten Teils der englischen Gesellschaft in der kritischen Situation unmittelbar nach der gesamteuropäischen Pestepidemie und den ersten Siegen der Engländer im Hundertjährigen Krieg wieder. Der unbekannte Verfasser beruft in dem Streit zwischen Erwerber und Verderber den englischen König Edward III.

zum Schiedsrichter, doch der König ergreift für keinen von beiden Partei, so daß die Sache unentschieden ausgeht ... *Winner* und *Waster* personifizieren nicht so sehr bestimmte soziale Typen, als vielmehr einander entgegengesetzte Lebensgrundsätze und Wertesysteme, zwei Lebens- und Verhaltensstile. Trotzdem fällt es nicht schwer, in dem einen den Kaufmann, den Geldmann zu erkennen und in dem anderen den adligen Nichtstuer und sorglosen Ritter.

Das 14. Jh., in dem diese allegorische Dichtung entstand, kannte schon viele reiche Kaufleute und Bankiers – aber auch Wucherer –, die es verstanden hatten, solide Unternehmen aufzubauen und umfangreiche Besitztümer zusammenzutragen. Sie liehen den Herrschenden gewaltige Geldsummen, ohne allzu viele Gedanken darauf zu verschwenden, wie mitleidlos sie selber die kleinen Leute ausbeuteten. Dank dem Wirken der Kaufleute und Handwerker blühten die westeuropäischen Städte auf und wurden zu Pflanzstätten einer Zivilisation, die das Antlitz ganz Westeuropas verändern sollte.

Dabei gab es reiche Handelsstädte bereits in der Frühzeit des Mittelalters auch im Oströmischen Reich; Städte wie Konstantinopel oder Thessaloniki überragten sämtliche Städte Westroms. Doch die kleinliche und totale bürokratische Kontrolle der Zentralgewalt behinderte die byzantinischen Städte in ihrem Fortkommen, und so waren sie zum Niedergang verurteilt. Der vierte Kreuzzug, in dessen Verlauf es sogar zur Zerstörung und Plünderung Konstantinopels kam, beschleunigte ihren Abstieg.

Grundlegend anders verlief die Entwicklung in Westeuropa. Hier gelang es den Städten, ihre politische und ökonomische Eigenständigkeit zu bewahren, und die sich in ihren Mauern organisierende Befreiungsbewegung gegen die kirchlichen wie die weltlichen Herrscher führte zur Entstehung von selbstverwalteten Gemeinwesen, die nur den König als ihr Oberhaupt anerkannten. In Italien gipfelte diese Entwicklung gar in der Herausbildung unabhängiger Stadtstaaten.

Unter diesen Bedingungen erlangten Handwerk und Geldwirtschaft die Möglichkeit zu relativ freier Entfaltung. Die Schwierigkeiten, die dabei auftraten, waren anderer

Natur; sie ergaben sich von innen heraus aus dem Charakter dieses Wirtschaftssystems. Die reichen Kaufleute und Unternehmer, die Besitzer von Macht und Einfluß in den Städten, sahen sich einer starken Opposition der Handwerker und der kleinen Leute gegenüber; viele Erhebungen und Aufstände hatten ihre Ursache in diesem Antagonismus. Mit besonderem Haß aber wurden dabei die Geldleute, die Wucherer, verfolgt, die den großen Geldbedarf der kleinen Warenproduzenten nur gegen überhohe Zinsen befriedigten. Diese Abhängigkeit, ja Ausbeutung war dann auch der Grund, weshalb sich eine einhellige gesellschaftliche Ächtung der Wucherer und ihres Verhaltens formierte.

Die Stellungnahme der Kirche dazu war eindeutig: Sie ergriff Partei und verbot den Wucher kategorisch als eine Gott widerwärtige Beschäftigung. Auf der Werteskala, nach der die geistlichen Moralisten die Berufe eingeteilt hatten, je nachdem, ob Christen sie vom theologischen Standpunkt ausüben durften oder nicht, standen die Geldleiher an allerletzter Stelle – ihnen waren die Qualen der Hölle ohne Wenn und Aber sicher. Die Prediger, die ihre Tätigkeit mit dem 13. Jh. auf die Städte, diese Sammelpunkte der Sünden und der Sünder, zu konzentrieren begannen, sparten nicht mit starken Worten gegen die Wucherer und fanden immer wieder neue Schmähungen für sie. Der Wucherer, predigten sie, ist schlimmer als die anderen Sünder oder Verbrecher, denn jeder dieser Übeltäter ruht irgendwann einmal von seinen Sünden aus; Ehebrecher, Wüstlinge, Mörder, Meineidige oder Gotteslästerer sündigen nicht ununterbrochen, eines Tages werden sie ihrer bösen Taten müde. Nicht so der Wucherer, er sündigt ohne Unterlaß; nicht nur bei Tage, sondern auch bei Nacht, wenn er schläft, heckt das ausgeliehene Geld für ihn neues Geld. Gott hat dem Menschen geboten, sein täglich Brot im Schweiße seines Angesichtes zu erarbeiten, doch der Wucherer arbeitet nicht und lebt trotzdem, sogar besser als die anderen Menschen. Jeder Gläubige heiligt den Feiertag, indem er die Arbeit ruhen läßt, doch die «Ochsen des Wucherers», das ausgeliehene Geld, «ackern unermüdlich» und sind also ein Beleidigung für Gott und die Heiligen. Weil aber der Wucherer pausenlos sündigt, so wer-

den auch seine Qualen im Jenseits ununterbrochen, bis in alle
Ewigkeit andauern. Er handelt mit dem «Warten auf das
Geld», d. h. mit der Zeit, und «verkauft dabei das Licht des
Tages und den Frieden der Nacht, und seine Strafe dafür ist,
daß er weder des ewigen Lichtes noch des ewigen Friedens
teilhaftig wird» – seine Seele ist für alle Zeiten verdammt.

In den Predigten kamen häufig «Exempel» («Lehrbeispiele, Predigtmärlein») vor, viele von ihnen geißelten den
Wucher und die Wucherer. Während einer Messe geschah
einmal folgendes: Der Priester verkündete, daß er alle Got-
tesdienstbesucher von ihren Sünden freisprechen wolle, und
zwar immer die Vertreter der verschiedenen Berufe gemeinsam. «Die Schmiede mögen aufstehen!», und er erließ ihnen
ihre Sünden. «Nun die Kürschner . . .», und auch sie erhielten die Absolution. Das ging so weiter, bis die Reihe an die
Wucherer kam, doch obwohl sie recht zahlreich vertreten
waren, wagte niemand von ihnen aufzustehen; sie krochen
vielmehr in sich zusammen und schlichen unter dem Hohn-
gelächter der Gemeinde aus der Kirche. Ein Bräutigam, seines Zeichens Wucherer, war auf dem Wege ins Gotteshaus zu
seiner Trauung. Da fiel ihm beim Durchschreiten des Westportals, wo sich – wie an vielen anderen Kirchen auch – ein
Relief mit Szenen des Jüngsten Gerichts befand, ein Stein auf
den Kopf: Es war der Geldbeutel des dort dargestellten Wucherers, den ein Teufel gerade in die Hölle schleift . . . Der
Wucherer in diesen Exempeln ist ebensosehr Urheber wie
Opfer allgemeinen öffentlichen Skandals.

Das durch Wucher erworbene Geld ist mit Sünde getränkt, und deshalb stinkt es. Das bezeugt ein anderes Exempel: Auf einem Schiff fuhr ein Affe mit. Der stahl einem Pilger seinen Geldbeutel und kletterte damit auf den Mast. Dort
holte er eine Münze nach der anderen aus dem Beutel und
beschnupperte sie von allen Seiten. Danach warf er die einen
mit der Miene tiefsten Abscheus in hohem Bogen in die See,
die anderen Geldstücke steckte er in den Beutel zurück. Und
warum das? Die Münzen, die im Wasser landeten, stammten
aus Wuchergeschäften. Geld kann aber auch gefräßig sein:
Ein Wucherer brachte sein Geld in ein Kloster, damit die
Mönche es für ihn aufbewahrten. Der Schatzmeister schloß

es in die Truhe ein, in der auch das Klostergeld lag. Als er
nach einiger Zeit die Truhe wieder öffnete, war das Geld der
Mönche verschwunden – das Geld des Wucherers hatte es ge-
fressen! Die Schwere der Sünden der Wucherer ist riesen-
groß: Ein Wucherer war gestorben und sollte zum Friedhof
getragen werden, doch seine Freunde brachten den Sarg
nicht von der Stelle. Erst als man auf die Idee kam, Wucherer
herbeizuholen, gelang es denen ohne Mühe, den Sarg anzu-
heben und an seinen Bestimmungsort zu bringen. Hier hatte
der Teufel seine Hand im Spiel, denn der wollte nicht, daß
andere Menschen seinem treuen Diener das letzte Geleit geben. Es mußten dessen Kumpane sein!

Von anderen Wucherern wird berichtet, daß sie ihr Geld
unbedingt mit ins Jenseits nehmen wollten; wieder andere
hantierten noch im Grabe, als zählten sie Geld; Kröten
drückten toten Wucherern Geldstücke ins Herz, und Teufel
stopften ihnen Geld in den Mund. Einen Wucherer gar häm-
merten Schmiede zu einer Münze zurecht.[143]

Diese und ähnliche Erzählungen, mit denen die Prediger
ihre Gemeinde ebensosehr schreckten wie aufbrachten,
schufen eine öffentliche Meinung voller Feindseligkeit gegenüber den Geldleuten, den Reichen überhaupt. Für sie
wiederum war diese ungünstige Atmosphäre eine Quelle
ständiger sittlicher Selbstzweifel und ganz konkreter Er-
schwernisse in ihrer unternehmerischen Tätigkeit: Ungeachtet ihrer Erfolge im praktischen Leben fühlten sie sich von
Gott verworfen. Gab es für diese Menschen einen Ausweg
aus dieser Lage? Den gab es, nur – die Voraussetzung zur
Erlangung ihres Seelenfriedens und Seelenheils war die
Rückgabe alles Geldes an diejenigen, die Opfer ihrer Finanz-
manipulationen geworden waren. Mit der Rückzahlung von
Teilbeträgen gab sich die Kirche nicht zufrieden. Berthold
von Regensburg drohte in seinen Predigten allen «gîtigen»
(«Geizhälsen») unter Verwünschungen, daß sie «so lange in
der Höllenglut schmoren werden, wie Gott der Herr im
Himmel herrscht», und nichts und niemand wird sie davor
bewahren, «weder die Heiligen noch die Apostel, nicht die
Jungfrau Maria und die Propheten, nicht die Patriarchen und
die Engel auch nicht», wenn sie auch nur einen einzigen

Groschen ihres unrechtmäßig erworbenen Reichtums zu-
rückbehalten. Und Berthold fährt fort: «Du kannst dir vom
Papst selbst das Kreuzeszeichen auf dein Gewand nähen lassen, übers Meer fahren und gegen die Heiden kämpfen, das
Heilige Grab erobern und für die Sache Gottes fallen, gar
im Heiligen Grab beigesetzt werden – all deine Heiligkeit
könnte deine Seele nicht vor der Verdammnis retten. Dir
wäre es besser, die Wölfe hätten dich von deiner Mutter
Brust weggerissen oder die Erde hätte dich verschlungen
wie weiland Datan und Abiram . . . Pfui über dich, du Geiz-
kragen! Dein Amen klingt den Ohren Gottes wie das Gewin-
sel eines Köters!»[144]

Berthold stellt die «Geizigen» in eine Reihe mit den übel-
sten Totschlägern, denn es ist doch so, daß die Geizigen nicht
nur sich selber verderben, sondern auch ihre Kinder und alle,
denen sie ihr unrecht Gut hinterlassen. Also bringen die
Wucherer nach ihrem Tode noch mehr Menschen um als zu
Lebzeiten, weil sie außer ihrer eigenen Seele auch die Seelen
aller ihrer Nachfolger und Erben töten.

Soweit die Predigt. Und wenn man Lebensläufe mancher
Kaufleute und Unternehmer aus dieser Zeit liest, merkt
man, wie wirksam diese und ähnliche Predigten gewesen
sein müssen. Viele dieser Menschen begannen – wenn auch
erst nach Anhäufung gewissen Reichtums – über die Rettung ihrer Seele nachzudenken, und verzichteten zugunsten
der Armen auf ihren Besitz. Ein Beispiel für diese Haltung
ist der Lyoner Kaufmann Pierre Valdo de Lyon (Petrus Waldes), der eine Bewegung für apostolische Armut ins Leben
rief, deren Anhänger sich selbst als «Arme von Lyon» bezeichneten und als «Waldenser» in die Geschichte eingegangen sind. Die Waldensersekte verbreitete sich rasch in allen
katholischen Ländern (exakter wäre wohl «vor allem in den
romanischen Ländern», denn «katholisch» war ja ganz Westeuropa . . .). Eine Generation später brach Giovanni Bernardone mit seiner im italienischen Assisi ansässigen Familie reicher Tuchhändler. Dieser typische Vertreter der «Jeunesse
dorée» seiner Stadt entsagte allem irdischen Reichtum und
gründete einen geistlichen Orden, dessen Angehörige bereit
sein mußten, «nackt dem nackten Christus zu folgen». Daß

dieser Kaufmannssproß Giovanni Bernardone sich zu einem
Heiligen wandelte, der radikal auf allen Reichtum und Besitz
verzichtete – zu Franz von Assisi, als den wir ihn heute kennen –, ist ein Beleg für diese zwiespältige, ja innerlich zerris-
sene Stellung, die das reichere Bürgertum im religiösen und
sittlichen Leben Westeuropas einnahm.

Natürlich sind Petrus Waldes und Franz von Assisi überragende und dazu noch gegensätzliche Ausnahmeerscheinun-
gen – der eine als Urheber der Ketzerbewegung und der andere als Gründer des dynamischsten und einflußreichsten
Bettelordens, des Ordens der Franziskaner. Aber sie haben
der sozialen Atmosphäre Europas ihren unauslöschlichen
Stempel aufgedrückt und Nachahmer gefunden, wie den
reichen Tuchfabrikanten Jehan Boinebroke aus Douai, der
die für ihn arbeitenden kleinen Handwerker mitleidlos aus-
plünderte und in seiner Gewinnsucht vor nichts zurück-
schreckte. Doch auch ihn wandelten vor seinem Tode (um
1286) Furcht um sein Seelenheil und Reue an; er hinterließ
ein Testament, das seine Erben verpflichtete, allen Schaden
wiedergutzumachen, den er zu seinen Lebzeiten anderen zugefügt hatte.[145] In demselben Jahrhundert wurde der Kaufmann Homobonus aus Cremona, der seinen gesamten Besitz den Armen vermacht hatte, sogar heiliggesprochen, und
der Kaufmann Giovanni Colombini aus Siena gründete um
1360 den Bettelorden der Jesuaten.

Es besteht keine Veranlassung, diese und ähnliche Beispiele zu verallgemeinern, aber der aus Furcht vor der Abrechnung im Jenseits zitternde und deshalb büßende Kaufmann oder Bankbesitzer, der auf seinen Reichtum verzichtet
und sogar die Bande zu seiner Familie zerreißt, ist eine gesellschaftliche Realität. Ein eindrucksvolles Beispiel dafür hat
uns Jakob von Vitry in seiner Exempelsammlung hinterlassen; er zitiert folgende Worte aus der Predigt eines Geistlichen: «Betet nicht für die Seele meines Vaters, der ein Wucherer war und seinen aus Wucher stammenden Reichtum
nicht zurückgeben wollte! Seine Seele sei verflucht und zu
ewigem Leben in der Hölle verdammt! Möge er nie Gottes
Antlitz erblicken und für alle Zeiten in den Klauen der Teufel
schmoren!»

Wie wir sehen, konnte der Widerspruch zwischen den Geschäftspraktiken und der Lebensweise der Reichen einerseits und den religiös-sittlichen Forderungen der Kirche andererseits zu seelischen Konflikten führen, die nicht ohne Einfluß auf die Art und Weise blieben, in der diese Menschen ihren Geschäften nachgingen. Denn alles, was sie dabei unternahmen, geschah ja unter den Augen Gottes. War es da nicht besser, gleich den Herrn in die Geschäfte einzubeziehen und sich Seiner Unterstützung zu versichern?

Das etwa müssen die Überlegungen des Florentiners Paolo da Certaldo gewesen sein, der um die Mitte des 15. Jh. lebte: Er stellte seine Schulden vor Gott und die gegenüber seinen Gläubigern auf eine Stufe. Und auch Giovanni di Pagolo Morelli (1371–1444) ging von der Überzeugung aus, daß Gott dem Menschen zur Seite steht, wenn er seine Geschäfte nur rechtschaffen führt. Ganz im Gegensatz zu anderen reichen Leuten, die von höllischen Alpträumen heimgesucht wurden, hatten es Certaldo, Morelli und etliche andere italienische Geschäftsleute des 15. Jh. verstanden, zum Allerhöchsten normale Beziehungen herzustellen und sich quälende moralische Skrupel vom Halse zu schaffen. Wir wissen das aus Aufzeichnungen mit einer Fülle an biographischen und familiären Einzelheiten, die sie hinterlassen haben. Diese Menschen sind durchaus gläubig und sich dessen wohl bewußt, daß sie ihre Existenz nach dem Tode fortsetzen werden. Doch was folgt für sie daraus? Wie Certaldo schreibt, vor allem, daß sämtliche Dinge stets wohlgeordnet sein müssen, damit der Mensch in jedem Augenblick vor den Höchsten Richter treten und vom Tod nicht jäh überrascht werden kann. In den ‹Ricordi› (‹Aufzeichnungen›), die nur für ihre Kinder, nicht aber für die Öffentlichkeit bestimmt waren, enthüllen uns diese Geschäftsleute ihre praktische, bisweilen zynische Geisteshaltung, für die Arbeitsliebe, Ausdauer, Geduld, geschäftliche Hartnäckigkeit und Akkuratesse die höchsten Werte, letzten Endes sogar christliche Tugenden waren. Nicht durch Geburt und Erbfolge überkommene Privilegien, sondern eigene Energie, Geschicklichkeit und Unternehmungsgeist sind für den Florentiner Unternehmer der Renaissance die Quellen, die seinen Reichtum

speisen und mehren und aus denen er seinen Lebensmut
schöpft.

Diese neue Städterpersönlichkeit weiß um den Wert der
Zeit; sie möchte sich ihr Verrinnen vergegenwärtigen, und
so werden um die Wende vom 13. zum 14. Jh. auf den Türmen der französischen, italienischen, deutschen und englischen Städte mechanische Uhren installiert – als Mittel zur
exakteren Bestimmung der Zeit und gleichzeitig als Presti-
geobjekt der jeweiligen Stadt (davon war im 6. Kapitel schon
die Rede). Es mehren sich die literarischen Zeugnisse, in denen die Zeit als für den Menschen wichtigster Besitz gepriesen wird, den ihm überdies niemand nehmen kann. In diesem Lobpreis sind sie sich alle einig – der Humanist Leon
Battista Alberti, der Prediger Bernhardin von Siena, der
Politiker Gioannozzo Manetti, die Kaufleute Paolo da Certaldo und Francesco di Marco Datini oder auch der Pariser
Bürger, von dem wir nur die guten Ratschläge kennen, die
er seiner Frau hinterlassen hat ... Der Kaufmann ver-
schwendet keine Zeit, denn seine Arbeit, die er in ihr ver-
richtet, ist Gott wohlgefällig, und Gott hilft denen, die ihre
Angelegenheiten in Ordnung halten. Zwischen der Welt des
Diesseits und der Welt des Jenseits herrschen einvernehm-
liche Wechselbeziehungen und gegenseitiges Verständnis: In
vielen Geschäftsunterlagen, vor allem in den Hauptbüchern
dieser Zeit finden sich Anrufungen des Schöpfers, der Gottesmutter und der Heiligen, sie mögen dem Gedeihen der
Firma gnädig sein.

Doch die Geldwirtschaft war mit allen möglichen Gefahren materieller und moralischer Natur verbunden. Daher ist
es nicht verwunderlich, daß ein Teil der Geschäftsleute zur
Vermeidung weiteren Risikos ihr Geld dem Handels- und
Kreditumlauf entzogen und es in unbeweglichem Besitz an-
legten. Viele griffen auch zu solchen Mitteln der Erlangung
des Seelenheils, wie Pilgerfahrten, Fasten oder Wohltaten zugunsten der Armen und Elenden. Selbstbewußtsein und Vertrauen auf die eigene Kraft koexistierten im Bewußtsein der
Geschäftsleute auf seltsame Weise mit einer gewissen Melancholie, mit Vorstellungen über das Schicksal als eine allmäch-
tige und launische Gewalt, die ebenso unerwartet Erfolg be-

scheren wie urplötzlich Zusammenbruch bewirken kann.
Der Bankrott einer Reihe großer Bankhäuser, etwa der Florentiner Bardi und Peruzzi, oder die einschneidenden Brüche im Leben von Jacques Coeur (um 1395–1456), Europas
größtem Geldmagnaten im 15. Jh., machten auf ihre Zeitgenossen einen tiefen Eindruck.

Das Bild der Fortuna mit ihrem unermüdlich rotierenden
Glücksrad, dessen Speichen die Menschen aus allen Ständen
nach oben tragen und danach unvermeidlich abwärts schleudern, war im 12. und 13. Jh. jedermann geläufig. Alexander
Murray bringt die Verbreitung dieses Symbols damit in Zusammenhang, daß zu dieser Zeit die senkrechte soziale Mo-
bilität eine größere Bedeutung zu erlangen begann.[146] Die
Vorstellung vom Schicksal war ja an sich nichts Neues; sie
existierte bereits in vorchristlicher Zeit sowohl bei den Griechen und Römern als auch bei den Germanen, allerdings mit
gewissen Unterschieden: Während in der Antike die Betonung auf dem alles beherrschenden Fatum lag, dem gegenüber der Mensch machtlos ist, hatte das «Geschick», das
«Heil» im germanischen Weltbild einen mehr persönlichen
Charakter, denn der Mensch galt als fähig, mit seinem Geschick in aktive Wechselwirkungen einzutreten und es günstig zu beeinflussen.

Das bringt uns auf den Gedanken, folgende Hypothese zu
formulieren: Könnte nicht die Tatsache, daß die Reformation – mit der für sie charakteristischen Hervorhebung der
Idee von Erfolg und Fortschritt in irdischen Dingen als
Merkmal der Erfüllung der Heilszusage an das Individuum
durch Gott, mit ihrer «protestantischen Ethik» – vorzugs-
weise in den germanischen Ländern den Sieg errungen hat,
in den romanischen dagegen unterlegen ist, auf diese Unterschiede im Weltbild, auf dieses aktive Schicksalsverständnis
der Germanen zurückgehen, das sich in den «Geheimkammern» des gesellschaftlichen Bewußtsein über die Zeiten
hinweg erhalten hat? Die alte germanische Auffassung vom
Heil erfuhr gegen Ende des Mittelalters eine Neubelebung.
Ein augsburgischer Kaufmann schrieb, daß der Herr seine
Vorfahren mit «gnad, glück, gwin» ausgezeichnet habe.[147]
In diesem «dreifaltigen» Stabreim steht das heilbringende

Schicksal genau an der richtigen Stelle – zwischen der göttlichen Gnade und dem kaufmännischen Einkommenszu-
wachs. Reichtum ist das Ergebnis aus der Wechselwirkung
des von Gott gesandten Heils mit den zielstrebigen Anstrengungen des Geschäftsmannes.

Freilich war der Protestantismus keine Conditio sine qua
non für die Herausbildung der kapitalistischen Produktions-
verhältnisse, die entstanden auch in den katholischen Ländern. Doch in diesen Ländern mußte das Individuum, das als
Tätigkeit die Anhäufung von Besitz gewählt hatte, mit seinem Bewußtsein einige Haken schlagen, um sich dennoch
vor Gott rein und lauter fühlen zu können. Materiell reich
und zugleich geistlich arm zu sein – das ist nach den Worten
des hl. Franz von Sales (1567–1622) «ein großes Glück für
den Christenmenschen, denn damit genießt er im Diesseits
die Vorzüge des Reichtums, im Jenseits das Verdienst der
Armut».[148]

Achtes Kapitel

Fra Salimbene und andere

Wir sind bisher jenen Formen der Kultur des Mittelalters nachgegangen, in denen sich, ähnlich den Abdrücken von Fossilien, Spuren der menschlichen Individualität ausmachen lassen. Wir haben ferner versucht, bestimmte *Möglichkeiten* aufzuspüren, die das soziokulturelle System dieser Zeit für die Entfaltung der Persönlichkeit bereitgestellt hat. Wieweit diese Möglichkeiten von dieser oder jener konkreten Persönlichkeit dann auch tatsächlich wahrgenommen wurden, hing freilich nicht nur von ihr selbst und ihren individuellen Eigenschaften ab, sondern auch von ihrer Stellung in der Gesellschaft, von ihrem Sozial- und Besitzstatus, von ihrem Zugang zu Bildung und Wissen sowie schließlich von ihrer Bindung an diese oder jene kulturelle Tradition. Die dabei von uns untersuchten Formen sind an sich unpersönlich. Doch in jedem Einzelfall bilden sie die unabdingbaren Voraussetzungen für die Herausbildung und Selbstverwirklichung einer Persönlichkeit; deren Sozialisierung bestand in der Aneignung dieser für die Gesellschaft und für ihre Zeit universellen Kategorien.

Wenn wir nun zur Betrachtung der Einzelpersönlichkeiten zurückkehren, so türmen sich vor uns, den Mediävisten, gewaltige Schwierigkeiten auf. Beim Durchgehen der Texte, in denen sich die einzelnen Autoren über sich selbst äußern, können wir uns sehr rasch davon überzeugen, daß die traditionelle Vorgehensweise dieser Menschen bei ihrer Selbstdarstellung – so paradox das auch klingen mag – nicht in der Enthüllung ihres Ichs, sondern in dessen unabsichtlicher, aber auch absichtlicher Verhüllung besteht. Vielleicht müßte auch richtiger von einem Unvermögen dieser Menschen zur Selbstbeschreibung gesprochen werden. Allein diese Unfähigkeit ist nicht das Ergebnis von «intellektueller Unterentwicklung» oder von «Nichtkönnen», nicht die Folge davon, daß die Menschen des Mittelalters das *noch* nicht konnten, was die Menschen der Neuzeit inzwischen können, nämlich ihre eigene unwiederholbare Innenwelt vorführen. Offenbar muß sich das Individuum jener Zeit irgendwie anders selbst erkannt haben, so daß es infolge dieser spezifischen Einstellung zu sich selbst seine Aufmerksamkeit nicht auf diejenigen Züge seiner Individualität konzentriert hat, die für uns Heutige die ausschlaggebenden sind. Um sich überhaupt ausdrücken zu können, suchte ein Autor erst einmal nach einem Vorbild, einem Muster, das möglichst viele Züge aufweisen sollte, zu denen er seine eigenen Eigenheiten und Eigenarten am ehesten in Beziehung setzen konnte. Folglich galt für diesen Autor nicht das als schätzenswert, was an ihm einmalig oder zumindest selten war – selbst wenn er Einzigartiges an sich bemerkt haben sollte –, sondern das, was ihn einem bestimmten *Typus* am ähnlichsten machte. Und genau so verfuhr dann der Autor des Mittelalters mit anderen Menschen, die er charakterisieren wollte: Er reduzierte kurzerhand das Besondere an diesen Menschen auf das Allgemeine aller Menschen. Übrigens lassen die Verfasser von Biographien und Heiligenviten mitunter größere Fähigkeiten zur Nachzeichnung der individuellen Besonderheiten an den von ihnen Porträtierten erkennen als die Autoren der «Beichten», «Bekenntnisse» oder «Autobiographien», in denen diese sich selbst schildern.[149] Die Persönlichkeit suchte ihre innere Befriedigung nicht darin, daß sie sich allen anderen gegenüberstellte, sondern im Gegenteil darin, daß sie ihr eigenes Ich an einen gegebenen Prototyp anpaßte.

Ganz im Sinne dieses unüberwindlichen Hanges zur Annihilierung des Individuellen in einem Typus ist es nur folgerichtig, daß zur Beschreibung eines Menschen Klischees und durch häufigen Gebrauch verschlissene Stereotype herangezogen wurden, die die Möglichkeit boten, diesen Menschen in irgendeiner Weise zu klassifizieren. Daher auch wurden die mittelalterlichen Autoren nicht müde, bei der Skizzierung ihrer Porträts von historischen oder sonstwie bemerkenswerten Gestalten Formen der Menschendarstellung zu verwenden, die aus der Tradition stammten, vor allem aus dem Erbe der Antike. So findet Einhard in seiner ‹Vita Ca-

roli Magni› zur Nachzeichnung von Leben und Persönlichkeit Karls des Großen kein geeigneteres Mittel als den Rückgriff auf Suetons Lebensbeschreibungen der römischen Kaiser. Auch das ist wieder in sich konsequent: Da Karl zum
römischen Kaiser gekrönt worden war, mußten die Lebensläufe seiner entfernten Vorgänger auf ihn übertragbar
sein. [150]

Nicht anders verfuhren dann jahrhundertelang auch die
mittelalterlichen Maler oder Bildhauer: Die Kaiser, Könige,
Päpste, Fürsten, Kirchenväter und Heiligen der Fresken,
Buchillustrationen und Skulpturen weisen nicht die geringste
lebensechte Individualität auf. Dafür sind sie mit Attributen
ausgestattet, die ihren sozialen, politischen oder geistlichen
Status ausdrücken. Diese Künstler sahen das Wesentliche –
und daher auch einzige, das ihrer Aufmerksamkeit an diesen Gestalten wert war – in dem, was das jeweilige Individuum einem Typus zuordnete; es interessierte sie nicht im
mindesten, was das Individuum an Eigenheiten besaß, die
ihm gegenüber diesem Typus eine Sonderstellung hätten
verschaffen können. Die mittelalterlichen Biographen,
Hagiographen und bildenden Künstler waren Meister der
Verallgemeinerung. Sie «konnten nicht individualisieren»,
und zwar deshalb nicht, weil sie kein Bedürfnis danach
verspürten; sie nahmen das Einmalige, Unwiederholbare
an einer Individualität einfach nicht wahr, weil ihr Blick
auf etwas gerichtet war, das nach ihrem Verständnis unvergleichlich profunder war – auf das eigenste, innerste
Wesen des Menschen. Dieses Wesen aber bestand für sie
nicht in zufälligen Eigentümlichkeiten seines Charakters –
die ja genausogut andere sein oder ganz fehlen konnten –,
sondern das Wesen eines Menschen bestand für sie darin,
daß sich in ihm seine Vorherbestimmung zu einem
«Dienst» oder «Amt» verkörperte. Mit ihrer Vertiefung in
die Frage, was einem «Rang», einem sozial-rechtlichen
Status oder einer Gesellschaftsschicht zukommt und gebührt, geriet den Künstlern das allgemeinmenschliche Ideal
aus dem Blickfeld. Das Individuum, das uns aus den literarischen Texten und den anderen Werken der Kunst dieser Zeit
entgegentritt, ist nicht der «Mensch an sich», es ist ein zwar

sozial alternatives, gerade deswegen aber stets sozial deter-
miniertes Individuum.

Die Schriftsteller und anderen Künstler des Mittelalters
entkleiden das Individuum seiner Individualität in unserem
heutigen Sinne und bringen es auf einen *Mittelwert*. Aber gerade damit erreichen sie die Hauptsache, wenn man in den
Kategorien der Einstellungen ihrer Zeit mitdenkt. Das Individuum gerät unter ihrer Feder, ihrem Pinsel oder ihrem
Meißel nicht zu einem vereinzelten und daher zufälligen
menschlichen Atom, das für sich allein genommen überhaupt kein Interesse verdient – das Individuum fungiert in
ihren Darstellungen als Träger und Repräsentant von sozial
bedeutsamen Eigenschaften und Merkmalen. Die Verfasser
der Heiligenviten beschreiben ihre Gestalten mit Hilfe von
schablonenhaften Phrasen, die von einem Werk ins andere
übergehen bzw. ohne die geringsten Hemmungen aus dem
allgemeinen Fundus von Definitionen und Epitheta entlehnt
werden, und niemanden stört oder ermüdet die ständige
Wiederholung der immer wieder gleichen Beschreibungs-
weise der Heiligkeit der verschiedensten Gestalten. Im Gegenteil, es hat ganz klar den Anschein, als empfänden die
Leser Genugtuung bei dem Gedanken, daß jeder individuelle
Fall ihr verallgemeinertes Ideal bestätigt. Denn weder der
Verfasser noch seine Leserschaft sucht nach der unverwech-
selbaren Individualität des Heiligen, deren Existenz überhaupt nicht vorausgesetzt wird: Heiligkeit besteht ja gerade
in der Aufgabe des eigenen Ichs und seiner Annäherung an
Gott – sie besteht darin, daß sich das Individuum in Ihm auflöst.[151]

Individualität wird nicht geschätzt und nicht gutgeheißen,
sie wird im Gegenteil gefürchtet, und das nicht nur an anderen Menschen, auch der Einzelmensch hütet sich davor, er
selbst zu sein. Äußerungen von Originalität und Eigenständigkeit geraten in den Geruch von Ketzerei. Wenn ein mittelalterlicher Mensch nicht so ist wie alle anderen Leute, dann
leidet er unter der Erkenntnis dieses Zustandes.

Demnach ist eine Fixierung auf die Individualität für diese
Epoche alles andere als charakteristisch. Wenn man nun das
Mittelalter untersucht, in dem man sich ausschließlich auf

seine herausragenden Gestalten bezieht, könnte das nicht auch bedeuten, mitunter am Ziel vorbei zu schießen? Daß sich die mittelalterlichen Chronisten bei der Beschreibung ihrer zeitgenössischen Geschichte nur an die Herrscher und ihre Taten gehalten haben, darf uns nicht auf eine falsche Fährte locken. Die Könige, Päpste und Fürsten sind für die Annalenschreiber und Historiker nicht als solche, nicht als strahlende Persönlichkeiten von Interesse, sondern einzig und allein als Repräsentanten eines viel tiefer reichenden Prozesses – der Offenbarung göttlicher Vorsehung, denn in den Taten dieser Menschen verwirklichen sich die Intentionen des Schöpfers. Die ‹Gesta Dei per Francos› Guiberts von Nogent sagen es ganz deutlich: Nicht die Franken oder die Franzosen haben Geschichte gemacht, es war der Schöpfer, der sie zu seinen Werkzeugen ausersehen hat. Noch weniger in Kategorien der Individualität lebten und dachten die Heiligen, die Einsiedler und die Mystiker. Ihr Ruhm gründete sich ja gerade darauf, daß sie ihr Ich völlig abgelegt hatten und mit Gott eins geworden waren.

Wenn das so ist, wäre der Historiker dann nicht besser beraten, er gäbe sich mit den menschlichen Gipfelpunkten dieser Epoche zufrieden und beschränkte seine Aufmerksamkeit auf solche hervorragenden Gestalten wie Abälard, Bernhard von Clairvaux, Franz von Assisi, Antonius von Padua, Ludwig den Heiligen, Thomas von Aquin, Dante usw.? Aber, bis zu welchem Grade waren solche Persönlichkeiten denn überhaupt typisch? Sie ragten doch weit über den Durchschnitt hinaus und sind für unser Verständnis von dem Milieu, das sie umgeben hat, nicht allzu repräsentativ. Genauer gesagt, sie sind von Bedeutung nur als Extremfälle, indem sie es uns ermöglichen, die Grenzen kennenzulernen, die die Individualisierung in dieser Zeit erreichen konnte. Wäre es angesichts dieser Tatsachen nicht angebracht, von den Bergen hinabzusteigen in die Täler, wo die namenlose Masse Mensch mit ihren alltäglichen Sorgen und Hoffnungen umherwimmelte?

Die Hinwendung zur Erforschung des «Durchschnittsmenschen» ist in der Mediävistik nichts Neues. Vielleicht ist es für den westeuropäischen Leser nicht uninteressant zu erfahren, daß die russische Wissenschaft schon zu Beginn dieses Jahrhunderts diesen Verfahrensweg eingeschlagen hat, und das sogar mehrmals. So begründeten Lew Karssawin und Pjotr Bizilli, zwei hervorragende Fachleute für die Geschichte Italiens, in ihren 1915 und 1916 nahezu gleichzeitig erschienenen Arbeiten die Notwendigkeit, den «durchschnittlichen» Vertreter der Gesellschaft des Mittelalters zu untersuchen.[152] Karssawin stellte sich die Aufgabe, dem Niveau des religiösen Bewußtseins auf die Spur zu kommen – er nennt es den «gemeinsamen religiösen Fundus» –, aus dem die Menschen ihre Glaubensüberzeugungen und ihr Weltverständnis bezogen. Dazu rekonstruiert er hypothetisch den Besitzer dieses Fundus und qualifiziert ihn als den «mittleren Menschen». Diesem Begriff mißt Karssawin methodologische Bedeutung bei: In seinem «mittleren Menschen» erblickt er nicht den ordinären Kleinbürger und Spießer, sondern einen typischen Vertreter der seinerzeit verbreiteten Glaubenshaltungen und religiösen Denkweisen. Karssawin ist geneigt, dazu auch herausragende Individualisten zu zählen, weil sie seiner Meinung nach «zugleich auch ganz oder zumindest teilweise typische Individualitäten waren».[153]

Bizilli teilt einige Ansichten Karssawins, hebt aber gleichzeitig auch hervor, daß es unzulässig sei, die großen Individualitäten in eine Reihe mit den gewöhnlichen Durchschnittsmenschen zu stellen und ein gemitteltes Bild zu skizzieren, in dem aus der Analyse der Individualitäten gewonnene Erkenntnisse mit denen vermengt werden, die aus der Untersuchung der Mediokritäten stammen, mit anderen Worten: Was für die einen typisch war, mußte nicht auch für die anderen gelten. Der Unterschied zwischen einer überragenden Individualität und einem «Durchschnittsmenschen» ist für Bizilli nicht «quantitativer Natur»; er besteht nicht darin, daß z. B. Bernhard von Clairvaux «mehr Mystiker» ist als sonst jemand, «er ist *auf andere Weise* Mystiker». Daher erfahren wir kaum etwas über das Leben der mittelalterlichen Gesellschaft insgesamt, wenn wir uns ausschließlich mit den großen Menschen dieser Zeit beschäftigen. Im Unterschied zu Karssawin konzentriert Bizilli seine Aufmerksamkeit auf eine einzige Gestalt, den Franziskaner Salimbene, der außer einigen anderen Werken eine Chronik geschrieben hat, in der sich auch seine Biographie findet. Bizilli untersucht diese zwischen 1282 und 1287 abgefaßte Chronik Salimbenes mit der Absicht, zu Erkenntnissen zu gelangen, an deren Ende ein Bild von dessen Persönlichkeit steht, das sie als den «Vertreter einer bestimmten Kulturperiode» wiedergibt.[154]

Meiner Überzeugung nach ist die von Karssawin und Bizilli in ihren Arbeiten angewandte Methode vielversprechend. Denn der Glaubensfundus dieser Zeit war ja gar nicht von ihren großen Geistern, den Theologen und Mystikern, allein geschaffen worden, wie die alte Geschichtsschreibung suggeriert. Die Kulturmodelle entstanden nicht nur auf den oberen Sprossen der sozialen Stufenleiter, von der sie in die darunterliegenden Schichten der Gesellschaft einsickerten – und dabei vulgarisiert wurden. Auch beim Volk wuchsen dessen eigene Vorstellungen von der Welt, von Zeit und Raum, von der Seele, von Sünde und Buße sowie über die Existenz im Jenseits heran. Diese Vorstellungen standen keineswegs immer im Einklang mit den offiziellen kirchlichen Lehren, sondern es kam zwischen ihnen zu Spannungen und Konflikten. In diesem Spannungsfeld von bisweilen gegensätzlichen Glaubensüberzeugungen formte sich die Persönlichkeit dieser Zeit.

Doch kehren wir zu Salimbene zurück. Es muß angemerkt werden, daß er in einem kritischen Zeitabschnitt der italienischen Geschichte lebte und wirkte. Zu dieser Zeit waren unter dem Volk Hoffnungen auf die Errichtung des Tausendjährigen Reiches Christi nach den Lehren des Joachimismus groß im Schwange. Deren Begründer, der hl. Joachim von Fiore, hatte den Eintritt des Zeitalters des Heiligen Geistes für das Jahr 1260 prophezeit. Die Zeit der Erwartung dieses Ereignisses nun fiel mit dem Niedergang der Hohenstaufenherrschaft über Italien zusammen, so daß mit dem vermeintlichen Ende des Heiligen Römischen Reiches alle die Erfüllung der Prophezeiung vom Ende der Welt gekommen sahen. Das soziale Brodeln in Italien nahm zu, und in

eben jenem Jahr 1260 machte zum erstenmal die Bewegung
der «Apostolischen Brüder» von sich reden, die äußerste As-
kese predigten und Eigentum, Arbeit, Beruf und überhaupt
alles, was das Leben des Menschen ausmacht, verwarfen.
Gleichzeitig ergossen sich Geißlerzüge durch die Straßen der
Städte und Dörfer Italiens.

In solchen Momenten der Geschichte, die einhergehen mit
gesteigerter Emotionalität, ja krankhafter Neigung zur
Neurasthenie, schärfen sich die Sinne für alles, was mit dem
Menschen zusammenhängt. «Für uns Fernstehende scheint
sich um diese Zeit über Italien die Morgenröte der Renaissance zu erheben», bemerkt Bizilli, «doch die Menschen damals empfanden das Leuchten am Horizont als Vorboten des
Weltenbrandes.»[155]

Melancholie, Furcht, Pessimismus, Erwartung des unauf-
haltsam näherrückenden Weltenendes – diese Gefühle hatten
sowohl von den einzelnen Individuen, die uns ihre Zeugnisse dafür hinterlassen haben, als auch vom Volk Besitz
ergriffen. Die zunehmend kompliziertere Gesellschaftsstruk-
tur; die Entstehung einer sozialen Situation, in der ein Individuum in eine ganze Reihe von Gruppen hineingezogen werden konnte, die auf unterschiedlichen Prinzipien beruhten
und daher im Gegensatz zueinander standen; der Zerfall der
traditionellen Mikrosozien, die früher eine Art stabiler psychologischer Einheiten dargestellt hatten – all das führte
dazu, daß sich die Persönlichkeit plötzlich sich selbst gegenübergestellt sah und sich ihrer Isolierung und Einsamkeit bewußt wurde. Aus diesem Nährboden und zusätzlich gespeist
aus dem Gefühl «geistlicher Waisenschaft» erwuchs der Persönlichkeit ein Selbstbewußtsein, das sich unter den geschilderten Bedingungen vor allem in schrankenlosem Egoismus
und sittlichem Nihilismus äußerte. Diese Züge brechen mit
aller Deutlichkeit auch bei Salimbene hervor: Er fühlt sich
frei von jeder familiären Bindung, so vergißt er, den Tod seiner Eltern überhaupt zu erwähnen, und sein leiblicher Bruder, Ordensbruder wie er, existiert für ihn nur ganz am
Rande; seine Heimatstadt ist ihm zuwider, und ein allzu glü-
hender italienischer Patriot ist er auch nicht; den Franziskanerorden aber schätzt er, doch eigentlich wohl nur deshalb,

weil er sich in ihm nicht übel eingerichtet hat, d. h. aus rein materiellen Motiven, die geistigen und geistlichen Ideale seines Ordens sind ihm fremd geblieben. Dieser in Egozentrizität gipfelnde Individualismus – sind wir ihm nicht schon 150 Jahre früher in der ‹Geschichte meiner Mißgeschicke› Abälards begegnet? Ist diese übersteigerte Ichbezogenheit nicht typisch für die frühen Entwicklungsformen der Individualität?

Doch im Unterschied zu Abälard schreibt Salimbene eine Chronik und keine Autobiographie. Daher auch konzentriert er seine Aufmerksamkeit nicht auf die eigene Person – sie bricht zwar auf den Seiten seines Werkes hier und da einmal hervor, verstellt aber dennoch nicht den Blick auf das Leben in Salimbenes Umgebung. Ganz anders als die Verfasser historischer Werke aus dieser Zeit, die darum bemüht waren, sich den Anschein leidenschaftslos objektiver Chronisten zu geben, stürzt sich Salimbene geradezu in den Trubel des Alltagslebens; er hat ein Ohr für Gerüchte, Verleumdungen und Intrigen und läßt sich ständig von geringsten Kleinigkeiten ablenken. Das ganze Werk atmet den Geist subjektiver, persönlicher Erfahrungen; es widmet sich mit lebhaftem Interesse den Sitten und Gebräuchen der verschiedenen Regionen und Völker und hebt deren kulturelle Besonderheiten hervor. Dabei waren Mißtrauen oder Feindschaft gegenüber den Nachbarvölkern, die Lust, ihre Schwächen und belächelnswerten Eigenheiten aufzuspüren und sie dann als lächerlich zu verunglimpfen, spezifische Erscheinungsformen des Patriotismus im Mittelalter. Das hängt mit der Schärfung der Wahrnehmung der Persönlichkeit zusammen und mit dem Bedürfnis, die individuellen Besonderheiten der Menschen genauer zu erkennen. Um das Selbstbewußtsein eines Individuums oder eines Volkes zu stärken, mußte das «Eigene» dem «Fremden» vergleichend und zugleich ablehnend gegenübergestellt werden.

Wenn man sich jedoch in die Charakterzeichnungen vertieft, mit denen Salimbene sehr freigebig einzelne Persönlichkeiten bedenkt, die er gekannt oder von denen er gehört hat, dann fällt auf, daß diese Schilderungen meistenteils nichts anderes sind als Schablonen: «Litteratus homo, curialis, liberalis et largus, religiosus et honestus, nobilis . . .» («ein gebildeter Mann, liebenswürdig, freigebig und großzügig, fromm und ehrenhaft, edel . . .») – das ist das Schema, das Salimbene an die unterschiedlichsten Menschen anlegt; konsequent stellt er der «largitas» und «curialitas» («Großzügigkeit» und «edle Liebenswürdigkeit») die bäurische «rusticitas» und «avaritia» («Grobheit» und «Habgier») gegenüber. Hierin ist Salimbene nicht im mindesten originell und unterscheidet sich nicht von anderen zeitgenössischen Autoren. Dabei war das Ideal von Freigebigkeit und Edelmut aus der Dichtung der Troubadoure seit langem zu einem Gemeinplatz verkommen. Dessenungeachtet vertritt Bizilli die Ansicht, daß die Schablonenhaftigkeit von Salimbenes Charakterzeichnungen kein Beweis für dessen Unvermögen zur Individualisierung ist, sondern «vom guten Ton, von den Regeln des literarischen Anstandes» [156] diktiert war.

Im Gegenteil, seine Beobachtungsgabe unterscheidet Salimbene deutlich von den Autoren der voraufgegangenen Epoche. Die Menschen des Mittelalters, die zur Selbstbeobachtung neigten, «waren blind und taub gegenüber der sie umgebenden Welt». [157] Der Grund dafür liegt keineswegs in ihrer asketischen Denkweise, die diese Gleichgültigkeit eigentlich nur auf die Spitze getrieben hat. Nach Ansicht Bizillis waren die Menschen dieser Zeit unfähig, die äußere Welt differenzierend zu betrachten; sie gaben sich mit zufälligen Analogien und unkoordinierten Eindrücken zufrieden. Jeder Gegenstand fesselte ihr Interesse nur so weit, wie er ein Objekt von Kraftaufwand war, und die Menschen erblickten in ihm nur die Seiten, an denen dieser Kraftaufwand erforderlich sein konnte. Das ist der tiefere Grund für die Bilderarmut vieler mittelalterlicher Texte, für die blassen Farben und die trockene Sprache der Beschreibungen, sei es in den Heiligengeschichten und Chroniken oder in den Gedichten und Liedern.

Ist es nicht aufschlußreich, daß die «Autobiographie» in der Auffassung der Schriftsteller des Mittelalters etwas war, das in demjenigen Augenblick ihres Lebens als abgeschlossen galt, da das nach ihren Vorstellungen erstrebenswerte Lebensziel erreicht war? Worin aber bestand dieses Lebensziel?

Für Augustinus, dessen ‹Bekenntnisse› zum Vorbild für alle
Verfasser des Mittelalters geworden waren, bestand es in seiner endgültigen Bekehrung; für Abälard war dieses Endziel
Paraclet, die Einsiedelei, die er gegründet hat; für Guibert
von Nogent, wie wir gesehen haben, die Berufung zum Abt
eines Klosters; und für Salimbene schließlich die endgültige
Aufnahme in den Franziskanerorden. Nicht das Leben in sei-
ner Gesamtheit bildete die Fabel der «Autobiographie» des
Mittelalters, sondern die Fahrt auf der Lebensbahn bis zu
dem durch die Vorsehung von Anfang an vorgegebenen
Lebensziel, dessen Erreichung die geistige und geistliche
Vollendung der Persönlichkeit markierte. Die Lebensbeschreibung war einem einzigen Motiv untergeordnet, dem
Motiv der Vervollkommnung im Geiste oder dem Motiv des
Dienens. Sobald diese Ziele erreicht waren, hatte sich die
Persönlichkeit vollständig verwirklicht, und damit waren
der Mensch und seine Geschichte an ihrem Ende angelangt.[158] Im Brennpunkt des Interesses standen die Umsetzung der irdischen Berufung, die Erfüllung der aufgetrage-
nen Pflicht und die Annäherung an den Idealtypus, nicht
aber die Realisierung einer unwiederholbaren und einmaligen
Individualität.

Daher auch tritt in den ‹Chansons de geste›, die das Leben
der Adelsfamilien besingen, nicht das Individuum als tat-
sächlicher Held des Liedes auf, sondern das ganze Geschlecht; die einzelnen konkreten Personen in ihnen sind nur
Bestandteile dieses Ganzen, ihnen fehlen alle individuellen
Züge, denn der Charakter wird vererbt und ist ein Wesens-
element des gesamten «lignage» (der «Ahnenreihe»).[159] Das
einzelne Individuum hat sich noch nicht aus dem Schoß des
Geschlechts, der Familie gelöst und steht nicht im Blick-
punkt der Liederdichter. Wie Bizilli nachgewiesen hat, geht
die «Autobiographie» des Mönchs Salimbene insofern aus
einer adligen Familienchronik hervor, als er mit der Genealo-
gie seines Geschlechtes beginnt, um – für ihn selber unmerklich – zur Autobiographie überzugehen. Ein Vergleich von
‹De vita sua› Guiberts von Nogent mit der ‹Cronica› Salimbenes ist hierfür sehr aufschlußreich. Der Abt aus dem
12. Jh. beginnt seine «Vita» mit einigen kurzen Passagen zu

seiner Person, um nahtlos auf die Beschreibung seines Klosters zu kommen und von dort auf die Geschichte Frankreichs überzugehen; dabei verliert er sein eigenes Schicksal völlig aus den Augen. Der Franziskaner aus dem 13. Jh. dagegen, der sich bewußt vorgenommen hatte, ein historisches Werk zu schreiben, gleitet aus der Chronik in die Autobiographie ab, wenngleich in eine «Autobiographie» sui generis. Könnte der Stellentausch dieser entgegengesetzt gerichteten Vektoren nicht ein Indiz dafür sein, daß in den 150 Jahren, die diese beiden Werke voneinander trennen, eine Tendenz zur Verschiebung des Autoreninteresses vom Allgemeinen zum Individuellen eingesetzt hatte?

Wir wollen uns mit Verallgemeinerungen jedoch Zeit lassen und jetzt nur so viel feststellen, daß sich im 13. Jh. in der Tat der Blick des Menschen für die Beobachtung seiner Umgebung geschärft hat. Das auf die Praxis orientierte Individuum sieht aufmerksamer hin, nimmt deutlicher wahr – und behält länger. In diesem Sinne verdient die Beschreibung einzelner Szenen, deren Zeuge Salimbene war, unsere Aufmerksamkeit: Er schildert ganz genau eine Vielzahl von Einzelheiten in den Gesten, Posen und Bewegungen seiner Personen; er zeigt ein feines Gespür für deren menschliche Emotionen und vergleicht das gerade Gesehene mit den aus seiner Erfahrung stammenden Beobachtungen. Seinem ebenso durchdringenden wie spöttischen Blick entgeht nichts. Die Sprache und der Stil dieser Beobachtungen sind lebensecht und lebendig. Gemeinplätze oder aus der Literatur entlehnte Formeln fehlen hier ganz. Das Bestreben Salimbenes, auf Schablonen zu verzichten, kommt in der Individualisierung menschlicher Charaktere deutlich zum Ausdruck. Eines der Verfahren, die er dafür einsetzt, ist der Vergleich zwischen verschiedenen Personen: Wem gleicht oder ähnelt die gerade porträtierte Gestalt? Nichtsdestoweniger ist bei Salimbene vorerst nicht mehr als eine *Tendenz* zur Abkehr von den übliches Klischees auszumachen, und weil er noch nicht über einen ausreichenden Sprachschatz für die Wiedergabe der Vielfalt positiver Eigenschaften verfügt, kann er bei der Erwähnung des an einer Gestalt Rühmenswerten gar nicht anders, als zu schematischen Redewendungen zu greifen.

Salimbene ist Prediger von Beruf, und seine Innenwelt oder seine persönlichen Empfindungen und Erlebnisse sind in seinen Schilderungen kein Selbstzweck, sondern lediglich Stoff für die belehrenden Exempel, die er in seine Predigten einstreut. Aber das Problem liegt gar nicht in seinem Predigerberuf, denn tiefere religiöse Empfindungen sind Salimbene vollkommen fremd. Dieser so ausgezeichnete Beobachter der Außenwelt ist nicht imstande, sich in eine fremde Seele hineinzuversetzen, geschweige denn in seine eigene, ja er empfindet offenbar weder Neigung, noch Bedürfnis zu derartigen Introspektionen. Es erhebt sich die Frage, ob das eine Besonderheit nur von Salimbene ist. Allem Anschein nach nicht. «Der Mensch des Mittelalters hatte kein Interesse an seinem Ich an sich. Seine Seele wurde nur in dem Maße ein Aufmerksamkeit erheischender Gegenstand, in dem ihn die Betrachtung ihrer Regungen zu einem intimeren Verständnis für das Phänomen der Welt des Jenseits führte.»[160] Um 1070 wurde über dem Portal der Kirche Sant'Angelo in Formis die folgende Inschrift angebracht: «Sobald du dich selbst erkannt haben wirst, wirst du den Himmel erlangen!»[161] Dieser Text drückt offensichtlich die Sehnsucht ihrer Verfasser aus, Gott in sich selbst zu finden und sich Ihm zu nähern, indem sich das eigene Ich in Ihm auflöst; er stellt keinen Aufruf zur Versenkung in die eigene Individualität dar. Doch hat nicht schon Berhard von Clairvaux Ähnliches gesagt: «Um die Demut der Seele der erreichen, gibt es nichts Besseres als die Selbsterkenntnis»?[162] Sollten die Probleme hundert Jahre später so völlig anders gewesen sein? Doch wohl kaum. «Der Mensch des 13. Jh. mißt sich mit allgemein anerkannten Maßstäben», stellt Bizilli fest, «und hat sich noch nicht seine eigene Elle zurechtgeschnitten.»[163] Meiner Ansicht nach ist der russische Mediävist in seiner versteckten Polemik gegen Morris vorsichtiger mit seinen Bewertungen und daher der Wahrheit näher: Der Streit ging darum, daß Bizilli die Auffassung vertrat, bei den Menschen des 13. Jh. lasse sich noch keine Einstellung zur Selbsterkenntnis entdecken; dem hielt Morris entgegen, daß schon einige Intellektuelle des 12. Jh. angestrengt ihr Ich gesucht haben.[164] Bizilli lehnt es ab, einer Forcierung dieser Entwicklung das Wort zu reden und die Persönlichkeit des Mittelalters auf die Normen der Neuzeit «zurechtzubiegen».

Was dagegen die Religiosität Salimbenes betrifft, ging sie Bizilli zufolge nicht über das Niveau von Fetischismus und Magie hinaus, sie war «naives Volksheidentum»,[165] und angesichts einer derartigen Natur der Religiosität ihres Verfassers[166] ist von Salimbenes Autobiographie natürlich kein sonderlicher psychologischer Tiefgang zu erwarten. Selbstzufriedenheit, von der dieser Franziskaner strotzt, und Selbstüberschätzung markieren etwa die Pole, zwischen denen sich seine Persönlichkeit zu erkennen gibt. Hervorgegangen aus einer Familie von Rittern und Juristen, macht Fra Salimbene in seinen Schriften überhaupt kein Hehl aus seinem Standesdünkel, wenn er z. B. in der ‹Cronica› schreibt: «Für die Schufte und Bauern bricht die Welt zusammen, für die Ritter und Edelleute bleibt sie erhalten.»[167] Ob er das auch in seinen Predigten so unverblümt ausgesprochen hat?

Die ‹Cronica› Salimbenes ist über weite Strecken ein Erinnerungsbuch. Sie beschreibt in erster Linie Ereignisse, deren Zeuge Salimbene selbst war, so daß es ihrem Verfasser leichtfiel, persönliche Momente einzubringen. Historie und Autobiographie wechseln ständig miteinander ab. Wie wir uns bereits überzeugt haben, ist die «Autobiographie» der voraufgegangenen Periode vor allem Beichte und Bekenntnis. Da Reue und Buße diejenigen Mittel waren, die das Seelenheil am ehesten näherbrachten, nimmt die literarische Beichte nicht selten die Form einer Selbstgeißelung an. In seinem ‹Dialog› schildert Ratherius von Verona eingehend die eigenen Sünden, als ob er die Fragen eines Bußbuches vorwegnähme, und nennt sein Werk daher ‹Excerptum ex dialogo confessionali cuiusdam sceleratissimi Raterii› (‹Auszüge aus dem Beichtgespräch eines gewissen höchst ruchlosen Frevlers Ratherius›). Dabei ist er ängstlich bemüht, in sich alle Sünden aufzuspüren (oder sie sich zuzuschreiben?), die in den Bußbüchern aufgezählt werden. Doch mindestens einer Sünde kann sich dieser Mönch nicht zeihen – des Bruchs der ehelichen Treue. Aber flugs findet er einen Ausweg aus dieser Lage: Er war zweimal zum Bischof berufen worden, und beide Male wurde er aus diesem Amt gejagt – das wiegt ebenso schwer wie zwei Ehebrüche. Wie Ehebrüche! Wie soll man es fertigbringen, durch das Dickicht so einer fiktiven Beichte zur echten Persönlichkeit ihres Verfassers vorzudringen? Denn selbst in den Fällen, in denen Ratherius einem fiktiven Beichtiger seine Willensschwäche und seine krankhafte Neigung zur Selbstanalyse als Quellen seiner Verfehlungen bekennt und damit scheinbar etwas von seinem Charakter preisgibt, bleibt der Historiker ratlos, was dieser Bischof denn nun wirklich für ein Mensch war. Immerhin aber ist die Wahl der Beichte und Buße zur Selbstcharakterisierung natürlich symptomatisch.

In der literarischen Beichte suchten die Zeitgenossen vor allem sittliche Unterweisung und nachahmenswürdige Vorbilder, daher fehlt in diesen Werken noch die sich selbst genügende psychologische Neugierde. Gleichzeitig aber ist eine gewisse Aufmerksamkeit gegenüber der eigenen Persönlichkeit, die zum Gegenstand eigenständiger Betrachtung wird, doch der Anstoß zur Abfassung der Autobiographien. Wie die Erklärungen der Schriftsteller des Frühmittelalters, etwa Gregors von Tours oder Bedas des Verehrungswürdigen, belegen, schätzten sie an sich selber eigentlich nur ihre literarische Tätigkeit. Christliche Demut und unbestreitbares schöpferisches Selbstbewußtsein sind bei Gregor, Beda und anderen ihrer Amtsgenossen eine eigentümliche Symbiose eingegangen. Die Bio-Bibliographien, die sie ihren Hauptwerken anzufügen für notwendig hielten, ziehen die Bilanz des von ihnen gelebten Lebens. In späterer Zeit verweilen andere Schriftsteller schon länger und detaillierter bei ihrem Leben und ihren Werken, wie das Beispiel des Giraldus Cambrensis (Gerald von Wales) zeigt.

Die Mystik kann als eine spezifisch mittelalterliche Form der Äußerung von Individualität angesehen werden. Die Verneinung seines Ichs und die Vernichtung dieses Ichs vor dem Antlitz Gottes hätte der Mystiker gar nicht leisten können, wenn er sich nicht auf seine geistlichen Erfahrungen und auf das Dasein seiner eigenen Seele konzentriert hätte. Für diese Mystiker, wie Bernhard von Clairvaux, stellt sich ihr Le-

bensweg als Entwicklung ihrer Seele und als sittliche Vervollkommnung dar. Und gleichzeitig warnte derselbe
Bernhard davor, daß der mystische Individualismus zur
Sünde des Stolzes und der Hoffart führen könne. Daher
wendet sich der anonyme Verfasser, der sich hinter dem
Namen Bernhards verbirgt, mit seinen Überlegungen an
seinen Nächsten und rät ihm: «Finde dich selbst vor dir
selbst, als ob du dort einem Fremden begegnetest, und beweine dich, beweine deine Verfehlungen, mit denen du
Gott gekränkt hast. Und weiter, wenn du dich erkennst, erkennst du auch mich, denn ich bin niemand anderes als du
selbst. Wir sind unaufhörlich einer im anderen anwesend,
denn wir sind in Gott, und in Ihm lieben wir einander.»[168]
Seine Individualität ist für den Mystiker ohne Bedeutung,
sein Ideal ist es, Gott ähnlich zu werden, in dem alle Individualität aufgeht.

Die Furcht davor, der Sünde des Hochmuts anheimzufal-
len, bewirkte wohl auch das Streben nach dem sittlichen
Wert der «simplicitas», denn die «Einfalt» stellte die Reinigung von allem Zufälligen und Alltäglichen dar, und sie zu
erreichen, galt als ein Schritt auf dem Wege zu Gott. «Ich bin
mit mir, wenn ich mit Dir bin», wendet sich der Mystiker an
Gott, «und wenn ich ohne Dich bin, dann verliere ich auch
mich.»[169] «Psychologie» bestand auch schon zu dieser Zeit
in der Versenkung in die menschliche Seele, doch das Ziel
war damals nicht deren Individualisierung, sondern ihr Aufsteigen zu Gott. Darin also bestand das Wesen dieser «christlichen Sokratik»: Sich zu erkennen bedeutete, sich um Gottes willen von sich selbst loszusagen.

«Einfalt» erweist sich in unserem Zusammenhang keineswegs als «Unwissenheit» oder «Ignoranz» – sonst war üblicherweise «simplicitas» durchaus auch ein Synonym für
«idiota, illitteratus» – und schon gar nicht als «Dummheit»,
sondern sie erlangt die Bedeutungen «Unmittelbarkeit im
Dienst an Gott, Treuherzigkeit und Schlichtheit in der Hingabe an Gott». Daher war die «Einfalt» die einzig zulässige
Art und Weise, in der sich Individualität und Originalität
eines Menschen frei äußern konnten, ohne in den Geruch der
Sünde zu geraten. «In einem Milieu, in dem die Persönlich-

keitserkenntnis eine Tragödie für jeden darstellte, der sich so
weit erhoben hatte, aber von seiner Sündhaftigkeit und der
Notwendigkeit ihrer Zurückdrängung überzeugt war, empfindet der Einfältige keine Beschwernisse aus der Erkenntnis
seiner Originalität . . .»[170] Wie zu sehen, ist der Begriff «einfältiger Mensch» im Kontext der mittelalterlichen Kultur
und Religiosität schillernd und reich an Bedeutungsnuancen;
ursprünglich mehr negativ besetzt, wandelt er sich ins Posi-
tive. Wenn Gregor von Tours schreibt, daß er nicht ohne
Furcht und erst nach längerem Schwanken an die Abfassung
seiner Erzählung über den hl. Martin gegangen sei, weil er
sich als «inops litteris, stultus et idiota» («unfähig zur
Schriftstellerei, dumm und einfältig») fühlte, dann brauchen
wir ihm erstens nicht aufs Wort zu glauben, und zweitens
dürfen wir schon gar nicht annehmen, daß er in seiner Einfalt einen Mangel erblickt hätte, hatte ihm doch gerade diese
Denk- und Ausdrucksweise seine in einer Vision erschienene
Mutter als die einzig richtige eindringlich ans Herz gelegt.
«Einfalt» ist wahre Frömmigkeit; der Einfältige ist Gott
angenehm, und daher ist das Streben nach Einfalt unter
Hintanstellung der Gelehrtheit eine Pflicht. «Der Herr hat
zur Überwindung der Nichtigkeit weltlicher Übergescheit-
heit keine Rhetoriker, sondern Fischer, keine Philosophen,
sondern Bauern auserwählt.»[171] Folglich sind es gemäß dem
Evangelium gerade nicht die Einfältigen, die der Erleuchtung bedürfen, vielmehr sind sie die Apostel, die von Christus zur Erleuchtung anderer ausersehen sind, und sogar
Christus selbst ist das zu Ende gedachte Urbild des in diesem
Sinne Einfältigen.[172]

Einfalt und Unmittelbarkeit des Glaubenden stehen der
Nichtigkeit weltlicher Gelehrsamkeit diametral gegenüber.
Gleichzeitig aber ist der Einfältige doch ein unwissender
«Idiot», und der gelehrte Scholastiker, der in den Geheimnis-
sen der Theologie zu Hause ist, bildet dessen notwendigen
Gegenpol. Trotz aller Gegensätzlichkeit «unterhalten sie sich
über den Abgrund ihres gegenseitigen Nichtverstehens hin-
weg», wie Wladimir Wibler das ausdrückt, «und sie sind für-
einander lebensnotwendig, obwohl sie auf entgegengesetzten
Denkpolen stehen . . .»[173] Im «Kraftfeld» der mittelalter-

lichen Kultur sind Einfalt und Gelehrtheit zwei innerlich
aneinander gefesselte Verkörperungen der Persönlichkeit.
Zwischen ihnen wogt ein unaufhörlicher – und zugleich un-
lösbarer Streit.

In den Tiefen des Bewußtseins des Volkes entstehen
«Aberglauben» sowie wirre und unscharfe Vorbilder. [174] Auf
der Ebene der Welterfassung der unteren Schichten sind sie
wie fließendes Magma, sie können nicht kristallisieren und
finden zu keiner eigenständigen Form. Theologen und Scholastiker beobachten diese Vorstellungen mit Argwohn, sie
verurteilen und bekämpfen sie von ihrem Standpunkt der
reinen Lehre aus; gleichzeitig aber machen sie sich, trotz aller
Zensur, diese Welt- und Glaubensvorstellungen des Volkes
zu eigen und schmelzen sie in Formen um, die für die Kirche
annehmbar sind, um sie danach dem gleichen Volk wieder
vorzusetzen. Dieser «Mechanismus» wechselseitigen Ge-
bens und Nehmens funktioniert nicht nur deshalb auf diese
Weise, weil die Geistlichkeit nach ideologischer Kontrolle
über das Bewußtsein der Gläubigen strebt, sondern vor allem auch deshalb, weil im Bewußtsein der geistigen Elite –
nicht anders als beim Volk – diese beiden Pole «genetisch»
angelegt sind. Man betrachte dazu die ‹Docta ignorantia›,
das «gewußte Nichtwissen», des Nikolaus von Kues: Der
Einfältige disputiert mit dem Rhetoriker und dem Philosophen, wobei er die Richtung des Gespräches bestimmt und
seine hochgelehrten Kollegen belehrt.

Zwischen dem «Chaos» des Bewußtseins der Einfältigen
und dem «Kosmos» der Schöpfungen einer raffinierten Kultur liegen riesige Entfernungen, die jedoch auf Punktgröße
zusammenschrumpfen, wenn man von der Voraussetzung
ausgeht, daß die «Volkskultur» und die «Hochkultur» des
Mittelalters keine unterschiedlichen und voneinander unab-
hängigen Kulturen darstellen: Diese Kultur ist eine innerlich
ganzheitliche, dialogische und antithetische Kultur, [175] in deren Innerem ununterbrochen ein spannungsgeladener Dialog stattfindet. Der Geistliche bringt die Gläubigen dazu,
ihre Gedanken und Taten zu analysieren, und dank dieser
Selbstanalyse erlangt jedes Individuum die Fähigkeit, «innere
Dialoge» zu führen.

Das Ringen der Extreme, die offiziell als «rechter Glaube» und «Aberglauben» oder als «Philosophie» und «Ignoranz» qualifiziert werden, hat denjenigen intellektuellen Raum geschaffen, in dem sich die mittelalterliche Persönlichkeit herausbildete. Der nur der Logik folgende gelehrte Scholastiker und der seinem «Aberglauben» anhängende einfältige Laie bilden die beiden Aspekte der Persönlichkeit, von denen jeder für ihre Existenz unerläßlich ist. In irgendeinem Winkel jedes Intellektuellen mit noch so hoher Denkerstirn hält sich ein Einfältiger versteckt, und auch der letzte Einfältige ist mit Sicherheit in die Heilsgeschichte einbezogen, denn der Weg des Menschen, mag der auch zwischen Himmel und Erde hin und her gerissen werden, ergibt sich aus dem Heilsplan der Weltgeschichte. Obwohl in die Fesseln seiner täglichen Sorgen und Nöte geschlagen und von seinen Leidenschaften umgetrieben, findet dieser Mensch doch immer wieder noch Zeit und Gelegenheit, an die Ewigkeit und daran zu denken, was sie für ihn bereit hält. Gebet, Sündenfurcht, Beichte, Reue und Buße sowie Gedanken an die «letzten Dinge» – Tod, Vergebung, Höllenstrafe und Seligkeit – sind unverzichtbare Bestandteile des Persönlichkeitsbewußtseins des Individuums im Mittelalter. Dieses Individuum «fällt nicht mit sich selbst zusammen», schreibt Wibler, «es kann und muß sich von der Seite betrachten, und diese ‹Seite› ist sein ‹anderes Ich›, aber dort verliert auch die mächtigste soziale und ideologische Determination ihren Einfluß, und das Individuum wird tatsächlich zu einem Individuum, es nabelt sich von seinem kirchlichen Sozium ab und erweist sich als fähig, sein Schicksal, sein Bewußtsein und seine Handlungen selbst zu bestimmen».[176]

Neuntes Kapitel

«Ist dies schon Tollheit, hat es doch Methode»

Die Person von Opicinus de Canistris, einem Kleriker aus der ersten Hälfte des 14. Jh., scheint mir eine eigene Betrachtung zu verdienen. Der Fall dieses in mancherlei Hinsicht einzigartigen Mannes macht nämlich einige charakteristische Besonderheiten der Persönlichkeit seiner Epoche anschaulich. Unablässig von quälenden Gedanken über die unausrottbare Sündhaftigkeit der Welt sowie von Furcht vor dem Verderben der eigenen Seele und vor ihrer ewigen Verdammnis umgetrieben, liegt Opicinus in ständigem Widerstreit mit sich selbst; er zergrübelt sich, versenkt sich in sein eigenes Ich, projiziert es gleichzeitig ins Universum und ist, völlig von seiner Person absorbiert, bei alledem nicht in der Lage, mit sich ins reine zu kommen. Opicinus' manische Besessenheit von seinen tatsächlichen und eingebildeten Sünden und deren Untilgbarkeit gab Anlaß zu der Vermutung, daß bei ihm Anzeichen für eine Psychopathie vorliegen.[177] Doch wenn Opicinus tatsächlich ein Psychopath gewesen sein sollte, dann war er meiner Ansicht nach ein Psychopath, wie er nur im Mittelalter, genauer, in der Krisenepoche des Mittelalters, vorkommen konnte. Für den Historiker ist dieser Mann nicht als kranke oder anomale Persönlichkeit interessant, sondern als Phänomen seiner Zeit, in dessen möglichem seelischen Leiden bestimmte historisch bedingte Tendenzen und Umstände im Zusammenhang mit der Herausbildung der Individualität zum Vorschein kommen.

Opicinus (1296– um 1350), auch unter dem Namen «Anonymus Ticinensis» bekannt, Sproß einer nicht zum Adel gehörenden und wenig begüterten Familie aus Norditalien, führte das schwere Leben eines armen gelehrten Vagabunden. Obwohl er eine Ausbildung zum Geistlichen genossen hatte, mußte er sich als Hauslehrer, Schreiber und Buchillustrator durchschlagen. Er hat einige Arbeiten religiösen

Inhalts geschrieben und eine Vielzahl von Zeichnungen hinterlassen. In die Geschichte eingegangen ist er jedoch nicht als Denker, Theologe oder Künstler. Zwar trug ihm ein politisches Traktat, in dem er die Überlegenheit der geistlichen über die weltliche Macht begründete, das Wohlwollen von Papst Johannes XXII. ein und als Zeichen dessen die Stelle eines Schreibers im päpstlichen Avignon. Aber das berühmteste Werk von Opicinus ist eine Beschreibung von Topographie, Geschichte und Brauchtum seiner Heimatstadt Pavia, die sich durch eine für die damalige Zeit ungewöhnliche Schärfe der Beobachtung auszeichnet. Doch es änderte wenig an der Tatsache, daß der Geistliche Opicinus, wie schon angedeutet, ein hartes, sorgen- und entbehrungsreiches Leben führen mußte – ein Schicksal, das er mit der Mehrheit der Intellektuellen im «Herbst des Mittelalters» teilte. Sein literarisches und graphisches Erbe blieb für die nachfolgenden Generationen verschollen und wurde erst in unserem Jahrhundert durch die Fachwelt wiederentdeckt.

Die hauptsächlichen Schwierigkeiten im Leben von Opicinus waren aber wohl nicht durch die äußeren Umstände bedingt, sondern lagen in ihm selbst begründet, waren also psychischer Natur. An allen Mißgeschicken und Rückschlägen war seine eigene Persönlichkeit schuld. Ständig schleppte er das Bewußtsein mit sich herum, von einer Riesenlast von Sünden beschwert und zu nichts nütze zu sein; körperliche Gebrechen verschlimmerten diesen Zustand noch. Im Alter von etwa vierzig Jahren durchlebte Opicinus eine schwere Krise. Er erkrankte und verlor, wie er bezeugt, für zehn Tage das Bewußtsein. Als er wieder zu sich kam, erlebte er seine «zweite Geburt»: Er hatte «alles Bisherige vergessen und konnte sich nicht mehr vorstellen, wie die äußere Welt aussieht». In seinem langen Schlaf war ihm die Jungfrau Maria mit dem Jesuskind erschienen und hatte ihm anstelle des «memoria litteralis» (des «Bücherwissens»), das ihn einst auszeichnete und nun durch seine Bewußtlosigkeit teilweise verlorengegangen war, das «geistliche Wissen» verliehen. Außerdem erwies sich seine rechte Hand als gelähmt, so daß er den Beruf eines Schreibers nicht mehr ausüben konnte. Trotzdem erlangte er auf wunderbare Weise die

Fähigkeit, eine umfangreiche Reihe von Zeichnungen anzu-
fertigen, die er mit Anmerkungen und Erläuterungen versah.
Opicinus versäumt nicht, deutlich durchblicken zu lassen,
daß ihm diese Gabe von oben geschenkt worden ist.[178]

Diese in vielem einzigartige Sammlung von Bildern und
Texten ist eine wunderliche Kombination von Zeichnungen,
geographischen Karten und Schemata mit eingestreuten
Skizzen und Selbstporträts. Mit Hartnäckigkeit, ja Verbissenheit kehrt er immer wieder zu denselben Ideen und Motiven zurück. Man gewinnt den Eindruck, als sei er von diesen
Motiven geradezu besessen gewesen. Ein Mentalitätshistori-
ker findet in diesen Arbeiten von Opicinus die seltene Gelegenheit, jenen Persönlichkeitsschichten näherzukommen,
die sich aus einem Text allein nicht erschließen lassen. Damit
haben Opicinus' Arbeiten für uns die Bedeutung eines in
höchstem Grade originellen psychologischen Zeugnisses.

Dieses Gesamtwerk, die Frucht der «inneren Wiedergeburt» von Opicinus, wird von einem heutigen Herausgeber
als «Autobiographie» bezeichnet;[179] es ist jedoch eine Autobiographie von einer Spezies, wie sie so nicht nur im Mittelalter nicht wieder vorkommt, sondern auch in der Neuzeit
kaum ihresgleichen haben dürfte. Opicinus vertieft sich in
sein Leben und in sein Ich, aber nicht in Form einer zusammenhängenden literarischen Darstellung. Die einfache
lineare Erzählkette genügte seinen Ansprüchen ganz offensichtlich nicht. Unter seinen Zeichnungen, deren Format
100 × 50 cm erreichen kann, finden sich symbolische Abbildungen von Kirchen, Christusfiguren, Mariengestalten,
Patriarchen und Propheten aus dem Alten Testament, von
Tierkreiszeichen, Tieren und Lebewesen, die die Evangelisten symbolisieren, Kreuzigungsszenen usw.

Wie eingehende Analysen von Wissenschaftlern ergeben
haben, begann Opicinus den Zeichenprozeß mit der Schaffung eines geometrischen Schemas aus Oval, Kreis oder
mehreren Kreisen, in das anschließend diese oder jene Figur
eingezeichnet wurde. Einige grundlegende Prinzipien, die
sich in fast allen Zeichnungen von Opicinus wiederholen,
setzen die mittelalterlichen Traditionen bei der Behandlung
der Beziehungen zwischen Makro- und Mikrokosmos fort.

Außerdem sind noch weitere und konkretere künstlerische Einflüsse und Entlehnungen festzustellen. Opicinus verwendet Modelle, wie sie aus der Kunst, der Kartographie und der Glasmalerei seiner Zeit bekannt sind sowie auch aus zeitgenössischen medizinischen und anatomischen Traktaten. Die Gesamtkomposition jedoch, zu der er diese Zeichnungen zusammenfügt, ist wohl ausschließlich seine originäre Leistung; auf Vorbilder und Muster hat er nur dann zurückgegriffen, wenn sie seinen Intentionen und seiner Stimmungslage entsprachen. Aber völlig außer jedem Zweifel steht, daß die Hauptsache – die, mit ihrer Umdeutung verbundene, Übertragung von Elementen aus der Kartographie und der Anatomie in sakrale Texte, die Beilegung eines ganz neuen symbolischen Sinnes für diese Elemente – einzig und allein seine Schöpfung ist. Ungeachtet aller Zusammenhänge mit Vorläufern und Zeitgenossen hat Opicinus es vermocht, sein eigenes bildliches und gedankliches Universum zu schaffen.[180] Die Texte, die neben den Zeichnungen stehen oder sie auch kreuz und quer durchsetzen, sind ziemlich unzusammenhängende, hingeworfene Passagen, die sich nicht immer entschlüsseln lassen, und auch die Zeichnungen geben nicht selten Rätsel auf.

Das liegt daran, daß Opicinus diese Zeichnungen im Gegensatz zu seinen anderen Schöpfungen eindeutig nicht für fremde Augen bestimmt hat; sie waren seine ureigenste Form der Selbstbefreiung von seiner seelischen Unruhe und spiegeln die Ängste wider, die ihn so hartnäckig verfolgten. Selbstbeschuldigungen, die mitunter auch ausgesprochen intime Bekenntnisse enthalten, überwiegen im Vergleich zu den selten aufglimmenden Funken der Hoffnung auf Erlösung. Opicinus bekennt, daß es ihm schwerfällt, sich auf theologische Fragen zu konzentrieren, und er klagt, daß ihn während der Gottesdienste gotteslästerliche Gedanken anwandelten, die sogar so weit gehen konnten, daß ihn manchmal während des Mysteriums der Messen, die er selber gehalten hat, unbezähmbare Lust zu lachen überfiel. Als das Bewußtsein seiner Sündhaftigkeit übermächtig wurde, legte er sein geistliches Amt nieder, um sich ganz den Übungen zur Vergebung seiner Sünden widmen zu können. Wenn es

für die vielen chaotischen Zeichnungen und Notizen ein
Thema gibt, das sie alle eint, dann ist es die Person von
Opicinus selbst. Das ständige Schuldgefühl und die daraus
folgende Selbsterniedrigung finden in ihnen einen ins Uner-
meßliche gesteigerten egozentrischen Ausdruck. Nicht weniger erstaunlich ist aber auch, daß Darstellungen von Buße
und seelischen Zusammenbrüchen plötzlich von solchen
übermäßigen Stolzes durchbrochen werden: Niemand sonst
als er, Opicinus, ist der Gnade teilhaftig geworden, das Geheimnis der göttlichen Weisheit zu erkennen!

Für seine «Autobiographie» greift Opicinus zu einer unge-
wöhnlichen Darstellungsweise. Er zeichnet vierzig konzen-
trische Ringe, die seine vierzig Lebensjahre symbolisieren,
in der Art der Jahresringe bei Bäumen. Das Ganze ist noch
einmal nach Wochen unterteilt – ein Kalender eigener Art –
und, wie im Mittelalter üblich, zu den Tierkreiszeichen in
Beziehung gesetzt. Dann sind noch die Gestalten der vier
Evangelisten hinzugefügt. Durch die Jahresringe ziehen sich
Texte mit der Beschreibung von Ereignissen aus dem jeweiligen Lebensjahr. In den Mittelpunkt aller Jahresringe hat
Opicinus ein Selbstporträt gestellt. Außerdem hat er noch
vier weitere Bilder von sich, diese jedoch schematisiert und
stilisiert, aus einzelnen Etappen seines Lebens in den betreffenden Jahresringen untergebracht, die ihn im Alter von
zehn, zwanzig, dreißig und vierzig Jahren darstellen sollen.
Wie gesagt, diese «Selbstporträts» geben kein lebensechtes
Individuum wieder, sondern sind in der typisierenden Tradition des Mittelalters gehalten, wobei Richard Salomon die
Ansicht vertritt, daß eins von ihnen – es zeigt einen ausge-
zehrten, hohlwangigen und dünnhalsigen Mann – eine weitgehend lebensechte Abbildung von Opicinus sein könnte.
Das Einmalige und Neue an dieser Bildkomposition aber ist
die mehrmalige Abbildung der eigenen Person in verschiedenen Lebensaltern. Auf diese Darstellungsweise ist vor Opicinus noch niemand gekommen, sie beweist seine geschärfte
Selbsterkenntnis und sein gesteigertes Selbstbewußtsein.

Dieser von dem Gefühl seiner Schuld- und Sündhaftigkeit
gepeinigte Mensch ist dennoch von der Vorstellung beseelt,
das von ihm Geschaffene sei nichts weniger als ein «evan-

gelium novissimum sempiternum» («neuestes und immer-
währendes Evangelium»), dem der Papst seinen Segen erteilen muß, damit es in allen Kirchen gelesen werden kann. Offenbar sah er sich, wie das auch andere seiner Zeitgenossen
taten, in der Rolle eines Propheten. Die Grenze zwischen
mystischen Visionen und Logik ist hier, ebenfalls ganz im
Geiste seine Zeit, [181] wieder einmal verwischt.

Doch Opicinus hat seine Bilder in ein größeres, ein all-
umfassendes konzeptuelles System gestellt: Eins der Selbstporträts zeigt auf seiner Brust, genauer, im geöffneten
Brustraum, eine Art Medaillon mit einer kartographischen
Darstellung des Mittelmeerraums, interessanterweise in
spiegelverkehrter Projektion. Die Umrisse Europas auf diesem Medaillon lassen, wie auch auf vielen anderen seiner
Zeichnungen, die gebeugte Figur eines Mannes erkennen –
mit der Pyrenäenhalbinsel als Kopf, Norditalien und Südfrankreich als Brust und Avignon, zu dieser Zeit die Resi-
denz des Papstes, als Herz. Der Mann neigt sich über eine
Frau, gebildet aus den Umrissen der Küste Nordafrikas, und
scheint ihr in Höhe der Straße von Gibraltar etwas ins Ohr
zu flüstern. Wie die daneben stehenden Texte erläutern, symbolisieren diese beiden Figuren Adam und Eva im Augenblick
ihres Sündenfalls, und diese Meerenge ist die Stelle, an der er
stattgefunden hat. Doch nicht genug damit – die Küsten des
Mittelmeers bilden eine groteske, furchteinflößende Gestalt:
den Fürsten dieser Welt, den Teufel, der sich zwischen den
Mann und die Frau geschoben hat; er sitzt auf einem Thron
und regiert von dort die gesamte irdische Welt. Das Mittelmeer, der Mittelpunkt der Welt, ist nach Opicinus' Überzeugung nichts anderes als ein «mare diabolicum» (ein «teufli-
sches Meer»). Schließlich zeichnen noch die Atlantikküste
Frankreichs und der Ärmelkanal ein Ungeheuer nach, das den
Tod symbolisieren soll. Die Welt wird anthropomorph und,
man sehe mir diese Neubildung nach, «dämonomorph» aufgefaßt. Der Mensch steht zwischen Tod und Teufel.

Wie wir sehen, verwendet Opicinus das traditionelle mittelalterliche Schema vom «Makrokosmos-Mikrokosmos»:
Der Mensch wird zum Weltall in Beziehung gesetzt und ist
sein Analogon. Doch das gängige Schema ist hier uminter-

pretiert und in gewisser Weise auf den Kopf gestellt worden:
Nicht der Mensch, die «kleine Welt», ist in die «große Welt»
eingezeichnet, sondern umgekehrt, der extrem vermensch-
lichte Kosmos ist in den Mikrokosmos hineingenommen.
Aber, was die Hauptsache ist: Dieser Mikrokosmos ist keine
abstrakte, keine symbolische Figur, sondern Opicinus
selbst. In ihm, in seiner Brust ist die ganze Welt beschlossen.
Diese Welt im ganzen und alle ihre Teile und Elemente im
einzelnen sind getränkt mit symbolischen Bedeutungen, die
Opicinus mit wahrhaft manischer Konsequenz in buchstäblich allem sucht. Neben dem Medaillon mit dem Mittel-
meerraum, dem Mann «Europa» und der Frau «Afrika» in
der Brust von Opicinus stehen die Texte «talis sum ego inte-
rius» («so bin ich innen») und «revelatio cogitationum
mearum coram Deo» («Enthüllung meiner Gedanken vor
Gott»).[182] Kann die Sucht, sich in sich selbst zu vergraben,
deutlicher ausgedrückt werden?

Bei der Gestaltung seines anthropomorphen Weltbildes ist
Opicinus überaus erfinderisch und auf seine Weise logisch.
Es ist durchaus denkbar, daß als Vorbild für seine phantastische Kartographie diejenigen Karten gedient haben, die um
diese Zeit bei Seefahrern und Kaufleuten in Gebrauch kamen. Außerdem aber kannte er selbst sich in Norditalien
und Südfrankreich gut aus. Und dennoch sind die Abbildungen der Menschen, die er um das Mittelmeer herum an dessen Küsten plaziert, seine Eigenschöpfungen; damit wird
diese Karte unter seiner Feder zu seinem geistigen Raum.
Richard Salomon nennt Opicinus' Karte eine «carte morali-
sée» – man könnte sie auch als «Krankengeschichte» ihres
Schöpfers ansehen.

Nach Opicinus' tiefster Überzeugung ist die Welt von
Sünde zerfressen, und die dominierende Gestalt des Fürsten
der Finsternis symbolisiert diesen beklagenswerten Zustand
sehr anschaulich. Doch die Karte kennzeichnet noch etwas
sehr viel Persönlicheres und Dramatischeres: Das Böse ist
nicht nur überall woanders, es konzentriert sich vor allem
auch in der Seele von Opicinus selbst. Die Adam und Eva
darstellenden Figuren des Mannes und der Frau verkörpern
gleichzeitig den Zustand von Körper und Seele dieses Geist-

lichen. Unter der Darstellung Europas lesen wir: «All das habe ich in meinem eigenen Bewußtsein erblickt, und es wird beim Jüngsten Gericht gegen mich zeugen . . . In mir selbst habe ich den Richter gefunden, der mich der Verdammnis überantwortet».[183] Opicinus' Wesen ist von der Erbsünde gezeichnet, und die ganze Geographie des Weltalls stellt zugleich die «Topographie» seiner Innenwelt dar, die Entschlüsselung der totalen und unausrottbaren Sündhaftigkeit seiner Persönlichkeit und das Symbol für sein Schicksal, das gewissermaßen in die Umrisse der Kontinente «eingeschrieben» ist und sich in den Himmelszeichen, den Umständen und dem Datum seiner Geburt, sogar in seinem Namen und einem Ausspruch Thomas von Aquins manifestiert – Opicinus ist nämlich davon überzeugt, daß Thomas vor dem Jüngsten Gericht als Zeuge gegen ihn aussagen wird.[184] Alles hat sich gegen ihn verschworen, in allem findet Opicinus Beweise für sein unausweichliches Verderben und Anlässe für seinen grenzenlosen Pessimismus. Auf einer Reihe von Zeichnungen liegt die Hölle im Mittelpunkt der Welt, und der Teufel führt ihn in Versuchung – übrigens mit denselben Worten, die er schon zu Jesus gesprochen hat! Echte Reue und Zerknirschung angesichts seiner Sünde paaren sich bei Opicinus mit einer unerhörten Überhöhung der eigenen Persönlichkeit.

Die als Geistlicher gekleidete Gestalt von Opicinus, die mit ihren symmetrisch ausgebreiteten Armen zur Statue erstarrt ist, könnte für sich allein genommen auch ein Symbol von Ruhe und Seelenfrieden abgeben – wenn da nicht die Umschrift wäre, die uns sofort die Unhaltbarkeit unserer Vermutung bewußt werden läßt. Opicinus ist nämlich meilenweit entfernt von seelischem Gleichgewicht und hört nicht auf, sich zu fragen: «Quis sum ego? Quis sum ego?» («Wer bin ich? Wer bin ich?») «Ein anmaßender und hoffärtige Pharisäer, das bin ich von außen betrachtet in meinem Stolz», lesen wir als Antwort auf einer anderen Inschrift. Aber neben dem Medaillon mit der Karte des Mittelmeerraums, das die Erbsünde und das Reich des Bösen symbolisiert, lesen wir: «Das bin ich von innen in meinem Stolz.» Beide Texte sind dem Sinn nach vollkommen symmetrisch und enthüllen die tiefe innere Widersprüchlichkeit und Zerrissenheit der Persönlichkeit ihres Schöpfers. Das Problem des «inneren» und des «äußeren» Menschen tritt ja schon in den Paulusbriefen zutage, wenn der Apostel den inneren Menschen dem Schöpfer zuordnet und den äußeren der Erdenwelt mit ihren Leidenschaften und Verirrungen. Doch Opicinus verfährt auch mit diesem Problem nicht anders als mit der Welt auf der symbolischen Karte in seiner Brust – er stellt sie auf den Kopf und verkehrt sie in ihr Gegenteil!

Rufen wir uns in Erinnerung, daß Misch für die mittelalterliche Persönlichkeit annimmt, sie habe sich als «zentripetal» empfunden. Doch in Opicinus haben wir eine seltsame Verquickung von «Zentrifugalem» und «Zentripetalem» vor uns, denn dieser Mensch gibt sich nicht damit zufrieden, im Mittelpunkt der Welt zu stehen – es gelingt ihm auch noch, die ganze Welt in sich selbst unterzubringen!

Steht das im Einklang mit der Tradition des Mittelalters? Nehmen wir die hl. Hildegard von Bingen (1098–1172). In ihren Visionen, die ebenfalls in Texten und Bildern überliefert sind, herrscht zwischen «Mikrokosmos» und «Makrokosmos» eine Synthese von Frieden und Gleichgewicht; in den zum Text gehörenden Bildern dominieren Harmonie und ruhige Ordnung. Auch Hildegard selbst ist auf ihnen verewigt, doch wo? Sie steht außerhalb von Mikro- und Makrokosmos! Wir finden sie zu Füßen der menschlichen Figur, die den Mikrokosmos darstellt, in der Pose einer Betrachterin, die das, was sie sieht, malend zu Papier bringt.[185] Hildegard ist nichts anderes als eine interessierte Zuschauerin, die an dem Mysterium der harmonischen wechselseitigen Entsprechung von kleiner und großer Welt höchstens mittelbar Anteil nimmt – sie ist dank der Gnade des Schöpfers lediglich Zeugin dieses Mysteriums. Der Grund dafür ist, daß ihr die Betonung des subjektiven Prinzips völlig fremd ist, es ist ihr viel fremder als manchem ihrer Zeitgenossen, der die Aufforderung «Scito te ipsum» («Erforsche dich selbst») bereits in die Tat umzusetzen versuchte. Bei der Schilderung ihrer Visionen blendet Hildegard sich selbst geradezu völlig aus, ihre Aufmerksamkeit ist voll und ganz auf den Schöpfer und seine Schöpfung gerichtet. «Deus autem personam non amat» («Der Herr liebt nämlich nicht die Person»), sagt sie, «sondern die Geschöpfe, die seinen Abdruck tragen. Wie sagte doch der Gottessohn: Meine Speise ist, den Willen Meines Vaters zu tun.»[186]

Ganz anders Opicinus. Auch in seinen Zeichnungen erblicken wir wie in den Bildern Hildegards, die er übrigens nicht gekannt hat, Kreise und Ovale, die die Visionen von Makro- und Mikrokosmos umschließen. Nicht nur, daß bei Opicinus viel zahlreichere Figuren vorkommen, sie sind auch miteinander verflochten, ineinander verwoben und überlagern einander. Aber der gravierendste Unterschied zwischen den Bildern dieser beiden besteht darin, daß Opicinus in dieses System eine aufwühlende Disharmonie hineinträgt, die seine eigene seelische Zerrissenheit widerspiegelt. Seine Bilder sind keine Offenbarungen mehr, wie sie einem Gerechten in Visionen zuteil werden, sie sind die unablässig wiederholten Versuche eines deprimierten Bewußtseins, seine Ängste und Bedrückungen beherrschen zu lernen, um sich so von ihnen zu befreien. Während Hildegard nicht mehr ist als ein frommes Medium, mit dessen Hilfe ein Zwiegespräch zwischen Himmel und Erde stattfindet, schafft Opicinus Bilder der beiden Welten, des Diesseits und des Jenseits. Opicinus bleibt seinem Subjektivismus unbeirrt und konsequent treu.

Die Subjektivität Opicinus' und das individuale Selbstbewußtsein Petrarcas trennt ein erheblicher Abstand. Vor allem die von Opicinus vertretene Wahrnehmungsweise für die Wechselbeziehung zwischen Kosmos und Individuum hat so gut wie nichts mit dem Modell zu tun, das die Humanisten dafür entwickelt haben.[187] Und dennoch, mutatis mutandis findet auch Opicinus in der Welt den «trigonometrischen Punkt», der innerhalb seiner selbst liegt – und nicht außerhalb.

Die anthropomorphe Karte des Mittelmeerraums in der Brust von Opicinus trägt die Inschrift «Revelatio cogitationum mearum» («Enthüllung meiner Gedanken»). Das Bewußtsein der Sündhaftigkeit und das gesteigerte Schuldgefühl, die gerade in dieser Epoche breite Schichten Westeu-

ropas erfaßt hatten und von den Predigern kräftig geschürt
wurden,[188] bündeln sich in der Persönlichkeit von Opicinus
und sind gleichzeitig in die ganze Welt hineinprojiziert. Das
Weltall quillt über vor Sünden, doch ganz besonders konzentrieren sie sich in der Seele des Individuums. Er, Opicinus,
steht im Mittelpunkt der Welt, wobei er sich zugleich vollständig in sich selbst erfaßt, und von seiner Person aus ver-
breiten sich die Emanationen seines seelischen Zustandes
über die ganze Welt. Indem er die Welt darstellt, durchdringt
er sie mit seinem eigenen Ich, mit seiner Sehnsucht nach Erlösung, doch vor allem mit dem Gefühl der Schuld und der
unauslöschlichen Furcht vor dem unvermeidlichen Verderben der Seele.

Wenn wir in den Erleuchtungen Hildegards von Bingen
und in den Visionen Opicinus' zu Recht Phänomene erblikken, in denen bestimmte geistige, geistliche und emotionale
Dominanten des 12. bzw. 14. Jh. zum Ausdruck kommen,
dann werden die Veränderungen um so augenfälliger, die in
den zwei Jahrhunderten von Hildegard zu Opicinus im
Selbstbewußtsein der Persönlichkeit eingetreten sind: Harmonie hat sich in Disharmonie gewandelt, der göttliche Kosmos wird von dem Bild der dämonisierten Welt erdrückt.
Allein, die Welt ist dennoch kein desorganisiertes Chaos geworden, vielmehr haben sich die Grenzen zwischen ihren
verschiedenen Ebenen verwischt, die früher exakt angeordnet und säuberlich voneinander getrennt waren. Das kompli-
zierte und verwirrende System von Symbolen, das Opicinus
geschaffen hat, zeugt von der extremen Widersprüchlichkeit
seines Bewußtseins.

Manche Wissenschaftler neigen dazu, in den Zeichnungen
von Opicinus eine Beichte zu sehen, mit deren Hilfe er den –
mißlungenen – Versuch unternimmt, zur Versöhnung zwischen sich und dem Schöpfer zu gelangen. Seine symbolischen geographischen Vorstellungen sind durch und durch
moralgetränkt und, ich wiederhole mich, dämonisiert. Gerhart Ladner erblickt in der Persönlichkeit von Opicinus und
in seinem Schaffen ein eindrucksvolles Beispiel für die «Entfremdung» zwischen Individuum und Welt einerseits und
für beider Abfall von Gott andererseits. Er teilt die Meinung

von Ernst Kris,[188] der zufolge Opicinus an Schizophrenie gelitten haben soll und «von krankhafter Suche nach der eigenen
Seele besessen» war; außerdem war er «das Opfer manischer
Halluzinationen, die in eine Psychose mündeten». Durchaus
möglich. Es ist ja wirklich beklemmend, mit welch krankhafter Hartnäckigkeit er von Zeichnung zu Zeichnung immer wieder zu denselben Bildern, Gestalten und Ideen zurückkehrt und sie mit stets gleichbleibenden formelhaften
Auf-, In- und Umschriften versieht. Viele Notizen von Opicinus lassen nur mit großer Mühe Sinn und Logik erkennen,
so rätselhaft sind sie. Weithergeholte und zusammenhang-
lose Assoziationen sind ungeordnet ineinander verknäult,
und der Schlüssel zu ihrer Dechiffrierung ist verlorengegangen. Jedes beliebige Wort oder irgendein Name kann in Opicinus' Hirn neue Phantasien entstehen und seinen Diskurs
weit abschweifen lassen.

Was für die eine Handschrift von Opicinus gilt, trifft auf
die nächste genau so zu: Auch in ihr finden wir dasselbe Konglomerat von wirren und systemlosen Notizen zu jedem
Tag, in denen er seine äußeren und inneren Erfahrungen,
seine religiösen Gedankengänge und seine wissenschaftlichen Übungen festhält, wobei sich in die Mitteilungen über
seinen Alltag immer wieder Erinnerungen hineinschieben.
Und von neuem stehen Angst, Klage und Trauer dicht neben
aufblitzender Hoffnung. Für Opicinus sind seine tagtäglichen
Aufzeichnungen ein «studium ad veram scientiam capien-
dam» («der Erlangung wahren Wissens dienende Übungen»)
und eine «maior scientia» («höhere Weisheit»).[189]

Wenn Opicinus in der zuerst geschilderten Arbeit mit dem
Raum experimentiert hat, indem er ihn in eine symbolische
Karte seiner eigenen Seele umformte, bemüht er sich in diesem Werk um die ebenso symbolische Beherrschung der
Zeit. Er schafft eine eigentümliche Chronologie und weist
jedem neuen Jahr, für das er Notizen zu machen beabsichtigt, eine Benennung zu, mit der er sein prophetisches Urteil
und seine Hoffnungen für dieses Jahr ausdrückt. So heißt
1335 bei ihm «annus expectationis» («Jahr der Erwartung»),
1336 «annus retributionis» («Jahr der Vergeltung»), 1337 «annus renovationis» («Jahr der Erneuerung»), 1338 «annus per-

fectionis» («Jahr der Vollendung»), 1339 «annus revelationis» («Jahr der Offenbarung»), 1340 «annus coronationis» («Jahr der Krönung») und 1341 «annus tranquillitatis» («Jahr des Seelenfriedens»). Man erkennt unschwer, daß diese Erwartungen, Erneuerungen und Offenbarungen usw. nicht auf das politische oder Alltagsleben zu beziehen sind, sondern im mystischen Sinne gedeutet werden müssen, als Transformationen des inneren Wesens von Opicinus selbst.

Dabei darf man nicht aus dem Blickfeld verlieren, daß Opicinus bei der jahresweisen Darstellung seiner ersten vierzig Lebensjahre mit den verschiedenen Selbstporträts auf den einzelnen Lebensstufen und mit dem Versuch, die noch vor ihm liegenden Jahre prophetisch zu durchdringen, sich selbst keineswegs als für alle Zeit unwandelbares Wesen begreift; er sieht sich durchaus in seinen historischen Dimensionen und Beziehungen, d. h. als Wesen, das sich in einem bestimmten Entwicklungsprozeß verändert. Mag er das auch in symbolischer Form ausdrücken, er nähert sich dennoch der Vorstellungsweise, wie sie einer Autobiographie zugrunde liegt – der Entwicklung des Ichs in der Zeit, und diese Herangehensweise ist unbestreitbar etwas Neues im Vergleich zu seinen Zeitgenossen, von denen bereits die Rede war.

Die Konzentration auf die eigene Person tritt in diesem Werk von Opicinus ebenso deutlich hervor wie in der voraufgegangenen Arbeit. «Möge jeder sein Leben geistlich [«spiritualiter»] erklären, gemäß seinem Gedächtnis, und möge er auf dieselbe Weise [d. h. geistlich, symbolisch – A. G.] die Bedeutung seiner Familie und ihrer Taten, und alle seine Träume, soweit er sich ihrer erinnert, offenlegen. Und dann möge er das alles mit der Elle seines Gewissens messen. Wenn er alle Wahrheiten der Welt dank der Gegenüberstellung von Betrug und Glauben begriffen hat, kann er mit Gottes Hilfe das richtige Urteil über seine eigene Person treffen, indem er meinem Beispiel [«exemplo mei ipsius»] folgt.»[190] Tatsächlich interpretiert Opicinus konsequent jedes, auch das unbedeutendste Ereignis seines Lebens im geistlichen Sinne oder als Vorwegnahme nachfolgender Handlungen und Erlebnisse, wobei die Wortanalogien nicht selten an den Haaren herbeigezogen sind. So war für ihn der in der Jugend ausgeübte Dienst als Zöllner an einem «pons» («Brücke») die Vorwegnahme, der «Prototyp» seines «pontificium» («Priesteramtes»), und die Beschäftigung mit der «illuminatio» von Büchern hatte die Vorbedeutung, daß ihm später die «Erleuchtung» seines Bewußtseins zuteil werden sollte. Sogar seinen ständigen Bärenhunger, seine Freßsucht, interpretiert Opicinus allegorisch als Verkörperung seines geistigen und geistlichen Hungers und des Wunsches, sich das Wissen anderer anzueignen, ebenso wie seines mit ihnen zu teilen. Alle äußeren Ereignisse in seinem Leben sind für Opicinus so bedeutsam, daß sie ihre symbolische Deutung geradezu gebieten.

Symbolische Interpretationen dieser Art sind in der Gelehrtenliteratur des Mittelalters gang und gäbe. An den Arbeiten von Opicinus aber ist neu und spezifisch, daß alle diese Allegorien einzig und allein auf seine Person bezogen sind. So identifiziert er sich bei der Erläuterung der symbolischen Geographie Europas mit der erwähnten Männerfigur und erklärt: «Ich . . . bezeuge mit meinem Körper die Lage Europas», denn die mit Haaren bewachsenen Stellen seines Körpers entsprechen exakt den mit Wald bestandenen Regionen des Kontinents. Damit nicht genug, die Verstopfungen, die ihn eine Zeitlang geplagt haben, «bedeuteten» politische Kollisionen im «Bauch Europas», in der Lombardei, und die Rheumaschmerzen in seiner Schulter «bedeuteten» kriegerische Auseinandersetzungen zwischen Frankreich und Deutschland, denn auf seinen Karten liegt Frankreich dort, wo der «Europa–Mann» die Schulter hat. Es wäre falsch, Opicinus zu verdächtigen, daß er scherzt oder nur mit Worten und Bildern spielt; er ist vielmehr grüblerisch ernst und von dem Gedanken beseelt, «geistliche Wahrheiten» zu ergründen. Bei dieser Suche «findet» er folgerichtig auf Schritt und Tritt sich selbst. Gleichzeitig jedoch erweisen sich einzelne Gegenden Europas in seiner Sichtweise als Teile der jenseitigen Welt, etwas die Britischen Inseln als Fegefeuer. Möglicherweise hat hierbei die Legende vom «Fegefeuer des hl. Patrick» Pate gestanden, das ja bekanntlich in Irland gelegen haben soll.

Diese Arbeit mit dem Titel ‹De omnibus et de quibusdam aliis› (‹Über alle und irgendwelche anderen›) enthält ebenfalls eine umfangreiche Serie von Karten und Zeichnungen. Auch hier kehrt Opicinus wieder zur Veranschaulichung des Mittelmeerraumes durch eine Männer- und eine Frauenfigur zurück, wobei er diese Gestalten auffallenderweise mitunter auch die Plätze tauschen läßt – Europa ist die Frau und Afrika der Mann. In anderen Fällen gar ist das Geschlecht der Figuren überhaupt nicht mehr zu unterscheiden.

Diese dauernde Wiederholung derselben Bilder und Gestalten, diese auf die Spitze getriebene Variierung ständig desselben Themas scheint tatsächlich auf eine Art von Manie hinzudeuten. Bei eingehenderer Untersuchung der Zeichnungen von Opicinus jedoch gelangt man zu der Entdeckung, daß dem allen logische Strenge und Harmonie zugrunde liegen. Diese sich wiederholenden Bilder und Texte sind Reminiszenzen an das Alte und das Neue Testament. Unwillkürlich kommen einem dabei die Worte von Shakespeares Polonius in den Sinn: «Though this be madness, yet there is method in’t» («Ist dies schon Tollheit, hat es doch Methode»). Die «Methode» ist auch im Schaffen dieses Tollen sichtbar. Aus den sprachlichen, vor allem aber aus den graphischen Konstrukten Opicinus’ läßt sich deutlich der Entwicklungsstand der Wissenschaft in dieser Periode des Mittelalters herauslesen, wenn auch gebrochen durch das möglicherweise verwirrte Bewußtsein eines Klerikers aus dem 14. Jh. Der Zustand seiner leidenden Seele stellt keinen Einzelfall dar, denn die Menschen dieser Zeit waren allesamt bis auf den Grund ihrer Seele von unauslöschlicher Furcht vor dem letzten Gericht und der dabei zu erwartenden Strafe traumatisiert. In der Zeit, als Opicinus gelebt hat, nahmen diese Ängste die Form von regelrechten Massenphobien und -psychosen an. Daher kann man dem Urteil nur beipflichten, daß in dem seelischen Leiden von Opicinus das Symptom einer bestimmten historischen Situation zum Durchbruch kommt.[191]

Der Konflikt zwischen rationellem Mut und irrationaler Furcht, zwischen Glaube und Verzweiflung, zwischen dem Empfinden der tiefen Verstrickung in Sündhaftigkeit und dem

Gefühl für die eigene Würde, zwischen Selbsterniedrigung und gesteigertem Selbstwertgefühl – dieser Konflikt, der zuweilen die Schärfe einer Kollision zwischen Logik und Wahnsinn annimmt, bildete die Atmosphäre, in der das Individuum die Erkenntnis seiner eigenen Persönlichkeit erfuhr. Die Seele als Schauplatz des Kampfes zwischen den Mächten von Gut und Böse ist freilich in der mittelalterlichen Kultur nichts Neues, sondern etwas Althergebrachtes, denn dieser Widerstreit ist in der christlichen Welterfassung und Gesinnung immanent angelegt, und er läßt sich ja auch schon in den Schriften von Othloh von St. Emmeran, Ratherius, Abälard und Guibert von Nogent nachweisen. Allerdings kommt dieser Konflikt, dieses Dilemma bei verschiedenen Autoren auf unterschiedliche Weise zum Ausdruck, je nachdem, was für Individualitäten sie waren, in welcher Situation sie sich befanden und, nicht zuletzt, welche Literaturgattung sie für ihre Werke bevorzugten. Gerade die Literaturgattungen spielen eine große Rolle, weil die einen das Zutagetreten dieses Dilemmas förderten, die anderen es dagegen hinter einer fast undurchdringlichen Nebelwand aus literarischer Topik und religiösen Klischees verschwinden lassen konnten.

In den Texten und Zeichnungen von Opicinus erreicht dieser Konflikt das Niveau pathologischer Entblößung. Die Analyse seiner Text- und Bildreihen ermöglicht ein tieferes Eindringen in die verborgenen Schichten seiner Seele. Dieser Geistliche scheint freimütiger zu sein als seine Vorläufer und seine Zeitgenossen, und dennoch bleibt es auch in seinem Fall eine Frage, ob er sich vielleicht nicht doch nur als Sünder ausgibt, in Wirklichkeit aber in den geheimsten Tiefen seiner Seele unausgesprochen die Hoffnung auf Erlösung nährt. Denn eigentlich glimmt diese Hoffnung ja in jeder Beichte.

Das Problem besteht jedoch nicht darin. Am wichtigsten scheint mir vielmehr folgendes zu sein: Um sich selbst erkennen zu können, muß Opicinus, ganz im Sinne der Gelehrtentradition seiner Epoche, sein Ich «exteriorisieren», und das tut er, indem er es in eine geographische Karte projiziert. Diese Karte verwandelt sich kraft dieser Manipulation in das symbolische Abbild seines seelischen Zustandes, in die

«Topographie» seiner Seele, letzten Endes in die Geschichte seiner Krankheit. Möglicherweise stimmt die Diagnose mancher Wissenschaftler, und wir haben es hier tatsächlich mit einen Fall von Schizophrenie zu tun, mit einem Menschen, der von der Manie, die Welt zu schaffen und zu ordnen, besessen ist und von der Furcht, sie könnte zerstört werden. Doch für den Historiker ist ein seelisches Leiden an sich kein Gegenstand, ihn interessiert die kulturhistorische Brechung dieses Leidens.

Aber das ist noch nicht alles. Auf einer anderen Zeichnung bringt Opicinus außer der uns schon bekannten symbolischen Karte mit den Darstellungen des Mannes für Europa und der Frau für Afrika – hier allerdings in vereinfacht-schematisierter Ausführung – außer sich selbst auch die Gestalten des Boethius und der Philosophie unter, weil Opicinus als Sohn Pavias in Boethius nämlich seinen Landsmann sah. Dementsprechend enthält die Karte auch Zitate aus Boethius' ‹Consolatio Philosophiae› (‹Trostschrift›) und den Zusatz: «Was mit Boethius geschehen ist, geschah auch mit Opicinus. Boethius wurde aus dem Alten Rom nach Pavia ins Exil getrieben. Er (Opicinus) hat sich dank der Gnade Gottes aus Pavia ins Neue Rom (= Avignon) geflüchtet.»[192] Damit kommen wir nach unserer Wanderung im Kreise zum Ausgangspunkt zurück: Wie andere Autoren des Mittelalters auch, die ihre «Beichten» oder «Bekenntnisse», «Rechtfertigungen» bzw. Apologien und «Autobiographien» aus Fragmenten der Lebensgeschichten von Fremden – antiken Helden oder christlichen Heiligen – «zusammengezimmert» haben, so beeilt sich auch Opicinus, einem Archetyp, einem «Vorbild» oder einer Autorität möglichst ähnlich zu sein, um sein Ich identifizieren zu können. In seiner Tollheit waltet tatsächlich eine Logik, es ist die Logik einer Persönlichkeit des Mittelalters, die sich nach den Regeln, wie sie die Kultur dieser Zeit aufgestellt hatte, «selbst zusammengebaut» hat.

Man kann davon ausgehen, daß der Prozeß der Persönlichkeitserkenntnis im Mittelalter auf erhebliche Schwierigkeiten gestoßen ist und oft mit schmerzhaften psychischen Zuständen einherging. Die religiösen Grundhaltungen der

Demut, des Bewußtseins von Schuld und Reue angesichts
der Sünden, der Buße und Sühne dieser Schuld sowie der
Verneinung einer Eigenständigkeit des Individuums als
Quelle verdammenswürdigen Hochmuts und Stolzes hatten
das Ergebnis, daß sich das Ich vor allem in der paradoxen
Form der Selbstverleugnung und Selbsterniedrigung äußern
konnte bzw. mußte, oder, ebenso paradox, in Form der
Selbstprojektion auf die ganze Welt. Mag es auch berechtigt
sein, bei Opicinus von einer seelischen Zerrüttung zu sprechen, so liegt deren Ursache für mich in nichts anderem als
in diesem frappierenden Gegensatz zwischen hohem Selbst-
und tiefem Schuldbewußtsein. In der Atmosphäre eines solchen Konfliktes hatte es eine Persönlichkeit schwer, zu sich
selbst zu finden und zu reifen, und in den Fällen, in denen es
ihr gelang, der Last des aus ihrer Religiosität herrührenden
Schuldgefühls standzuhalten, äußerte sie sich in Formen, die
uns Heutige wie Symptome einer seelischen Erkrankung an-
muten.

Zehntes Kapitel

Dante, Petrarca

Der Weg des Menschen zu sich selbst war also zu keiner Zeit einfach und geradlinig. Wie aber sah es damit um die Wende vom 13. zum 14. Jh. aus? Ist es denn nicht auch Dante (1265–1321) gelungen, seine Leser zu überlisten und sie in fast völliger Unkenntnis seiner Innenwelt und mancher Umstände seines Lebens zurückzulassen? In seinem Frühwerk ‹Vita nuova› aus dem Jahre 1292, das Dante selbst als «Buch meines Gedächtnisses» bezeichnete, verkündet er die Absicht, seine Jugendzeit nachzeichnen zu wollen. Das Hauptthema dieses Buches ist die Geschichte der Liebe Dantes zu Beatrice. Diese Liebe wird auf zwei Ebenen beschrieben – unmittelbar als Ereignis seines Lebens und mittelbar in dichterischer Brechung. Der Rückblick auf die Liebe zu Beatrice wird von Sonetten begleitet, die Dante in jungen Jahren geschaffen hat. Diese Verse sind chronologisch angeordnet, und so haben wir nicht einfach ein «Buch der Lieder» vor uns, sondern ein Lebensdokument ganz eigener Art, ein autobiographisches Zeugnis. Sollte uns das nicht in die glückliche Lage versetzen, die Veränderungen in den Stimmungen und Gefühlen des Dichters verfolgen zu können? Mißlich ist nur, daß reale Empfindungen in diesem Buch kaum vorkommen: Beatrice ist noch weniger eine Frau von Fleisch und Blut, als das die Damen in den Liedern der provençalischen Dichter waren, denn diese Vorläufer und Lehrer Dantes besingen immerhin wenigstens weibliche Schönheiten und die Sehnsucht nach ihrer Eroberung, mag das auch in noch so standardisierten Formeln ohne individuelle Äußerungsformen geschehen. Beatrice dagegen ist nichts als ein Geistwesen, eine blutleere Idee. Zwar hat ihre Schönheit den jungen Dante vom ersten Augenblick an in ihren Bann geschlagen, aber wir, die Leser, werden über die menschlichen Eigenschaften Beatrices vollkommen im unklaren gelassen.

Was für ein Kontrast zu Heloise! Nicht ohne Grund keimten in manchen Wissenschaftlern Zweifel, ob es diese Beatrice überhaupt gegeben habe. Was, wenn sie nur eine Allegorie war? Die Troubadoure äußerten wenigstens Verlangen – und mehr – nach ihren Auserwählten, Dante dagegen betet Beatrice nur an, zu ihren Lebzeiten und noch mehr nach ihrem allzu frühen Tode. Bei einem Vergleich der Erotik in Abälards ‹Geschichte meiner Mißgeschicke› und in seinen Briefen an Heloise mit der im ‹Neuen Leben› des großen Florentiners stoßen wir auf einen kolossalen Unterschied: Abälard äußerte echte menschliche Leidenschaft, Dante dagegen steigert die Spiritualisierung eines realen Gefühls ins Extrem, was in der ‹Göttlichen Komödie› zur endgültigen Umwandlung Beatrices aus einer Frau in ein vergöttlichtes Wesen führt. Nicht anders steht es mit den Umständen, unter denen der verliebte Jüngling seine Schöne trifft: Sie sind in voller Absicht von allen konkreten Merkmalen entkleidet; das ist nicht mehr das wirkliche Florenz mit seinen Kirchen, Straßen und Plätzen, es ist ein relativierter und illusorischer Raum.

Natürlich verfügt Dante über die Fähigkeit, seine Gefühle zu analysieren und sich von der Seite her, mit den Augen seiner Umgebung zu betrachten, und dennoch ist die Welt des ‹Neuen Lebens› eine Welt der Allegorien und Symbole. Daher ist es nur logisch, wenn in ihr alle möglichen Träume, Visionen und übernatürlichen Phänomene eine so wichtige Rolle spielen und daß der Austausch mit Beatrice auf einer Ebene vor sich geht, die nur noch als «hyperemotional» bezeichnet werden kann. Die Absichten und die Gefühle des Dichters werden personifiziert, sie erlangen eine selbständige Existenz und nehmen in dem Maße Gestalt an, in dem die lebenden Wesen immer ätherischer und zu körperlosen Abstraktionen werden. Dante enthüllt seine Innenwelt nicht, er vernebelt und verhüllt sie.

Daher gibt es nicht den geringsten Anlaß, die ‹Vita nuova› mit den Worten von I. Golenistschew-Kutusow als «ersten psychologischen Roman in Europa nach dem Untergang der antiken Zivilisation»[194] zu bezeichnen. Bis zur Entstehung des «psychologischen Romans» sollte noch einige Zeit vergehen. Wenn man sich überhaupt auf die Suche nach Psychologie begeben will, dann eignet sich das Jahrhundert vor Dante, die Epoche Guiberts von Nogent oder Abälards und Heloises, schon eher dazu, denn Dante hat uns nicht der Ehre gewürdigt, uns in die Nähe der Geheimnisse seiner Seele gelangen zu lassen. Das ‹Neue Leben› ist daher eher mit der mittelalterlichen Spiritualität [195] in Zusammenhang zu bringen, auf keinen Fall aber mit den Romanen eines Proust oder den Versen eines Valéry. [196] Die Spezifik von Dantes Werk erklärt sich offenbar daraus, daß es weder als Lebenserinnerung noch als Lebensbeschreibung eingestuft werden kann, weil der Dichter es vielmehr als Kommentar zu seinen Versen gedacht hat: In jedem Kapitel des Buches geht den Sonetten die Schilderung der Umstände voran, unter denen sie entstanden sind, und nach den Sonetten folgt ihre Analyse. Infolgedessen spielt der autobiographische Aspekt im ‹Neuen Leben› eine völlig untergeordnete Rolle. Die Gestalten des ‹Neuen Lebens› sind nicht weniger mystisch als die Gestalten aus der ‹Göttlichen Komödie›.

Auch Dantes Hauptwerk eröffnet uns so gut wie keine Möglichkeit, an die Individualität des Dichters heranzukommen. Zwar bleibt Dante keineswegs unbeteiligt angesichts dessen, was er im Jenseits erblickt, aber es wäre voreilig anzunehmen, daß er in dem Maße seines Aufsteigens aus den Tiefen der Hölle in die Höhen des Paradieses als Persönlichkeit einen tiefgreifenden Wandlungsprozeß durchläuft. Die ‹Göttliche Komödie› ist keine Widerspiegelung einer inneren Entwicklung ihres Schöpfers, sondern der grandiose Versuch einer Konstruktion des Kosmos, wie er sich der dichterischen Phantasie eines in Philosophie und Theologie zur Vollendung vorgedrungenen gebildeten Katholiken an der Wende vom 13. zum 14. Jh. dargestellt hat.

Der mittelalterlichen Denkweise ist die Vorstellung von einer Entwicklung der Persönlichkeit fremd. Der Aufenthalt im Jenseits beläßt Dante in völliger Identität mit sich selbst. Möglicherweise geht sein Mitgefühl mit den Qualen der Sünder etwas weiter als nach herrschender Doktrin zulässig, etwa wenn er bei den Schilderungen Francescas da Rimini besinnungslos zu Boden stürzt; aber auch schon Honorius

Augustodensis hat zu Beginn des 12. Jh. in seinem ‹Eluci-
darium› (‹Leuchter›) zu schreiben gewagt, daß die Seelen der
Gerechten angesichts der Leiden der vom Schöpfer ver-
dammten Sünder gar nicht anders können, als zusammen-
zubrechen. Dante bleibt in der Hölle und im Fegefeuer ein
lebender Mensch, und nichts Menschliches ist ihm fremd.
Im Gegenteil, er durchschreitet das Paradies, ohne seine Vor-
lieben und Leidenschaften abzustreifen, die im Alltag und
vor allem im Getümmel des politischen Kampfes von ihm
Besitz ergriffen hatten.

Die ‹Göttliche Komödie› bildet den Abschluß und die Vollendung der langen Reihe von Jenseitsvisionen des Mittelalters, eigentlich steht sie bereits außerhalb dieser Reihe. Ich
denke hierbei nicht an die Sprache und die übrigen künstlerischen Vorzüge dieses Werkes – in dieser Hinsicht können sich
die anspruchslosen «Reportagen» der Vorgänger Dantes aus
dem Jenseits ohnehin nicht mit ihm messen –, sondern mir
geht es um die Konzeption, die der ‹Göttlichen Komödie› zugrunde liegt. Die anderen Besucher des Totenreiches sind
nach ihrem Tode dorthin gelangt; wie sich später heraus-
stellte, war ihr Tod zeitlich begrenzt und nicht endgültig,
doch erst einmal mußten sie sterben, um ihren Besuch überhaupt antreten zu können. Dante dagegen durchstreift die
Hölle, ohne gestorben zu sein; er ist dabei quicklebendig.
Und nicht nur das – seine Vorgänger wanderten zwar durch
Fegefeuer und Hölle, doch vor den Pforten des Paradieses war
ihre Reise zu Ende, ihnen war es nicht vergönnt, diese Pforten
zu durchschreiten. Dante dagegen gelangt vom Limbus über
die neun Kreise der Hölle bis ins Empyreum, ohne auf das geringste Hindernis zu stoßen. Er ist der einzige Christ, dem die
Auszeichnung zuteil wurde, ins Paradies eingelassen zu werden und dabei ein lebendiger Mensch zu bleiben.

Offenbart diese «Freiheit», die Dante sich gestattet hat,
nicht sein hohes Selbstwertgefühl als Dichter? Es gibt Berichte über die Reaktion seiner Mitbürger bei seiner Rückkehr von dieser Reise, denen zufolge sie auf seinem Gesicht
aufmerksam nach Spuren des Höllenfeuers gesucht haben
sollen. Mir scheint, sie hätten sich viel mehr darüber wundern müssen, daß dieser Mensch im Paradies gewesen ist!

Bei Dante lassen sich kaum direktes Eigenlob noch direkte Selbstdemütigung finden, jedoch nicht deswegen, weil er für seine Person keine Neugierde empfunden hätte, sondern weil es dafür einen anderen Grund gibt: das im Mittelalter geltende Verbot für derartige Äußerungen. In der Nachfolge von Thomas von Aquin [197] stehend, hielt Dante es für unzulässig, sich selbst zu rühmen oder zu tadeln, und begründete diese Unzulässigkeit auch mit eigenen Worten. [198] Doch über das Bewußtsein seiner eigenen Außergewöhnlichkeit verfügte er souverän. Das äußert sich nicht nur darin, daß er die Welt des Jenseits bis in ihren letzten Winkel durchstreift hat und infolgedessen in der wirren Masse scheinbar unzusammenhängender «Orte» ein streng geordnetes System erblikken konnte, sondern auch darin, daß er als Begleiter durch Fegefeuer und Hölle keinen Geringeren erwählt hat als den großen Vergil.

Nur noch eine kurze Zeit, und bei Petrarca (1304–1374) sowie anderen Humanisten tritt eine neue Tendenz zutage, die der Neigung zur Beicht- oder Bekenntnisschrift eine endgültige Niederlage bereitet: die Tendenz zu einer Autobiographie, die diesen Namen in unserem heutigen Sinne schon eher verdient. «Zwar bricht in der Frührenaissance der Beicht-Ton immer noch einmal durch den biographischen Selbstbezug hindurch. Doch der biographische Wert behält die Oberhand», schreibt Bachtin und weist dabei besonders auf Petrarca hin. [199] Und es scheint in der Tat so zu sein, daß auch dieser Dichter in seinem Sendschreiben ‹Posteriotati› (‹An die Nachwelt›) zwischen der Haltung des demütigen Christen und des seines Wertes bewußten Dichters noch hin und her schwankt. Der erste, das «sterbliche Menschlein», ist scheinbar übervoll an mittelalterlich traditioneller Bescheidenheit, Empfindung seiner Sündhaftigkeit und an Demut gegenüber seinem Schöpfer. Ganz im Geiste dieser Tradition spricht auch er von seiner Bekehrung, von der Offenbarung der höchsten Wahrheit, derer er gewürdigt worden ist, was sein Leben radikal verändert hat, so daß er den Weg der Sünde verlassen und den Pfad der Tugend zu den «heiligen Weisheiten» einschlagen konnte. Der zweite aber, der

Dichter, kennt keine Scheu, sein Bewußtsein von der Würde des mit dem höchsten Lorbeer gekränzten Fürsten unter den Dichtern und seine Ruhmsucht zur Schau zu stellen. Bei der Aufzählung der vielen Ehrungen, die ihm zuteil geworden sind, läßt Petrarca deutlich durchblicken, daß er sie alle verdient hat. Er dokumentiert sein hohes Verfasserbewußtsein ohne jedes Wenn und Aber.

Doch beide Seelen in seiner Brust – die des Christen und die des Dichters – wären allein kaum imstande, die Spannung in der Selbstdarstellung Petrarcas zu erzeugen. Zwar bezeichnet er seinen Namen als «nichtig und dunkel» und zweifelt daran, daß «er Raum und Zeit weit durchdringen» wird, doch gleichzeitig erhofft er sich trotz dieser Selbstbescheidung, daß es den, an den er sich wendet, «dürsten möge zu erfahren, was für ein Mensch ich war und welches Schicksal meinen Werken zuteil geworden ist, besonders denen, deren Ruf oder schwaches Echo bis zu dir gedrungen ist». «Die größten Laureaten meiner Zeit», fährt der Dichter fort, «mochten sie untereinander noch so sehr im Wettstreit liegen, liebten und verehrten mich, doch warum, das weiß ich nicht; sie selbst wußten es auch nicht. Ich weiß nur, daß einige von ihnen meine Aufmerksamkeit höher schätzten als ich die ihre.» Hier kokettiert der Dichter, denn er weiß natürlich um seinen hohen Wert und pflegt seinen Ruhm, denn nicht von ungefähr wendet er sich ja an die Nachkommenden. Aller Wahrscheinlichkeit nach ist Petrarca auch der erste Autor seiner Zeit, der Tag und Stunde seines Erscheinens auf der Welt nennt: «im Jahre dieser letzten Ära, die mit der Geburt Christi begonnen hat, im 1304ten, im Morgengrauen von Montag, dem 20ten Juli».

Ähnlich wie sich Dante für seine Wanderung durch das Totenreich einen so gewichtigen Begleiter wie Vergil genommen hat, wählt Petrarca als Gesprächspartner und Lehrer keinen Geringeren als den von ihm außerordentlich hochgeschätzten Augustinus und führt mit ihm lange Gespräche in schweigender, aber beredter Anwesenheit der Wahrheit. Im ‹Secretum› («Geheimnis») erscheinen Augustinus und Franz von Assisi gewissermaßen als zwei Verkörperungen des in sich hineinhorchenden Petrarca: Vor uns läuft eine Art

Beichte ab. Ist es nicht aufschlußreich, daß Augustinus für Petrarca von seiner Persönlichkeit her, als Verfasserpersönlichkeit – als Autor der ‹Bekenntnisse› und also unter psychologischem Blickwinkel – für Petrarca wichtig ist und nicht so sehr als Philosoph und Kirchenvater, wie das für Generationen vor ihm der Fall war?

Petrarca bekennt und bereut seine Verirrungen und Verfehlungen, wobei er zugleich die Auflösung der Sitten und die Verderbnis seiner Umwelt beklagt, die er nicht akzeptiert und schon gar nicht liebt – ganz im Geiste der mittelalterlichen Tradition von «Ubi sunt . . .?». Doch gleich im Anschluß an diese Proklamation seiner eigenen Unvollkommenheit erblickt er in sich und seinen Dichterkollegen doch eine besondere Spezies. Mit unverhohlener Geringschätzung sieht er auf das ihn umgebende einfache Volk herab, das nichts anderes kennt als seine Alltagssorgen. «Überlassen wir doch die Stadt», erklärt der Dichter, «den Kaufleuten, Juristen, Wechslern, Wucherern, Steuereintreibern, Notaren, Ärzten . . .» – und zählt nicht mehr und nicht weniger als dreißig verschiedene Stände und Berufe auf, eingeschlossen Verbrecher, Ausländer und Mimen; doch auch Architekten, Maler und Bildhauer sind in diese Aufzählung geraten . . . – «. . . sie entspricht nicht unserer Art.» Petrarca schwebt in höheren Regionen und weilt in anderen Dimensionen. Er erhebt sich mit dem ersten Hahnenschrei von seinem Lager und verläßt mit den ersten Sonnenstrahlen sein Haus. Er denkt, liest, schreibt und tauscht mit Freunden Gedanken aus. Aber wer sind seine Freunde? Da sind nicht nur Menschen, mit denen er im Leben direkt zusammengekommen ist, sondern auch längst Gestorbene, die er nur aus ihren Werken kennt. «Ich hole sie mir von überallher und aus allen Zeiten zusammen . . . und ich unterhalte mich mit ihnen lieber als mit denen, die sich einbilden zu leben, nur weil sie ihre Grobheiten von sich geben und in der Kälte ihren dampfenden Atem. Und so ziehe ich umher, frei und friedlich, in der Gemeinschaft der Gefährten, die ich mir ausgesucht habe.»

Petrarca führt sein Leben in dem Bewußtsein, der «großen Zeit» – um einen Ausdruck Bachtins zu gebrauchen – anzugehören; ungezwungen, ja lässig überschreitet er die Grenzen zwischen den Epochen und fühlt sich überall zu Hause, sowohl unter den entferntesten seiner Vorgänger als auch unter den nachkommenden Dichtergenerationen.

Das Selbstwertbewußtsein des Dichters, sei er ein Grieche oder Römer, ein skandinavischer Skalde oder italienischer Humanist, scheint, mutatis mutandis, kaum Veränderungen unterworfen zu sein. Keiner von ihnen hätte schöpferisch tätig sein können, wenn er sich nicht seiner eigenen Exklusivität und seiner hohen persönlichen Würde bewußt gewesen wäre und nicht zu seinem Ruhm und Nachruhm beigetragen hätte. Aber in der vom Christentum durchdrungenen Atmosphäre konnte er das nicht tun, ohne in seine Rede Demutsformeln einzuflechten.

Doch damit ist das Phänomen der Persönlichkeit Petrarcas noch keineswegs erschöpft. So oder so waren alle Autoren des Mittelalters in ihren «Beichten», «Apologien» und «Autobiographien» damit beschäftigt, ein Bild von sich zu schaffen und sich zu rechtfertigen, und dabei gingen sie mit den Fakten ihres Lebens bewußt oder unbewußt sehr großzügig um – alles nur aus dem Bestreben, ihr «Image» zu pflegen. Daher griffen sie immer wieder auf Modelle, Muster und «Vorbilder» zurück, auf berühmte Gestalten aus der Vergangenheit, und sie waren eigentlich erst auf dem Wege ihrer Anähnelung an diese Gestalten dazu fähig, sich ihrer eigenen Persönlichkeit bewußt zu werden. Bei Petrarca jedoch begegnen wir offensichtlich schon wieder etwas Neuem: Er vergleicht sich nicht einfach mit diesem oder jenem Prototyp, er arbeitet konsequent an der Schaffung eines regelrechten Mythos für sein eigenes Leben.

Das Ziel seines Schaffens sah Petrarca in der «Konstruktion» seines Ichs und als wichtigste Errungenschaft dieses Vorganges die Collage seiner eigenen majestätischen Gestalt. Er erreicht es, schon im Alter von 37 Jahren im April 1341 mit dem Lorbeer des «Poeta primus» (des «Ersten Dichters») gekränkt zu werden, zu einem Zeitpunkt, da seine Hauptwerke noch gar nicht geschrieben waren. Und hierbei kommt es auch, nach eigenem Zeugnis Petrarcas, zu einem überraschenden Zusammentreffen: Gleichzeitig mit der Einladung zur Dichterkrönung nach Rom trifft eine solche nach Paris bei ihm ein! Doch Petrarca hat diese Einladung selbstverständlich ignoriert, denn er wollte, daß ihm der Lorbeerkranz nirgendwo sonst als auf dem römischen Kapitol aufs Haupt gedrückt werde. Wir werden noch sehen, daß dies nicht das einzige staunenswerte Zusammentreffen im Leben des Dichters gewesen ist.

Petrarcas Ruhm in der Literaturgeschichte gründet sich in erster Linie auf seine Laura gewidmeten Sonette und auf seine Liebe zu ihr. Doch hat diese Frau wirklich gelebt? War sie vitaler als Dantes Beatrice? Oder war der Name Laura vielleicht gar nichts anderes als nur eine Umdeutung des Laurus, des Lorbeers, von dem er unablässig träumte und den er ja auch erkämpft hat? Möglicherweise sind das angesichts des dichterischen Genies von Petrarca zweitrangige Fragen, aber sie sind im Lichte der Schaffung des Mythos seines Lebens keineswegs irrelevant. Ihre überzeugende Beantwortung fällt schwer . . . Denn was hat Petrarca selber einem seiner Korrespondenzpartner geschrieben, der Zweifel an der Realität Lauras geäußert hatte? «Die Idee vom heiligen Augustinus ist in gleichem Maße eine Fiktion wie die Liebe dieser Dame.»[200] Diese Antwort klingt recht zweideutig und ironisch, der Dichter will offensichtlich das Rätsel noch rätselhafter machen, es uns also nicht lösen lassen.

Am 26. April 1336 unternimmt Petrarca einen Aufstieg auf den Mont Ventoux in der Nähe von Avignon, um sich von seinem Gipfel aus an der weiten Landschaft im Tal zu erfreuen. Von dem Ausflug zurückgekehrt, beschreibt er, obwohl todmüde, noch am selben Abend seinem Freund dieses Erlebnis. Dabei erwähnt er folgende Einzelheit: Der über den Gipfel des Berges streichende Wind schlug den Band der ‹Bekenntnisse›, den er auf seinem Wege mitgenommen hatte, just auf der Seite auf, wo er lesen konnte: «Und da gehen die Menschen hin und bewundern die Höhen der Berge, das mächtige Wogen des Meers, die breiten Gefälle der Ströme, die Weiten des Ozeans und den Umschwung der Gestirne – und verlassen dabei sich selbst!» (‹Confess.› X, 8. Augustinus, Bekenntnisse, übers. von Joseph Bernart. Frankfurt am Main 1987, S. 509). Wie wir sehen, vergißt

Petrarca nicht, auch diese Bergwanderung allegorisch als geistigen Aufstieg zu deuten – von Wissenschaftlern der Neuzeit übrigens wird diese Wanderung als Geburtsstunde des Alpinismus und als erstes Anzeichen eines «modernen» Verhältnisses zur Natur interpretiert, als Beginn der Entdeckung ihres ästhetischen Wertes an sich, der den vorhergehenden Epochen unbekannt war. Realität und Imagination scheinen hier miteinander verschmolzen.

Das Zeugnis von der seltsamen Koinzidenz der Bergbesteigung mit dem «Eingreifen» Augustinus', des geistigen Lehrers von Petrarca, findet sich in einem Schreiben, das seine endgültige Form erst siebzehn Jahre später erhalten hat. Das ist nichts Außergewöhnliches an Petrarca, denn er hat fast sein ganzes Leben hindurch Briefe an seine Freunde geschrieben und die meisten von ihnen in Etappen. Aus diesen Briefen, deren Empfänger, wie wir ja wissen, nicht alles lebende Zeitgenossen waren, sondern auch Vertreter künftiger Generationen, erfahren wir manches über viele Ereignisse im Leben des Dichters, darunter auch über diese Bergtour. Doch jetzt erhebt sich die Frage: Wieweit sind solche Briefe, die Jahre und Jahrzehnte in der Schublade gelegen haben und immer wieder umgeschrieben worden sind, überhaupt noch authentische Zeugnisse für die tatsächlichen Ereignisse in einem Leben? Wie sehr sind sie vielmehr bereits Produkte einer Phantasie, deren deutliches Ziel es war, eine mythische Biographie zu schaffen? «The life as work of art» («Das Leben als Kunstwerk») nannte ein englischer Petrarca-Forscher diese Erscheinung und fügte hinzu: «Wenn dieses Schreiben [über die Bergbesteigung – A. G.] auch erdacht sein mag, ist diese Fiktion doch genauso bedeutungsvoll, wie es die Lebenserfahrung wäre, die sich dahinter verbergen könnte.»[201]

Eine solche Vorgehensweise bei der Konstruktion des Lebenslaufes nach antiken Vorbildern, jedoch nicht mehr in Gestalt verstreuter Fragmente, wie das im Mittelalter üblich war, sondern in einem Stück, von Anfang bis Ende – das ist eine neue Erscheinung. Sie dokumentiert damit die Überwindung der Inhomogenität eines Ichs, das sich aus einzelnen Vorbildteilen zusammengeklittert hat, und läßt eine

Strategie erkennen, mit der Petrarca seine Biographie durch-
dacht und ganzheitlich konzipiert haben muß. Und dann
kommen bei Petrarca noch zwei Dinge zum Vorschein: zum
einen der Wille, ein Mensch nicht nur seiner Zeit zu sein,
sondern – und dies vor allem – ein Mensch des klassischen
Altertums, dem er zur Wiedergeburt verholfen hat, um es
mit seinen Worten zu sagen: «Ich lebe jetzt, aber ich hätte es
vorgezogen, in einer anderen Zeit geboren zu werden»; und
zum anderen, eine Verbindung zwischen sich und der Zukunft herzustellen. Zeugt diese Strategie nicht von der
Geburt eines neuen Typs der menschlichen Individualität?

Elftes Kapitel

Der Historiker
auf der Suche nach der
Persönlichkeit

Die in diesem Buch bei der Suche nach der Persönlichkeit im Westeuropa des Mittelalters angewandte Methode bestand in einer Verknüpfung des individualisierenden mit dem generalisierenden Verfahren. Mit Hilfe des ersten Verfahrens wurde die Bezeugung eines Individuums in seinen hinterlassenen autobiographischen oder Bekenntnisschriften untersucht – Augustinus, Patrick, Othloh von St. Emmeran, Guibert von Nogent, Abälard, Suger, Salimbene, Opicinus de Canistris, Dante und Petrarca ergeben eine seltsame Folge von Individualitäten, von der sich kaum behaupten läßt, sie bilde eine strenge Entwicklungsreihe. Immerhin aber gestattete die Bekanntschaft mit dem Leben dieser Menschen, bis zu einer gewissen Tiefe in die psychologische Atmosphäre ihrer Epoche einzudringen. Mit Hilfe des zweiten, des generalisierenden Verfahrens konnten einige allgemeingültige Bedingungen geklärt werden, die bei der Herausbildung der Persönlichkeit des Mittelalters eine Rolle gespielt haben.

Davon abgesehen mündete der Versuch, die menschliche Persönlichkeit des westeuropäischen Mittelalters zu skizzieren, nicht selten in eine Sackgasse – die Beschreibung der Schwierigkeiten, auf die der Historiker bei der Arbeit an diesem Thema stößt.

Das Problem besteht darin, daß alle Selbstcharakteristiken eines Individuums unvermeidlich zutiefst subjektiv sind. Daher ist es riskant, die Suche nach dem Wesen einer Persönlichkeit allein auf das Vertrauen in die Zuverlässigkeit und Wahrhaftigkeit ihrer Selbstzeugnisse zu gründen. Genauso gefährlich wäre aber auch das Gegenteil, nämlich, diesen Zeugnissen durchweg zu mißtrauen. Größere Erfolgsaussichten verspricht die Betrachtung dessen, was nicht direkt ausgesprochen wird, sondern «am Grunde» der Aussprüche und Handlungen liegt, das Bemühen um die Rekonstruktion desjenigen Neben- oder Hintersinnes, der entweder, weil implizit vorhanden, assoziiert werden muß oder durch die «Ausdrucksebene» hindurchbricht.

Aus der unmittelbaren Kommunikation zwischen Menschen kann ein Beobachter zu bestimmten Schlüssen über eine Persönlichkeit gelangen. Diese Folgerungen sind zwar ebenfalls subjektiv, aber sie beruhen nicht nur auf dem, was die Gesprächspartner einander sagen, sondern auch auf vielen anderen äußeren Anzeichen, wie Verhalten und Gebaren, Mimik und Gestik, aus der Beobachtung dieser Menschen als Ganzes. Unser Wissen über andere stützt sich zum überwiegenden Teil auf diese äußeren Symptome. Natürlich wird dieses Wissen von unseren eigenen Ansichten und Gefühlen über die betreffende Person ebenso beeinflußt wie von denen, die wir den Urteilen anderer über sie entnommen haben. Ist es dann letzten Endes nicht so, daß wir unser eigenes Ich mit seinen Wertmaßstäben, seinem Geschmack und seinen Vorurteilen in die andere Persönlichkeit hineinprojizieren?

Im Vergleich dazu befindet sich der Historiker in einer noch schwierigeren Lage. Er hat keine Möglichkeit, die Persönlichkeit eines Menschen, der irgendwann einmal gelebt hat, direkt zu beobachten. Der lebendige Dialog, diese unerläßliche Voraussetzung menschlicher Kommunikation, ist unter den Voraussetzungen, nach denen der Erkenntnisprozeß eines Historikers abläuft, erheblich eingeschränkt, eigentlich gar nicht gegeben. Die Rolle eines Dialogpartners für den Historiker übernehmen Texte, und so fehlt diesem Dialog die lebensnotwendige Aura des lebendigen Kontaktes. Alles, worüber der Historiker bestenfalls verfügt, sind die eigenen Worte eines Individuums oder Aussagen anderer über dieses Individuum. Die Entschlüsselung dieser Worte oder Aussagen ist jedoch noch dadurch erschwert, daß sich der Historiker in die Sprache seiner Quellen vertiefen und dabei ständig zwischen einem, dem fremden Begriffssystem und einem anderen, seinem eigenen Begriffssystem hin- und herpendeln muß.

In der historischen Forschung wird die Manövrierfähigkeit bei der Vertiefung in eine Persönlichkeit zusätzlich dadurch eingeengt, daß es in diesen Texten von Gemeinplätzen und Klischees nur so wimmelt. Daher ist es gar nicht so einfach – und wenn man ehrlich zu sich ist, eigentlich unmöglich –, durch das System von sprachlichen Konventionalitäten zu einer Persönlichkeit, wie sie wirklich war, vorzudringen.

Hier höre ich, wie mir entgegengehalten wird, daß die Absicht, eine Persönlichkeit «wie sie wirklich war» zu erkennen, im Grunde genommen irreal, ja unredlich ist, weil das Individuum, das beim Ausdruck seiner selbst aus dem von seiner Kultur vorgegebenen Fundus an Formeln und Topoi geschöpft hat, sich bei der Konstruktion seiner Persönlichkeit natürlich aus demselben Fundus bedient hat; außerdem wurde die Struktur dieser Persönlichkeit im Mittelalter zusätzlich durch ein ebenso dichtes wie verzweigtes Netz von Ritualen, Verhaltensnormen und Bräuchen bestimmt. Folglich ist die Sprache, mit deren Hilfe sich das Individuum ausdrückt, auch sein Wesen. Und daher ist es zwecklos, etwas hinter einem Text zu suchen, hinter dem sich nichts mehr verbirgt.

Sind diese Einwände berechtigt? Folgt nicht nach dieser Logik aus ihnen, daß die Persönlichkeit als solche «leer» ist, nicht mehr als eine Hülle, angefüllt mit dem, was ihr die Sprache der Kultur oktroyiert? In diesem Zusammenhang kommt mir die Erzählung ‹The Private Life› [202] von Henry James in den Sinn und ganz besonders Lord Mellifont, der dort neben dem Haupthelden, der ichgespaltenen Persönlichkeit des Schriftstellers, auftritt, dessen eine Verkörperung das hohle Leben der großen Welt führt, die von ihr getrennte andere dagegen heimlich ganz einem schöpferischen Leben hingegeben ist («Der eine geht aus dem Haus, der andere bleibt zu Hause; der eine ist ein Genie, der andere ein Bourgeois, und wir kennen nur den Bourgeois persönlich»). [203] In diesem Lord Mellifont hat James das Problem der Persönlichkeit mit außergewöhnlicher Schärfe aufgeworfen. Wie zwei andere Gestalten dieser Erzählung zu ihrem Erstaunen bemerken, existiert dieser Gentleman mit tadellosen Manieren, dieser Salonlöwe par excellence, nämlich nur in dem Maße, wie er sich unter Menschen befindet, im Salon, in Gesellschaft, bei seiner Frau – die ihn, ohne sich jemandem anzuvertrauen, schlimmer Dinge verdächtigt – oder in Anwesenheit seiner Diener. Sobald er jedoch alleine ist und niemand ihn sieht, wird er zeitweilig annihiliert: Er geht nicht fort, nicht «in sich» oder «zu sich» wie der Schriftsteller, nein, er verschwindet völlig, er ist einfach nicht mehr da! Erst das Auftauchen anderer Menschen und die Kommunikation mit ihnen holen den Lord aus seiner Nichtexistenz ins Leben zurück.

Wenn ich richtig verstanden habe, besteht James' Idee darin, daß Lord Mellifont an und für sich kein eigenes Ich besitzt. Sein «self» (seine «Selbstheit») hängt voll und ganz von seiner Kommunikation mit anderen ab; seine Individualität existiert nur insofern, als sie von anderen wahrgenommen wird. Ein solcher Wert der westlichen Zivilisation, wie «the privacy», das Bedürfnis sich abzusondern, «bei sich» zu sein – auch der Titel der Erzählung weist eindeutig auf «privacy» hin und nicht auf ein «Privatleben» im üblichen Sinne – verwandelt sich in der Gestalt dieses englischen Aristokraten in ein Vakuum, nicht einfach in seelische Unausgefülltheit, sondern buchstäblich in Leere: Wenn niemand ihn sieht und niemand mit ihm redet, kommt es zu seiner Dematerialisierung. Seine Persönlichkeit hängt – in dem Maße, in dem hier überhaupt von einer solchen gesprochen werden darf – völlig von der Kommunikation mit anderen ab. Seine Existenz wird bestimmt von den Konventionen der großen Welt, von den Regeln, die für ein als «gentlemanlike» zu bezeichnendes Verhalten und Auftreten gelten, sowie von der sozialen Rolle, die er ständig in Vollendung spielt – außerhalb dessen existiert kein Wesen, das sich als Persönlichkeit definieren ließe.

Sein Antipode, die zweite Gestalt der Erzählung, der Schriftsteller, ist restlos auf sich selbst konzentriert und besitzt ein Double oder eine «alternate identity» (eine «alternative Individualität»), wobei diese «einander völlig unähnlichen Zwillinge» nichts miteinander verbindet.[204] Der Lord dagegen «isn't even whole» («ist nicht einmal ganz»), ganz ist er nur *coram publico*, und die Maske des Gentlemans ersetzt ihm sowohl das Gesicht als auch die Persönlichkeit. Der vom Autor konstruierte Kontrast zwischen diesen beiden Gestalten zeigt in extremer Schärfe die Nutz- und Sinnlosigkeit einer solchen Existenz wie dieses Lords, einer menschlichen Hülle, die bis an den Rand vollgestopft ist mit guten Manieren, regelmäßigem Umkleiden, hohler Konversation und gesellschaftlichem Zeitvertreib – und die in sich zusammenfällt, wenn man sie ihres Inhaltes bis auf den Boden entleert.

Dieser «Fall» des Lord Mellifont führt uns zurück in das Anfangsstadium der Geschichte des Begriffes «persona», als er im antiken Theater die Maske, die Larve bezeichnete, die der Schauspieler aufsetzte, um sein Gesicht zu verbergen. Die Kultur hat viel Mühe und Arbeit aufwenden müssen, ehe sich die Larve «persona» zur «Gestalt» gewandelt hatte, in der Schauspieler und Maske nicht mehr dasselbe waren, so daß sich der Schauspieler in seine Rolle «einleben» mußte, um sich mit ihr identifizieren zu können, und erst von hier aus erlangte «persona» schließlich die neue Bedeutung «Persönlichkeit». Doch die gesellschaftliche Repräsentanz, auf die der Aristokrat aus der Erzählung so viel Zeit und Kraft verwendet, schließt alles mit dem innersten Ich verbundene Persönliche in einem Grade aus, daß es überhaupt zweifelhaft wird, ob man von ihm als von einer realen Persönlichkeit sprechen kann. Von Zeit zu Zeit ist der Lord seiner ihn völlig absorbierenden Rolle in der großen Welt müde, und dann «hört er», nach den Worten von James, «auf zu sein», es kommt zu einem «Entreakt». Im Unterschied zu seinem Antipoden, dem Schriftsteller, der einen «Doppelgänger» besitzt, hat der Lord nicht nur kein Alter ego, sondern nicht einmal ein eigenes Ego.

Die Erzählung von James entblößt auf paradoxe Weise und in extrem zugespitzter Form das widersprüchliche Doppelwesen der menschlichen Persönlichkeit: Ein Gesicht dieses Janus blickt in die Gesellschaft, das andere ist verborgen und blickt nach innen. Bei seiner Untersuchung der Texte beobachtet der Historiker die äußeren Phänomene einer Persönlichkeit, ihre «Akzidentia», während die «Substantia» seinem Blick im allgemeinen verborgen bleibt. Lord Mellifont enthält überhaupt keine Substanz, er existiert nur in einer «Projektion» – in der Orientierung auf seine Umgebung, sein Milieu, die anderen; in seinem Inneren ist er leer. Soweit die künstlerische Fiktion des Schriftstellers. Aber, ich wiederhole, er spricht da von einem wichtigen Problem, denn auch im wirklichen Leben, also auch in der Geschichte, haben wir es sowohl mit äußeren Manifestationen der Persönlichkeit zu tun, als auch mit der «Substanz», ihrem verheimlichten Inhalt. Läßt der sich herausfinden?

Wir denken uns selbst in den Kategorien unserer eigenen Kultur, und wenn, sagen wir, Abälard sein Leben als eine Folge von Verirrungen beschreibt, von denen er sich dank der ertragenen Schicksalsschläge frei machen und auf den Weg der Wahrheit zurückkehren konnte, dann kann der Eindruck entstehen, als ob in seiner Anähnelung an die Gestalten der Hagiographie und ihre Schicksale sich zugleich auch sein wahres Wesen erschöpft, denn aus diesen Bestandteilen hat sich ja seine Gestalt als Konglomerat von Äußerem und Innerem aufgebaut. Doch wie wir gesehen haben, verhält sich die Sache in Wirklichkeit ganz anders, weil diese Anähnelung an Prototypen, mag sie auch durchaus aufrichtig gemeint sein, etwas – vielleicht sogar vor dem Individuum selbst – tarnen soll, und zwar Stolz und Hochmut, den Abälard, allen gegenteiligen Beteuerungen zum Trotz, keineswegs abgelegt hat. Mit anderen Worten, hinter seiner Demut, seiner Reue und seiner Identifizierung mit den Heiligen Hieronymus und Athanasius, ja sogar mit Christus, hinter der Nachahmung der ‹Bekenntnisse› des Augustinus steckt etwas ganz anderes: sein starkes Selbstbewußtsein, das seine Bekenntnisschrift zur Rechtfertigungsschrift werden läßt.

Nicht anders Suger … Wenn er sein Ich scheinbar in Saint-Denis «aufgehen» läßt, dann dürfen wir noch lange nicht denken, daß die von ihm umgebaute und ausgeschmückte Abtei seine Persönlichkeit aufgesogen hätte, sondern wir müssen das genaue Gegenteil annehmen: seine aktive Selbstbestätigung, die bis zur Ausdehnung der eigenen Person auf das gesamte unter ihrer Obhut stehende Kloster geht, ja bis hin zur Absorption dieser Abtei durch die Persönlichkeit Sugers.

In diesen Fällen müssen wir hinter die «Ausdrucksebene», die direkten und mitunter vorsätzlichen Aussagen, blicken und auf die «Inhaltsebene» vorzudringen versuchen. Diese beiden Ebenen brauchen grundsätzlich nicht miteinander zusammenzufallen. Vor allem in der christlichen Kultur tun sie das nicht, weil die Religion mit ihrer Verurteilung des Stolzes eine spontane Äußerung des Selbstbewußtseins der Schöpfer der mittelalterlichen «Autobiographien» unmöglich gemacht und diese Menschen vielmehr dazu veranlaßt hat, ihre wahre Geisteshaltung hinter Demuts- und Reueformeln zu verbergen. Dabei bedeuten die von mir gebrauchten Verben «verbergen» und «verhüllen» nicht unbedingt «mit gespaltener Zunge reden», sie bedeuten lediglich, daß ein Individuum diese Formeln so vollständig verinnerlicht hatte, daß sie für dieses Individuum zum einzig anwendbaren Mittel seiner Selbsterkenntnis geworden sind. Doch in den unerkannten und der sprachlichen Erfassung unzugänglichen Tiefen des Ichs hält sich noch ein gewisses Etwas, ein schwer greifbarer «irrationaler Rest» versteckt. Die Folge davon ist, daß eine Persönlichkeit sogar in den relativ seltenen Fällen, in denen sie etwas von sich preisgibt, einfach nicht den gesamten Inhalt ihres Inneren enthüllen kann. Die Lehre von der Dichotomie des «äußeren» und des «inneren» Menschen, über die schon der Apostel Paulus geschrieben hat (Röm. 7, 21–25; 2. Kor. 4. 10; Eph. 3. 16), legt diese essentielle Schwierigkeit, diesen unaufhebbaren Widerspruch bloß, der in der christlichen Ethik von vornherein angelegt ist. Die christliche Religion ist personalistisch, und gleichzeitig gelten unkontrollierte Äußerungen der Individuailität als sündhaft.

Die Bestätigung eines eigenen Ichs, das nicht von derartigen sittlichen Verboten eingeengt ist, erwies sich aber doch in zwei Fällen als möglich, und zwar erstens dort, wo die christliche Moral noch nicht die Alleinherrschaft angetreten hatte, wo sie mit anderen ethischen Grundsätzen koexistierte und «konkurrierte». Das trifft etwa auf die Situation von König Sverre zu. Dieser Usurpator des norwegischen Königsthrons war seiner Erziehung nach Christ, und er nutzte eifrig jede Möglichkeit, seinen Anspruch auf die Krone mit biblischen und christlichen Argumenten zu begründen. Aber er wirkte in einer Gesellschaft, in der gegen Ende des 12. Jh. das heidnische Ethos der Wikinger teilweise noch lebendig war. Daher waren seiner Selbstäußerung auch keine so starren Fesseln angelegt, so daß Sverre selber – oder der Autor der ‹Saga von Sverre›, der ihm diese Worte in den Mund legt – sich keinen Zwang anzutun brauchte und mit lauter Stimme verkünden konnte: «Es ist ein großer Umbruch der Zeiten eingetreten, und den Platz des Erzbischofs, des Königs und des Jarls nimmt jetzt ein einziger Mann ein, und dieser Mann bin ich!»

Wenn man in eine noch frühere Periode der Geschichte der Skandinavier zurückgeht, kann man feststellen, wie die nach Herkunft und Geist heidnische Skaldendichtung eindrucksvoll belegt, daß es in vorchristlicher Zeit für die freimütige Äußerung und die energische Verteidigung egoistischer Interessen nicht die geringste Beschränkung gab, wenn und zumal sie mit den sittlichen Prinzipien von Sippe und Familie übereinstimmten. Das in der Äußerung seiner egozentrischen Persönlichkeit rücksichtsloseste Exemplar eines Skalden haben wir in der ‹Saga von Egill› und in Egills Dichtung vor uns – er ist in gewisser Weise ein Extremfall. Es ist bezeichnend, daß Egills Ich in der Saga mit bestimmten dämonischen, «wölfischen» Zügen aus dem Werwolferbe von Vater und Großvater ausgestattet ist. Zweitens konnte in der christlichen Epoche eine Individualität die ideologischen und moralischen Verbote sowie die inneren Beschränkungen dann durchbrechen, wenn die psychische Konstitution ihres Besitzers von der Norm abwich. Ohne die Neigung einer Reihe von heutigen Historikern zu teilen, die bei fast jedem Verfasser eines «Bekenntnisses» oder einer «Autobiographie» nach Anzeichen psychischer Anomalien oder Komplexe suchen, bin ich nichtsdestoweniger bereit, der Auffassung zuzustimmen, daß der «Fall» Opicinus de Canistris tatsächlich als Zeugnis für ein tiefgehendes seelisches Leiden interpretiert werden kann. Zwanghafte Verbissenheit beim Rückgriff auf immer wieder dieselben Ideen und Gestalten sowie ständige Angst vor dem Verderben seiner Seele als Ausfluß eines unbezwingbaren Gefühls der Schuld- und

Sündhaftigkeit sind es, die Opicinus' Hand führen, wenn er
die vielen Zeichnungen des Weltalls, des Mittelmeerraums
und seiner eigenen Biographie zu Papier bringt und sie mit
bisweilen dunkelsinnigen Anmerkungen versieht, in denen
er seine Gefühle verströmt.

Natürlich ist der Fall dieses avignonesischen Geistlichen,
der in den Jahren unmittelbar vor Ausbruch des Schwarzen
Todes lebte – übrigens legt sein wahrscheinliches Todesjahr
1350 die Vermutung nahe, daß er dieser schrecklichen Seuche
selber zum Opfer gefallen ist –, nicht unter dem Aspekt seines möglichen seelischen Leidens aufschlußreich, sondern
unter dem der eigentümlichen Brechung einiger Tendenzen
in der Kultur dieser echten Krisenzeit – die durch radikale
Verschiebungen in der Mentalitätsstruktur und den religiösen Einstellungen gekennzeichnet war – in einem seinerseits
gebrochenen individuellen Bewußtsein. Die tiefgreifenden
Veränderungen bei der Deutung des Verhältnisses zwischen
dem Mikrokosmos Mensch und dem Makrokosmos Welt,
die in den Zeichnungen von Opicinus zum Vorschein kommen, lassen sich als Symptome des gestiegenen Selbstwert-
bewußtseins eines Individuums interpretieren. Er gibt sich
nicht mehr mit der für das Mittelalter traditionellen Gegenüberstellung von Mensch und Welt als einander gleichwertiger Phänomene zufrieden, er stellt vielmehr sich in den Mittelpunkt des Weltalls, mehr noch, er holt es vollständig und
ohne den geringsten Rest in sein Ich hinein. Opicinus kann
das deshalb tun, weil er das Gefühl für die Sündhaftigkeit auf
die gesamte Welt ausdehnt, ohne das Bewußtsein dafür zu
verlieren, daß diese Sündhaftigkeit gleichzeitig seine eigene
ist, also individueller Natur bleibt.

Ist dieser kosmische Egozentrismus nicht ein in der krank-
haften Imagination von Opicinus individualisierter Ausdruck sui generis für die neuen Einstellungen der Persönlichkeit? Wenn dieser Geistliche das «individuum meae personae» unterstreicht, spricht er die Sprache seiner Zeit. Doch
die neuen Tendenzen in der Entwicklung der Persönlichkeit,
die bei Opicinus hypertrophe Formen annehmen, sind zugleich ihrem Inhalt nach zutiefst mittelalterlich. Der aus den
Tiefen seines Inneren aufsteigende Stolz, die Paroxysmen

persönlicher Größe – bis hin zur Vision des Teufels, der ihn mit genau den gleichen Worten in Versuchung führt, die er zu Jesus gesprochen hat – bestraft er unverzüglich an sich selber, und er spricht von der Sünde, die die ganze Welt überflutet, doch in seinem innersten individuellen Wesen wurzelt. Somit führen uns die psychischen Komplexe dieses Individuums schon wieder zu den grundlegenden Widersprüchen der christlichen Ethik zurück, die nach wie vor ein Hindernis für ein Hervortreten der Persönlichkeit waren und blieben. So gesehen, ist vielleicht die Anomalität von Opicinus gerade auch der Grund dafür, daß sich in seinem Fall der Schleier über den Geheimnissen seiner Persönlichkeit ein wenig gelüftet hat.

Folglich gelangt die spontane Manifestation der Individualität nicht so sehr dort zum Durchbruch, wo sich die christliche Kultur des Mittelalters bereits fest etabliert hatte, als vielmehr an den Rändern ihres Einflußbereiches, entweder dort, wo sich die ethische Kontrolle durch Demut und Selbstzügelung als Imperativen noch nicht so unabänderlich durchgesetzt hatte wie im vollständig christianisierten Milieu, oder dort, wo sich diese Kontrolle angesichts der psychischen Besonderheiten eines Individuums nicht in vollem Umfang durchsetzen konnte.

Ich bin mir durchaus bewußt, daß ich Gefahr laufe, den Boden der historischen Analyse unter den Füßen zu verlieren, wenn ich versuche, mich zu dem geheimsten und verborgensten Kern der mittelalterlichen Persönlichkeit «durchzugraben»: Meine Überlegungen werden zwangsläufig hypothetisch. Das Individuum ist unbenennbar . . . Trotzdem riskiere ich noch einen Gedanken.

Es geht um den «Fall» Martin Guerre, eine Episode aus der Geschichte der südfranzösischen Bauernschaft um die Mitte des 16. Jh. Der Chronologie nach liegt diese Episode zwar schon außerhalb des Mittelalters, ihrem Wesen nach jedoch durchaus noch innerhalb, zumal sich im ländlichen Milieu Traditionen besonders langsam ändern. Den Stoff für ‹Martin Guerre› hat das Leben selbst nach den Szenarien von Märchen oder Romanen «erdacht»; er wurde wiederholt von

Dichtern, Dramatikern und Drehbuchverfassern aufgegrif-
fen und wissenschaftlich von Natalie Zemon Davis meister-
haft bearbeitet,[205] die diese Episode in den realen gesellschaftlichen Zusammenhang der Epoche gestellt hat. Ich
gebe nur kurz die Umrisse dieser Ereignisse wieder.

Die Ehe Martins mit Bertrande, der Tochter eines wohlha-
benden Bauern aus dem Languedoc, war nicht besonders
glücklich. Erst machte langjährige Impotenz Martins die
Ehe unfruchtbar, und nachdem Bertrande dann doch noch
einen Sohn zur Welt gebracht hatte, verschwand Martin. Er
verließ einfach das Haus und blieb lange Zeit verschollen.
Als er eines Tages schließlich doch wieder nach Hause zu-
rückkehrte, fand er seinen Platz besetzt. Einige Jahre zuvor
war in diesem Dorf nämlich ein junger Mann aufgetaucht,
ein gewisser Arnaud du Tilh, der sich als Martin Guerre ausgegeben hatte, und zwar so überzeugend, daß seine Echtheit
bei niemandem Zweifel hervorrief, bei den Verwandten und
Nachbarn nicht und – was ja das wichtigste ist – bei seiner
Frau auch nicht.

Ein Verdacht keimte erst dann auf, als zwischen einem
Onkel und diesem selbsternannten Neffen ein Besitzstreit
aufflammte. Die Gefahr, Grund und Boden zu verlieren, öffnete dem Onkel gegenüber dem Eindringling die Augen,
und er ging vor Gericht. Die Richter hörten Dutzende von
Zeugen, aber deren Aussagen erwiesen sich als untauglich
zur Wahrheitsfindung, weil die einen steif und fest behaupte-
ten, der jetzige Mann von Bertrande könne nicht der echte
Martin sein, die anderen dagegen Stein und Bein schworen,
daß der Mann, mit dem Bertrande schon mehrere Jahre
glücklich zusammenlebte und dem sie währenddessen eine
Tochter geboren hatte, ihr gesetzlich angetrauter Ehemann
sei. Der Beschuldigte selber verteidigte sich so geschickt und
wies so hartnäckig alle Betrugsvorwürfe zurück, daß das
Parlament in Toulouse, das höchste Gericht der Provinz, geneigt war, dem falschen Martin Glauben zu schenken. Doch
just in dem Augenblick, da der Richter sich anschickte, das
Urteil zu verkünden, öffnet sich die Tür, und herein kommt
niemand anders als Martin Guerre in höchsteigener Person,
mit nur noch einem Bein zwar und ziemlich verändert, aber

unzweifelhaft er selbst. Bertrande und alle übrigen er-
kannten ihn auf der Stelle. Damit war der Betrüger ent-
larvt; er wurde verurteilt und vor dem Hause des Mannes ge-
hängt, als den er sich so lange und erfolgreich ausgegeben
hatte.

In dieser Geschichte wird die Aufmerksamkeit des Historikers, der auf der Suche nach der menschlichen Persönlichkeit ist, unter mehreren Aspekten gefesselt. Das Interesse
von Natalie Davis konzentriert sich auf Bertrande: Wie kam
es, daß Bertrande ihren Mann in dem Falschen «erkannt»
haben wollte? War sie mit gutem Gewissen einer Selbsttäu-
schung erlegen, oder hatte sie dem Wunsch nach einem nor-
malen friedlichen Familienleben aus Verzweiflung nachge-
geben, wohl wissend, daß ihr richtiger Mann eines Tages –
nur wann? – wiederkommen könnte und sie nicht eher wieder heiraten durfte, ehe sein Tod eindeutig bewiesen worden war? Interessanterweise blieb gerade sie vom ersten
Auftauchen der Anschuldigungen gegen Arnaud bis fast
zum Ende des Prozesses halsstarrig bei ihrer Aussage, daß
er der echte Martin sei. Das Interesse an Bertrandes Person
ist also durchaus erklärlich, doch die Person Arnauds du
Tilh, der sich für Martin Guerre ausgibt, ist eigentlich nicht
weniger rätselhaft und fesselnd. Wie Natalie Davis zu Recht
anmerkt, haben wir es hier nicht mit einem Fall gewöhnlichen Betruges zu tun und nicht mit einem Versuch, «einmal die Rolle eines anderen Menschen zu spielen», sondern
mit der wohldurchdachten Strategie, «sich ein fremdes
Leben anzueignen». Ganz in diesem Sinne ist die Wieder-
kehr Martins nichts anderes als die Verwirklichung seiner
Absicht, wieder in seine alte Persönlichkeit, in seine «persona» zurückzukehren.

Arnaud du Tilh und Martin Guerre müssen sich irgendwann irgendwo begegnet sein, nachdem Martin von zu
Hause durchgebrannt war. Dabei hat Arnaud, der Martin
ziemlich, aber doch nicht völlig ähnlich sah, von Martin
wohl etliches aus dessen Leben und über die Menschen aus
der Nachbarschaft und dem Dorf aufgeschnappt. Man muß
Arnaud Gerechtigkeit widerfahren lassen – er hat die Rolle
hervorragend gelernt, die er zu spielen gedachte. Es ist zwar

nicht ganz klar, wie ihm das gelungen ist, aber es bleibt eine
Tatsache, daß er alle Leute im Dorf dem Namen und dem
Äußeren nach vorzüglich kannte. Das ging so weit, daß er
sich, nachdem er im Dorf Fuß gefaßt hatte, mit ihnen zusammen an gemeinsame Erlebnisse und Unterhaltungen
«erinnerte», mit dem Ergebnis, daß anfangs niemand ernsthaft daran zweifelte, daß es wirklich Martin Guerre war, den
es da wieder nach Hause gezogen hatte. Über Unterschiede
zwischen Arnaud und Martin begann man erst zu tuscheln,
als es zwischen Onkel und «Neffen» zum Streit gekommen
war. Natalie Davis weist darauf hin, daß die Bauern zu dieser
Zeit keine ausgeprägten Kriterien für die Identifizierung einer Person hatten (es gab ja keine Ausweise und keine eigen-
händigen Unterschriften), aber noch wichtiger, diese Menschen kannten nicht die Angewohnheit, anderen unver-
wandt ins Gesicht zu blicken, und sie besaßen auch nicht die
Fähigkeit, Gesichtszüge in sich aufzunehmen, weil ihnen der
Spiegel unbekannt war, vor dem sich diese Fähigkeit erst
entwickelt. Durchaus möglich, daß unter diesen Umständen
die Beobachtungsgabe der Menschen für Physiognomien
überhaupt unterentwickelt war, so daß geringfügige Unterschiede zwischen einander ähnlichen Menschen ihrer Aufmerksamkeit entgingen. In diesem Zusammenhang sei auch
an die Beobachtung von Fèbvres erinnert, nach der den
Menschen des 14. Jh. eine «visuelle Zurückgebliebenheit»
eigen war: Sie waren es gewöhnt, sich mehr auf ihr Gehör zu
verlassen als auf ihren Gesichtssinn.

Das mag bei der Beantwortung der Frage helfen, warum
die Menschen aus der Umgebung Martins so rasch den Worten Arnauds vertrauten, er sei Martin Guerre. Diese Frage
zieht unweigerlich weitere nach sich: Was hat sich dieser Betrüger eigentlich dabei gedacht, und vor allem, *als wen* hat er
sich dabei gedacht? Eine befriedigende Antwort darauf ist
natürlich nicht möglich. Wir wissen lediglich, daß Arnaud
alle Einwände und Zweifel an seiner Echtheit als Martin
Guerre vehement zurückgewiesen hat – etwas anderes blieb
ihm ja auch gar nicht übrig, nachdem er sich schon so tief in
seine Mystifikation verstrickt hatte – und in seiner Verteidigung so konsequent und überzeugend war, daß Dutzende

von Leuten vor Gericht zu seinen Gunsten aussagten. Mehr noch, der hochgebildete und erfahrene Richter de Coras aus Toulouse, der uns eine eingehende Schilderung dieses «erstaunlichen und denkwürdigen» Falles hinterlassen hat, hatte sich ebenfalls überzeugen lassen. Erst nach seiner Verurteilung, als man von ihm ein öffentliches Schuldbekenntnis verlangte, bequemte sich Arnaud angesichts seines baldigen Erscheinens vor dem Höchsten Richter zu dem Eingeständnis, daß er ein Betrüger und der «Falsche Martin» sei.

Das führt uns zu folgender Aussage: Selbst dieser Mensch, der so lange und so gründlich alle möglichen Einzelheiten aus dem Leben eines anderen Menschen bis hin zu den nichtigsten Kleinigkeiten aus Unterhaltungen gesammelt hat, der darüber hinaus alles zusammengetragen hat, was er an Details über Nachbarn und Verwandte erfahren konnte – die Zahl der Zeugen, darunter viele direkte und angeheiratete Verwandte Martins, die vor dem Gericht erster Instanz aufmarschieren mußten, weil sie mit dem Pseudo-Martin irgendwann einmal gesprochen hatten, soll an die einhundertfünfzig betragen haben – konnte sich letzten Endes doch nicht mit letzter Konsequenz in seine Rolle einleben. Möglicherweise hatte er angenommen, sein Leben unter der Maske von Martin Guerre beschließen zu können, und einige Jahre lang sah es ja auch ganz danach aus. Dazu aber hätte diese Maske an seinem Gesicht festwachsen, ja durch seine Gesichtshaut hindurchwachsen müssen . . . Hat er sich überhaupt schon als Martin Guerre gedacht? Wenn ja, dann erklärt sich vielleicht aus dieser psychischen Transformation die Überzeugtheit, mit der er seine neue Identität verteidigt hat, und die Überzeugungskraft, die auf seine Richter einen so starken Eindruck gemacht hat.

Natürlich kann gar keine Rede davon sein, daß der frischgebackene Martin Guerre jemals vergessen haben könnte, daß er in Wirklichkeit Arnaud du Tilh ist. Er spielte, heuchelte und verstellte sich. Aber es ist ja bekannt, welchen Preis jemand zahlen muß, der ewig heuchelt. Aber nun frage ich mich: Wie war denn das mit den Autoren des Mittelalters, als sie sich mit einem Vorbild identifizierten? Als sich Abälard mit dem hl. Hieronymus – Guibert von Nogent mit

Augustinus, Sverre mit Magnús, Sohn Olafs des Heiligen, oder Opicinus mit Boethius – identifizierte, wußte Abälard doch ganz genau, daß er Abälard ist und nicht Hieronymus und schon gar nicht Christus, genausogut wie Guibert wußte, daß er nicht Augustinus ist usw. usf. Diese Art der Selbstidentifizierung führte nämlich keineswegs zum vollständigen Verzicht auf das eigene Ich und zu seiner Auflösung in dem gewählten Vorbild, sondern lediglich zur Anähnelung dieses Ichs an ein anderes. Der Pseudo-Martin dagegen war in seinem Leben mit Bertrande und in seinem Umgang mit den Nachbarn und Verwandten gleichzeitig sowohl Martin Guerre als auch Arnaud du Tilh. Das Individuum des Mittelalters ist in erster Linie Angehöriger einer Gruppe, und erst in ihrem Schoß gewinnt es sein eigenes Ich. Völlig zu Recht stellt Natalie Davis fest, daß der «Abenteurer Arnaud du Tilh und selbsternannte Martin Guerre sein Ziel erreicht hatte, als es ihm gelungen war, in die Familie Guerre aufgenommen zu werden».[206]

Angesichts der Quellenlage ist in diesem Buch hier vorrangig von den Intellektuellen des Mittelalters die Rede. Ihr Brauch der Selbstidentifizierung auf dem Wege der Anähnelung an literarische Vorbilder scheint auf den ersten Blick nichts mit dem Fall Arnaud du Tilh gemein zu haben. Doch vielleicht sollten die Unterschiede zwischen ihnen lieber nicht verabsolutiert werden? Arnaud, der Martins Rolle mit Bravour gespielt hat, legte dabei keine geringe schauspielerische Meisterschaft an den Tag. In ihm haben wir eine exorbitante Persönlichkeit vor uns. Wäre es nicht zu dem Streit mit Martins Onkel um das Stück Land gekommen und wäre nicht der richtige Martin zurückgekehrt, dann hätte er ungestört und erfolgreich in der Gestalt weiterleben können, die er sich zu eigen gemacht hatte. Auch in diesem Falle stehen wir staunend vor der großen Plastizität des menschlichen Ichs und vor seiner Fähigkeit, sich neu zu verkörpern. Allem Anschein nach hat Arnaud du Tilh keine unüberwindlichen Schwierigkeiten gehabt, «Martin Guerre zu werden».

Bedeutet das aber nicht, daß die Individualität des mittelalterlichen Menschen keine scharfen Umrisse aufwies und sich nicht deutlich und unverwechselbar von ihrer Umgebung abhob? Ihre Suche nach einem fertigen Prägestempel, den sie sich aufdrücken konnte, ihr Hang, mit einem Prototyp zu verschmelzen, und die Leichtigkeit, mit der sie einem Muster ähnlich werden wollte – alles das sind Anzeichen ihrer relativen Unentwickeltheit und Unfertigkeit. Bekanntlich war das Mittelalter ja auch eine Epoche, die alle möglichen «Falschen...» hervorgebracht hat. Ich denke, daß das Problem des Usurpators auch ein psychologisches Problem ist.

Wenn nun zum Schluß die Geschichte von Persönlichkeit und Individualität im westeuropäischen Mittelalter noch einmal als Ganzes Revue passieren soll, dann bleibt nur das Eingeständnis, daß es außerordentlich schwierig ist, eine Gesamtskizze davon zu entwerfen. Unsere Kenntnisse sind bruchstückhaft, die Probleme zahlreich, wahrscheinlich noch zahlreicher, als wir vermuten. Die Geschichte der Persönlichkeit im Mittelalter bleibt auch dem Forscherblick zum großen Teil verborgen. Sie hat sich auf einer Ebene abgespielt, auf die wir uns anhand der vorliegenden Quellen nur mit Mühe zubewegen können. Daher habe auch ich nur einzelne Aspekte dieses Problems berühren und verstreute Kapitel dieser Geschichte zusammentragen können.

Ist es also gerechtfertigt, von einer «Entdeckung» der Persönlichkeit und der Individualität in einem bestimmten Zeitabschnitt des Mittelalters zu sprechen? Zwar läßt sich immerhin feststellen, daß im 12. und 13. Jh. die Aufmerksamkeit gegenüber diesen Phänomenen schärfer wird, obwohl dabei nicht ausgeschlossen ist, daß diese Schlußfolgerung dem Historiker durch die Quellenlage oktroyiert wird: Die frühere Periode ist ärmer an Texten, und es ist schwer, aus den weit verstreuten Zeugnissen eine ganzheitliche Vorstellung zu entwickeln. Zweifellos aber waren die in diesem Zeitabschnitt einsetzenden Veränderungen im System der Werteorientierungen – ihre Verlagerung «vom Himmel auf die Erde» (Jacques Le Goff)[207] – mit einem gestiegenen Selbstbewußtsein der Persönlichkeit verbunden.

Doch, was wahr ist, muß wahr bleiben: Die größte Tiefe beim Eindringen in die Geheimverliese der eigenen Seele erreichen die ‹Bekenntnisse› des Augustinus. Mit ihnen liegt

der Gipfelpunkt in der Entwicklung der Persönlichkeit am
Eingang des Mittelalters und eben nicht, wie zu vermuten
gewesen wäre, an seinem Ausgang. Das ganze Jahrtausend
nach Augustinus hat keine so rückhaltlos offene Beobachtung und Erkenntis des eigenen Ichs wieder hervorgebracht. Erst Petrarca ist ein wahrer Schüler Augustinus',
nur – er ist bei Augustinus unter den Bedingungen einer radikal veränderten Welt in die Lehre gegangen: Während sich
Augustinus Gott öffnete und nach der Verschmelzung mit
Ihm strebte, konzentriert sich Petrarca auf sein eigenwerti-
ges Ich und konstruiert, ähnlich einer Collage, seine Biographie und seine Persönlichkeit mit Sorgfalt und Umsicht.

Das Jahrtausend, das diese beiden Gestalten voneinander
trennt, war reich an strahlenden Talenten, markanten Schöpfern und tieflotenden Denkern. Doch diese Genies verfügten
nicht über Möglichkeiten, ihre Individualität vollständig zu
erschließen. Möglicherweise verspürten viele von ihnen gar
kein dringendes Bedürfnis, ihre Individualität zu bestätigen,
oder, besser gesagt, sie fanden spezifische Formen, das zu
tun. Das vom Christentum des Mittelalters begründete Wertesystem orientierte die Persönlichkeit nicht darauf, ihre unwiederholbare Individualität vor sich selbst zu bestätigen
oder sie gar lautstark zu proklamieren.

Die skandinavischen Quellen scheinen mir insofern zu
Recht in die Untersuchungen einbezogen worden zu sein, als
sie Material für weitergehende Überlegungen liefern können. In diesen Denkmalen treten verschiedene Aspekte der
Persönlichkeit zutage – die psychologische Einbindung dieser Persönlichkeit in eine Gemeinschaft, deren sittliche Forderungen sie bedingungslos erfüllt, sowie gleichzeitig ihr
Selbstwertbewußtsein in Wechselwirkung mit einer gewissen Isolierung. Der christliche Rigorismus, der die Persönlichkeit zwingt, sich dem Willen des Schöpfers zu beugen,
sich vor Ihm zu demütigen und das eigene Ich in Ihm aufgehen zu lassen, hatte die Innenwelt des Nordgermanen
noch nicht vollständig in seine Gewalt bekommen. Daher
lüften die Denkmale aus Nordeuropa den Vorhang ein wenig, der die Tiefenschichten des Persönlichkeitsbewußtseins
verbirgt, die zweifellos auch in Europa existiert haben, ehe

sie mit fortschreitender Christianisierung «in den Unter-
grund gedrängt wurden».

Der Prozeß des Zutagetretens der Persönlichkeit und der
Individualität verlief keineswegs gleichmäßig und stufenlos,
sondern in Sprüngen, auf Umwegen und mit retardierenden
Etappen. Zwischen der Persönlichkeit des Mittelalters und
der der Neuzeit besteht kein direkter evolutionärer Zusammenhang etwa im Sinne einer unmittelbaren Erbfolge, weil
es sich bei beiden Persönlichkeiten um qualitativ unterschiedliche Typen handelt. Der Mensch des Mittelalters ist
unser Vorläufer – und gleichzeitig ein Anderer, kein Fremder, aber eben ein Anderer, und muß daher in seiner unwiederholbaren Spezifik begriffen werden.

Anhang

Anmerkung

Erstes Kapitel

1 Colin Morris, The Discovery of the Individual. 1050–1200. London 1972

2 Das Lamentieren darüber, daß der Individualismus in der westlichen Gesellschaft von heute in einer Krise steckt oder sich gar überlebt hat, ist gegenwärtig weit verbreitet. Weder kann noch soll hier dazu Stellung genommen werden. Es sei nur angemerkt, daß außer diesen Wehklagen auch nüchternere Überlegungen zu hören sind mit dem Tenor, daß der Individualismus im Laufe der Geschichte stets Wandlungen unterworfen war und das auch heute noch ist, so daß es richtig wäre, nicht von seinem Verfall, sondern von einer Veränderung seiner Inhalte zu sprechen. Vgl.: Reconstructing Individualism. Autonomy, Individuality, and the Self in Western Thought. Ed. by T. C. Heller, M. Sosna, and D. E. Wellbery. Stanford 1986

3 Georg Misch, Geschichte der Autobiographie. Bd. I–IV, 2. Aufl. Frankfurt am Main 1949–1952

4 C. Morris, a. a. O., S. 158 f.

5 Caroline Walker Bynum, Did the Twelfth Century Discover the Individual?; The J. of Ecclesiastical History, XXXI, 1980, S. 1–17 (= C. W. Bynum, Jesus as Mother: Studies in the Spirituality of the High Middle Ages. Berkeley, Los Angeles 1982, S. 82–109)

6 C. W. Bynum, Jesus as Mother, S. 95–97, 101

7 Ebenda, Teil II. Das Zitat stammt aus der Arbeit von Yves Congar, erschienen in den Etudes de civilisation médiévale. Poitiers 1973, S. 159

8 C. W. Bynum, a. a. O., S. 88–90, 140 f. Morris hat auf die Kritik mit einer Verteidigung seiner These von der «Entdeckung des Individuums» im 12. Jh. geantwortet: C. Morris, Individualism in Twelfth-Century Religion. Some Further Reflections; J. of Ecclesiastical History. Vol. 31, Nr. 2, 1980, S. 195–206

9 Jean-Claude Schmitt, La découverte de l'individu, une fiction historiographique?; La fabrique, la figure de la feinte. Fictions et Statut des Fictions en Psychologie. Sous la dir. de P. Mengal et F. Parot. Paris 1989, S. 213–236

10 Vgl. Marcel Mauss, Une catégorie de l'esprit humain, la notion de personne. Exposés . . . par I. Meyerson. Paris – La Haye 1973

11 Walter Ullmann (The Individual and Society in the Middle Ages. Baltimore 1966), dessen Untersuchung den Schwerpunkt auf die politisch-juristischen Aspekte des Problems der Beziehungen zwischen Individuum und Sozium im Mittelalter legt, betrachtet diese Frage aber auch unter dem Blickwinkel ihrer Entwicklung auf die Neuzeit hin. Die Menschlichkeit des Menschen rückt nach Ullmann allmählich in den Mittelpunkt der Betrachtungen, und das Individuum erlangt Priorität vor der Gesellschaft. Diese Akzentverschiebungen setzen seiner Meinung nach im 12., 13. Jh. ein. Vgl. Georg Vogt, Die Wiederbelebung des classischen Altertums oder Das erste Jahrhundert des Humanismus. Berlin 1859, S. 80 f.: «Petrarca ist der ‹Prophet der neuen Ära, der Vorfahr der heutigen Welt›.»

12 R. R. Bolgar (Hg.), Classical Influences on European Culture. 500–1500. Cambridge 1972, S. 188. Morris zitiert diese Worte wohlwollend: C. Morris, a. a. O., S. 7

13 M.-D. Chenu, L'éveil de la conscience dans la civilisation médiévale. Montréal–Paris 1969, S. 14–15; vgl. ders., La théologie au deuxième siècle. Paris 1957

14 M.-D. Chenu, L'éveil . . ., S. 31, 32

15 Vgl. Hans Bayer, Zur Soziologie des mittelalterlichen Individualisierungsprozesses. Ein Beitrag zu einer wirklichkeitsbezogenen Geistesgeschichte; A. für Kulturgeschichte, 58. Band, H. 1, 1976, S. 115–153

16 Personality and Social Systems, ed. by N. J. Smelser, W. T. Smelser. New York 1967

17 L'uomo medievale, a cura di J. Le Goff. Roma–Bari 1987 (dt. Ausgabe: der Mensch des Mittelalters. Hg. von Jacques le Goff. 2. korr. Aufl. Frankfurt, New York, Paris 1990)

18 G. B. Ladner, «Homo viator: Mediaeval Ideas on Alienation and Order», Speculum, 42, 1967, S. 235–259

19 E. Castelnuovo, L'artista; L'uomo medievale, S. 237–269

20 A. Vauchez, Il santo; ebenda, S. 353–390

21 L'uomo medievale, S. 29

22 L'uomo medievale, S. 34

23 Natürlich konnten hier nur einige Arbeiten erwähnt werden; speziellere Untersuchungen sind weiter unten in den einzelnen Abschnitten dieses Buches aufgeführt.

24 Über die Suche der italienischen Humanisten nach der eigenen Individualität vgl. die Arbeiten von M. L. Batkin, Ital'ânskie gumanisty: stil' žizni i stil' myšleniâ (Die italienischen Humani-

sten: Lebensstil und Denkstil; russ.). Moskva 1978; Ital'ânskoe Vozroždenie v poiskah individual'nosti (Die italienische Renaissance auf der Suche nach der Individualität; russ.). Moskva 1989; Leonardo da Vinči i osobennosti renessansnogo tvorčeskogo myšleniâ (Leonardo da Vinci und die Besonderheiten des schöpferischen Denkens der Renaissance; russ.). Moskva 1990

25 V. A. Škuratov, Ne pozabyt' vernut'sâ nazad (Vergeßt nicht, euch einmal umzublicken; russ.), Odissej. Čelovek i istoriâ 1990 (Odysseus. Mensch und Geschichte [eine Serie] 1990; russ.). Moskva 1990, S. 35

26 Anläßlich eines im Jahre 1988 abgehaltenen Seminars zur historischen Psychologie entbrannte eine Diskussion zum Thema «Individualität und Persönlichkeit in der Geschichte» (vgl. Odissej. Čelovek i istoriâ 1990. Odysseus. Mensch und Geschichte [eine Serie] 1990; russ., S. 6–89). Dabei äußerten Fachleute der verschiedensten Richtungen interessante Gedanken. Gleichzeitig war diese Diskussion aber auch ein Beispiel für das Stimmengewirr bei der Interpretation von Persönlichkeit und Individualität und für die logische Unausgegorenheit, mit der die Historiker diese Begriffe handhaben.

27 Peter Dronke, Abelard and Heloise in Medieval Testimonies. Glasgow 1976

28 Die wahrscheinlich einzige Ausnahme bildet die ‹Geschichte der Autobiographie› von Georg Misch, die der Persönlichkeit und dem Schaffen des isländischen Skalden Egill Skallagrímsson ein ganzes Kapitel widmet. Vgl. G. Misch, Geschichte der Autobiographie, 2. Bd., 1. Teil, 1. Hälfte (2. Auflage), S. 131–177

29 Alfons Dopsch, Beiträge zur Sozial- und Wirtschaftsgeschichte. Gesammelte Aufsätze, 2. Reihe. Wien 1938. Der Artikel von Dopsch, Wirtschaftsgeist und Individualismus im Frühmittelalter, erschien 1929 zum erstenmal.

30 G. Hatt, Prehistoric Fields in Jutland, Acta archaeologica, II, 1931; ders., Oldtidsagre, Det Kongelige Danske Videnskabernes Selskab, Arkaeologisk-kunsthistoriske skrifter. København, Bd. 2, Nr. 2, 1949; H. Jahnkuhn, Archäologie und Geschichte. Vorträge und Aufsätze. Berlin–New York, Bd. 1, 1976; W. Haarnagel, Die Grabung Feddersen Wierde. Methode, Hausbau, Siedlungs- und Wirtschaftsformen sowie Sozialstruktur. Wiesbaden 1979

31 A. Dopsch, a. a. O., S. 164 f.

Zweites Kapitel

32 C. M. Bowra, Heroic Poetry. London 1952, S. 71 f.

33 O. Höfler, Deutsche Heldensage. Zur germanisch-deutschen Heldensage, hg. von K. Hauck. Darmstadt 1965, S. 67–69, S. 73–75

34 Michail Steblin-Kamenskij, Valkyries and heroes, Arkiv för nordisk filologi, 97, 1982, S. 81–93

35 Im ‹Nibelungenlied›, das bereits von einem neuen Ethos durchdrungen ist, rächt sich Kriemhild an ihren Brüdern, den Mördern ihres Mannes Siegfried: Die Familie triumphiert über das Geschlecht.

36 A. Heusler, Kleine Schriften, Bd. 2. Berlin 1969, S. 221–222

37 Wie Klaus von See feststellt, ist die Gestalt aus den ‹Sprüchen des Hohen› ein Mensch, der in keinem Familien- oder Sippenverband und in keiner politischen Gemeinschaft verwurzelt ist; er ist ein auf sich allein gestelltes, isoliertes Individuum, das anderen, ihm mitunter feindlich gesinnten, Individuen gegenübersteht; er ist ein Mensch, der das Gefühl des Halts in einer mächtigen Verwandtschaft nicht kennt und deshalb gezwungen ist, in sich Eigenschaften zu entwickeln, die diese Defizite ausgleichen, z. B. einen kleinlichen und berechnenden Utilitarismus. Die in diesem Lied geschilderte Gestalt steht in deutlichem Gegensatz zu den Heldengestalten der Sagas, der Skaldendichtung und der Heldenlieder der ‹Edda›. Daraus zieht von See die – mich allerdings etwas überraschende – Schlußfolgerung, daß die ‹Sprüche des Hohen› im Kontext der Gelehrtentradition, im Zusammenhang mit den Schriften Senecas und mit den biblischen Texten betrachtet werden müssen. Vgl. K. von See, Edda, Saga, Skaldendichtung. Aufsätze zur skandinavischen Literatur des Mittelalters. Heidelberg 1981, S. 39 f.

38 Die Bosa-saga in zwei Fassungen, hg. von O. L. Jiriczek. Straßburg 1893, Cap. 2, S. 6–7

39 A. Heusler, a. a. O., S. 199

40 M. I. Steblin-Kamenskij, Spornoe v lingvistike (Strittiges in der Linguistik; russ.). Leningrad 1974, S. 61–74

41 Mikhail Steblin-Kamenskij, The Saga Mind. Odense 1973

42 Einar Ol. Sveinsson, Njáls saga: A Literary Masterpiece. Lincoln (Nebr.) 1971

43 C. J. Clover, Skaldic Sensibility, Arkiv för nordisk filologi, 93. Bd., 1978, S. 80

44 Vgl. P. Zumthor, Le jeu du poète. Langue, texte, énigme. Paris 1973, S. 181–196

45 Vgl. G. Kreutzer, Die Dichtungslehre der Skalden. Poetologi-
sche Terminologie und Autorenkommentare als Grundlagen
einer Gattungspoetik. 2. Aufl. Meisenheim am Glan 1977,
S. 172 f., S. 264 f.

46 Als Berserker wurden diejenigen Krieger bezeichnet, die sich
durch ungewöhnliche Körperkräfte und Kampfeswut auszeich-
neten. Im Kampf warfen sie die Kleider ab, sie heulten und
brüllten, und sie galten als unverwundbar. Die Berserker standen unter dem Schutz von Odin.

47 Auch in anderen Sagas über die Skalden wird normalerweise
ihr seltsames Äußeres erwähnt. Offensichtlich ist ihre äußerliche Unappetitlichkeit ein Merkmal ihrer Hervorgehobenheit
und der Gefahr, die sie darstellen können. Vgl. M. C. Ross, The
Art of Poetry and the Figure of the Poet in Egils Saaga, Parergon, Nr. 22, 1978

48 G. Misch, Geschichte der Autobiographie. 2. Bd., 1. Teil,
1. Hälfte. 2. Aufl. Frankfurt am Main 1969, S. 136

49 Ein Wortspiel: «ekkja» bedeutet im Altisl. sowohl «Ferse» als
auch «Witwe».

50 Andere Königssagas (nach anderen Quellen Königsgeschichten)
spielten in der Zeit, die vor dem Auftreten Sverres auf der politischen Bühne liegt. Die Handlung in der ‹Saga von Sverre› setzt im
Jahre 1177 ein, andere Sagas enden mit diesem Jahr. Snorri Sturluson kannte allem Anschein nach die ‹Saga von Sverre›, als er an seinem ‹Erdkreis› arbeitete, und orientierte sich an deren Inhalt.

51 S. S. Nilsson, Kva slag mann var kong Sverre?, Syn og segn,
1948, S. 445–457; ders., Kong Sverre og kong David; Edda,
1948, S. 73–86; J. Schreiner, Kong David i Sverres saga og
Kongespeilet; Historisk tidsskrift, 37. Bd. Oslo 1954, S. 22–24

52 K. Lunden, Norges historie, Bd. 3. Oslo 1976, S. 122

53 P. A. Munch, Det norske Folks Historie, Bd. III. Christiania
1857, S. 390–391; A. Bugge, Norges historie fremstillet for det
norske folk, Bd. II, 2. del. Kristiania 1916, S. 48, 204

54 Vor Beginn einer seiner entscheidenden Schlachten wandte sich
Sverre an seine Birkebeiner, um ihren Kampfgeist zu heben,
und sagte: «Es ist höchste Zeit, euch für die großen Mühen und
Gefahren, die ihr auf euch genommen habt, mehr zu versprechen, als ihr bisher bekommen habt . . . Jetzt stehen wir vor der
Aufgabe, etwas viel Größeres einzunehmen – die Stadt Nidaros
. . . Ich sage euch, was euer Lohn sein wird: Wer einen Lender-
mann niederstreckt und beweist, daß er es getan hat, wird selber einer, und jeder bekommt den Rang und Titel, den er sich
erkämpft . . .» (‹Sverrris saga›, 35)

Drittes Kapitel

55 G. Le Bras, La personne dans le droit classique de l'église, Problèmes de la personne. Exposés . . . par I. Meyerson. Paris – La Haye 1973, S. 193

56 Manfred Fuhrmann, Persona, römischer Rollenbegriff, Identität. Hg. von O. Marquard und K. Stierle. München 1979, S. 83–106

57 J.-P. Vernant, Aspects de la personne dans la religion grecque, Problèmes de la personne, S. 23 f.; ders., Mythe et pensée chez le Grecs. Etudes de psychologie historique. Paris 1971

58 P. L., t. 36, col. 268

59 P. Courcelle, Les ‹Confessions› de Saint Augustin dans la tradition littéraire. Antecédents et posterité. Paris 1963

60 Zum Text der Bekenntnisse vgl. Walter Berschin. ‹Ich, Patricius, . . . Die Autobiographie des Apostels der Iren›, Die Iren und Europa im frühen Mittelalter, hg. von H. Löwe, Teilband 1. Stuttgart 1982, S. 9–25

61 P. L., t. 64, col. 1343. Alanus von Lüttich zog eine andere Definition von «persona» vor, die aber ebenfalls auf Boethius zurückgeht: «Etiam apud illos qui tractant comoedias vel tragoedias persona dicitur histrio qui variis modis personando diversos status hominum repraesentat, et dicitur persona a personando» («Die Komödien- und Tragödienschreiber nennen ‹persona› denjenigen Schauspieler, der mit verschiedenen Stimmen Menschen in verschiedenen Situationen darstellt, weil das Wort ‹persona› von ‹personando› = ‹klingen, sprechen› abstammt»). P. L. t. 210, col. 899 A; vgl. Hans Rheinfelder, das Wort «Persona». Halle 1928, S. 19

62 Thomae Aquin, Summa Theol. I, qu. 29, art. 3

63 Historisches Wörterbuch der Philosophie, hg. von J. Rittert und K. Gründer, Bd. 7. Darmstadt 1989, s. v. Person, S. 276f.

64 Vgl. V. P. Losskij, Bogoslovskoe ponâtie ličnosti (Der theologische Begriff der Persönlichkeit; russ.), Bogoslovskie trudy (Theologische Arbeiten; russ.). Moskva 1970

65 Nikolaj Kuzanskij (Nikolaus von Cues, russ.), Sočineniâ (Werke; russ.). Moskva 1988, t. 2, S. 497, t. 1, S. 163

66 Vgl. H. Adolf. «On Mediaeval Laughter», Speculum, Vol. 22, Nr. 2, 1947, S. 251

67 S. Ullmann, Le vocabulaire, moule et norme de la pensée; Problèmes de la personne, S. 260–263

Viertes Kapitel

68 Philippe Ariès, L'Homme devant la Mort. Paris 1977, S. 13 f.
69 Arno Borst, Zwei mittelalterliche Sterbefälle, Merkur, 1980, Bd. 34, S. 1081–1098
70 D. d'Avray, Sermons on the Dead Before 1350. Studi medievali, 3e Serie, XXXI, 1, 1990, S. 207–223. Der Liebenswürdigkeit von Dr. d'Avray verdanke ich die Einsichtnahme in eins seiner Manuskripte zum gleichen Thema, wofür ich außerordentlich dankbar bin.
71 Philippe Ariès, a. a. O., S. 287
72 Beat Brenk, Tradition und Neuerung in der christlichen Kunst des ersten Jahrtausends: Studien zur Geschichte des Weltgerichtsbildes. Wien 1966

Fünftes Kapitel

73 M. M. Bahtin, Ėstetika slovesnogo tvorčestva (Ästhetik des literarischen Schaffens; russ.). Moskva 1979, S. 128–131
74 Zwar hat bereits in der zweiten Hälfte des 7. Jh. der Westgote Valerius eine Erzählung über sein Leben geschrieben (PL., 87, col. 439–447), doch wäre es vergebens, in diesem nach hagiographischen Vorbildern verfaßten Werk einen Ausdruck seiner Persönlichkeit oder Mitteilungen über seine Herkunft, Erziehung und Entwicklung entdecken zu wollen.
75 A. Murray, Reason and Society in the Middle Ages. Oxford 1985, S. 162 f.
76 Vgl. B. Stock, The Implifications of Literacy. Written Language and Models of Interpretation in the Eleventh and Twelfth Centuries. Princeton, N. J., 1983
77 Vgl. J. Leclercq, Modern Psychology and the Interpretation of Medieval Texts, Speculum, Vol. XLVIII, Nr. 3, 1973, S. 476–490; M. de Gandillac, Abélard (et Héloise), Individualisme et autobiographie en Occident. Bruxelles 1983, S. 85–89
78 Vgl. M. Carruthers, A Study of Memory in Medieval Culture. Cambridge 1990, S. 179–180, 182
79 PL., CLVI, col. 607–680
80 Vgl. K. Guth, Guibert von Nogent und die hochmittelalterliche Kritik an der Reliquienverehrung. Ottobeuren 1970; C. Morris, A Critique of Popular Religion: Guibert of Nogent on the Relics of the Saints, Popular Belief and Practice, ed. by G. J. Cuming and D. Baker, Cambridge 1972, S. 55–60

81 J. E. Benton, The Personality of Guibert of Nogent, Psychoanalytic Review, Vol. 57, Nr. 4, 1970–71, S. 563–586; J. B. Benton, Self and Society in Medieval France: The Memories of Abbot Guibert of Nogent. New York 1970

82 Guibert de Nogent, Autobiographie. Introduction, éd. et trad. par E.-R. Labande. Paris 1981

83 Forscher haben eine Parallele zwischen den ‹Bekenntnissen› von Guibert und Augustinus festgestellt: In ihrem Leben hat die Mutter eine herausragende Rolle gespielt, besonders bei ihren Bekehrungen zum wahren Glauben und zu einem gerechten Leben, obwohl die Charaktere Monikas und der Mutter von Guibert grundverschieden waren.

84 Vgl. J.-C. Schmitt, ‹Sognare nel XII secolo› und ‹L'autobiografia sognata› in seinem Buch ‹Religione, folklore e società nell'Occidente medievale›. Roma-Bari 1988; vgl. auch M. E. Wittmer-Butsch, Zur Bedeutung von Schlaf und Traum im Mittelalter. Krems 1990

85 Vgl. F. Amory, The Confessional Superstructure of Guibert of Nogent's Vita; Classica et mediaevalia, XXV, 1964

86 P. Brown, Society and the Supernatural: A Medieval Change; Daedalus, Spring 1975, S. 133–151; ders., Society and the Holy in Late Antiquity. London 1982, S. 305 f.

87 A. Borst, Findung und Spaltung der öffentlichen Persönlichkeit (6. bis 13. Jahrhundert). Identität. Hg. von O. Marquard und K. Stierle. Poetik und Hermeneutik, VIII. München 1970, S. 633 f.

88 F. Wade, Abelard and Individuality, Die Metaphysik im Mittelalter. Ihr Ursprung und ihre Bedeutung, hg. von P. Wilpert (Miscellanea mediaevalia, Bd. 2). Berlin 1963, S. 165–171

89 M.-D. Chenu, L'éveil de la conscience dans la civilisation médiévale, S. 15

90 G. P. Fedotov, Abelâr. (Abälard; russ.) Petrograd 1924, S. 9, 10

91 Petri Abaelardi opera, ed. V. Cousin, t. I. Paris 1849

92 Es wurde die Annahme geäußert, daß die ‹Geschichte meiner Mißgeschicke›, ähnlich wie der Briefwechsel zwischen Abälard und Heloise – an dessen Echtheit etliche Wissenschaftler besondere Zweifel hegen – eine Fälschung ist, die nach dem Tode Abälards, möglicherweise erst im Jahrhundert darauf, zusammengestellt worden ist, denn einige frühe Handschriften stammen aus dem 13. Jh. Der Streit um die Echtheit oder Unechtheit dieser Werke flammt immer wieder einmal auf. Wir gehen von der Hyptohese aus, daß die ‹Geschichte meiner Mißgeschicke› tatsächlich von Abälard stammt, wobei

nicht auszuschließen ist, daß ihr Text späteren Redigierungen ausgesetzt war.

93 «Wir sind hier Krieger, die mit ihrer Kraft und Stärke die Himmel zu erobern trachten. Und ist das irdische Leben des Menschen denn nicht dem Leben eines Kriegers ähnlich?», fragt Bernhard von Clairvaux, um sofort hinzuzusetzen: «Doch solange wir diese Kämpfe in unserer körperlichen Hülle führen, bleiben wir dem Herrn fern . . .». G. Duby, Saint Bernard. L'art cistercien. Paris 1979, S. 80

94 R. W. Southern, Medieval Humanism and Other Studies. Oxford 1970, S. 91–93; J. Verger, Abélard et les milieux sociaux de son temps; Abélard et son temps. Actes du Colloque international. Paris 1981, S. 107–131; R. Hanning vermutet insbesondere, daß eines der literarischen Vorbilder für Abälard die Vita des hl. Hieronymus war, die der hl. Athanasius verfaßt hat. Abälard bezieht sich auf ihn in seinem Bericht über einen der tragischsten Momente seines Lebens – die Verurteilung auf dem Konzil, als man ihn zwang, das Credo herzubeten: R. W. Hanning, The Individual in Twelfth-Century Romance. New Haven – London 1977, S. 24 f., 27

95 Vgl. R. W. Southern, a. a. O., S. 93–94

96 M. T. Clanchy Abelard's Mockery of St. Anselm; J. of Ecclesiastical History, Vol. 41 Nr. 1, 1990, S. 1–23

97 Abbot Suger, On the Abbey Church of St.-Denis and Its Art Treasures, ed. by E. Panofsky. Princeton, N. J., 1944, S. 17

98 G. P. Fedotov, a. a. O., S. 83–85

99 Abälard schrieb gegen Ende seines Lebens für seinen Sohn ein umfangreiches Poem sittlichkeitsfördernden Charakters aus gängigen Aphorismen und Alltagsweisheiten sowie daraus abgeleiteten Sentenzen gleicher Zielrichtung. Diese moralischen Maximen sind äußerst allgemein gehalten und überhaupt nicht auf die Persönlichkeit des Sohnes und ihre Besonderheiten zugeschnitten, die ein liebender Vater eigentlich kennen müßte. Neben dem Lob von Freundschaft, Gastlichkeit, Großzügigkeit, Gottesfurcht und Bibellesen sowie der Warnung vor weltlichen Verlockungen, vor Stolz und Hochmut und vor dem Verlust des guten Rufes läßt Abälard in diesem Poem seiner Geringschätzung für das weibliche Geschlecht freien Lauf, so daß er sich in dieser Hinsicht überhaupt nicht von anderen Mönchen des Mittelalters unterscheidet. Wie G. Misch anmerkt, hat das seltene Glück, eine solche Frau wie Heloise zu besitzen, Abälard nicht von seinem getrübten Blick auf die Frauen zu befreien vermocht (G. Misch, a. a. O., S. 698). Nicht genug da-

mit, begeht er die Geschmacklosigkeit, hier, in einer an den Sohn gerichteten Belehrung, intime Äußerungen Heloises wiederzugeben . . .

100 Ich gehe hier nicht auf den Briefwechsel zwischen Heloise und Abälard ein, und zwar nicht nur deshalb, weil der schon lange wogende Streit der Fachleute um die Frage seiner Echtheit wohl kaum endgültig zu entscheiden sein wird, sondern auch deshalb, weil ihre Briefe meinem Eindruck nach kein neues Licht auf den Charakter Abälards zu werfen vermöchten. Während die Briefe Heloises – sie ging nach der Katastrophe Abälards, die ja auch für eine für die beiden Liebenden war, in ein Kloster und wurde sogar dessen Äbtissin – durch die Stärke ihrer Liebe und die grenzenlsoe Hingabe an Abälard erschüttern, ist er in seinen Antworten um Distanz bemüht; er bleibt kühl liebenswürdig und macht es Heloise damit schließlich unmöglich, weiterhin ihre Gefühle zu offenbaren. Ganz im Gegensatz dazu enthüllen die Briefe Heloises ihre Individualität ganz unverstellt. Vgl. L. M. Batkin, Pis'ma Ėloizy k Abelâru. Ličnoe čuvstvo i ego kul'turnoe oposredovanie (Die Briefe Heloises an Abälard. Das persönliche Gefühl und seine durch die Kultur gebrochene Wiedergabe; russ.), Čelovek i kul'tura. Individual'nost' v istorii kul'tury (Mensch und Kultur. Die Individualität in der Kulturgeschichte; russ.). Moskva 1990

101 M. M. McLaughlin, Abelard as Autobiographer: The Motives and Meaning of his ‹Story of Calamities›; Speculum, Vol. XLII, Nr. 3, 1967, S. 463–488

102 L. M. Batkin, a. a. O., S. 151

103 G. Misch, Geschichte der Autobiographie, III. Band, 2. Teil, 1. Hälfte, S. 529; vgl. auch P. Dronke, Abelard and Heloise in Medieval Testimonies. Glasgow 1976, S. 51

104 Vgl. J. Le Goff, Quelle conscience l'Université médiévale a-t-elle eue d'elle-même?; Pour un autre Moyen Age. Temps, travail et culture en Occident: 18 essais. Paris 1977, S. 182–186

105 G. Misch, Geschichte der Autobiographie, II. Bd., 1. T., 1. Hälfte, S. 21–23; III. Bd., 2. T., 1. Hälfte, S. 365

106 E. Panofsky, a. a. O., S. 29f.

107 J. Leclercq, Modern Psychology and the Interpretation of Medieval Texts; Speculum, Vol. XLVIII, Nr. 3, 1973

108 PL, t. 146, col. 29–58

109 P. Lehmann, Autobiographies of the Middle Ages; Transactions of the Royal Historical Society, 5th Series, Vol. 3, 1953, S. 46

110 Alle angeführten Beispiele sind nachzulesen in E. Castelnuovo, L'artista; L'uomo medievale, S. 244–253 (E. Castelnuovo, Der Künstler; Der Mensch des Mittelalters, hg. von
Jacques Le Goff. Frankfurt/New York – Paris ²1990, S. 232f.,
vgl. Anm. 17)

111 E. R. Curtius, Europäische Literatur und lateinisches Mittelalter, 8. Aufl. Bern und München 1979, S. 503–505

112 Vgl. G. Misch, a. a. O., III. Bd., 1. Hälfte, S. 92

113 Rudolf Teuffel, Individuelle Persönlichkeitsschilderung in den
deutschen Geschichtswerken des 10. und 11. Jahrhunderts.
Leipzig–Berlin 1914

114 Etienne Gilson, Héloise et Abélard. Paris 1948

Sechstes Kapitel

115 Auf diese Predigt bin ich bereits in anderen meiner Arbeiten
eingegangen, vgl. A. Ja. Gurevic, Il mercante, L'uomo medievale, S. 288–290 (s. Anm. 17); A. Â. Gurevič, Srednevekovyj
mir (Die Welt des Mittelalters; russ.), S. 198–211; A. Gurevich, The ‹Sociology› and ‹Anthropology› of Berthold von
Regensburg; J. of Historical Sociology, Vol. 4, Nr. 2, 1991,
S. 112–120

116 Willibald Sauerländer, Die Naumburger Stifterfiguren: · Rückblick und Fragen; Die Zeit der Staufer: Geschichte, Kunst,
Kultur, Bd. 5. Stuttgart 1979, S. 169–245

117 Berthold von Regensburg. Vollständige Ausgabe seiner Predigten, hg. von Fr. Pfeiffer, Bd. 1–2. Wien 1862–1880, Nr. 30

118 Berthold von Regensburg, a. a. O., Nr. 10

119 Berthold von Regensburg, a. a. O., Nr. 2

120 Vgl. D. Richter, Die deutsche Überlieferung der Predigten
Bertholds von Regensburg. Untersuchungen zur geistlichen
Literatur des Spätmittelalters. München 1969

121 H. Stahleder, Arbeit in der mittelalterlichen Gesellschaft.
(Miscellanea bavarica monacensia, H. 42), München 1972;
I. von der Lühe, W. Rücke (Anm. 127 Röcke), Ständekriti-
sche Predigt des Spätmittelalters am Beispiel Bertholds von
Regensburg; Literatur im Feudalismus (Literaturwissenschaft und Sozialwissenschaften, 5). Stuttgart 1975, S. 41–
82

122 John F. Benton, «Consciousness of Self and Perceptions of
Individuality», Renaissance and Renewal in the Twelfth Century, ed. by R. Benson and G. Constable. Cambridge, Mass.,

1982, S. 284. Benson steht mit seiner Ansicht nicht alleine, sie ist allgemein.

123 G. Duby, Les trois ordres ou l'imaginaire du féodalisme. Paris 1978

124 Wenn man will, kann man in diesen Worten eine Anspielung auf das bereits erwähnte Poem ‹Meier Helmbrecht› von Wernher dem Gartenaere erblicken. In dieser Dichtung bricht der junge Helmbrecht, der das schwere Leben eines Bauern satt hat, aus seinem Stand aus, um in den Adel aufzusteigen. Er schließt sich einer Räuberbande an, die ihn in seinem Glauben läßt, er sei nun ein Edelmann geworden. Er lernt sogar ihre Sprache, den ihm fremden Jargon der untersten Volksschichten. Dieser Versuch, seinem Stand den Rücken zu kehren, endet mit dem tragischen Untergang des Aussteigers. Dem jungen Helmbrecht steht sein Vater Helmbrecht der Ältere gegenüber, den seine Erfahrungen weise und abgeklärt gemacht haben und der stolz darauf ist, zum Stand der Landleute zu gehören, die für das tägliche Brot sorgen. Er verstößt seinen Sproß – womit das Gleichnis vom verlorenen Sohn auf den Kopf gestellt wird. Vgl. J. Le Goff, L'imaginaire médiéval. Essais. Paris 1985; A. Â. Gurevič, Srednevekovyj mir: kul'tura bezmolvstvuûŝego bol'šinstva (Die Welt des Mittelalters: Die Kultur der schweigenden Mehrheit; russ.), Moskva 1990, S. 264–277

125 Berthold von Regensburg, a. a. O., Nr. 19

126 H. Stahleder, a. a. O., S. 118f., S. 186

127 K. Bosl, Die Grundlagen der modernen Gesellschaft im Mittelalter. Eine deutsche Gesellschaftsgeschichte des Mittelalters, Bd. 2. Stuttgart 1972, S. 212f., S. 354f.; I. von der Lühe, W. Röcke (Anm. 121 Rücke), a. a. O., S. 65

128 Peter Brown, The Body and Society. Men, Women and Sexual Renunciation in Early Christianity. New York 1988

129 Berthold von Regensburg, a. a. O., Nr. 23

130 Berthold von Regensburg, a. a. O., Nr. 25

Siebtes Kapitel

131 Wie mir scheint, hat Maria Ossowska in ihrer inhaltsreichen Untersuchung ‹Etos rycerski i jego odmiany› (‹Das Ritterethos – seine Varianten und Variationen›; poln.), Warszawa 1973, die Grenze zwischen imaginärer und realer Welt des mittelalterlichen Rittertums unzulässig frei überschritten.

132 Über dieses Auseinanderklaffen gegen Ende des Mittelalters vgl. J. Hojzinga (J. Huizinga), Osen' Srednevekov'â (Herbst des Mittelalters; russ.). Moskva 1988, Kap. IV–VII

133 J. Bumke, Höfische Kultur. Literatur und Gesellschaft im hohen Mittelalter. Bd. 1. München 1987, S. 26–29

134 P. Zumthor, Lange, texte, énigme. Paris 1973

135 Vgl. A. Â. Gurevič, Kategorii srednevekovoj kul'tury (Kategorien der Kultur des Mittelalters; russ.), 2. Aufl. Moskva 1984, S. 148 f.

136 R. W. Hanning, The Individual in Twelfth-Century Romance. New Haven and London 1977, Kap. 4

137 Vgl. M. Zink, Le subjectivité littéraire. Autour du siècle de saint Louis. Paris 1985

138 Vgl. G. Ladner, ‹Homo viator›. Mediaeval Ideas on Alienation and Order; Speculum, Vol. XLII, Nr. 2, 1967

139 R. W. Hanning, a. a. O., S. 234–242

140 E. M. Meletinskij, Srednevekovyj roman. Proishoždenie i klassičeskie formy (Der mittelalterliche Roman. Herkunft und klassische Formen; russ.). Moskva 1983, S. 3, 270

141 A Good Short Debate between Winner and Waster. An Alliterative Poem on Social and Economic Problems in England in the Year 1352, ed. by I. Gollancz. Oxford 1930

142 Ebenda, 11. 253–256, 297–299

143 Jacques le Goff, La bourse et la vie. Economie et religion au Moyen Age. Paris 1986; A. Â. Gurevič, Kul'tura i obŝestvo srednevekovoj Evropy glazami sovremennikov (Exempla XIII veka) (Kultur und Gesellschaft im Europa des Mittelalters mit den Augen von Zeitgenossen / Die Exempel des 13. Jh.; russ.). Moskva 1989, S. 197 f.

144 A. Â. Gurevič, Srednevekovyj mir: kul'tura bezmolvstvuûŝego bol'šinstva (Die Welt des Mittelalters: Die Kultur der schweigenden Mehrheit; russ.). Moskva 1990, S. 222–224. Dat(h)an und Abiram, die Empörer gegen Moses, wurden von einem sich unter ihren Füßen öffnenden Erdspalt verschlungen (‹Liber numerorum› = 4. Moses, 16:1–136)

145 Georges Espinas, Les origines du capitalisme. T. 1 Sire Jehan Boinebroke, patricien et drapier douaisien (?–1286 environ). Lille 1933

146 Alexander Murray, Reason and Society in the Middle Ages. Oxford 1985, S. 100

147 A. Gourevitch, Le marchand, L'Homme médiéval, S. 302 (vgl. Anm. 17)

148 Zitiert in: Mariâ Ossovskaâ, Ryca'r i buržua. Issledovaniâ po

istorii morali (Ritter und Bürger. Forschungen zur Moralge-
schichte; russ.). Moskva 1987, S. 392

Achtes Kapitel

149 John F. Benton, Consciousness of Self and Perceptions of Individuality, S. 268 f.
150 H. Beumann, Topos und Gedankengefüge bei Einhard, Archiv für Kulturgeschichte, 33. Bd., 3. H., 1951
151 L. Zoepf, Das Heiligen-Leben im 10. Jahrhundert. Leipzig
und Berlin 1908
152 L. P. Karsavin, Osnovy srednevekovoj religioznosti v XII–
XIII vekah, preimuŝestvenno v Italii (Grundlagen der mittelalterlichen Religiosität unter besonderer Berücksichtigung
von Italien; russ.). Petrograd 1915; P. M. Bicilli, Salimbene
(Očerki ital'ânskoy žizni XIII veka) (Salimbene / Skizzen aus
dem italienischen Leben des 13. Jh.; russ.). Odessa 1916
153 L. P. Karsavin, a. a. O., S. 14
154 Ebenda, S. 8, 9, 15
155 P. M. Bicilli, a. a. O., S. 296. Dieser Autor schreibt von dem
Pessimismus, der die italienische Gesellschaft um die Wende
von 13. zum 14. Jh. erfaßt hatte; J. Delumeau untersucht das
Gefühl der Angst und der Sündenschuld: J. Delumeau, La
Peur en Occident (XIVᵉ–XVIIIᵉ siècles). Une cité assiegée. Paris 1978; ders., La péché et la peur. La culpabilisation en Occident (XIIIᵉ–XVIIIᵉ siècles). Paris 1983; A. F. Lossew befaßt
sich mit der «Kehrseite» des Titanentums der Renaissance:
A. F. Losev, Èstetika Vozroždeniâ (Die Ästhetik der Renaissance; russ.). Moskva 1978
156 P. M. Bicilli, a. a. O., S. 86
157 Ebenda. Bizilli stützt sich dabei auf die Arbeit von J. Bédier,
Les légendes épiques. Paris 1914
158 P. M. Bicilli, a. a. O., S. 131, 137
159 J. Bédier, Les légendes épiques. Paris 1914. T. 1, S. 57
160 P. M. Bicilli, a. a. O., S. 143
161 W. von den Steinen, Der Kosmos des Mittelalters. Von Karl
dem Großen zu Bernhard von Clairvaux. Bern–München
1959. S. 372, Nr. 104
162 Vgl. G. Duby, Saint Bernard, l'art cistercien, S. 78
163 P. M. Bicilli, a. a. O., S. 146
164 C. Morris, a. a. O., Ch. 4
165 P. M. Bicilli, a. a. O., S. 145

166 Salimbene moniert, daß die Gottesdienste in den Kirchen zu lange dauern; man wird es leid, so lange zu stehen, zumal im Sommer, wenn die Flöhe beißen. Ebenda, S. 184

167 Chronica fr. Salimbene de Adam, ed. Holder-Egger, Monumenta Germaniae Historica, XXXII, S. 643

168 Zit. aus Pseudo-Bernhard, Meditationes . . . P. L., t. 1//4, col. 494–495, in dem Buch: Etienne Gilson, L'esprit de la philosophie médiévale. Paris 1969, S. 223

169 Zit. bei Bicilli, a. a. O., S. 111

170 Ebenda, S. 114

171 S. Gregorii ep. Turonensis «De miraculis s. Martini», P. L., t. 71, col. 911–912

172 V. S. Vibler, Obraz Prosteca i ideâ ličnosti v kul'ture srednih vekov (Die Gestalt des einfältigen Laien und die Persönlichkeitsidee in der Kultur des Mittelalters; russ.). In: Čelovek i kul'tura. Individual'nost' v istorii kul'tury (Mensch und Kultur. Die Individualität in der Kulturgeschichte; russ.). Moskva 1990, S. 104

173 Ebenda, S. 102

174 Vgl. J.-C. Schmitt, Les ‹superstitions›; Histoire de la France religieuse, t. 1. De Dieux de la Gaule à la papauté d'Avignon (des origines au XIV siècle), ed. J. Le Goff. Paris 1988, S. 417–551

175 V. S. Vibler, a. a. O., S. 104–105

176 V. S. Vibler, a. a. O., S. 102

Neuntes Kapitel

177 Ernst Kris, Psychoanalytic Explorations in Art. New York 1952, S. 118–127

178 Richard Salomon, Opicinus de Canistris, Weltbild und Bekenntnisse eines avignonesischen Klerikers des 14. Jahrhunderts; Studies of the Warburg Institute, Vol. IA. London 1936, S. 214

179 Richard Salomon, A Newly Discovered Manuscript of Opicinus de Canistris; Journal of the Warburg & Courtauld Institutes, Vol. 16, 1953, S. 45

180 Adelheid Heimann, Die Zeichnungen des Opicinus de Canistris; in: R. Salomon, Opicinus de Canistris, Anhang I, S. 295–321

181 Vgl. Karl Burdach, Vom Mittelalter zur Reformation, II, 1. Berlin 1913–28, S. 97

182 R. Salomon, Opicinus de Canistris, S. 68
183 Ebenda, S. 41
184 Ebenda, S. 49, 275
185 Vgl. Hans Liebeschütz, Das allegorische Weltbild der heiligen Hildegard von Bingen. Leipzig, Berlin 1930, Tafel III, Tafel V
186 Bertha Widmer, Heilsordnung und Zeitgeschehen in der Mystik Hildegards von Bingen. Basel und Stuttgart 1955, S. 4–5
187 Ernst Cassirer, Individuum und Kosmos in der Philosophie der Renaissance. Leipzig 1927
188 Jean Delumeau, La Peur en Occident (XIVe–XVIIIe siècle). Une cité assiégée. Paris 1978; ders., Le péché et la peur. La culpubilisation en Occident (XIIIe–XVIIIe siècles). Paris 1983
189 E. Kris, a. a. O., S. 126–127
190 R. Salomon, A Newly Discovered Manuscript . . ., S. 49
191 Ebenda, S. 51
192 Gerhart B. Ladner, Homo Viator, S. 233–259
193 R. Salomon, A Newly Discovered Manuscript . . ., S. 57, Pl. 15

Zehntes Kapitel

194 I. N. Golenišev-Kutuzov, ‹Žizn' Dante›. Dante Alig'eri, Malye proizvedeniâ (‹Dantes Leben›; Dante Alighieri, Kleine Werke; russ.). Moskva 1968, S. 424
195 Vgl. V. Branca, «La ‹Vita Nouva›»; Cultura e scuola, Nr. 13–14, 1965; ders., Poetica del rinovamento e tradizione agiografica nella ‹Vita nuova›; Studii in onore di Italo Siciliano. Firenze 1966
196 Vgl. I. N. Golenišev-Kutuzov, Tvorčestvo Dante i mirovaâ kul'tura (Dantes Schaffen und die Weltkultur; russ.). Moskva 1971, S. 183
197 Thomas Aquinas, Summa Theologica, 2a, 2ae, Q. CIX, Art. I: Das öffentliche Gespräch über sich selbst ist nur dann zulässig, wenn es gilt, übelwollende Verleumdungen zurückzuweisen (Beispiel – Hiob), oder wenn der Autor beabsichtigt, seine Hörer zur höheren Wahrheit zu führen.
198 Im ‹Festgelage› (I, 2) ist eine eingehende Erörterung des Themas enthalten, warum es sich nicht gehört, über die eigene Person zu sprechen. Wer sich selbst rügt, gesteht damit ein, daß er sich seiner Unzulänglichkeiten bewußt ist, und gibt folglich sich als Dummkopf zu erkennen. Damit aber soll man sich zurückhalten. Nur «im stillen Kämmerlein seiner Gedanken solle (er) sich Vorwürfe machen und seine Mängel

beweinen, keinesfalls aber vor allen Leuten». «Eigenlob ist
wie jedes Übel zu meiden; man kann sich nämlich nicht selbst
loben, ohne sich dabei noch mehr zu tadeln . . . Daher zeigt,
wer sich selbst lobt, daß er seinem guten Ruf nicht traut, und
das geschieht nicht ohne böswillige Heuchelei, die der Mensch
an den Tag legt, der sich selbst tadelt, indem er sich lobt». «Es
gibt keinen Menschen, der sich selbst wahrheitsgetreu und gerecht beurteilen könnte, dazu sind wir in unserer Eigenliebe zu
eitel . . . Wenn sich also jemand lobt oder tadelt, dann lügt er
entweder mit dem, was er sagt, oder stellt seinem Urteilsver-
mögen ein schlechtes Zeugnis aus – das eine wie das andere ist
lügnerisch». Über sich zu sprechen, hält Dante dann für gerechtfertigt, wenn ein Mensch Gefahr oder Schande ausweichen muß, wie das bei Boethius der Fall war, oder «wenn das
Gespräch über mich als Belehrung größten Nutzen für andere
mit sich bringt» (‹Bekenntnisse› des Augustinus). Dante, Malye proizvedeniâ (Kleine Werke; russ.), S. 114–115. Vgl. ‹Vita
nuova› XXVIII, ebendort S. 40

199 Vgl. M. M. Bahtin, a. a. O., S. 131
200 Nicholas Mann, Petrarch. Oxford 1987, S. 94
201 ders., a. a. O., S. 91: «If this letter is a fiction, it is a fiction
quite as significant as any experience which may lie behind it».

Elftes Kapitel

202 Henry James, The Private Life. In: Henry James, The Figure
in the Carpet and Other Stories. London 1988, //.189–231
203 Ders., S. 212; «One goes out, the other stays at home. One's
the genius, the other's the bourgeois, and it's only the bourgeois whom we personally know». Wie James selbst äußerte,
vermutet er das Vorliegen dieses Kontrastes zwischen einem
Künstler allein mit sich selbst und einem Künstler in den Augenblicken des Schaffens bei seinem berühmten Zeitgenossen,
dem Dichter Robert Browning (1812–1889), a. a. O., S. 53
204 A. a. O., S. 52: «They had nothing to do, the so dissimilar
twins, with each other . . .»
205 Natalie Zemon Davis, The Return of Martin Guerre. Cambridge 1985
206 Dies., Boundaries and the Sense of Self in Sixteenth-Century
France; Reconstructing Individualism. Autonomy, Individuality, and the Self in Western Thought, ed. by T. C. Heller,
M. Sosna, and D. E. Wellbery. Stanford 1986, S. 54

207 Žak Le Goff. S nebes na zemlû (Peremeny v sisteme cennost-
    nyh orientacij na hristianskom Zapade XII–XIII vv.), (Vom
    Himmel auf die Erde / Veränderungen im System der Werte-
    orientierungen im christlichen Westeuropa des 12.–13. Jh.;
    russ.). Odissej. Čelovek v istorii (Odysseus. Der Mensch in
    der Geschichte; russ.). Moskva 1991, S. 25–47

Literatur

Abbot Suger – On the Abbey Church of St.-Denis and Its Art Treasures, ed. by E. Panofsky. Princeton, N. J., 1944

Abélard et son temps. Actes du Colloque international. Paris 1981

Amory, F. – The Confessional Superstructure of Guibert of Nogent's Vita, Classica et mediaevalia, XXV, 1964

Ariès, Ph. – L'Homme devant la Mort. Paris 1977

d'Avray, D. – Sermons on the Dead Before 1350, Studi medievali, 3e Serie, XXXI, 1, 1960

Batkin, L. – Gli Umanisti italiani. Stile di vita e di pensiero. Roma–Bari 1990

Bayer, H. – Zur Soziologie des mittelalterlichen Sozialisierungsprozesses. Ein Beitrag zu einer wirklichkeitsbezogenen Geistesgeschichte, Archiv für Kulturgeschichte, 58. Bd., H. 1, 1976

Benton, J. E. – Self and Society in Medieval France: The Memoirs of Abbot Guibert de Nogent. New York 1970

– The Personality of Guibert of Nogent; Psychoanalytic Review, Vol. 57, Nr. 4, 1970–71

– Consciousness of Self and Perceptions of Individuality; Renaissance and Renewal in the Twelfth Century, ed. by R. Benson and G. Constable. Cambridge, Mass., 1982

Bynum, C. W. – Jesus as Mother: Studies in the Spirituality of the High Middle Ages. Berkeley–Los Angeles 1982

Carruthers, M. – A Study of Memory in Medieval Culture. Cambridge 1990

Chenu, M.-D. – L'éveil de la conscience dans la civilisation médiévale. Montréal–Paris 1969

Courcelle, P. – Confessions de Saint Augustin dans la tradition littéraire. Antecédent et posterité. Paris 1963

Delumeau, J. – La Peur en Occident (XIVᵉ–XVIIIᵉ siècles). Une cité assiegée. Paris 1978

– La culpabilisation en Occident (XIIIᵉ–XVIIIᵉ siècles). Paris 1983

Grönbech, W. – Kultur und Religion der Germanen, Bd. 1–2. Darmstadt 1961

Gurevich, A. The «Sociology» and «Anthropology» of Berthold von Regensburg, Journal of Historical Sociology, Vol. 4, Nr. 2, 1991

Hanning, R. W. – The Individual in Twelfth-Century Romance. New Haven–London 1977

Identität, hg. von O. Marquard und K. Stierle. München 1979

Ladner, G. – Homo Viator: Medieval Ideas on Alienation and order; Speculum, Vol. 42, 1967

Leclercq, J. – Modern Psychology and the Interpretation of Medieval Texts: Speculum, Vol. XLVIII, Nr. 3, 1973

Le Goff, J. – Pour un autre Moyen Age. Temps, travail et culture en Occident: 18 essais. Paris 1977

– L'imaginaire médiéval. Essais. Paris 1985

– La bourse et la vie. Economie et religion au Moyen Age. Paris 1986

Lehmann, P. – Autobiographies of the Middle Ages; Transactions of the Royal Historical Society, 5th Series, Vol. 3, 1953

Mann, N. – Petrarch. Oxford 1987

Mauss, M. – Sociologie et anthropologie. Paris 1968

McLaughlin, M. M. – Abélard as Autobiographer: The Motives and Meaning of his ‹Story of Calamities›; Speculum, Vol. XLII, Nr. 3, 1967

Misch, G. – Geschichte der Autobiographie, Bd. I–IV, 2. Aufl., Frankfurt am Main 1949–52

Morris, C. – The Discovery of the Individual, 1050–1200. London 1972

Murray, A. – Reason and Society in the Middle Ages. Oxford 1985

Nilsson, S. S. – Kva slag mann var kong Sverre? Syn og segn. 1948

«Kong Sverre og kong David», Edda, 1948

Ossowska, M. – Etos rycerski i jego odmiany (Das Ritterethos – seine Variationen und Varianten; poln.). Warszawa 1973

Problèmes de la personne, Exposés par I. Meyerson. Paris–La Haye 1973

Rheinfelder, H. – Das Wort «Persona». Halle 1928

Ross, M. B. – The Art of Poetry and the Figure of the Poet in Egils Saga, Parergon, Nr. 22, 1978

Salomon, R. – Opicinus de Canistris. Weltbild und Bekenntnisse eines avignonesischen Klerikers des 14. Jahrhunderts, Studies of the Warburg Institute, Vol. IA. London 1936

– A Newly Discovered Manuscript of Opicinus de Canistris, Journal of the Warburg & Courtauld Institutes, Vol. 16, 1953

Schmitt, J.-Cl. – La découverte de l'individu, une fiction historiographique?. La fabrique, la figure et la feinte. Ficitions et Statut des Fictions en Psychologie, sous la dir. de P. Mengal et F. Parot. Paris 1989

Steblin-Kamenskij, M. – The Saga Mind. Odense 1973

– Valkyries and heroes; Arkiv för nordisk filologi, 97. bd., 1982

Ullmann, W. – The Individual and Society in the Middle Ages. Baltimore 1966

L'uomo medievale, a cura di J. Le Goff. Roma–Bari 1987

Zink, M. – La subjectivité littéraire. Autour du siècle de Saint Louis. Paris 1985

Zumthor, P. – Langue, texte, énigme. Paris 1973

Personenregister

Das Register wurde erstellt
von Erhard Glier

Abälard, Peter (1079–1142),
frz. Gelehrter, kühnster theo-
log. Denker seiner Zeit 17,
18, 21, 27, 122, 144, 145, 158,
160–186, 188, 194, 224, 246,
250, 252, 276, 280, 281, 290,
295, 303, 304

Abiram, Gestalt aus 4. Moses
236

Adalbero von Laon (12. Jh.),
frz. Kleriker, Bischof von
Laon 205

Ailred von Rievaulx (um 1109–
1167), frz. Priester engl. Herkunft, Abt von Rievaulx 18

Alanus von Lille (ab insulis),
(um 1128–1203), frz. Gelehrter, Doctor universalis 126

Alberti, Leon Battista (1404–
1472), it. Universalkünstler 239

Albertus Magnus (1193–1280),
hl., bed. dt. Kirchenlehrer
199

Angantyr, Gestalt aus dem
‹Lied von Hyndla› 72

Anonymus Ticinensis = Opicinus de Canistris 261

Anselm von Canterbury (1033–
1109), hl., engl. Priester frz.
Herkunft, bedeutendster
Denker zw. Augustinus und
Thomas von Aquin 187

Anselm von Laon (um 1050–
1117), hl., Direktor der Dom-
schule von Laon, ein Lehrer
Abälards und Wilhelms von
Champeaux 152, 170, 171

Antonius von Padua (1195–
1231), hl., it. Franziskaner
und Gelehrter port. Her-
kunft, berühmter Prediger,
«Apostel der Armen» 246

Ariès, Philippe (Autor, s. Apparat) 129, 130, 134–137

Arinbjörn (10. Jh.), Freund des
Skalden Egill Skallagrímsson 88, 93

Arnaud du Tilh (16. Jh.), Gestalt aus ‹Martin Guerre›, der
«Falsche Martin» 300–304

Arnold von Brescia (1100–
1156), it. Priester, Schüler
Abälards und eifriger
Kirchenreformanhänger 178

Arnulf von Metz (um 580–
655), hl., Bischof von Metz,
bed. frk. Staatsmann, Vorfahr der Karolinger 153

Artus, König des Sagenkreises
der kelt. Briten 227

Astrolabium, Sohn von Heloise
und Abälard 177

Athanasius (um 296–373), hl.,
Bischof von Alexandrien,
Biograph des hl. Antonius
167, 295

Athelstan (895–940), erster ge-
samtengl. König 90, 97

Gregor von Tours (um 538–595), gall.-röm. Geschichtsschreiber, Bischof von Tours 30, 192, 256, 258

Grettir, begabtester isl. Skalde, Gestalt der ‹Saga von Grettir Ásmundarson› 65, 67

Grípir, Gestalt aus der ‹Weissagung des Grípir›, Sigurds Onkel 34, 35, 39, 41

Guðmundr, eine der 600 Gestalten aus der ‹Njáll-Saga› 77

Guðrún
1. Gestalt aus den ‹Gudrun-Liedern› der ‹Edda›, Sigurds Ehefrau 38, 41
2. Guðrún Ósvífrsdóttir, Gestalt aus der ‹Saga von den Leuten des Laxárdal› (‹Laxdœla saga›), Ehefrau von Bolli und in Kjartan verliebt 66, 67, 75

Guerre, Martin (Mitte 16. Jh.), frz. Bauer, Hauptgestalt der gleichnamigen Geschichte, Ehemann von Bertrande 299–304

Guibert von Nogent (1053–um 1130), frz. Geschichtsschreiber, Abt von Nogent 17, 122, 145–160, 176, 183–186, 188, 246, 252, 276, 281, 290, 303

Gunnar
1. Gestalt aus den ‹Sigurd-Liedern› der ‹Edda›, Ehemann von Brynhildr 37, 38, 41
2. G. von Hlíðarendi, Gestalt aus der ‹Njáll-Saga›, der beste Freund von Njáll 62–65, 73, 79

Gunnhild = Gunnhildr

Gunnhildr, Gestalt aus der ‹Egill-Saga›, mit Zauberkräften ausgestattete Ehefrau von König Eirikr 87

Hakon IV. Hakonarson (1202–1263), norw. König, Enkel von König Sverre 100

Hallgerd, weibl. Gestalt aus der ‹Njáll-Saga›, eine der 600 Gestalten dieser Saga 65

Hallr, männl. Gestalt aus der ‹Njáll-Saga›, eine der 600 Gestalten dieser Saga 80

Hamðir, Gestalt aus den ‹Gudrun-Liedern›, ein Sohn Guðrúns 38

Hanning, Robert W. (Autor, s. Apparat) 15, 227

Haskins, Charles Homer (Autor, s. Apparat) 15

Hávarðr, Gestalt aus der ‹Saga von Hávarðr Ísfirðing› 75

Helgi
1. [russ. Oleg] Gestalt aus den nord. Mythen und Epen, Sohn der Borghild und des Sigmund, Liebhaber von Brynhildr 38
2. Gestalt aus der ‹Saga von den Söhnen der Droplaug›, ein Sohn Droplaugs 63

Heloise (1100–1163), Ehefrau von Peter Abälard 27, 165, 167–169, 172, 175–178, 180, 194, 224, 280, 281

Hermann I. (um 1155–1217), Landgraf von Thüringen, eine der Stifterfiguren im Naumburger Dom, Ehemann der Stifterin Regilindis 199

EUROPA BAUEN

Lionel Kochan
Die Juden
in der europäischen
Geschichte

Peter Landau
Europäische
Rechtsgeschichte

Krzysztof Pomian
Europa
und seine Grenzen

Paolo Rossi
Die Geburt
der Wissenschaft in
Europa

———————

Bereits erschienen:

Ein ergänzender Essay
des Herausgebers

Jacques Le Goff
Das alte Europa
und die Welt der Moderne
Aus dem Französischen
von Tobias Scheffel
1993. Etwa 50 Seiten
mit 5 Abbildungen.
Broschiert